本书系儒家文明省部共建协同创新中心研究成果

的研究丛书。感谢上海古籍出版社对本丛书的支持,欢迎海内
学友对我们进行批评和指导。

山东大学文史哲研究院
2003 年 10 月

【附记】

　　《山东大学文史哲研究院专刊》已陆续编辑出版多种,在海内外引起广泛关注和好评。2012 年 1 月,山东大学文史哲研究院与山东大学儒学高等研究院、山东大学儒学研究中心和《文史哲》编辑部的研究力量整合组建为新的山东大学儒学高等研究院,许嘉璐先生任院长,庞朴先生任学术委员会主任(庞朴先生于 2015 年病故)。本院一如既往,以中国古典学术为主要研究范围,其中尤以儒学研究为重点。鉴于新的格局,专刊名称改为《山东大学文史哲研究专刊》,继续编辑出版。欢迎海内外朋友提出宝贵意见。

2019 年 3 月

　　《山东大学文史哲研究院专刊》(第八辑)中《中国语言学论文选》一书因故延期出版。该辑增入黄玉顺先生《前主体性诠释——生活儒学诠释学》一书。特此说明。

2023 年 2 月

前主体性诠释
——生活儒学诠释学

黄玉顺　著

上海古籍出版社

图书在版编目（CIP）数据

前主体性诠释：生活儒学诠释学／黄玉顺著. —
上海：上海古籍出版社，2023.3
（山东大学文史哲研究专刊）
ISBN 978-7-5732-0640-4

Ⅰ.①前…　Ⅱ.①黄…　Ⅲ.①儒学—研究　Ⅳ.
①B222.05

中国国家版本馆 CIP 数据核字（2023）第 041482 号

山东大学文史哲研究专刊
前主体性诠释
——生活儒学诠释学
黄玉顺　著
上海古籍出版社出版发行
（上海市闵行区号景路 159 弄 1-5 号 A 座 5F　邮政编码 201101）
（1）网址：www.guji.com.cn
（2）E-mail: guji1@guji.com.cn
（3）易文网网址：www.ewen.co
江阴市机关印刷服务有限公司印刷
开本 890×1240　1/32　印张 14.75　插页 5　字数 370,000
2023 年 3 月第 1 版　2023 年 3 月第 1 次印刷
印数：1—1,100
ISBN 978-7-5732-0640-4
B·1312　定价：88.00 元
如有质量问题，请与承印公司联系

辑的
外学

出 版 说 明

山东大学素以文史见长。二十世纪三十年代
实秋、杨振声、老舍、沈从文、洪深等为代表的著名作
这里曾谱写过辉煌的篇章。二十世纪五十年代以来
陆侃如、高亨、萧涤非、殷孟伦、殷焕先为代表的中国
汉语言文字学研究，以丁山、郑鹤声、黄云眉、张维华、
书业、王仲荦、赵俪生为代表的中国古代史研究，将山
人文学术地位推向巅峰。但是，随着时代的深刻变迁，
他重点高校一样，山东大学的文史研究也面临着挑战。"
振昔日的辉煌，是山东大学领导和师生的共同课题。"
邦，其命维新。"山东大学文史哲研究院正是在这一特殊
景下成立的，肩负着不可推卸的历史责任，将形成山东大
学科一个新的增长点。

　　文史哲研究院是一个专门从事基础研究的学术机构，所
业有中国古典文献学、中国古代文学、汉语言文字学、史学理论
史学史、中国古代史、科技哲学、文艺学、民俗学、中国民间文学
主要从事科研工作，同时培养硕士、博士研究生。著名学者蒋
崧、王绍曾、吉常宏、董治安等在本院工作，成为各领域的学科带
头人。

　　"兴灭业，继绝学，铸新知"，是本院基本的科研方针；重点扶
持高精尖科研项目，优先资助相关成果的出版，是本院工作的重中
之重。《山东大学文史哲研究院专刊》正是为实现上述目标而编

前　言

　　这本文集的主题是"生活儒学的诠释学"(the Hermeneutics of Life Confucianism)，但实际上广泛涉及诸如文本、经典、理解、解释、翻译、比较、对话、语言、文字、符号、话语、言说方式等诸多话题；当然，在某种意义上，这些话题也确实可以收摄于"诠释"(interpretation)概念之下。

　　生活儒学的诠释学，一言以蔽之，就是"前主体性诠释"(pre-subjective interpretation)，当然也可以称之为"前对象性诠释"(pre-objective interpretation)，总之就是"前存在者诠释"(the interpretation of pre-beings)，就是将诸如理解、解释、翻译、比较、对话等活动视为前存在者、前主体性、前对象性的事情，以此阐明"存在者何以可能"、"主体性何以可能"、"物何以可能"这样的当今思想前沿的根本问题，亦即：正是在诠释活动中，新的主体和新的对象——新的存在者得以生成。不是"人在诠释文本"，而是"人与文本在诠释中生成"；不是"诠释在世界中进行"，而是"世界在诠释中生成"。因此，这种诠释学乃是一种存在论(a theory of Being 而非ontology)，亦即：诠释不是主体、存在者的事情，而是存在的事情，即是生活的事情。

　　文集收录的文字，除单篇的独立论文外，还有大量涉及诠释问题的论文段落和专著章节。其中较长的片段，其实相当于成篇的小论文，本书作为单篇论文来处理；而那些较短的片段，则收入最后的《生活儒学诠释学节录》之中。

代序：前主体性诠释
——中国诠释学的奠基性观念*

近 20 年来,在中国哲学界,"诠释"与"诠释学"成了热词。这显然是一种新的"西学东渐"①,因为"诠释"(interpretation)与"诠释学"(hermeneutics)都是外来词,影响最大的是从海德格尔(Martin Heidegger)到伽达默尔(Hans-Georg Gadamer)的"哲学诠释学"(Philosophische Hermeneutik)。于是就有了一种问题意识:"诠释学的中国化"②;有学者提出要建立"中国解释学"③,更有学者创办了辑刊《中国诠释学》④;几乎所有研究中国古代经典的活动,都贴上了"经典诠释"的标签。

---

 * 原载《浙江社会科学》2020 年第 12 期。

① 黄玉顺:《反应·对应·回应——现代儒家对"西学东渐"之态度》,《上海师范大学学报》2009 年第 5 期;《从"西学东渐"到"中学西进"——当代中国哲学学者的历史使命》,《学术月刊》2012 年 11 月号。

② 参见潘德荣:《诠释学的中国化研究述评》,《哲学动态》1993 年第 10 期;洪汉鼎:《诠释学的中国化———一种普遍性的经典诠释学构想》,《中国社会科学》2020 年第 1 期。

③ 汤一介:《能否创建中国的"解释学"》,载《学人》第 13 辑,陈平原、王守常、汪晖主编,江苏文艺出版社 1998 年版;《再论创建中国解释学问题》,《中国社会科学》2000 年第 1 期;《三论创建中国解释学问题》,《中国文化研究》2000 年第 2 期。另可参见李清良、张洪志:《中国诠释学研究 40 年》,《中国文化研究》2019 年第 4 期。

④ 《中国诠释学》创刊于 2002 年,山东大学中国诠释学研究中心主办,洪汉鼎、傅永军主编。

一、当前"经典诠释"的审视

但到目前为止,"中国诠释学"的实质体系仍没有真正建立起来,因为这里面所牵涉的问题实在太多。最根本的问题是:究竟何谓"中国诠释学"?

笔者曾谈到:应该重新审视国内近年"经典诠释热"中的所谓"诠释学"。目前凡以某种方式解释经典,乃至传统的注释方法都被冠以"经典诠释",其实是对"诠释"的误解;不仅如此,即便严格遵循伽达默尔哲学诠释学方法,也是值得商榷的。真正的经典诠释并非某种既有的诠释者和被诠释经典之间的事情,即既非"我注六经",也非"六经注我"①,而应当是"注生我经"——"注释"活动"生成"了"我"和"经典",即诠释者和被诠释的经典都是在诠释活动之中生成。这种注释活动乃是生活的一种显现方式;而作为诠释者的"我"和作为被诠释文本的"经"都是在"注"这种活动之中被给出的,因而"注"之后的"我"已不再是之前的"我",而"注"之后的"经"也不再是之前的"经"了。简言之,经典是被诠释出来的经典,而诠释是当下生活的事情。唯有如此,经典和主体才能不断地获得新开展的可能性②。

这里提到的"注生我经"出自拙文《注生我经:论文本的理解与解释的生活渊源》③,那是笔者首次系统地论述儒家的诠释学,其特点是干脆绕开海德格尔与伽达默尔,直接谈中国的诠释学。

---

① 《陆九渊集·语录上》,中华书局1980年版。
② 黄玉顺:《中国学术从"经学"到"国学"的时代转型》,《中国哲学史》2012年第1期。
③ 黄玉顺:《注生我经:论文本的理解与解释的生活渊源——孟子"论世知人"思想阐释》,《中国社会科学院研究生院学报》2008年第3期。

二、对"哲学诠释学"的批判

　　笔者也曾直面海德格尔与伽达默尔，那是在另外的一些文章里对诠释学的批判。例如拙文《"直"与"法"：情感与正义》谈到：海德格尔的诠释学无法回答一个问题："此在"（Dasein）可能性的展开，意味着已经"溢出"、"超越"了原来既定的那种"被抛"的"所是"，即意味着不仅超出了此在原来的那个"前判断"，而且超出了此在原来的生存及其"前结构"，亦即超出了诠释活动的生存论基础，那么，这是何以可能的？这个"溢出"部分来自何处？对此，哲学诠释学解释为"视域融合"，即此在的生存（existence）与生存之外的存在（Sein）之间的融合。因此，海德格尔才会严格区分"生存"与"存在"。但是这样一来，存在乃是在生存之外的事情，那么，此在又如何能超出自己的生存而去追寻存在①？

　　此文紧接着引证了我在另一篇文章里对海德格尔的根本质疑：海德格尔其实是自相矛盾的：他一方面认为存在是先行于任何存在者的，"存在与存在的结构超出一切存在者之外，超出存在者的一切存在者状态上的可能规定性之外"②，这意味着存在也是先行于此在的，因为"此在是一种存在者"③；然而另一方面，他又认为，探索存在必须通过此在这种"特殊存在者"，即只有"通过对某种存在者即此在特加阐释这样一条途径突入存在概念"，"我们在此在中将能赢获领会存在和可能解释存在的视野"④。假如这

　　①　黄玉顺：《"直"与"法"：情感与正义——与王庆节教授商榷"父子相隐"问题》，《社会科学研究》2017年第6期。

　　②　海德格尔：《存在与时间》，陈嘉映、王庆节译，生活·读书·新知三联书店1999年版，第44页。

　　③　海德格尔：《存在与时间》，第14页。

　　④　海德格尔：《存在与时间》，第46页。

只是在区分"存在概念的普遍性"和"探索"、"领会"、"解释"存在概念的"特殊性"①,这还不算是自相矛盾;然而当他宣称"存在总是某种存在者的存在"②,那就是彻底的自相矛盾了,因为这里的存在已不再是先行于任何存在者的了③。

三、"前主体性诠释"的提出

基于上述思考,笔者最终提出了"前主体性诠释"(pre-subjective interpretation)概念,见于笔者最近的一篇文章《前主体性诠释:主体性诠释的解构》,其中谈到:"东亚儒学"的经典诠释接受了海德格尔和伽达默尔的诠释学,即并没有超越传统的主体性诠释模式,因为在这种模式下,不论原创者和经典之间,还是诠释者和诠释之间,都是"主-客"关系。这种主体性诠释模式必然导致"认识论困境",即导致本源存在的遮蔽,因为它无法回答"存在者何以可能"、"主体性何以可能"这样的根本问题,即无法真正透彻地理解和解释原创者及其经典、诠释者及其诠释的生成。因此,应当提出一种"前主体性诠释"模式,将诠释活动视为前主体性、前存在者的存在,正是这种诠释活动给出了新的主体与对象——诠释者及其诠释由此彻底地回答原创者与经典、诠释者与诠释何以可能的问题④。

① 海德格尔:《存在与时间》,第46页。
② 海德格尔:《存在与时间》,第11页。
③ 黄玉顺:《生活儒学关键词语之诠释与翻译》,《现代哲学》2012年第1期。
④ 黄玉顺:《前主体性诠释:主体性诠释的解构——评"东亚儒学"的经典诠释模式》,《哲学研究》2019年第1期。

山东大学文史哲研究专刊

前主体性诠释
—— 生活儒学诠释学

黄玉顺　著

上海古籍出版社

图书在版编目(CIP)数据

前主体性诠释:生活儒学诠释学／黄玉顺著. —
上海:上海古籍出版社,2023.3
(山东大学文史哲研究专刊)
ISBN 978-7-5732-0640-4

Ⅰ.①前… Ⅱ.①黄… Ⅲ.①儒学—研究 Ⅳ.
①B222.05

中国国家版本馆 CIP 数据核字(2023)第 041482 号

山东大学文史哲研究专刊

前主体性诠释

——生活儒学诠释学

黄玉顺 著

上海古籍出版社出版发行

(上海市闵行区号景路 159 弄 1-5 号 A 座 5F 邮政编码 201101)

(1) 网址:www.guji.com.cn

(2) E-mail:guji1@guji.com.cn

(3) 易文网网址:www.ewen.co

江阴市机关印刷服务有限公司印刷

开本 890×1240 1/32 印张 14.75 插页 5 字数 370,000

2023 年 3 月第 1 版 2023 年 3 月第 1 次印刷

印数:1—1,100

ISBN 978-7-5732-0640-4

B·1312 定价:88.00 元

如有质量问题,请与承印公司联系

出 版 说 明

山东大学素以文史见长。二十世纪三十年代，以闻一多、梁实秋、杨振声、老舍、沈从文、洪深等为代表的著名作家、学者，在这里曾谱写过辉煌的篇章。二十世纪五十年代以来，以冯沅君、陆侃如、高亨、萧涤非、殷孟伦、殷焕先为代表的中国古典文学、汉语言文字学研究，以丁山、郑鹤声、黄云眉、张维华、杨向奎、童书业、王仲荦、赵俪生为代表的中国古代史研究，将山东大学的人文学术地位推向巅峰。但是，随着时代的深刻变迁，和国内其他重点高校一样，山东大学的文史研究也面临着挑战。如何重振昔日的辉煌，是山东大学领导和师生的共同课题。"周虽旧邦，其命维新。"山东大学文史哲研究院正是在这一特殊历史背景下成立的，肩负着不可推卸的历史责任，将形成山东大学文史学科一个新的增长点。

文史哲研究院是一个专门从事基础研究的学术机构，所含专业有中国古典文献学、中国古代文学、汉语言文字学、史学理论与史学史、中国古代史、科技哲学、文艺学、民俗学、中国民间文学等。主要从事科研工作，同时培养硕士、博士研究生。著名学者蒋维崧、王绍曾、吉常宏、董治安等在本院工作，成为各领域的学科带头人。

"兴灭业，继绝学，铸新知"，是本院基本的科研方针；重点扶持高精尖科研项目，优先资助相关成果的出版，是本院工作的重中之重。《山东大学文史哲研究院专刊》正是为实现上述目标而编辑的研究丛书。感谢上海古籍出版社对本丛书的支持,欢迎海内外学友对我们进行批评和指导。

山东大学文史哲研究院
2003 年 10 月

【附记】

《山东大学文史哲研究院专刊》已陆续编辑出版多种,在海内外引起广泛关注和好评。2012 年 1 月,山东大学文史哲研究院与山东大学儒学高等研究院、山东大学儒学研究中心和《文史哲》编辑部的研究力量整合组建为新的山东大学儒学高等研究院,许嘉璐先生任院长,庞朴先生任学术委员会主任(庞朴先生于 2015 年病故)。本院一如既往,以中国古典学术为主要研究范围,其中尤以儒学研究为重点。鉴于新的格局,专刊名称改为《山东大学文史哲研究专刊》,继续编辑出版。欢迎海内外朋友提出宝贵意见。

2019 年 3 月

《山东大学文史哲研究院专刊》(第八辑)中《中国语言学论文选》一书因故延期出版。该辑增入黄玉顺先生《前主体性诠释——生活儒学诠释学》一书。特此说明。

2023 年 2 月

前　言

这本文集的主题是"生活儒学的诠释学"(the Hermeneutics of Life Confucianism),但实际上广泛涉及诸如文本、经典、理解、解释、翻译、比较、对话、语言、文字、符号、话语、言说方式等诸多话题;当然,在某种意义上,这些话题也确实可以收摄于"诠释"(interpretation)概念之下。

生活儒学的诠释学,一言以蔽之,就是"前主体性诠释"(pre-subjective interpretation),当然也可以称之为"前对象性诠释"(pre-objective interpretation),总之就是"前存在者诠释"(the interpretation of pre-beings),就是将诸如理解、解释、翻译、比较、对话等活动视为前存在者、前主体性、前对象性的事情,以此阐明"存在者何以可能"、"主体性何以可能"、"物何以可能"这样的当今思想前沿的根本问题,亦即:正是在诠释活动中,新的主体和新的对象——新的存在者得以生成。不是"人在诠释文本",而是"人与文本在诠释中生成";不是"诠释在世界中进行",而是"世界在诠释中生成"。因此,这种诠释学乃是一种存在论(a theory of Being 而非ontology),亦即:诠释不是主体、存在者的事情,而是存在的事情,即是生活的事情。

文集收录的文字,除单篇的独立论文外,还有大量涉及诠释问题的论文段落和专著章节。其中较长的片段,其实相当于成篇的小论文,本书作为单篇论文来处理;而那些较短的片段,则收入最后的《生活儒学诠释学节录》之中。

代序：前主体性诠释
——中国诠释学的奠基性观念*

近20年来,在中国哲学界,"诠释"与"诠释学"成了热词。这显然是一种新的"西学东渐"①,因为"诠释"(interpretation)与"诠释学"(hermeneutics)都是外来词,影响最大的是从海德格尔(Martin Heidegger)到伽达默尔(Hans-Georg Gadamer)的"哲学诠释学"(Philosophische Hermeneutik)。于是就有了一种问题意识:"诠释学的中国化"②;有学者提出要建立"中国解释学"③,更有学者创办了辑刊《中国诠释学》④;几乎所有研究中国古代经典的活动,都贴上了"经典诠释"的标签。

* 原载《浙江社会科学》2020年第12期。

① 黄玉顺:《反应·对应·回应——现代儒家对"西学东渐"之态度》,《上海师范大学学报》2009年第5期;《从"西学东渐"到"中学西进"——当代中国哲学学者的历史使命》,《学术月刊》2012年11月号。

② 参见潘德荣:《诠释学的中国化研究述评》,《哲学动态》1993年第10期;洪汉鼎:《诠释学的中国化———种普遍性的经典诠释学构想》,《中国社会科学》2020年第1期。

③ 汤一介:《能否创建中国的"解释学"》,载《学人》第13辑,陈平原、王守常、汪晖主编,江苏文艺出版社1998年版;《再论创建中国解释学问题》,《中国社会科学》2000年第1期;《三论创建中国解释学问题》,《中国文化研究》2000年第2期。另可参见李清良、张洪志:《中国诠释学研究40年》,《中国文化研究》2019年第4期。

④ 《中国诠释学》创刊于2002年,山东大学中国诠释学研究中心主办,洪汉鼎、傅永军主编。

一、当前"经典诠释"的审视

但到目前为止，"中国诠释学"的实质体系仍没有真正建立起来，因为这里面所牵涉的问题实在太多。最根本的问题是：究竟何谓"中国诠释学"？

笔者曾谈到：应该重新审视国内近年"经典诠释热"中的所谓"诠释学"。目前凡以某种方式解释经典，乃至传统的注释方法都被冠以"经典诠释"，其实是对"诠释"的误解；不仅如此，即便严格遵循伽达默尔哲学诠释学方法，也是值得商榷的。真正的经典诠释并非某种既有的诠释者和被诠释经典之间的事情，即既非"我注六经"，也非"六经注我"①，而应当是"注生我经"——"注释"活动"生成"了"我"和"经典"，即诠释者和被诠释的经典都是在诠释活动之中生成。这种注释活动乃是生活的一种显现方式；而作为诠释者的"我"和作为被诠释文本的"经"都是在"注"这种活动之中被给出的，因而"注"之后的"我"已不再是之前的"我"，而"注"之后的"经"也不再是之前的"经"了。简言之，经典是被诠释出来的经典，而诠释是当下生活的事情。唯有如此，经典和主体才能不断地获得新开展的可能性②。

这里提到的"注生我经"出自拙文《注生我经：论文本的理解与解释的生活渊源》③，那是笔者首次系统地论述儒家的诠释学，其特点是干脆绕开海德格尔与伽达默尔，直接谈中国的诠释学。

---

① 《陆九渊集·语录上》，中华书局 1980 年版。

② 黄玉顺：《中国学术从"经学"到"国学"的时代转型》，《中国哲学史》2012 年第 1 期。

③ 黄玉顺：《注生我经：论文本的理解与解释的生活渊源——孟子"论世知人"思想阐释》，《中国社会科学院研究生院学报》2008 年第 3 期。

二、对"哲学诠释学"的批判

笔者也曾直面海德格尔与伽达默尔，那是在另外的一些文章里对诠释学的批判。例如拙文《"直"与"法"：情感与正义》谈到：海德格尔的诠释学无法回答一个问题："此在"（Dasein）可能性的展开，意味着已经"溢出"、"超越"了原来既定的那种"被抛"的"所是"，即意味着不仅超出了此在原来的那个"前判断"，而且超出了此在原来的生存及其"前结构"，亦即超出了诠释活动的生存论基础，那么，这是何以可能的？这个"溢出"部分来自何处？对此，哲学诠释学解释为"视域融合"，即此在的生存（existence）与生存之外的存在（Sein）之间的融合。因此，海德格尔才会严格区分"生存"与"存在"。但是这样一来，存在乃是在生存之外的事情，那么，此在又如何能超出自己的生存而去追寻存在①？

此文紧接着引证了我在另一篇文章里对海德格尔的根本质疑：海德格尔其实是自相矛盾的：他一方面认为存在是先行于任何存在者的，"存在与存在的结构超出一切存在者之外，超出存在者的一切存在者状态上的可能规定性之外"②，这意味着存在也是先行于此在的，因为"此在是一种存在者"③；然而另一方面，他又认为，探索存在必须通过此在这种"特殊存在者"，即只有"通过对某种存在者即此在特加阐释这样一条途径突入存在概念"，"我们在此在中将能赢获领会存在和可能解释存在的视野"④。假如这

①　黄玉顺：《"直"与"法"：情感与正义——与王庆节教授商榷"父子相隐"问题》，《社会科学研究》2017 年第 6 期。

②　海德格尔：《存在与时间》，陈嘉映、王庆节译，生活·读书·新知三联书店 1999 年版，第 44 页。

③　海德格尔：《存在与时间》，第 14 页。

④　海德格尔：《存在与时间》，第 46 页。

只是在区分"存在概念的普遍性"和"探索"、"领会"、"解释"存在概念的"特殊性"①，这还不算是自相矛盾；然而当他宣称"存在总是某种存在者的存在"②，那就是彻底的自相矛盾了，因为这里的存在已不再是先行于任何存在者的了③。

三、"前主体性诠释"的提出

基于上述思考，笔者最终提出了"前主体性诠释"（pre-subjective interpretation）概念，见于笔者最近的一篇文章《前主体性诠释：主体性诠释的解构》，其中谈到："东亚儒学"的经典诠释接受了海德格尔和伽达默尔的诠释学，即并没有超越传统的主体性诠释模式，因为在这种模式下，不论原创者和经典之间，还是诠释者和诠释之间，都是"主-客"关系。这种主体性诠释模式必然导致"认识论困境"，即导致本源存在的遮蔽，因为它无法回答"存在者何以可能"、"主体性何以可能"这样的根本问题，即无法真正透彻地理解和解释原创者及其经典、诠释者及其诠释的生成。因此，应当提出一种"前主体性诠释"模式，将诠释活动视为前主体性、前存在者的存在，正是这种诠释活动给出了新的主体与对象——诠释者及其诠释由此彻底地回答原创者与经典、诠释者与诠释何以可能的问题④。

---

① 海德格尔：《存在与时间》，第 46 页。
② 海德格尔：《存在与时间》，第 11 页。
③ 黄玉顺：《生活儒学关键词语之诠释与翻译》，《现代哲学》2012 年第 1 期。
④ 黄玉顺：《前主体性诠释：主体性诠释的解构——评"东亚儒学"的经典诠释模式》，《哲学研究》2019 年第 1 期。

四、"前主体性诠释"的观念背景拓展

这个"前主体性诠释"概念其实隶属于一个更广阔的概念——"前主体性"(pre-subjectivity)；而"前主体性"概念又隶属于一个最广阔的概念——"前存在者"(pre-being)①，因为主体是一种存在者，即主体性存在者(subjective being)。这里的"前存在者"是笔者的"生活儒学"的一个基础性概念②。生活儒学旨在揭示所有一切存在者(包括形而上的存在者、形而下的存在者)的本源即存在，亦即生活；而存在或生活就是"前主体性的"(pre-subjective)事情。

因此，这种"前主体性诠释"即"生活儒学的诠释学"(the Hermeneutics of Life Confucianism)广泛涉及诸如文本、经典、阅读、理解、解释、翻译、比较、对话、语言、文字、符号、话语、言说方式等诸多话题，这些话题都可以收摄于"诠释"(interpretation)概念之下。

例如关于"比较"，拙文《比较：作为存在》提出的"真切的比较观念"概念，实际上就是"前主体性比较"(pre-subjective comparison)的概念。所谓"真切的比较观念"是说：这样一种比较活动生成了新的主体、新的对象。这是因为真切意义的"比较"活动本质上是一种生活方式，或者说是某种生活方式的一种特定显

①　在英文里，"前存在者"和"存在者"这样的概念很难表达，因为：三个不同层级的概念——存在(Being, being)、形而上的存在者(the Being)和形而下的存在者(the being, beings)，都用"being"表达，极易混淆。

②　关于"生活儒学"，参见黄玉顺：《面向生活本身的儒学——黄玉顺"生活儒学"自选集》，四川大学出版社 2006 年版；《爱与思——生活儒学的观念》，四川大学出版社 2006 年第 1 版、四川人民出版社 2017 年增补本；《生活儒学讲录》，安徽人民出版社 2012 年版。

现形式。这里，尽管确实是有一个既存的主体在对若干既存的对象进行对比，但这种活动的结果却使得这个主体获得新的主体性，同时也使得这些对象获得新的对象性。因此，比较活动也就获得了先行于存在者（包括主体性存在者）的存在的意义①。

又如关于"对话"，拙文《前主体性对话：对话与人的解放问题》提出了"前主体性对话"（pre-subjective dialogue）的概念。如果一种新的主体性乃是在某种对话中生成的，那么，这种对话显然并非"主体间的"活动，而是"前主体性的"活动。这就是"前主体性对话范式"。这种"前主体性对话"的观念奠基于一种崭新的思想视域：存在——生活。这里的"存在"说的并不是某个既有的存在者的存在，"生活"说的也不是某种既有的人的生活；这里的"存在"、"生活"说的是前存在者、前主体性的事情。只有在这样的生活或存在的思想视域之中，对话才可能生成一种新的主体性，对话活动本身也才可能获得真正的存在论意义②。

这里再举一个关于"阅读"的例子，见于朱熹引程颐的一番话："今人不会读书。如读《论语》，未读时是此等人，读了后又只是此等人，便是不曾读。"③所谓"此等人"当然指的是某种既定的主体性；这样的阅读可称之为"主体性阅读"，即没有改变"此等人"的既有主体性。而程颐所期待的阅读则可称之为"前主体性阅读"（pre-subjective reading），即改变了"此等人"的主体性，或者说使他获得某种新的主体性，从而成为一个新的主体；那么，对于这个新的主体性来说，阅读就是一种前主体性的活动。

①　黄玉顺：《比较：作为存在——关于"中西比较"的反思》，《社会科学战线》2015 年第 12 期。

②　黄玉顺：《前主体性对话：对话与人的解放问题——评哈贝马斯"对话伦理学"》，《江苏行政学院学报》2014 年第 5 期。

③　朱熹：《四书章句集注·论语集注·论语序说》，上海古籍出版社2006 年版。

　　总之，"前主体性诠释"就是将阅读、理解、解释、翻译、比较、对话等活动视为前存在者、前主体性、前对象性的事情，由此阐明"存在者何以可能"、"主体性何以可能"、"物何以可能"这样的当今思想前沿的根本问题：正是在诠释活动中，新的主体和新的对象——新的存在者得以生成。这里不是"人在诠释文本"，而是"人与文本在诠释中生成"；不是"诠释在世界中进行"，而是"世界在诠释中生成"。因此，诠释不是主体、存在者的事情，而是存在的事情，即生活的事情。

　　那么，这样的前主体性诠释为什么可称之为"中国的"诠释学呢？首先，它基于对"哲学诠释学"那样的"西方的"诠释学的批判；其次，它是通过对"中国的"儒学的诠释而阐发出来的；最后，更具体地说，它隶属于作为一种中国当代儒学形态的"生活儒学"。

目　录

语言的牢笼

——西方哲学根本传统的一种阐明*

西方哲学历经诸多变迁,却有一个"吾道一以贯之"的根本传统存在着,以至直到今天的哲学家,仍然不能超越它。在我看来,对西方哲学从古至今的这个根本传统,可以用海德格尔的一句名言来概括:"语言是存在之家。"这似乎是老生常谈了,但是据我的研究,这句话蕴涵着这样一个推论:因为思维是存在之家,语言又是思维之家,所以语言便是存在之家。值得注意的是,这个逻辑推论的过程,正好反映出了西方哲学全部历史的过程。如果说古代存在论哲学意在说明"存在如何"(命题 z),近代认识论哲学意在说明"思维如何"(命题 y),那么现代语言哲学就意在说明"语言如何"(命题 x)。于是,我们可以设想这样一个形式推理:

$$\{(x{\rightarrow}y) \wedge (y{\rightarrow}z)\} \rightarrow (x{\rightarrow}z)$$

其中:1. $(y{\rightarrow}z)$意味着:没有思维的存在就没有存在的存在。这就是古代存在论哲学的结果"思维是存在之家"。2. $(x{\rightarrow}y)$意味着:没有语言的存在就没有思维的存在。这就是近代认识论哲学的结果"语言是思维之家"。3. $(x{\rightarrow}z)$意味着:没有语言的存在就没有存在的存在。这就是现代语言哲学的结果:"语言是存在

* 原载《四川大学学报》2002 年第 1 期;中国人民大学复印报刊资料《外国哲学》2002 年第 2 期,《新华文摘》2002 年第 6 期全文转载;收入拙著《面向生活本身的儒学——黄玉顺"生活儒学"自选集》,四川大学出版社 2006年版。

之家"。

　　仿照贝克莱"存在即被感知"的说法，可以说，西方传统哲学的一个最根本的传统是：存在即被思维。现代发生了所谓"语言学转向"以后，此说法又演变为：存在即被陈述。这个传统是早在"前苏格拉底"时代就已成型了的，而直到今天，例如海德格尔哲学，也未能超脱。海德格尔终身试图超越西方哲学传统，结果仍然像孙行者跳不出如来佛的手掌。

一、古代：思维是存在之家

　　西方古代哲学确实基本上是一种"本体论"哲学，它所关注的核心问题是"存在之为存在"如何的问题。但不论就其思路还是就其结果来看，古代哲学本质上都是理性主义、逻辑主义的。这里所谓"理性主义"或者"逻辑主义"不仅是在认识论意义上说的，而且是在存在论意义上说的，就是以思维代存在、以"能知"代"所知"，以世界的逻辑构造代世界的实在构造。总起来说就是理性压倒一切，以至"这种理性至上的秩序统治了西方文化近两千年"①。关于这个传统，雅斯贝尔斯曾指出："西方人始终运用了三大原则。第一大原则是坚定的理性主义。"②

　　人们通常以为这个传统是柏拉图开创的，其实，赫拉克利特的"逻各斯"（Logos）学说就已经是这种理性主义的张本了。我们知道，Logos 这个词同时具有三种意义：自然之道（laws），逻辑理性思维（logic），言说（dialogue）。赫拉克利特的"逻各斯"正是如此，

---

　　① 丹尼尔·贝尔：《资本主义的文化矛盾》，生活·读书·新知三联书店 1989 年版，第 97 页。
　　② 雅斯贝尔斯：《时代的精神状况》，上海译文出版社 1997 年版，第 14—15 页。

它既是自然本身的"道"、客观规律；又是思维的"道"、理性、理念；同时也是语言、言说。可见这是以"能知"代"所知"的滥觞。一方面，此"逻各斯"不是感性的、经验的，而是理性的、思维的。感性的"眼睛和耳朵对于人们是坏的见证"；"博学并不能使人智慧"；"智慧只在于一件事，就是认识那善于驾驭一切的思想"①，这就是"逻各斯"。另外一方面，"思想是最大的优点；智慧就在于说出真理，并按照自然行事，听自然的话"②。作为自然之道的"逻各斯"（海德格尔所谓"大道"Ereignis）本质上乃是"驾驭一切的思想"，而"自然的话"就是"逻各斯"自己的陈述（犹如海德格尔所谓"道说"Sage）。这就是赫拉克利特的核心观念。其实，此前的毕达哥拉斯的"数"，实质上已经是一种"逻各斯"，因为在他看来："万物的本原是一"，而"一"就是理性③。他与赫拉克利特的分歧仅仅在于："逻各斯"表现为"斗争"还是"和谐"。

巴门尼德首次提出了西方形而上学的根本范畴"存在"（古希腊文 on，英文 being）问题，同时也就进一步确定了西方哲学理性主义的以思维言说代存在的思路。他的名言是："存在者存在着，不存在者不存在。"④此话原文：Estin einai, ouk estin me einai（英文 Beings is, non-beings is not）。其中 einai 一词乃是系动词"存在"即"是"（英文 is），其动词原形是 eimi（英文 to be），动名词形式是 on（英文 being），而 estin 是其名词用法（英文 Beings）。einai 这个词有两层意思：一是陈述性，属于对象性语言的用法，表示世界的本体；二是断定性，属于元语言的用法，表示判断。所以，巴门尼德

---

① 《西方哲学原著选读》，上卷，商务印书馆 1981 年版，第 26 页。
② 残编 D112，见《古希腊罗马哲学》，商务印书馆 1982 年版，第 29 页。
③ 第欧根尼·拉尔修：《著名哲学家》，第 8 卷，第 1 章。转自亚里士多德：《形而上学》，商务印书馆 1959 年版，第 20 页。
④ 《西方哲学原著选读》，上卷，第 31 页。此处译文略有改动。

那句名言的意思就是："存在者是，不存在者不是。"实际意思则是："存在的东西可由'是'表述，不存在的东西不可由'是'表述。"这里的"由'是'表述"亦即被人断定，因而就是思维的事情。对此，我们从巴门尼德的另外一句话可以看得更加清楚："能被思维者与能存在者是同一的。"①仅就目前所知的材料来看，这句话是西方哲学根本传统的最早宣言，实在不可轻轻看过。于是，用思维、理性、语言、表述来代替客观存在本身，就成为古希腊哲学的一个根本特征。

这个特征通过雅典哲学传承下来，成为西方哲学的基本传统，它甚至也为我们理解现代西方哲学的所谓"语言学转向"提供了一把钥匙。当初苏格拉底的"精神助产术"——"辩证法"，就是这种传统的"发扬光大"：寻求客观的真理不是通过实际的考察，而是通过理性思维的逻辑推论、语言的论辩。亚里士多德曾指出："有两样东西完全可以归功于苏格拉底，这就是归纳论证和一般定义。这两样东西都是科学的出发点。"②但是苏格拉底的归纳绝非后来培根那样的经验主义的归纳，而是理性主义的归纳，即不是从观察出发的。苏格拉底由此把一切归结于理性思维、知识。例如他的一句名言是："美德就是知识。"意思是说：具有善的美德，其实就是具有关于"善"的概念的知识；所谓"不道德"，只是"无知"的同义语。这算是西方式的"知行合一"了。

柏拉图的"理念论"更是典型的理性主义，这是人所共知的。

---

① 《西方哲学原著选读》，上卷，第 31 页。巴门尼德此话与前一句话之间存在着矛盾：一方面，不存在者不存在；另一方面，不存在者却进入了思维、语言，即能被思维、陈述者，因而它也是能存在者。这个矛盾是由柏拉图的理念论解决的：不存在者也是一种理念，因而也是实在的。但实际上真正的解决是现代语言哲学对指称和意义的区分：不存在者没有指称，但有意义。这个意义世界相应于柏拉图的理念世界。

② 亚里士多德：《形而上学》，第 13 卷，第 4 章，1078b。

他不仅是苏格拉底的高足(流传下来的柏拉图的"对话"著作,正是苏格拉底的"辩证法"形式),还深入钻研过赫拉克利特、毕达哥拉斯;他还继承了巴门尼德的"存在"观念及其唯理主义。"理念"范畴不仅直接来自苏格拉底的"概念",而且正是他所理解的作为实在的"存在"本身。"理念"(idea)具有三点重要含义:一是思想、概念,二是实体、本体,三是理想、典范。在他看来,不是理念来自经验事实的归纳,而是经验事实之存在是由于"分有"了理念;而所谓认识,不过是"回忆"理念——先验理性。总之,作为"真实世界"的理念世界,是最实在的存在。这正好是以思想代存在的典型。黑格尔评论道:"柏拉图的研究完全集中在纯粹思想里,对纯粹思想本身的考察他就叫辩证法。"[①](而这也正是后来黑格尔自己的思路。)在柏拉图的观念里,这种"纯粹思想"也就是纯粹的存在本身。

亚里士多德创立了谓词逻辑(对此,我们下文将有讨论),而斯多亚学派则创立了命题逻辑。该派同时兼具有经验主义和理性主义的倾向,总的是理性主义的哲学。他们认为宇宙的本性是理性,人的本性也是理性;他们要人"断激情"、"不动心"。他们赞赏赫拉克利特的"火"亦即"逻各斯",称之为"普遍的理性",实即上帝意志的体现,由此而得出了决定论和宿命论的结论:"服从神灵……因为一切事变是为最完满的智慧所统治着的。"[②]换句话说,实际世界的变化只不过是某种"智慧"实即逻辑思维的"事变"。形式逻辑在西方的发达不是偶然的,它是古希腊哲学思路的必然结果。而其极致则是:逻辑既是思维的架构,因而也是存在本身的架构。

---

① 黑格尔:《哲学史讲演录》,第 2 卷,商务印书馆 1960 年版,第204 页。

② 《古希腊罗马哲学》,第 440 页。

　　饶有趣味的是,中世纪基督教神学家都是"合乎理性"或者叫作"合乎逻辑"地推出上帝的存在的。唯名论与实在论的争论,犹如亚里士多德与柏拉图的争论,换句话说,都是在理性主义传统范围内的争论。尽管他们强调信仰高于理性,但这与后来的理性主义最终不得不依赖于直觉的信念并没有什么实质区别。安瑟伦虽然承认"我决不是理解了才能信仰,而是信仰了才能理解"①,但他关于上帝存在的"本体论证明"在逻辑思维上确实无懈可击。阿伯拉尔则是主张"理解后再信仰"的,他那种通过逻辑方法寻求真理的主张恰恰更是理性主义的东西。后来托马斯·阿奎那则更尊崇理性,也就是他,利用亚里士多德的逻辑来提出了关于上帝存在的"五大论证",进一步表明了逻辑理性可以很好地为宗教信仰服务。经过这种论证,作为最高存在者的上帝就存在于逻辑思维之中了;而同时,上帝本身作为一切存在的本体,其实就是最高的智慧,亦即理性本身。

二、近代：语言是思维之家

　　近代哲学是认识论哲学,其关键问题是思维问题。这里,恩格斯的话仍然绝对适用:对于西方哲学来说,"全部哲学,特别是近代哲学的重大的基本问题,是思维和存在的关系问题"②。但这只是问题的一个方面;另外一个方面,语言问题在此时也受到了高度重视。对语言的关注绝不是"语言学转向"以后的事情,事实上在近代、甚至在古代哲学中,语言问题始终是一个重大的问题。西方近代哲学既关注思维与存在的关系问题,同时也关注思维与语言

---

　　① 《西方哲学原著选读》,上卷,第 240 页。
　　② 恩格斯:《路德维希·费尔巴哈和德国古典哲学的终结》,《马克思恩格斯选集》,第 4 卷。

的关系问题。

欧洲"文艺复兴"在一定意义上也可以说是古希腊理性主义传统的复兴，但他们却没有后来的理性主义那样偏狭。一般来说，他们是兼顾理智与自由意志的。例如，但丁主张："首先能实行思想，以辨别是非，其次则能将其所认定之是非悬为目的，而以行动达此目的。简单说，就是先思而后行。"①不过，我们似乎也不难从中读出一种思维优先的理性主义味道来。大致来讲，理性主义是文艺复兴时期的一种时代潮流。

近代理性主义的最大代表是笛卡儿、斯宾诺莎、莱布尼兹。笛卡儿试图对所有知识进行一次"理性"的、实即演绎逻辑的清理，因而第一步工作就是寻求整个推理体系的大前提。他意识到，这个前提应是"存在"或"是"本身；这个前提既是所有知识的逻辑前提，它本身就不能是被"推出"的逻辑结论。那么这个前提从何而来？此时，希腊思维方式发生作用了：存在的，总是能被思考的；或者反过来说，能被思维的，必是存在的。因为，思维本身就是绝对存在的，或曰"自明的"（self-evident）。于是就有了笛卡儿的著名论式：Cogito ergo sum（I think therefore I am），此即"我思故我在"或"我思故我是"。这里，思维就成了存在的充分而且必要条件。这就是所谓"思维与存在的同一"——一直影响到德国古典哲学乃至现代西方哲学如胡塞尔的思维模式。斯宾诺莎是笛卡儿的直接继承者，他是把真理建立在"真知识"（指理智与直觉）的基础上，又把真知识建立在"真观念"（直觉）的基础上。为了解决思维与存在的同一问题，他设想了主体与客体的一种对应关系：物的广延属性作用于人的肉体，物的思想属性作用于人的心灵。这就是说，物的思想属性与人的思想属性本来是同一的。莱布尼

① 《从文艺复兴到十九世纪资产阶级哲学家政治思想家有关人道主义人性论言论选辑》，商务印书馆1966年版，第19页。

兹则用"单子"解决这个问题:"单子"这种东西既是构造一切存在的基本实体,它本身又是一种精神性的"灵魂"。单子按其知觉能力的高低形成不同的等级,最高级的单子是构成上帝的单子;其次是构成人的单子,亦即"理性灵魂"。从后者看,思想与存在本是一回事。

我们说过,德国古典哲学是理性与意志的直接同一;这里我们还想指出,它同时也是思维与存在的直接同一。而此"同一",正是古希腊哲学理性主义的观念"存在者与能被思考者同一"的近代体现。康德的哲学号称"批判哲学",他对"知""意""情"、"真""善""美"进行全面系统的批判,但是在这一切之外、之上的,正是"理性"。以理性或理智来反思和评判一切,这是整个德国古典哲学的一个基本特征。费希特的"知识学"认为,思维与存在不过是理智自身固有的两个系列,即"观念系列"与"实在系列";一切——包括"物质的、占据空间的世界的表象"——都是从理智(自我意识)中产生出来的。自我建立自我→自我设立非我→自我统一非我:都是理智的自我意识的作用。谢林也是如此解决问题的:"自然与我们在自身内所认作智性和意识的那个东西原来是一回事。"①黑格尔的辩证法作为绝对观念的展开,更是对于理性概念的运动过程的描述。思维与存在的对立"是哲学的起点,这个起点构成哲学的全部意义"②;而他的解决办法,就是逻辑学的一元论。他的希腊式的思维方式使他"坚决相信思想与事情是符合的";"任何对象,外在的自然和内心的本性,举凡一切事物,其自身真相,必然是思维所思的那样"③。他说:"思想不仅是我们的思

---

① 《十八世纪末——十九世纪初德国哲学》,商务印书馆1979年版,第210页。

② 黑格尔:《哲学史讲演录》,第3卷,第292页。

③ 黑格尔:《小逻辑》,商务印书馆1980年版,第77、78页。

想,同时又是事物的自身,或对象性的东西的本质。"①这与巴门尼德说的"能被思维者与能存在者是同一的"实出一辙。全部意识就是理性,全部存在也是理性本身而已。

但是,思维却离不开语言,而只能存在于语言之中。列宁说过:"任何词(言语)都已经在概括";"感觉表明实在;思想和词表明一般的东西"②。正如马克思所说的"语言是思想的直接现实",这就是说,没有了语言也就没有了思想。这是近代哲学家们的一个共识。其实这个看法也是从古希腊哲学那里继承下来的。苏格拉底所谓"辩证法"(dialectics)这个词就是从"谈话"或"论辩"(dialect)发展而来的。这意味着:存在取决于语言,对实在的把握取决于对语言的理解。而对语言的理解,在苏格拉底看来,又取决于对概念的正确运用。

亚里士多德作为柏拉图的学生、苏格拉底的再传弟子,继往开来,深刻地影响了未来的西方思想。西方的形而上学是在亚氏手里建立起来的(他称之为"第一哲学"),西方理性主义传统也由此而巩固起来。亚氏第一次明确界定了哲学形而上学的对象,是"专门研究'有'(或译'存在')本身,以及'有'凭本性具有的各种属性";"考察作为'有'的'有',以及'有'作为'有'而具有的各种属性"③。此"有"即希腊文 on,是 einai 的动名词;它相当于英文 being,是 to be 的动名词。作为形而上学对象的"作为有的有",希腊原文"to on he on"(英文 being as being)。我们上文说过,希腊文 on 既有陈述性,即可译为"'在'之为'在'";又有断定性,亦可译为"'是'之为'是'"。我们汉语用"是""在""有"三个词来对译 on 或 being,正可以揭示出 on 或 being 的意谓:"是"为系词,它是

---

① 黑格尔:《小逻辑》,第 120 页。
② 《列宁全集》,第 38 卷,第 303 页。
③ 亚里士多德:《形而上学》,第 4 卷,第 1、2 章。

一种断定,属于元语言的或者知识论、逻辑学、语言学的范畴;"在"和"有"为动词或动名词,是陈述性的,属于对象性语言的或者存在论的范畴。

希腊哲学对此未有明确区分,这影响到后来的西方哲学。亚里士多德就是如此,在他那里,存在论、逻辑学、语言学搅在一起,这一点,我们从他的《范畴篇》《解释篇》《分析》前篇、后篇及《形而上学》可以看得很清楚。他说:"那根本的、非其他意义的、纯粹的'有',必定是实体。"①这个作为纯有的实体一方面是一切事物的基质,另一方面又是逻辑的主词。如他所举的例子"苏格拉底是人","苏格拉底"在存在论意义上是一个实体,他是自足地存在的;在语言逻辑意义上是一个主词,它是可以被"是"断定的。这显然跟巴门尼德的"存在的东西可由'是'表述,不存在的东西不可由'是'表述"是同样的思路。"苏格拉底是……"这个表述也就是巴门尼德的"存在者存在着"(Estin einai)。所以亚里士多德对"人"的最高界定是:人是理性的动物。难怪巴门尼德讲"能被思维者与能存在者是同一的",亚里士多德也讲"思维者和被思维者是一样的"②。后来的西方哲学总是大讲思维与存在的关系,总是强调"思维与存在的同一",并且总是用思维乃至于用语言来说明存在,这是值得我们深长思之的:他们眼中的世界不是世界本身的构造,而是"世界的逻辑构造"③,乃至语言的构造。

所以,近代哲学家们都多少对语言进行了探索,例如笛卡儿、莱布尼茨等。探索的结果就是:认识或者思维是离不开语言的。

---

① 亚里士多德:《形而上学》,第7卷,第1章,1028a10-31。

② 亚里士多德:《论灵魂》,第3卷,第4章,见《西方哲学原著选读》,上卷,第153页。

③ 此为卡尔纳普(Rudolf Carnap)之著作名 Der Logische Aufbau der Welt。

这实质上就是说：语言是思维之家。难怪他们都致力于发明某种理性的科学的人工语言。他们的理性主义、"语言主义"立场直接影响了当时的语言学家。法国的保尔-罗亚尔学派（Port Royal school）是近代著名的理性主义语言学派。他们以笛卡儿哲学为基础，试图寻求存在于一切语言中的普遍性语法原则，因为他们认为人类共同的思维结构存在于共同的语言结构中。此前的英国学者威尔金斯（John Wilkins）已有类似的想法，试图构造一种普遍适用于全人类的理想语言——他称之为"普遍语法"、"哲学语言"。另一位典型代表则是德国哲学家海德（G. Herder），他在《论语言的起源》中提出，思维和语言是同源的，相互依存、不可分割的；语言不仅是思维的工具，而且是思维的形式及其内容。持有类似看法的还有同一时期的一些英国语言学家，如詹姆士·哈利斯（James Harris）、霍恩·托柯（Horne Tooke）、詹姆士·伯尼特（James Burnett）等。

这里，德国著名学者洪堡（Wilhelm von Humboldt）尤其值得一提。在许多基本观念上，他是现代先验理性主义语言学家乔姆斯基（Chomsky）、萨丕尔（Edward Sapir）、沃尔夫（Benjamin Lee Whorf）的先驱。洪堡继承发展了海德的基本观点，认为思维和语言是不可分割的："一个民族的语言就是他们的精神，一个民族的精神就是他们的语言。"①他用康德的先验理性主义方法来理解思维和语言的关系，认为语言决定了对世界的理解和解释，语言的不同决定了思维体系的不同，因为正是人的内在的语言形式（相当于康德的先验范畴）加诸感觉经验材料，决定了思维内容及其结果。

---

① 刘润清：《西方语言学流派》，外语教学与研究出版社 1995 年版，第 57 页。

三、现代：语言是存在之家

海德格尔已经被人们鼓吹得令人头晕目眩了，那就让我们从海德格尔谈起。我们知道，海德格尔的雄心壮志，是要超越柏拉图以来的西方形而上学传统，回到"前苏格拉底"的希腊传统。我们要问的是：他做到了这一点吗？进一步说，以他的方式，他可能做到这一点吗？我们认为，海德格尔没有、也不可能实现他的宏愿。要理解海德格尔，关键是要抓住"存在"和"语言"这样两个东西。所以，我们尤其应当注意他的那句名言："语言是存在的家园"；或者译为"语言是存在之家"。

海德格尔后期之转向语言或者所谓"道说"问题，是因为前期那种从"此在"来说明"存在"的思路遇到了不可克服的障碍，于是在时代风尚和西方传统的双重影响下，他的思想也发生了"语言学转向"。这种转向同时出自两个方面的影响：一是德里达站在后现代立场上对他所进行的批评；二是"语言学转向"这个时代潮流的大背景。德里达批评海德格尔：由"此在"来说明"存在"本身的做法，在一种更高的层面上重新确立了"大写的人"的至高无上的地位。这对海德格尔产生了深刻触动，以至于《存在与时间》原计划中的续写终于没有了下文。怎么办？后现代主义的语言学情趣显然对他产生了巨大的魅力，而这似乎只是时代潮流所致。但在我看来，更根本的原因还在西方的那个根本传统。

那么，现代何以会发生"语言学转向"？在我看来，这是因为，近代哲学试图沟通心灵与存在、主体与客体或主观与客观，结果却以"不可知论"告终；同时，人们发现，在主体与客体之间、主观与客观之间，存在着一种中介，那就是语言或者符号世界。主体与客体、主观与客观，同一于语言媒介。极而言之，这种符号媒介不仅仅是主体与客体之间的中介，简直就是主体与客体的共同的本体了。所以，根本上讲，现代分析哲学并非真正的"拒斥形而上学"或"本体论"，而是有它自己的形而上学或本体论。分析哲学的形而上学，是一种"语言本体论"或"逻辑本体论"。这一点特别突出地表现在语言哲学的意义理论之中。这种理论是建立在一种三元关系之上的：存在·语言·心灵。语言符号及其逻辑结构被夸张为真正的存在或者本体，而客观实在仅仅是语言的"指称"，心灵或者意识则仅仅是语言的"意义"。

西方理智主义传统在现代西方哲学中的传承，最突出地体现在这种语言分析哲学的逻辑主义之中。他们"拒斥形而上学"，把哲学归结为语言-逻辑分析，这实际上就是希腊哲学那种以思想代存在、以"能知"代"所知"的思路的极端形式。罗素的逻辑原子主义认为，原子命题构成逻辑系统，原子事实构成外部世界，这两者是一样的。罗素认为，哲学的方法就是逻辑分析；维特根斯坦则更进一步认为，哲学本身就是逻辑分析——语言分析。让我们来看看他的一番话："真正说来，正确的哲学方法应该是这样：除了可说的之外，就什么也不说；可说的就是自然科学的命题，也就是某种和哲学不相干的东西，然后，当某人要说什么形而上学的东西的时候，就总得向他指明，他对他命题中的某些记号并没有赋予任何意义。"①真正的事实、问题，不仅是可思的，而且是"可说的"；并且这种"说"，一定是在符号逻辑的语言中的"可说"。于是"世界就是我的世界"，因为"我的语言的界限就意味着我的世界的界限"②。这是理智主义导致唯我主义的一个妙例。

分析哲学认为形而上学不过是语言的误用、"胡说"。所以后

---

① 夏基松：《现代西方哲学教程》，上海人民出版社 1985 年版，第631 页。

② 夏基松：《现代西方哲学教程》，第 151、149 页。

期维特根斯坦称:"哲学是一场反对用语言来蛊惑我们理智的战斗。"①维也纳学派自陈的使命是"捍卫科学,拒斥形而上学",他们把自己的哲学界定为"意义的追逐";然而他们所追逐的只是语言的意义,而不是存在本身的意义;或者说,他们用语言的意义代替了存在的意义。至于蒯因后来重建本体论,主张"形而上学是科学"。为此,他提出了"本体论承诺"问题:在构造一种科学理论时,也就承诺或者约定了这个理论的对象的存在;一旦接受了一种科学理论,也就承认了这种理论预设的对象的存在。为此,他制定了"本体论承诺的标准":"存在就是成为某变项的值。"例如张三存在,那是因为我们承认他是以下表达式的逻辑变项的一个值:(∃x)(x 是张三)。这又是以逻辑语言或思维代存在的一个典型。如果说普罗太戈拉说过"人是万物的尺度",那么,在分析哲学家看来,思维–语言–逻辑就是万物的尺度。

后现代主义者试图"的掉"(deconstruct 解构)西方哲学的这个根深蒂固的传统,但他们在追根溯源方面似乎做得还远远不够。这种消解其实从意志主义,尤其是在尼采那里就已经开始了,但却总是显得那样的徒劳无益。我们现在回头来看,语言之所以能成为西方哲学的最后边界,是因为西方哲学从一开始就将对于"存在"(古希腊语 on,英语 to be)的思考视为自己的核心课题,而 on 或 to be 具有双重意义:它是哲学意义上的"存在",又是语言学意义上的系词"是"。前者是从"对象性语言"层面对事实的陈述,后者是从"元语言"层面对思想的表述。在前一种情况下,它是一种对象性的陈述或描述;在后一种情况下,它是一种元语言性质的判断或断定。于是,"事实–思想–语言"打成一片了,或曰混为一谈了。西方哲学这种以"言"代"有"、以"思"代"在"的理性主义传统,确实异常强大,以至于现代人文主义最杰出的哲学大师海德格

---

① 维特根斯坦:《哲学研究》,陈嘉映译,上海人民出版社 2001 年版。

尔,最后也未能彻底逃出"语言的牢笼",以至承认"语言是存在的家园"。不仅如此,当今西方哲学似乎还有某种越陷越深的迹象。

　　我们的问题是:如果说思维是存在之家,语言是思维之家,那么什么是语言之家? 这个问题的实质在于:继"语言学转向"之后,西方哲学向何处去? 看来,今天的西方哲学家们如果试图超越西方哲学传统,他们首先必须超越现代语言分析哲学;进一步说,他们还必须超越海德格尔式的"超越"方式。具体来说,他们当然必须继续研究语言-逻辑-思维,但是首先必须把它们拉下形而上学存在论的王座;他们当然必须反思存在,但是首先必须把存在从语言的牢笼中解放出来。总之,他们必须冲破语言的牢笼。

我们的语言与我们的生存
——驳所谓"现代中国人'失语'"说*

目前有一种很时髦的流行说法,说现代中国人已经患上了"失语症":我们所操的表面上似乎还是现代"汉语",而实际上讲的却是西方话语;我们不过是以汉语之形,而道西语之实;我们犹如邯郸之行,忘其故步,已经丧失了自己的语言,丧失了说自家话的能力。

这种"失语说"犹如一种流行病,从中国的文学理论界滋生,迅速蔓延到文化界、思想界、整个学术界。对于那些持有强烈的文化民族主义立场的人来说,"失语说"似乎已经成为他们手中的一种"有力的理论武器"。这实在是一种危险的倾向,它反映出相当一部分人仍然坚持着一种闭关锁国的心态。有鉴于此,我们必须认真对待这种论调。我们问:事情果真如"失语"论者所说的那样吗?

一

确实,只要是顺着"失语"论者的思路去思考问题,中国人就

*　原载《南京师范大学文学院学报》2004 年第 4 期;收入拙著《面向生活本身的儒学——黄玉顺"生活儒学"自选集》,四川大学出版社 2006 年版。我当时曾指出:"此文原是针对文学理论界流行的'失语'说的一种反驳,但其实质意义却……在于思考一种诠释观念,只不过这里更涉及了语言问题,它对形成生活儒学的'本源的言说方式'观念具有重要意义。"(《面向生活本身的儒学——黄玉顺"生活儒学"自选集》,前言,第 7 页。)

真正是"失语"了。我认识的一位中国哲学教授,就是一个典型的例子。他出于强烈的民族主义情结,对自己的研究生的要求,跟当年鲁迅的态度正好相反。鲁迅说:"中国的书一本都不要读。"而他的态度是:西方的书一本都不要读。只许读咱们中国的书。可是当他说完这一类话以后,他就这样开始讲授所谓地地道道的中国哲学了,例如:"咱们现在开始讲老子的辩证法……"呜呼!"辩证法"!试问,这个东西曾经写在中国的哪本书里?没有。这位教授已经"失语"了。而且,情况看起来还更为严重,因为类似的"失语"现象不仅充斥在我们的学术文本里,而且遍布于我们的日常语言中:只要我们开口讲现代汉语,我们就不得不讲"西方话语"。怎么办?看来是别无选择了:要么保持沉默,全民皆哑;要么重操文言,之乎者也。据我所知,确有学者在这么做:他们试图从中国古代词汇中发掘出一套货真价实的"中国的"理论语言来,虽然迄无成功——也永远不可能成功。

事情就是这样:只要顺着"失语"论者的思路去思考问题,那么中国人确实就是"失语"了。既然如此,好吧,让我们继续顺着"失语"论者的思路思考下去:

根据"失语"论者的思路,中国人其实早已经"失语"了,何待今日!至迟在东汉时期,即佛学传入以来,中国人就"失语"了:我们满口的"世界""时间""实际""真相"之类,原来竟然也都是"西方"——唐玄奘"西天取经"的那个"西方"——的东西。中国人已"失语"千年!

但是依然根据"失语"论者的思路,西方人其实同样早已经"失语"了,何止中国!例如现代英语,它究竟有多少成分属于所谓地地道道的原始英语?又有多少成分来自法语、拉丁语、其他语?英国英语如此,美国英语更不消说了。这是稍知英语历史的人都明白的。假如英国人也采取那位教授的那种"爱国主义"态度,他们一定会连《圣经》也不要读的。可是事情并非如此。现代英国人、美国人好像并没有惊慌失措："哇！我们失语啦！"

世界上究竟有哪种语言竟然还没有"失语"的？恐怕只有那种从来未曾与外界有过接触的原始部落的语言，但这样的原始部落好像已经在世界上绝迹了。如此说来，所谓"失语"竟是一种全球性的、普遍性的现象，竟是一种没有任何力量足以阻挡的"天命"。于是，我们就会想到这样一种二者必居其一的推论：假如"失语"是一种应该被克服的荒谬现象，那么这个世界整个就是荒谬的；否则我们就只好说，"失语"之说本身才是荒谬的。

其实，即使按照"失语"论者的说法，现代中国人也并未完全彻底地"失语"。语言包括三个层面：词汇，语音，语法。变化最快的当属**词汇**，我们所谓"失语"主要指的是这个层面：西学东渐以来，大量的外语词汇传入汉语。其次就是**语音**，其变化却比较缓慢：现代汉语跟所谓"西化"前的近代汉语相比，在语音上并没有发生多少变异。至于**语法**，就更是语言中最为稳固的层面；尤其是它的语序结构，其变化往往是须以千百年计的：现代汉语与近代汉语相比，在语序上究竟能有多少差异？几乎没有。所以，是不是可以说：部分的语音上，几乎整个的语法上，我们还是没有"失语"的。

况且，即便承认现代汉语不仅在词汇层面上，而且在语音、语法层面上，也已经因为受西方语言的影响而在悄然发生着某些变化，甚至干脆承认我们的整个语言确确实实地变成了一种带有所谓"西方话语"的语言，难道这就是"失语"了吗？事情并非如此。须知，行文至此，我们一直都是在顺着"失语"论者的思路考虑问题，尽管它已导致了某种荒诞的结论；而真正的问题却在于："失语"论者的思路果真是对的吗？他们所描述的情景难道果真是所谓"失语"吗？

二

我们的看法恰恰相反：现代汉语不仅在语言形式上是地地道道的汉语，而且在观念内容上同样是地地道道的汉语。这个问题涉及两个层面的观念：解释学的观念，语言学的观念。

按当代哲学解释学的观念，所谓"失语"根本就是不可能的。因为显而易见，"失语说"的一个基本前提是：我们可以在与外来语言的接触中接受纯粹的原汁原味的外语及其观念，同时可以在与传统文本的接触中接受纯粹的原汁原味的传统语言及其观念。在前一种情况下，我们才可能"失语"；在后一种情况下，我们才可能"避免失语"。但我们知道，"失语"论者所持的这样一种观念本身恰恰是一种陈旧的传统观念。而按照当代哲学解释学的观念，那种纯粹的原汁原味的接受根本是不可能的。

正如伽达默尔所说，一旦翻译就已经是阐释。对于外语文本或者传统文本，即便仅仅是"忠实的"翻译——甚至是鲁迅所谓"直译"——也都已经是在阐释了，更不用说那种转述、介绍之类的东西了。而只要阐释，就已经带有了阐释者的观念；甚至可以说，阐释其实在本质上就是阐释者自己的观念。这是因为，阐释作为此在的一种生存样式意味着：在阐释中，"过去"了的传统其实已经成为我们的"当下"——过去已经被当下化了，传统已经被此在化了。这是由作为此在生存样式的阐释本身的时间性、历史性所决定的：我们向来已经走在了传统的前面。由此看来，近代以来大量涌入的西方词语，经过中国人哪怕仅仅赋之以汉语化的形式这样一种阐释，其实也已经是现代中国人自己的观念了。

但即便这样的理解也还是不够充分透彻的，因为当代哲学解释学是奠基于现象学观念的。按现象学的语言观，"失语说"乃是一种彻头彻尾的头足倒置的说法。阐释（Interpretation）是奠基于此在,亦即人自己的源始的存在之领会与解释(Auslegung)的;而这种存在之领会与解释,又是奠基于更其源始的生存——存在本身的。所以,对语言的理解,实质是对人的理解。然而,"失语"论者的全部"理论"都建立在一个虚假的预设上面:中国人——或者说人——不过是一件容器:或者用来盛中国传统的东西,或者用来盛西方的东西。可是,人并不是容器! 中国人不是容器,现代中国人也绝不是容器。人是什么? 人是一种存在者;但他是一种特殊的存在者,它的存在就是生存。阐释、阐释的语言,就是源于人,即此在的生存的。我们的语言奠基于我们的生存,现代中国人的语言奠基于现代中国人的生存。现代汉语源于我们自己的生存境遇,源于我们自己的源始的存在之领会与解释。不论对于传统观念还是西方观念,我们一向都已走在它们的前面了。

<h2 style="text-align:center">三</h2>

或许会有学者对此表示质疑,因为他们可能立即会想起海德格尔的一句名言:"语言是存在之家。"似乎不是存在决定了语言,而是语言决定了存在。这是必须加以认真辨析的一个问题:"语言是存在之家"究竟是什么意思? 海德格尔在谈到语言问题时,有一句核心的提法:"把作为语言的语言带向语言。"这里出现了两个"语言":"作为语言的语言"、"语言"。那么,他所谓"语言是存在之家"究竟是指的哪个"语言"? 这也正是人们在理解海德格尔的语言观时所常常遇到的困惑。

海德格尔区分了两种语言:

　　语言Ⅰ:人类的语言——人言(Spreche/Sprechen)

　　语言Ⅱ:大道的语言——道言(Sage/Sagen)

在"把作为语言的语言带向语言"中,第一个"作为语言的语言"指本质的语言(=语言的本质),亦即道言,它是大道(Ereignis,

或译源始居有、缘构发生)的语言、语言的本质;第二个"语言"指人类的语言。"把作为语言的语言带向语言"是说的思的运程:只有把大道的语言作为语言的本质带向人类的语言,我们才有可能本真地把握人类的语言。因此,作为存在之家的语言不是人类的语言,而是大道的语言。大道的语言作为无声的道言,其实就是存在本身的自己开辟道路、"存在的扩充"(Zuwachs an Sein);联系到他的前期思想,那么,对于作为此在的我们来说,语言的本质就是我们的生存本身、我们自己的源始的存在之领会与解释本身的。

现在,事情已经十分明了了:一时代有一时代之语言,因为一时代人有一时代人之生存。现代汉语作为现代中国人自己的存在之领会与解释的结果,乃是现代中国人自己的生存境遇的产物。这里没有什么"失语"。

恰恰相反,我想指出:正是那种拒绝所谓"实质上是西方话语"的现代汉语的做法,其实才是真正的失语:丧失了现代中国人的语言能力。这样的"失语"乃源自"丧家"——丧失了现代中国人自己的存在之家。我在开头所举的那位教授,就是在这个意义上的一个典型的失语者:他为了避免"辩证法"之类的所谓"西方话语"的尴尬,另有一手绝活儿,那就是只会大段大段地背诵古文,而压根儿没有任何自己的思想。这样的博闻强记的背诵,所说的自然不是西方的话语,然而可惜也不是他自己的话语,而是古人的话语。他是真正地失语了:丧失了用现代汉语来独立思想的能力。

"中西比较哲学"之我见*

  较之比较文学、比较语言学、比较文化学等等而言，"比较哲学"这个名目，无论在学理建构上，还是在学科建制上，都还属于所谓"空白"。但这不等于说这么些年来我们根本就没有比较哲学。实际上，自西学东渐以来，我们一直就在进行着比较哲学，尤其中西比较哲学的研究，只不过我们名之为"中西哲学比较研究"而已。但唯其不自觉，或唯其具有一种不恰当的自觉，其间问题多多，不可不辩。

一

  一说到"中西哲学比较研究"，我们便立即卷入了一场持久不衰的争议，因为显而易见，这个名目已然预设了"中国有哲学"或者"有中国哲学"，否则，何来所谓中西哲学比较？然而人们可以问：中国有所谓"哲学"吗？或者说："中国哲学"这个名目能成立吗？这正是许多学者的疑惑，它一直都是一个争论不休的话题。

---

  * 原载《儒学评论》，张立文主编，河北大学出版社 2005 年版；收入拙著《面向生活本身的儒学——黄玉顺"生活儒学"自选集》，四川大学出版社 2006 年版。我当时曾指出："这篇文章实质上却代表着我对一种更为彻底的诠释观念的思考。这种诠释观念试图超越海德格尔那种'此在的生存领会'的存在论诠释学，真正达到一种先行于任何存在者——包括'此在'的、生活儒学的诠释观念：生活论的诠释学。"（《面向生活本身的儒学——黄玉顺"生活儒学"自选集》，前言，第 7 页。）

例如新近有学者认为：古代中国并无所谓中国哲学；甚至现代中国也无所谓中国哲学——与其说有着所谓"中国哲学"，毋宁说有着"哲学在中国"①。这意思就是说：我们至今仍无所谓中国哲学；我们所有的不过是西方哲学在中国。这似乎是颇有道理的：不是吗？我们即便在那里煞有介事地谈论中国的"哲学"，所谈论的其实也不过是西方哲学：冯友兰的"中国哲学"只不过是"美国哲学在中国"，牟宗三的"中国哲学"也不过是"康德哲学在中国"，更不用说胡适的"实验主义"、洪谦的"实证主义"之类了。其原因很简单：我们"失语"了。表面上看来，我们操着所谓"现代汉语"；而实际上我们操着西方哲学的话语，谈着西方哲学的问题。

　　但我对此不以为然。问题在于：何谓"哲学"？这使我想起海德格尔的一番话：

　　　　哲学即形而上学②。形而上学着眼于存在，着眼于存在中的存在者之共属一体，来思考存在者整体——世界、人类和上帝。形而上学以论证性表象的思维方式来思考存在者之为存在者。因为从哲学开端以来，并且凭借这一开端，存在者之存在就把自身显示为根据。……它是实在的存在者状态上的原因（亚里士多德），是使对象之对象性得以成立的先验可能性（笛卡儿），是绝对精神运动和历史产生过程的辩证中介（黑格尔），是那种价值设定的强力意志（尼采）。③

————————————

　　①　郑家栋：《"中国哲学"的"合法性"问题》，2001 年 9 月于韩国东洋哲学会主办的"奇高峰与二十一世纪东洋哲学"学术研讨会开幕式的演讲，首发于"世纪中国"网，转发于"中国儒学网"：www. confuchina.com/01%20zong%20lun/zhongguozhexue%20hefaxing.htm。
　　②　"形而上学"在这里是海德格尔对从古希腊雅典哲学以来的西方本体论哲学及其全部展开的一个总体称谓。——引者注
　　③　海德格尔：《哲学的终结和思的任务》，载《面向思的事情》，陈小文、孙周兴译，商务印书馆 1999 年第 2 版，第 68—69 页。括号内为引者所加。

　　简而言之,思考存在者整体、存在者之为存在者,或者所有存在者的终极根据的东西,即是哲学。这个根据(Grund)本身仍然还是一个存在者(das Seiende),它的实质就是主体性、实体性。海德格尔指出:"什么是哲学研究的事情呢?……这个事情就是意识的主体性";这个主体性同时就是实体性,所以,"作为形而上学的哲学之事情乃是存在者之存在,乃是以实体性和主体性为形态的存在者之在场状态"①。这个主体性乃是"现代性"的哲学表达,它是由笛卡儿确立起来的;但它还有着更为深远的形而上学背景,那就是轴心期(Axial Period)②之后彰显出来的"实体"范畴,它是由亚里士多德以范畴表的形式给出的③。主体性即是实体性,这就是黑格尔的名言所要表达的意思:"实体在本质上即是主体。"④所以海德格尔指明:"主体乃是被转移到意识中的根据,即真实在场者,就是在传统语言中十分含糊地被叫做'实体'的那个东西。当黑格尔在那个前言中宣称:'(哲学的)真理不仅应被理解和表述为实体,而且同样应被理解和表述为主体',这就意味着:存在者之存在,即在场者之在场状态,只有当它在绝对理念中作为本身自为地现身当前时,才是明显的因而也才是完全的在场状态。"⑤这个实体、主体,作为"存在者整体"或者"存在者之为存在者"即作

---

　　①　海德格尔:《哲学的终结和思的任务》,见《面向思的事情》,第76页。

　　②　雅斯贝斯:《历史的起源与目标》,魏楚雄、俞新天译,华夏出版社1989年版。

　　③　亚里士多德:《范畴篇》,载《工具论》,李匡武译,广东人民出版社1984年版。

　　④　黑格尔:《精神现象学》,贺麟、王玖兴译,商务印书馆1979年第2版,第15页。

　　⑤　海德格尔:《哲学的终结和思的任务》,见《面向思的事情》,第75页。

为所有存在者的最后"根据"的那个存在者,即是所谓"本体"
(noumenon),它在西方哲学史上表现为本体论意义上的世界(宇
宙论)、人类(哲学人类学)或上帝(神学)①。

假如我们认同这个看法,那么,现在剩下的问题仅仅在于:在
中国传统中,人们是否同样在思考着这样的本体、实体、主体? 答
案是肯定的。我们这里且以儒家为例。如果说,"自亚里士多德以
降,作为形而上学的哲学的事情就是在存在论神学上思存在者之
为存在者"②,那么,自孟子以降,儒家哲学的事情就是在心性论上
去思考存在者之为存在者。

孟子首先把"仁"把握为"性",它作为人之性,也就是主体性。
这种把握乃是一种确立,即他所说的"先立乎其大者":

> 公都子问曰:"钧是人也,或为大人,或为小人,何也?"孟
> 子曰:"从其大体为大人,从其小体为小人。"曰:"均是人也,
> 或从其大体,或从其小体,何也?"曰:"耳目之官不思,而蔽于
> 物。物交物,则引之而已矣。心之官则思;思则得之,不思则
> 不得也。此天之所与我者。先立乎其大者,则其小者弗能夺
> 也。此为大人而已矣。"③

所谓先立其大,就是首先确立先验的心性,亦即确立那个"使
对象之对象性得以成立的先验可能性"④。这个心性其实就是人
的主体性,在这个意义上,牟宗三把这样的"心体与性体"理解为

————————————

①　海德格尔:《哲学的终结和思的任务》,见《面向思的事情》,第
68 页。

②　海德格尔:《哲学的终结和思的任务》,见《面向思的事情》,第 83—
84 页。

③　《孟子·告子上》,《十三经注疏》本,中华书局 1980 年版。

④　海德格尔:《哲学的终结和思的任务》,见《面向思的事情》,第
69 页。

"道德主体",是颇为契合的①。

此"性"既是主体性,也是实体性。孟子所谓"此天所与我者",也就是《中庸》所谓"天命之谓性"②。本来,在中国的前轴心期,天作为绝对实体,正是一切存在者的最后根据、最初根源,在这个意义上,天这个实体正是绝对的主体性;而它也是人的主体性的根据,这就是说,天的主体性与人的主体性那时是分离的。孟子的创造,在于他以"天人合一"的路径把天的绝对主体性内在化为人的主体性。于是,主体就是实体——作为本体的终极实体。只有在这个意义上,孟子才有可能说出"万物皆备于我"③这样的话来;而在《中庸》里,这个本体被表述为"中"或"诚":

> 喜怒哀乐之未发,谓之中;发而皆中节,谓之和。中也者,天下之大本也;和也者,天下之达道也。致中和,天地位焉,万物育焉。④

> 诚者,物之终始,不诚无物。……诚者,非自成己而已也,所以成物也。⑤

此"中"此"诚",既作为人的"未发"之性,又作为天下"大本",而位天地、育万物,成己成物,确实正如黑格尔之所言:绝对实体即是绝对主体。这正是形而上学的根本,也就是哲学的根本。

在这层根本意义上,"中国哲学"原是既成事实。因此,所谓"中国有没有哲学"的问题完全是个伪问题。

---

① 牟宗三:《心体与性体》,台湾:正中书局1986年版。

② 《礼记》,《十三经注疏》本,中华书局1980年版。《中庸》与《孟子》一致,均属于儒家心学"思孟学派"文献。

③ 《孟子·尽心上》。

④ 《礼记·中庸》。

⑤ 《礼记·中庸》。

二

但是,以上讨论似乎仍然可以遭遇这样的质疑:"你采用了海德格尔的'哲学'概念;换句话说,你所采用的仍然是西方的'哲学'概念!"这就使我们不得不进入另外一个热门话题:所谓"失语"的问题。我们的问题是:我们之"采用海德格尔的'哲学'概念",这件事竟然是可能的吗?

所谓"采用海德格尔的'哲学'概念"或者"采用西方的'哲学'概念",这样的说法本身就依赖于这样一个语义预设:某处存在着一个摆在那里的、"现成在手的"(vorhanden)所谓"海德格尔的'哲学'概念"或者"西方的'哲学'概念"。然而稍有一点现代哲学史常识的人都知道:这是不可能的。现成地摆在那里的东西乃是一个"客观对象",但是这样的"客观对象"实质上不过是一个"存在设定",休谟谓之"不可知",而胡塞尔则称之为"超越物"(Transzendenz)。这就是西方近代以来的哲学史所揭示出的所谓"认识论困境":内在的意识如何可能确证并且"切中"那个外在的"客观存在"?这就表明:所谓"不以人们的意识为转移的客观存在",用佛学的话来说,叫做"不可思议",纵然我们自以为是地、煞有介事地思之议之。

正是这个"认识论困境"启示了胡塞尔的"悬搁"(epoché)、"面向事情本身"(zu den Sachen selbt)的观念,即导致了纯粹先验意识现象学。然而胡塞尔的意识现象学同样面临着某种可以称之为"先验论困境"的境况。例如,我们要抵达纯粹先验意识领域,就必须首先排除"自然主义态度"而确立"现象学态度";然而我们何以可能排除"自然主义态度"而确立"现象学态度"?除非我们已经抵达了纯粹意识领域。这就正如孟子的先验进路必定面临着这样的困境：我们必须"先立乎其大者"①，亦即确立心性本体，才能抵达先验的心学境界；然而我们凭什么会"先立其大"？除非我们已经确立了心性本体。这就是先验论的困境：我们势必陷入循环——不是"解释的循环"，而是地地道道的"恶性循环"。这样的困境乃是因为，他们其实是在传统形而上学的思维方式里兜圈子。有鉴于此，这才有了海德格尔的现象学——作为"基础存在论"的此在诠释学。

根据此在诠释学的现象学观念，"失语"这样的事情根本上就是不可能的。显而易见，"失语"说的一个前提是：我们可以在与外语文本的接触中接受纯粹的原汁原味的外语及其观念，或者可以在与传统文本的接触中接受纯粹的原汁原味的传统语言及其观念。在前一种情况下，我们才可能"失语"；在后一种情况下，我们才可能"避免失语"。但我们知道，赖以支持"失语"论者的这样一种前提本身恰恰是一种应被解构的陈旧的传统形而上学观念。而按照当代哲学诠释学的观念，那种纯粹的原汁原味的接受根本是不可能的。

正如伽达默尔所说，一旦翻译就已经是诠释。对于外语文本或者传统文本，即便仅仅是"忠实的"翻译——甚至是鲁迅所谓"直译"——也都已经是在诠释了，更不用说那种转述、介绍之类的东西了。而只要诠释，就一定已经带有了诠释者的观念；甚至可以说，诠释本质上就是诠释者自己的诠释。这是因为，诠释作为此在的一种生存样式意味着：在诠释中，"过去"了的传统其实已经成为我们的"当下"——过去已经被当下化了，传统已经被此在化了。这是由作为此在生存样式的诠释本身的时间性、历史性所决定的：我们向来已经走在了传统的前面。由此看来，近代以来大量涌入的西方文本，经过中国人哪怕仅仅赋之以汉语化的形式这

① 《孟子·告子上》。

样一种诠释,其实也已经是现代中国人自己的观念了。

由此可见,"失语"说实实在在是一种彻头彻尾的头足倒置的说法。诠释(Interpretation)是建基于此在,亦即人自己的源始的存在之领会与解释(Auslegung)的;而这种存在之领会与解释,又是建基于更其源始的生存-存在本身的。然而,"失语"论者的全部"理论"都建立在一个虚假的预设上面:中国人——或者说人——不过是一件容器:这个容器或者用来盛所谓"中国的"东西,或者用来盛所谓"西方的"东西。然而,人并不是容器!人是什么?人是一种存在者;但他是一种特殊的存在者,它的存在就是生存。诠释、诠释的语言,就是源于人,即此在的生存的:人的语言建基于人的生存样态,现代中国人的语言建基于现代中国人的生存样态;现代汉语源于我们自己的生存境遇,源于我们自己的源始的存在之领会与解释。所以,不论对于所谓"中国传统"观念,还是所谓"西方"观念,我们一向都已走在它们的前面了。

按照此处的思想,本文第一部分的那个结论"'中国哲学'原是既成事实"这个说法也是大成问题的。对于当下诠释着的我们来说,无论"中国哲学",还是"西方哲学",都不是任何现成在手的既成事实。

三

在这个意义上,所谓"中西比较哲学"或者"中西哲学比较"就是一种颇成问题的说法。当然,我们也可以姑且采取一种"约定俗成"的态度来接受"中西比较哲学"这样的学科称谓,但前提是我们应当心知肚明:比较即是诠释,而诠释建基于我们自己的当下的生存及其源始的存在之领会与解释。

若能以这样的观念来理解所谓"中西比较哲学",那么,我们可以说:自近代以来,中国的全部既有的或者可能的哲学研究,无论是有意识的"比较研究",还是所谓纯粹的"中国哲学"研究,或者纯粹的"西方哲学"研究,都已经是"中西比较哲学"的研究了。换句话说,根本就不存在所谓纯粹的"中国哲学研究"或者纯粹的"西方哲学研究"。这是因为:所谓"中国哲学传统",或者"西方哲学传统",作为传统,都不是外在的现成的东西,而是内在于我们自己的此在的生存之中的。正如海德格尔在谈到"传统"时所说:

> 在它的实际存在中,此在一向如它已曾是的那样存在并作为它已曾是的"东西"存在。无论明言与否,此在总**是**它的过去,而这不仅是说,它的过去仿佛"在后面"推着它,它还伴有过去的东西作为有时在它身上还起作用的现成属性。大致说来,此在的存在向来是从它的将来方面"演历"的,此在就其存在方式而言原就"是"它的过去。此在通过它当下去存在的方式,因而也就是随着隶属于它的存在之领会,生长到一种承袭下来的此在解释中去并在这种解释中成长。此在当下就是而且在一定范围之内总是从这种此在解释中来领会自身。这种领会开展着它的各种可能性并且调整着这些可能性。它自己的过去——而这总是说它的"同代人"的过去——并不是跟**在**此在**后面**,而是向来已经走在它的前头。①

这就是说,传统作为此在的"过去",通过此在的"当下"的存在之领会与解释,而在此在的"将来"的可能性中开展出来。而所谓"中西比较哲学",正是建基于这样的存在之领会与解释的。这里,所谓传统——不论中国哲学的传统还是西方哲学的传统——不是现成的"过去",而是生成着的"当下";而此生成,就是诠释本身。在这个意义上,现有的学科建制划分,诸如"中国哲学"、"外国哲学"乃至"比较哲学"等等,都是荒谬的。不论中国传统的文

---

① 海德格尔:《存在与时间》,陈嘉映、王庆节译,生活·读书·新知三联书店 1999 年第 2 版,第 24 页。

本,还是西方既有的文本,在我们的哲学之思中,都已经作为此在生存的组建内容而共在于我们自己的生存之领会与解释之中而无所逃逸。假如有哲学工作者宣称:我决不搞什么比较哲学。那么我们会回答他:那是痴人说梦。

以上讨论其实已经回答了这样的问题:我们应当怎样进行中西比较哲学研究?现在,我们将这个问题的答案进一步挑明:

如果说中西比较哲学是在现成的中国哲学与现成的西方哲学之间进行的比较研究,那么,这样的中西比较哲学根本就不存在,也不可能存在;而如果说所谓中西比较哲学,不过是中西哲学文本在我们当下的生存中来与我们照面而共在,在我们的存在之领会与解释中显现为存在自身的扩展或者生存经验的自身扩展,那么,在我们的所有可能的哲学研究中,这样的中西比较哲学无处不在。只要我们进行哲学的研究,我们就在进行着比较哲学的研究。对于现代中国哲学家来说,这种意义上的中西比较哲学乃是我们的"天命",也就是说,它恰恰就是我们自己的生存本身的涵项。事情就是这样:中国的所有哲学家均须意识到,我们的任何一种哲学研究,都已经是并且将始终是中西比较哲学研究。

其所以如此,就因为我们的生存本身。我们的生存样态,早已既不是百国来朝的专制帝国治下的臣民生活,更不是中西之间"鸡犬之声相闻,民至老死不相往来"的小国寡民的状况。我们的生存样态,简而言之,就是现代性①、全球化②,如此等等。在这样的生存样态中,"西方"并不在我们的生存之外,而是在我们的生存之中。我们的一切诠释,都建基于这样的生存;我们的一切哲学之思,都建基于这样的存在之领会与解释。

行文至此,还有一点必须指明:上文第二部分出现的"诠释本

①　在我看来,"后现代"只是现代性的扩张。

②　依我的看法,所谓"本土化"也是全球化的内在涵项。

质上就是诠释者自己的诠释"这样的表述,还是不够充分透彻的。当代诠释学的观念应该是这样的:不是诠释者先行于诠释,而是诠释先行于诠释者。在这个意义上,海德格尔的"此在"概念也是很不彻底的:仿佛先有了此在这样的存在者,而后才有他的存在①。事情本身正好相反:不是此在先行于生存,而是生存先行于此在;不是"此在的生存",而是"生存着的此在"。因此,海德格尔的"此在",正如某些后现代思想家所已指出的,只不过是一种改头换面的"大写的人",它仍然面临着解构的命运。不过,这个话题已经超出了本文的论题范围。我们这里只是想说:诠释本身就是生存,或者说,诠释本身就是归属于生存的。因此,所谓"中西比较哲学",固然不是"我注六经",但也绝非"六经注我",而是:"注"生成着"我"、生成着"六经"。这里,"注"本身归属于生存。这就是说,中西比较哲学乃是当代生存本身的一种展开样式。

---

① 参见海德格尔《存在与时间》"导论"中涉及此在之优先性的部分。

思想话语系统间的对应性问题

　　我从西方谈到中国，这样的讲法或许会引起一些人的异议。所以，在正式地讲"观念的层级"这个话题之前，我想先解释一下刚才所提到的"对应性"问题。我提到"海德格尔和老子之间的对应"、"道家和儒家之间的对应"。这个问题涉及一个现在争论得比较多的问题，我也经常遇到这种争论，就是所谓"中西比较"能否成立的问题。相当一部分人认为，中西之间是完全不可通约的，毫无关系。因此，你在谈中国哲学的时候，不应该谈到西方的；在谈西方哲学的时候，不应该谈到中国的。关于这个问题，我以前专门写过两篇文章，驳斥了这样一种观念①。今天我不再详细展开那两篇文章的观点，而是换一个角度来说。

　　前一段时间，我重读韩愈的《原道》，获得了一种领悟。其中有两句话，其实是他那篇东西的观念前提，很有意思的。他说："仁与义为定名，道与德为虚位。"韩愈一上来就说："博爱之谓仁，行而宜之之谓义，由是而之焉之谓道，足乎己无待于外之谓德。"然后就是这两句。这两句话怎么有意思呢？

　　韩愈是在谈儒家思想与道家思想的关系。其实，我们无论是

　　* 本文原为拙著《爱与思——生活儒学的观念》第一讲"一、等同与对应：定名与虚位"，四川大学出版社2006年版。

　　① 黄玉顺：《我们的语言与我们的生存——驳所谓"现代中国人'失语'"说》，《南京师范大学文学院学报》2004年第4期；《"中西比较哲学"之我见》，中国儒学网(www.confuchina.com)。

在谈到儒家和道家的时候，还是在谈到我刚才所提到的"中"、"西"之间观念比较的时候，我们都是在谈观念之间的比较问题。但是，当我们谈到这样的比较的时候，就面临着一种困窘：我们缺乏一种观念的工具来把握它：这究竟是一种怎样的关系？

韩愈说，"仁与义为定名，道与德为虚位"，意思是什么呢？他是在说：不管是儒家，还是道家，都谈"道""德"（不仅如此，我们知道，诸子百家都在谈"道"与"德"）；但是，诸子百家所谈的"道""德"，实质内容却是不同的。这就是说，他们所谈的"道""德"，作为"**定名**"乃是不同的。所以，作为儒者的韩愈才说："老子……其所谓'道'，道其所道，非吾所谓'道'也；其所谓'德'，德其所德，非吾所谓'德'也。"这就是说，儒、道两家在"道""德"问题上，在"定名"上的实质不同。所谓"定名"是说：这个名词，这么一个命名，在内涵上是有着特定、确定的实质内容的。定名的不同意味着：不论双方是操的不同的语言（如汉语和英语），还是同样的语言（例如都是汉语），双方的词语之间都没有**等同性**。儒家所说的"道""德"跟道家所说的"道""德"之间，是不能等同的。

然而，虽然实质内容是不同的，他们之间却可以对话，互相都是可以理解的。这一点很重要。这是一种很有意思的现象。你不能说你在那里谈"道""德"，我却根本不知道你在说什么，根本听不懂你的话。比如，我是一个儒家的人，在给一个道家的人谈"道"和"德"的关系、形而上和形而下的关系，人家根本听不懂，简直不知道我是在说汉语还是在说英语。或者说，一个信奉道家的人，读到韩愈的《原道》，读到他所谈的"道"与"德"，却完全不知道他在说些什么！但这种情况是不可能发生的。对方确实知道我在说什么。这就很有意思了。这意味着什么呢？意味着：实际上，当我们在谈论"道"与"德"的时候，我们之间是有一个**共同的语义平台**的。这是不同的派别在语言使用上的共同点，是他们进行讨论、对话的基础。否则，谁也听不懂谁说话，完全听不懂。这样一种共同的语义平台，就叫做"**虚位**"。所谓"**虚位**"是说：在不同的思想系统之间，甚至在不同的民族语言、民族文化之间，词语及其观念之间是具有**对应性**的。这种对应，本质上是在观念层级上的对应。

"虚位"这个词发明得很好："位"就是说的观念的层级，也就是说的这个观念在整个观念系统中的位置；但就其可以对应而言，这个位置是"虚"的，也就是说，这种对应性是没有实质性的。诚然，在儒家和道家之间，在"中"和"西"之间，你几乎找不到一个词语或者范畴、概念是完全可以互相等同的，也就是说，你找不到一个完全等同的"定名"；但是，你却可以发现，双方的某些词语之间可以在"虚位"上对应起来。这样，我们就能理解或者大致可以理解对方在说什么。例如今天汉语所说的"观念"。我们现代中国人用"观念"这个词语去翻译 idea，但现代中国人所说的"观念"和西方人所说的 idea，其实并不完全是一回事。这就是说，中国人所说的"观念"和西方人的 idea，在"定名"上并不等同。西方人所说的 idea，从柏拉图到笛卡儿再到胡塞尔，有其特定的所指，这个所指，并不是中国人原来所说的"观"、"念"。这就是韩愈所说的"定名"的不同。但是，你同时也应该明白：为什么汉语要用"观念"去翻译 idea？显而易见，它确实有一种可以对应于 idea 的观念内容。这就是"虚位"的对应性。否则，我们就不能这样翻译，翻译出来了别人也不明白是什么意思。

中西之间的词语观念，在虚位上存在着对应性，这应该是没有问题的，否则，你和外国人没法交流，没法交往，连生意也没法谈。比如说，我在和一个外国老板谈生意，他说他的英语，我说我的汉语，中间有一个翻译在那里传译。从定名的等同性来说，在这两种语言之间，你当然找不到完全等同的词语。我说一个词，被翻成一个英语词；他说一个词，被翻成一个汉语词。我们双方所说的词语，肯定是不等同的。但是，奇怪的是，我们之间却可以交流，可以谈生意的,完全没有问题。这表明:我们能互相理解,完全能理解对方在说什么。这就产生一个问题:你是凭什么而理解的?你是怎么达到这种理解的?显而易见,这里存在着某种共同的观念平台。

确实,在中西不同的民族语言之间,我们很难找到互相完全等同的词语。也有例外,那就是人工语言,比如数学里面的符号语言。但那完全不是等同与否、对应与否的问题,因为那不是英语,也不是汉语,而仅仅是人工符号。而像英语或者汉语这样的民族语言、自然语言,相互之间基本上找不到完全等同的词语。但是,我们能够交流,能够互相理解,完全没有问题。这是什么道理呢?因为,——姑且借用结构主义的观点,——每一种语言是一个系统,一个民族语言,比如汉语、英语,两者都是一种系统。你作为系统来评判,那么,它作为一个系统,有它的结构、它的层级、它的要素等等。这样一来,两种语言系统之间就能够有一种对应关系。

举个最通俗的例子来讲,中国人讲"王","王道政治"的"王",那么,当你说"王"的时候,我可以想到什么呢?夏、商、周三代都有的那个"王"——夏禹王、殷纣王、周文王、周武王等等。可是,西方人所说的 king,我们把它翻作"王"。中国人把 king 翻作"王",那是有道理的。有什么道理呢?从等同性来讲,从"定名"来讲,可以说简直没有道理。因为:英国人所说的那个 king,其实并不是中国人所说的"王",实质内容不同,差远了!中国人所理解的"王",比如许慎解释说:"王,天下所归往也。董仲舒曰:'古之造文者,三画而连其中,谓之"王"。三者,天、地、人也;而参通之者,王也。'孔子曰:'一贯三为王。'"①可是,英国人有"天下"的观念吗?有"天、地、人"这样的"三才之道"②的观念吗?没有。所

---

① 许慎:《说文解字》。
② 《周易·系辞传》。

以，他们所说的 king 和我们所说的"王"是大不相同的。但是，我们把 king 翻作"王"，而且这样一来，我们就理解了：原来英国人所说的 king，就是咱们中国人所说的坐在那么一个位子上的那个人啊！这就是对应性，是观念的"位置"的对应性。你这样就理解了：某某处在某个位子上面。中西之间，或者不同的民族之间，两个文化观念系统的背景不同，即没有等同性；但是，这两个观念系统在层级上、在要素上是有对应性的；否则，我们之间就不能互相理解和交流。

中国的儒、道之间，情形也是这样的。我刚才提到，诸子百家都讲"道"与"德"，但它们的实质内容是不同的。但是，虽然实质内容不同，也就是在"定名"上没有等同性，却在"虚位"上具有对应性；否则，我们没法理解对方在说什么。这种对应性是什么呢？很简单，不管儒家还是道家，一般来讲，谈"道-德"，都是"形上-形下"的关系。在道家来讲，"失道而后德"①。老子讲"天道"，这是形而上的；天道赋予形而下的人和物，就是"德"，也就是"得"，得之于天道，而成就德性，成就人性、物理。儒家也是这样的。儒家讲"天命之谓性"②。性是什么？性就是德性。德者，得也。得什么？得其性，就是德性。从何处得？得之于天。人得天，获得自己的人性；物得天，获得自己的物性。显然，儒、道两家的"道"、"德"观念，在层级上是具有对应性的。所以，儒、道两家都共同把《周易》奉为经典，因为《易传》就是这样的观念："乾道变化，各正性命。"③"乾道"就是形而上的天道，也就是"道"；"性命"就是形而下的人性、物理，也就是"德"。先秦诸子，在谈到"道""德"这样的词语的时候，差不多都是这个意思，这就是观念上的对应性。最

① 《老子》第三十八章。
② 《礼记·中庸》。
③ 《周易·乾彖传》。

近,张志伟教授①跟我争论,谈"形而上学"问题。我谈"中国的形而上学",谈儒家形而上学的解构和重建。他说:中国哪有什么"形而上学"!② 怎么能说中国没有形而上学呢! 其实,中国的"形而上学"和西方的 metaphysics 的关系,跟汉语的"王"和西语的 king 的关系是一样的,是"定名"和"虚位"的问题,也就是等同性和对应性的问题。在定名上,中国当然没有 metaphysics;但是在虚位上,中国当然是有自己的"形而上学"的。否则,我们为什么用汉语的"形而上学"去翻译亚里士多德的 *Metaphysics* 并且能够理解呢?《易传》就是中国形而上学的建构,所以它说:"形而上者谓之道,形而下者谓之器。"③"器"就是"物",就是形而下的存在者,形而下存在者的本质,也就是我刚才讲的"德";而"道",就是形而上的存在者。思考这样的形而上存在者的,就是形而上学! 怎么能说中国没有形而上学呢?

① 张志伟:中国人民大学哲学系教授、博士生导师。

② 参见张志伟:《关于海德格尔与中国哲学之间关系的几点思考——对黄玉顺〈生活儒学导论〉的批评》,《四川大学学报》2005 年第 3 期;黄玉顺:《论生活儒学与海德格尔思想——答张志伟教授》,《四川大学学报》2005 年第 4 期。

③ 《周易·系辞传》。

"注生我经"的诠释观念*

　　情感的显现,首先就是感触。现代汉语也这样讲:感触、感动、触动、动情、动心,等等。我所说的感触,更确切地说,是"**生活感触**"。这样的感触,是说的最初一刹那间的情感显现。那正如李贽所说的,"最初一念之本心"①。但是,一旦说到"本心"之类的,在通常的观念当中,我们往往就会形而上学地理解感触,人们会说:"人生而静,感于物而动。"②就是说:先有一个人,有一个物,然后它们之间发生感触。但这样一理解,就完了:又是一个"主-客"架构! 这样一来,我们马上陷入了两千年来的传统的形而上学思维模式。

　　当然,不可否认,感触的发生,确实有一个人在这里,也有一个物在这里。比方说,我现在渴了,我看到了这个杯子,我就会有感触,我的心就会动。这似乎是没有问题的。但是,我想说的是:这是不对的。这涉及诠释的观念,我顺便说一下。

　　如果要我给出一个更本源的诠释观念,那么我会说:伽达默尔甚至海德格尔那样的诠释观念都是不够彻底的。只要"此在"之类的存在者仍然是先行的,那就是不彻底的。但这样的诠释观念目前在国内却很热门;而且,经过国内某些学者的那么一种解释和运用之后,问题就更大了。最常见的一种说法——其实也是最

---

　　*　节选自拙著《爱与思——生活儒学的观念》,第二讲,"三、爱"。
　　①　李贽:《童心说》。
　　②　朱熹:《诗集传·序》。

荒谬的说法就是:"诠释哪有什么客观的?!"这是人们经常挂在嘴边的说法,意思是说:诠释不是客观的。如此说来,诠释就是主观的喽?! 他们还说:"你要解释,就会先有一个'先见'吧?"这就是人们津津乐道的所谓"诠释学的先见"。但我要说:这样的说法是不对的,是很不彻底的。既是"先见",那肯定是"现成在手"(vorhanden)的东西。这样一来,我就可以问你:"你这个先见是从哪里来的?"我甚至可以问你:"你这个持有先见的主体本身是从哪里来的?"因为:先见的前提正是主体性,先见是某个主体的先见。实际上,这样一种诠释观念,仍然是传统的诠释观念。在中国,用陆九渊的话语来讲,就是"六经注我"的观念:客观地把握一个对象是不可能的,我们只能主观地把握这个对象。今天的诠释观念会说:"哦,原来'六经注我'才是对的呀!"但这实实在在是一种很不彻底的诠释观念。因为问题在于:不仅这个"六经",而且你这个"我",是哪里来的? 其实,"六经"和"我"都不是现成的存在者,而是生成的东西。

　　所以,我曾经用这样一种传统的话语,表达过我认为的一个真正彻底的诠释观念:"注生我经"。这句话的意思是:"注"这个事情本身给出了"六经"这个文本客体和"我"这个诠释主体,给出了诠释者和被诠释者。那么,注是什么? 注不是"什么",既不是主体,也不是客体,不是任何意义的存在者。注是存在本身,也就是生活本身。注并不是、至少不仅是训诂学那样的技术,而是生活的事情。注是归属于生活的,是生活本身的一种显现样式。这一点倒是跟今天存在哲学的诠释学观念在层级上是对应的:注这样的事情乃是一个存在论问题,而且——用海德格尔的话来说——是一个"基础存在论"(Fundamentalontologie)问题。注是一种生活样式,这一点是非常重要的:正是在这样的生活样式中,学者、文本得以生成。

　　感触这种事情也是一样的:是观念的最初的显现,是生活本身的一种显现样式。如果说，生活就是显现，就是观念在本源层级上的显现，即显现为生活情感，那么，感触就是生活的最初的显现。这里，我们首先要破除的就是传统形而上学的把握方式："人生而静，感于物而动。"事情本身是：在感触中，"人"和"物"才诞生了，才被给出来了。

孟子有一段话，是我经常引用的。这段话的意义，要看我们怎么去理解。孟子首先给出了这样一种本源情境："今人乍见孺子将入于井，皆有怵惕恻隐之心。"①按照传统的理解，这里先有这么一个"人"，然后有一个"孺子"——即一个"物"——被他偶然地看"见"了，于是他的"心"就"感于物而动"了，"怵惕恻隐之心"就发出来了。你当然可以这么解释，但这是一种传统的形而上学解释。而我要说的是：假如你没有看见他，那么，你作为一个特定的如此这般的具有"怵惕恻隐之心"的人本身也是尚未诞生的。你没有看见他，"怵惕恻隐之心"就不会显现，后面的仁者啊、"仁义礼智"啊什么的也都不会生成。一个"仁者"是通过生活情境的很多环节才被给出来的，而最初的环节就是"乍见孺子将入于井"那样的本源情境，这个"见"，就是最初的感触。然后才是情绪，"怵惕恻隐"的仁爱情绪。然后孟子才讲"扩而充之"，才谈得上"先立乎其大者"，就是确立起主体性。否则，"先立乎其大者"怎么立得起来？

"今人乍见孺子将入于井"这句话是极有意思的。它之所以容易引起误解，是因为跟"我注六经"的句法结构一致：

我 ←——注——→ 六经

人 ←——见——→ 孺子将入于井

解释者 ←—解释—→ 被解释者

根据今天现有的诠释观念，"我注六经"并不符合事实。那

_____

① 《孟子·公孙丑上》。

么,似乎"六经注我"才是合乎事实的了? 但我要说:不论"我注六经",还是"六经注我",都忽视了一件最基本的事情,那就是"注"本身。既不是"六经"(的客观实在)决定了"我"(的主观认识),也不是"我"(的先见)决定了"六经"(的意义),而是:注生我经——作为主体的"我"和作为客体的"经"都是在"注"中生成的。孟子所举的这个例子也是一样的道理。就本源性的事情来看,既不是"孺子将入于井"决定了这个"人",也不是这个"人"决定了"孺子将入于井",而是:"乍见"这件事情本身生成了这个特定的"人"、特定的"孺子"、"井"等等。是"见"生成了这些存在者、这些"物"。更重要的是:正如"注"所指向的既不是"我"也不是"经"而是"意义"一样,这里的"见"所指向的既不是这个"人",也不是这个"孺子"、"井",而是这样一种意义:"怵惕恻隐之心"。这样的所谓"意义",其实只是情感的显现:在"今人乍见孺子将入于井"这样的生活情境中,"怵惕恻隐之心"这样的生活情感显现出来。这就是我所说的:生活本身是首先显现为生活情感的。

　　在孟子的陈述中,有两个副词是不能轻易放过的:"今"、"乍"。"今"意味着当下,"乍"意味着忽然之间。这涉及"生活儒学"的一个极其重要的观念:生活就是当下;这里没有"过去"、"现在"、"未来"那样的时间三维。时间的三维乃至"时间"观念本身,都是在当下的生活感悟中被给出来的,是对这种生活感悟的某种对象化把握。这个问题比较复杂,我在这次讲座中不展开。我这里只是说:孟子在给出这样一种本源情境的时候,强调了生活感悟的当下性、观念的当下性,这绝不是偶然的。所以,接下来,他才特别强调说:"怵惕恻隐之心"这样的生活情感之所以显现,跟任何现成既有的东西无关:"非所以内交于孺子之父母也,非所以要誉于乡党朋友也,非恶其声而然也。"①仁爱情绪的显现这件事

---

① 《孟子·公孙丑上》。

情,跟"孺子"、"父母"、"乡党"、"朋友"这些存在者都没有丝毫关系。

所谓"先立乎其大者",确立主体性,就是这样确立的。这既不是"唯心主义",当然更不是"唯物主义";这是既超越了经验论、也超越了先验论的进路。我们知道,经验论立场会导致认识论困境;但是,先验论立场同样会导致某种困境,我称之为"先验论困境"。如果不从生活出发,不从先行于任何存在者的存在本身出发,我们就会在思想上陷入困境。在孟子那里,有时也存在着这样的问题,是一种"先验论困境"。一般来说,我把孟子的"心学"归入先验进路。我经常讲"先验思路的困境"。像所谓"现象学态度"(phänomenologische Einstellung)就会遭遇这样的困境:你胡塞尔说首先要悬搁掉超越物,可是,你为什么想到要悬搁它呢? 你回答说:因为你是有现象学态度的。那么我就要问:你的这种现象学态度是从何而来的呢? 你怎么会有现象学态度呢? 第一种可能是:我本来没有,别人告诉我了。呵呵,这是"以先知觉后知,以先觉觉后觉"嘛![1] 但这是讲不通的。因为:先知先觉的人自己又是怎么确立起这个态度的呢? 另外一种可能是:我本来就有这么个态度。这就意味着:我本来就已经"先立乎其大者"了。可是,既然如此,你还有什么必要去"先立乎其大者"呢? 而且,今天的哲学仍然要问:你究竟是怎么立起来的? 主体性究竟是怎么立起来的?

这就是我所说的"先验的困境"。轴心时期以后的儒家形而上学也是这样的。刚才我说过了,孟子一上来就说"先立乎其大者"。后来的陆九渊也这样。有人讽刺他说:除了"先立乎其大者",他还有什么伎俩! 他听说后,就说:"诚然",没什么其他的伎

---

[1] 《孟子·万章上》。

俩了。只要"先立乎其大者",这就完事了①。还有王阳明,也这样。他到处讲"良知"。有一次,一个地方的乡绅请他去讲学,路上就跟他说:"王先生,咱们这次不讲'良知'行不行呀?除了良知,还有什么讲的?"王阳明用他的原话反问道:"除了良知,还有什么讲的!"确实没有什么好讲的了②。可是我们仍然要问:"先立乎其大者"究竟是怎么立起来的?

其实,孟子在其他地方是讲过这个问题的,我说过,孟子是没有遗忘大本大源的。我刚才所引的那段话,就是非常经典的嘛。我经常引用分析这段话。什么叫做"今人乍见孺子将入于井"?在我的话语当中,这就叫"本源情境"。在这种本源情境里,我这样一个仁者、一个儒者、一个恻隐者、一个不忍者,这样的主体性根本就还没有诞生。我这样一个"者",一个特定的存在者,恰恰是被这样的本源情境给出来的。而这个"见",这个收摄着这种本源情境的"见",就是我所说的生活感触。

在中国人的思想当中,这个"见"是一个很要紧的观念,太要紧了!关于这个"见",后来的学者说,这个字有两读:既读作jiàn,又读作xiàn,后面一种读法,今天就是写成现象的"现"的。不知道上古是不是两种读法?这是不可考证的事情。学者所谓两读,似乎是说"见"有两种含义,是两个词。其实,"见"就是"现",是一个词。在古代,现象的"现"就直接是写作"见"的:既是"见"的意思,同时也就是今天的"现"的意思。但这个"现"字,本来却不是这个意思。你查《说文解字》,根本没有这个"现"字。这个字出现比较晚,宋代的《广韵》可以查到。中古的这个"现"字,意思

---

① 《陆九渊集·语录上》。原文:"近有议吾者云:'除了"先立乎其大者"一句,全无伎俩。'吾闻之,曰:'诚然。'"

② 《王阳明全集·静心录之三·丙戌》。原文:"近有乡大夫请某讲学者云:'除却良知,还有什么说得?'某答云:'除却良知,还有什么说得!'"

指的是一种石头,比玉石差一点的;另外一个意思,指的是这种石头的光泽①。总之,都不是现象学意义上的现象、显现的意思:石头是本质、实体,光泽是现象,这是典型的前现象学的观念。这并不是"见(jiàn)"之为"见(xiàn)"的意义。所以,也有学者认为,"见(jiàn)"之为"见(xiàn)",这只是一个词的构词形态的变化,是汉语所特有的一种形态变化形式,但也跟西方语言是一样的,其实也是通过语音的"内部曲折"实现的形态变化。

"见(jiàn)"之为"见(xiàn)",这是一个非常重要的观念,西方人应该说:这就是一种"现象学观念"。这我们不管它。我要说的是:"见"就是"现",这就意味着:我们通常所说的"看见"这样的事情,作为本源的生活感触,其实就是"显现",就是生活本身的最初的显现样式。作为感触,看见就是显现,这就意味着:不是一个主体看见了一个客体,而是生活本身显现着。这样一种本源性的观念,就凝结在汉字的"见"之中。

不仅如此,感触的各种显现样式,见、闻、嗅、尝、触摸等,就是通常心理学上把握为"五官感觉"的那些,如果我们透彻地、本源地去理解,都可以把握为"见",也就是"现"。这有两层意思。第一层,眼、耳、鼻、舌、身,或者见、闻、嗅、尝、触,这些在汉语当中统统都是可以表达为"见"的。这是很有意思的现象! 比如说:"你听见了吗?"这里,"听"这样的听觉被表达为视觉的"见"。当我们听到一种音乐的时候,会说:"你瞧,多美的音乐!"音乐怎么能"瞧"啊? 但是,这里的听觉也被表达为了视觉的"瞧"。其他各种感觉也是如此,都可以被表达为"见"之类的视觉。那么,这一切是怎么可能的呢? 过去钱钟书有一种说法,叫做"通感",意思就是说:各种感觉是相通的。这样的解释并不充分,不知其所以然。现在我们应该知道了:这是因为"见"就是"现"。汉语的"见"并

———————————

①　《集韵》铣韵、霰韵。

不必然意谓视觉。视觉作为一个心理范畴,也是以主体性的人为先行观念的。但是,"见"在本源意义上,在"现"、本源性的显现的意义上,却并不以主体性的人为先行观念。唯其如此,一切感触都是显现。也正因为如此,我们不仅可以眼睛"看见",还能耳朵"听见"、鼻子"闻见"、舌头"品见"、手指"摸见"。一切皆见,因为一切皆现。

诗的本源性言说 *

　　诗歌这样的言说方式,是情感性的言说方式,实际上所表现的就是情感之思。情感之思一定是想象-形象的,这才有领悟之思的可能,才有领悟空间、时间的可能。

　　不过,当你读诗的时候,你去品味,就能发现:诗诚然是想象-形象的,但是,诗却又是"言之无物"的。这里所谓"言之无物"是说:这里没有物,没有存在者。诗中显现的想象的形象,不是存在者,不是物,不是我们的认识对象。本源性的言说是"言之无物"的,意思是说,在本源性的言说当中,在一首好诗的言说当中,诚然出现了很多想象的形象,但这不是你所"看到"的形象。你所看到的,只是情感本身的流淌,情感本身的显现。假如你"看到"了这些形象,那就是把它们作为一种对象来打量,那就完了!比如说,我们读李白的《静夜思》,"床前明月光,疑是地上霜",这时候,假如我们对象化地想:"哦,有一张床。这是一张什么床呢?是钢丝床还是席梦思啊?"然后就去考究一番。这样一来,这首诗就全完了!可是,现在很多研究《红楼梦》的人就是这样搞的,比如,他们在研究大观园宴会的时候,老太太坐什么位置啊,宝玉坐什么位置啊,去做详尽的考证。但是,考证清楚了又怎么样?你就读懂了《红楼梦》啦?还是完全没有懂!我经常说,《红楼梦》究竟是表现什么、反映什么的?什么也不反映,就是曹雪芹那首诗所说的,作

　　* 本文原为拙著《爱与思——生活儒学的观念》第三讲第二节"3. 思与诗的本源性言说",四川大学出版社2006年版。

者一开篇就告诉我们了："满纸荒唐言,一把辛酸泪!"就是情感而已。可是,人们偏要把它当做历史、当做论文来读,完全不明白那只是"假语村言"而已,这可正应了作者所说的:"都云作者痴,谁解其中味?"

我忽然想起,苏东坡有一首词《水龙吟》:

> 似花还似非花,也无人惜、从教坠。抛家傍路,思量却是,无情有思。萦损柔肠,困酣娇眼,欲开还闭。梦随风万里,寻郎去处,又还被、莺呼起。　　不恨此花飞尽,恨西园、落红难缀。晓来雨过,遗踪何在?一池萍碎。春色三分,二分尘土,一分流水。细看来,不是杨花,点点是、离人泪。

这首词是写杨花的,说:春天来了,杨花到处飘着,惹人伤感。这里当然有形象了:有杨花,有尘土,还有流水。一般欣赏诗词的人,对这几句是赞不绝口的:"春色三分,二分尘土,一分流水。"确实很美!但我也见过有学者这样注释:"杨花的三分之二飘到了地面上,三分之一飘到了水面上。"诸如此类的吧。我的天!多么精确的计算!"三分之二"、"三分之一",你把杨花飘落的比例搞得这么清楚,就理解了苏东坡啦?苏东坡根本不是写杨花,这里根本没有杨花,"无物"。所以,他接着写道:"细看来,不是杨花,点点是离人泪!"没有杨花!至多是"似花还似非花"。这就叫做"言之无物"。科学、哲学、形而上学都是"言之有物"的,然而,诗歌、艺术、本源性的言说是"言之无物"的。

这涉及"言说方式"的问题,就是说,形象有两种,有一种形象是表象。表象是对象性的,是关乎存在者的。以表象的方式去把握本源的事情,那就正是老子所讲的:"道可道,非常道。"[①]这样一种"道",这样一种言说方式,是通达不了本源之"道"的。因为,本源之道是"无物",就是"无"。因此,如果说有一种言说方式是可

---

① 《老子》第一章。

以通达本源之道的,那一定是"言之无物"的。

但是,我们用今天的语言哲学或者语言科学的观念来看,他们所理解的"语言"观念,就是"道可道,非常道"的。从索绪尔开始,今天的语言科学基本上是这么一个架构:语言是一种符号,什么"能指"啊、"所指"啊。"所指"是什么? "所指"就是一个对象,是一个客体。但是,本源性的言说方式恰恰没有这样的"所指"的,是"无所指"的。语言哲学呢? 在弗雷格那里,实际上是对"所指"有一个区分:有一个"指称"(reference),还有一个"涵义"(sense)。指称,在弗雷格看来,就是一个客观实在的东西;而涵义,有点类似于概念,它是不是就不是对象性的呢? 弗雷格自己有明确的说法:涵义是客观的。这就是说,涵义同样是对象性的,就是一个object①。这是因为:他的分析哲学的根基是经验主义。那么,这样的一种言说方式,这样的一种对语言的理解和把握,正好印证了老子所讲的"道可道,非常道"。这样的一种言说,是"有所指"的。有所指的言说方式,是通达不了本源之道的。

那么,是不是存在着一种无所指的言说方式呢? 当然是有的。比如说,我刚才所提到的苏东坡的那首词,那就是无所指的言说方式。再比如我提到过的李白的《静夜思》,这样一种"思"的言说,也是无所指的。"无所指"就是说:这里诚然浮现了很多想象的形象,但这些形象不是物,不是东西,不是存在者,不是对象,不是让你去认识它的。真正的艺术,从来不必承担认识的义务。这是我们首先必须把握的艺术观念。所以,凡是对艺术作品说"反映了"

---

① 弗雷格(Gottlob Frege):《论涵义和指称》(*Ueber Sinn und Bedeutung*),原载《哲学和哲学评论》,100,1892 年。肖阳的汉译文《论涵义和所指》(*On Sense and Reference*),载于马蒂尼奇(A. P. Martinich)主编《语言哲学》(*The Philosophy of Language*, Oxford University Press, 1985),商务印书馆 1998 年版。

什么什么、"表现了"什么什么、它有什么什么"主题思想"等等,都是胡说。包括小说、电影那样的艺术形式,你老去说它"表现了"什么、"反映了"什么,那就说明你完全没有看懂。艺术的言说方式,诚然是形象的,因为那是情感性的言说;但是,这样的言说是无所指的。比如,你听纯音乐,歌词什么的都没有,但是,此时此刻,你脑中会出现一些形象,这些形象,弗雷格把它归结为最不可靠的东西——"意象"(image),但这正是我们最感兴趣的所在。弗雷格认为,那是因时因地因人而异的,是不客观的,但是对于我们来说,这才是最本源的。总之,情感性的言说是想象-形象的,但这样的形象不是对象,不是存在者,不是供你认识的东西。艺术不是别的,是生活情感的——姑且用这个词来说吧——"升华"。

当然,这样的言说方式,也不限于艺术、诗歌。我们不难发现,在我们的生活当中,当爱涌现的时候,我们会说很多话,但那都是"无意义"、"无所指"。那不过是情感的显现。我常常举的一个例子,一对热恋中的人在一起,不外乎就是两种情境:

一种就是一句话都没有,默默无言,"相顾无言,惟有泪千行",或者是相视而笑,傻乎乎的。怎么会是这样的呢? 因为此时此刻不需要任何一种对象性的言说,任何对象性的言说都会打破这种本源情境。比如说,两个人正在含情脉脉的,你忽然说:"你交作业了没有?"或者:"你的那个股票抛了没有?"或者:"你这条项链多少钱?"诸如此类的,就有点煞风景了,一下子就从本源情境当中被抛出来了,马上就进入了一种对象性的思考。所以,孔子才说:"天何言哉? 四时行焉,百物兴焉,天何言哉!"①天不说话,却有"天命","命"恰恰是"口令"②,恰恰是在说话。那是无声的言

① 《论语·阳货》。
② 许慎《说文解字》解释"命"字:"从口,从令。"

说,本源的言说,其实就是生活本身的显现,情感本身的显现。我刚才说了,这样的"天命"是一种本源性的生活感悟。热恋中人的那种默默无语的情境,正是如此。

另外一种情境:那个男的,或者那个女的,在那儿滔滔不绝,喋喋不休,说了很多话,完了别人就问:"你刚才说什么啊?"回答:"没说什么啊?"是啊,是没说什么啊。因为刚才所说的那些,都是"无意义"的,"无所指"的,"言之无物"的。"言之无物"在这个意义上是说:在这个时候,在这样的情境当中,我并没有给你讲一个对象性的事情,没有讲什么存在者,没有讲什么物,没有叫你去认识、去分析。我此时此刻所说的话,根本就"不成话"——那不是语言科学、语言哲学所理解的那么一种"语言"。

这样一种情境,在诗歌当中、艺术当中,表现得非常充分。再比如说绘画这么一种艺术样式,也是这么个道理。我小的时候不懂这个道理,看了毕加索的画,就说:"他还没有我画得好!"我是说他画得"不像"。我说他没有我画得好,是有一个前提的,就是:绘画就像照相一样,是一种认识,是客观的反映。但绘画并不是反映,不是认识。像我们中国人的画,以前有人讲:"这个画得不对吧? 不讲透视,比例也不对呀! 画一个人骑马,这个人怎么比马还大啊?"我在 20 世纪 80 年代看到一篇评析,很荒谬的,他说:"你看徐悲鸿画的马,完全没有常识! 马在狂奔的时候,蹄子不会这样向上翻;否则的话,蹄子会崴断的。我在内蒙放了很长时间的马,马蹄应该是这样向下扣的,这样才有力量。"他预先有了一个错误的观念,跟我小时候的错误观念是一样的。我们在评价艺术作品的时候,一定要注意,它不是在"反映"什么,不是一种"认识"。

艺术的功能,就是表现情感。所以,王国维评论宋词说:差一点的境界,是"有我之境",即"有物之境",所有客观的物都带上了我的主观色彩;真正好的词,是"无我之境",即"无物之境","不知何者为我、何者为物"①。当然,诗词里面是有很多形象的;但是,这些形象不是供你认识的,更不是你想要去认识的。这就是本源之道,就是"复归于无物",就是"无"。这么一种言说方式,言之无物的、无所指的言说方式,在诗歌当中是比较典型的。

现在的问题在于,我们必须明白:像诗歌当中的这样的言之无物的、无所指的一种想象-形象,就是本源所在。这就是儒家的本源观念:这就是作为"客观实在"观念的源泉的存在领悟。所以,回到开头的问题:究竟是怎样在"无"的情境当中生成了存在者?究竟怎样"无中生有"?这是我们要解决的问题。现在我们的问法是:究竟怎样在本源的情感当中,生成了表象,生成了对象?简单来说,可以这样说:当你把情感之思当中的或者情感涌流当中的想象-形象,把握为一种存在者,对它进行对象化打量的时候,存在者就诞生了,主体和客体就给出来了,表象就生成了,物就被给出来了。

我举例来讲,咱们中文系的一位老师,他朗读了一首诗,杜甫的《登高》,挺好。然后他开始分析,说其中的那一联,"万里悲秋常作客,百年多病独登台",这里面有"八悲"。这个说法很有意思,不过这是很对象化的。他说:离家"万里",这是一悲;"秋"容易愁,又是一悲;异乡"作客",这固然是一悲,而且还是"常"作客,这又是一悲;"百年"衰老,这是一悲,而且"多病",又是一悲;"登台"望远,也容易令人悲;而且是"独"登台,又是一悲。这么一种思路,这样分析下来,是很成问题的:你分析得越清楚,离诗本身就越远。我想,当这个学者在这样看这首诗的时候,跟他第一次读

---

① 王国维:《人间词话》,见《人间词话新注》(修订本),滕咸惠校注,齐鲁书社 1986 年版。原文:"有有我之境,有无我之境。……有我之境,以我观物,故物我皆着我之色彩;无我之境,以物观物,故不知何者为我,何者为物。"

到这首诗的时候,感触的情境可能是完全不同的:第一次的时候,他完全没有想到什么"七悲""八悲"的,只是被打动了而已;现在他去分析它,分析它就把它对象化了,这就进入了一种传统意义上的诠释状态。在这种状态中,"主""客"这么两种存在者同时被给出。

然而,这是不可避免的,我们总是要成为存在者,成为主体,因为我们总是要进行对象化打量,进入"主-客"的观念架构。有一次,我给本科生讲"视而不见"的时候,举过这样的例子:为什么形而上学、形而下学是不可避免的呢? 因为本源情境是不可避免地要被打破的。我在一篇文章里面举了房子的例子①。现在我给他们讲:在本源的情境当中,在本源的爱当中,你对你的所爱者,原来是"视而不见"的。她有什么优点、缺点啊,你都"视而不见"。因为:你从来就没有把她作为一个对象去打量。所以,我会说,俗话说的"情人眼里出西施",那是不对的,因为情人眼里既不出西施,也不出东施,而是无物存在。比如两人谈恋爱,那个男孩子有一天想:"我到底爱她哪里呢?"他马上就从本源性的爱当中跌落出来了。然后他就开始考虑,开始打量。首先从容貌上看:"她这个眼睛,哦,丹凤眼,双眼皮,不错,可惜就是左眼小了一点点,好在还不容易看出来。"然后接着往下看:"这个鼻子差点,人家说鼻子要像一根葱一样,这个差了点。"特别有意思的是,在进行这样的对象化的打量的时候,我们有一句"名言":"有比较才有鉴别。"当你这样把你所爱的人,这样打量的时候,一定要有比较。你打量这个鼻子的时候,你马上想到了另外一个女孩子,诸如小张、小王的鼻子长得如何如何的好看。这是非常危险的啊! 这就是一个"认识论"问题。这就不是"视而不见"了,而是"视而见之"了。这样的

———————————

① 黄玉顺:《面向生活本身的儒学——"生活儒学"问答》,中国儒学网(www.confuchina.com)。

一种"视而见之",就确证了你的不爱。不爱,那么你爱的人就不复存在。但是,形上之思,形下之思,这样一种对象化的打量,却又是必然的。比如,你那个所爱者突然打了一个喷嚏,如果你此时此刻仍然"充耳不闻",那同样确证了你的爱的不在。如果爱是在的,这个时候,你就会问:"感冒了吗? 是不是穿少了?"然后首先看看脸色。这个时候,就再也不能"视而不见"了。你甚至去找出体温计来,对象化地测量她;甚至去看医生,请一个专家来科学地诊断她。但是,这个时候,对象之被给出,同样是在爱当中。正是爱,才给出了这个对象。而当对象被给出的时候,主体同时也就被给出了。在我们的生活中,生活之所以可以不断流动,就是因为本源情境总是不断地被打破,我们总是要成为一个存在者。这就是我所说的:我们总是要"去生活"。这完全是无可避免的事情。

这时候,我们就进入了形下之思,甚至形上之思,而不再是本源之思了。这样的思,是去思存在者,去思对象,是科学和哲学的事情。科学和哲学是没有本源之思的。我们知道,海德格尔有个说法:"科学不思。"我要说的是:这是不够的。在本源之思——情感之思、领悟之思——的意义上,不仅科学不思,哲学同样不思。我经常讲这个话题,就是说:如果说,当我们所说的"思"是关于存在者的事情时,不仅哲学要思,科学同样要思。它们的区别仅仅在于:哲学所思的是形而上的存在者,那个唯一绝对的存在者;而科学所思的是形而下的存在者,是众多相对存在者当中的一个领域。但它们确实都在思。其前提是:那是认知之思。但是,如果"思"首先是生活本身的事情,那么我就会说:不仅科学不思,哲学一样地不思。那么,是谁在思? 艺术在思,诗歌在思,情感之思自己在思,而不是"人"在思。

正是在这么一种本源之思当中,存在者生成了,"主体-主客"这样的架构给出了,人诞生了。这时候,"人"成了一种可以规定的东西。人作为一个形而下的相对存在者,是被其他的形而下存在者规定的。我经常讲,马克思对"人的本质"有一个界定,这个界定在哲学的意义上是极其准确的。他说:"人的本质是社会关系的总和。"①这意味着什么呢? 我经常举这个例子,我们不妨作一个实验:你拿出纸和笔来,一句一句地写"我是谁"。你一句一句地、不停地写下去,那么,你会发现:"我"总是"非我"。——这些句子的左边的主语都是"我",而右边的都是"他者"。"我"总是被"他者"规定的。这恰恰就印证了:每一个人,自从有了自我意识,你就作为一个形而下的存在者而被给出了;你作为一个形而下的存在者,不断遭遇到其他的形而下存在者,你被它们所规定。所以,凭马克思这句话,我们就可以断定:这是一个形而上的表达。但是,这也说明了在这个层级上,主体是怎么样被给出的。

不管是对于整个人类来讲,还是对于我们每一个个体来讲,从轴心时期的形而上学建构开始,或者从古希腊哲学的所谓"拯救现象运动"开始,我们就有了一种自觉的自我意识。但是,我们一开始就是被他者规定的。我记得我在关于"他者意识"的那篇文章里面专门分析了汉语的"我"这个字,证明自我意识的诞生,恰好是由他者规定的②。古汉语的"我",就是一个人拿着"戈"。拿着这个东西干什么? 有两点意思。在中国汉语当中,自我意识的产生,有两层意思:第一,当我们说到"我"的时候,意味着有一个对象,有一个"他者",一个陌生者,一个危险者,一个敌对者,他在威

---

① 马克思:《关于费尔巴哈的提纲》,见《马克思恩格斯选集》第 1 卷,人民出版社 1972 年版,第 18 页。原文:"人的本质并不是单个人所固有的抽象物。在其现实性上,它是一切社会关系的总和。"

② 黄玉顺:《中国传统的"他者"意识——古代汉语人称代词的分析》,《中国哲学史》2003 年第 2 期。

胁着我。自我意识意味着：在我和他者之间划出了一条界线。这也是"存在者领域"的划界，一种"物界"。而这个他者对于我来说，总是一种威胁。自我意识首先是这么被给出的。第二，"自我"不是个体的事情。"自我"从一开始产生，就是一个族类、族群的事情，就是"我党""我军""我国"的事情，而不是我个人的事情。抗日战争开始，"敌强我弱"，所以要"持久战"，这个"我"不是毛泽东个人，不是任何一个个体，而是一个族群——中华民族。汉语的"我"从一开始就是这样的，那是一个部落，是一个族群和另外一个族群的敌对关系。在这么一个关系之中，"我"才被规定了。

这一点是非常重要的，因为这使我们可能回到本源上去。我为什么要抗日？因为我爱我这个族群，我爱我这个国家、我这个民族。这是我讲的。舍勒也讲这个问题，是比较有意思的，就是"爱的优先性"。我的观念跟舍勒的不同。我理解这个问题是：爱怎样给出了存在者？就是这么回事。在我们族群内部的平平常常的生活当中，在其乐融融当中，我们原来根本没有什么"自我意识"。只有突然有其他族群来侵犯了，这个自我意识一下就出现了，本源情境就被打破了。这是没有办法的事情。我们首先成了这么一个形而下的存在者，然后才会继续追问，不管是个体还是整个人类都追问：我是从哪里来的？这才有了轴心时期的所谓"理性的觉醒"，这才有了哲学的诞生。

一个个体也是这样。一个小孩，有一天忽然有了自我意识，清楚地意识到自我和他人的区别，然后会追问，去问母亲："我是从哪里来的？"母亲就说："你是我生的嘛。"然后小孩又会问："那你又是从哪里来的？"在这个意义上，小孩天生就是一个形而上的存在者。他不断地追问形而上的根据，直到一个地方就打住了，就不能再问了。我们不能问："上帝耶和华是从哪里来的？"谁知道呢？不知道。那个小孩假如再问，可能就会挨骂。在形而上学的范围内，这个绝对主体是不能问的。也有人说，那只是一个设定，仅仅是设定。比如，康德就说：上帝只是实践理性的一个公设①。但是，我们今天仍然要问。并且，我们还意识到：我们这样的形而下的存在者，以及那个形而上的存在者，那个被设定的存在者，其实都是生活本身给出的，都是本源性的爱给出的。

这就是孔子所说的"兴于诗"②的意义所在：主体性、对象性、存在者、物，都是被本源之爱所给出的，那么，诗作为一种本源性的言说，正是这样的本源之爱的一种显现样式。

那么，在轴心时期以后的儒家这里，众多相对的存在者或者"天下万物"是怎样被爱给出的？这样的观念，后来被形而上学化，比如在孟子那里，被表达为："万物皆备于我。"③这就是说，"天下万物"，即众多相对的存在者，是被一个绝对主体给出的。这个观念的前提就是：已经把那种本源之爱，把握为一种形而上的存在者——绝对主体。《中庸》里面则是另外一种表达："不诚无物。"这也完全是一样的形而上学化的表达。"诚"本身是说的一种本源性的言说，是讲的由"言"而"成"。"成己""成物"，存在者成为存在者，它们是怎么被给出的？由言而成。但是，既然不仅"物"，而且"己"即"人"都是由"言"而成的，那么，这里的"言"显然就不是"人言"，而是先行于"人"的存在的某一种"言"。现在我们知道，只可能这么来理解：这样的"诚"，就是我们刚才谈到的那种本源性的言说，就是"天命"那样的无声的言说，就是本源性的爱的显现。但是，在《中庸》这个文本当中，"诚"已经不是这个意思了。它已经是一个本体，或者叫做"中"，或者叫做"性"。这里设定了一个"未发"之"性"，就是把本源之爱把握为了绝对主体性。这已经是存在者的表象——表象式的把握方式。

---

① 康德：《实践理性批判》，韩水法译，商务印书馆 1999 版，第 136—143 页。

② 《论语·泰伯》。

③ 《孟子·尽心上》。

"孔颜乐处"所涉及的诠释学问题[*]

关于"孔颜乐处"这个话题，首要的一个问题，就涉及我们所说的"观念层级"的区分。就是说，这个问题跟我们整个观念层级当中的某个层级有一种对应性。

但是，这种对应性总是遭遇到语言形式、言说方式带来的理解困难。一般来讲，我们所说的"孔颜乐处"，还有另外一种提法，叫做"所乐何事"。刚才提到过，周敦颐就是这样发问的。这里有一个"所乐"，有一个"所"，这是我们语法结构中的所谓"所字结构"。所字结构的特征是什么呢？就是给一个动词——是一个及物动词，一定是及物的，加上一个"所"字，使得这个动词变成一个名词，变成了这个动词所及的名词，意思是说，它所指向的就是这个东西，这个存在者，这个物。比如，"思"是一个动词，加上一个"所"字，变成"所思"，就成了一个名词，这个名词指向一个"物"，它是"思"的对象。

这是一个很麻烦的问题，涉及整个人类自从轴心时期以来的一个基本的观念框架。这个问题非常关键，但是到现在为止，我没有看到有人专文来谈这个问题的。以前佛教里面倒谈得比较多，现在谈得很少了。这个问题，这个基本的架构，就是"**能-所**"架构。我们后来的语言，在表达很多事情的时候，都不能通达本源，究其原因，很大程度上就在于语言本身的表达模式。我谈到过的，索绪尔的语言学，一方面是"能指"，一方面是"所指"，也是这样的

---

[*] 节选自拙著《爱与思——生活儒学的观念》，第四讲，"二、孔颜乐处"。

"能-所"结构。一般说来,我们可以把"能""所"后面加上各种各样的动词。比如说,从认知方面来说,就是"能知-所知";从践行方面来说,就是"能行-所行":都是"主-客"关系的架构。这就是认识论方面的"能-所"架构。以前王船山讨论过这种架构,他就明确地说:"能"是"己","所"是"物"①。这是典型的"主-客"关系的观念。他甚至还把"能-所"跟"体-用"联系起来,认为"能"是"用","所"是"体"②,那是企图为认识论的"主-客"架构寻求一个本体论的根据。

在本体论的层级上,比如佛教里面的唯识学,它就有这样的表达,叫做"心所有法",意谓这样一种"主-客"关系:一方面是"心"或"心王",是"能";另一方则是"心所",即"所"③。在"因缘"学说中,有"六因",首先是"能作";至于我们所谓"客观事物",其实不过是其"所作"④。包括许慎在解释"道"的时候,也是这么一种表达:"道,所行道也。"⑤这就是同语反复,其实他也可以说:"道,所行也。"道就是所行。道既然是"所行",那就不是"能行",这就是"能-所"这样的表达所带来的麻烦。

从情感上来讲,则可以说"能爱-所爱",这就是伦理学意义上的"主-客"架构。这就是说,不光认识上有"主-客"架构,一切形

---

① 《尚书引义·召诰无逸》。原文:"所谓'能'者,即己也;所谓'所'者,即物也。"

② 《尚书引义·召诰无逸》。原文:"乃以俟用者为所,则必实有其体;以用乎俟用,而以可有功者为能,则必实有其用。体俟用,则因所以发能;用用乎体,则能必副其所。"

③ 《百法明门论忠疏》卷上:"心所有法亦三义:一恒依心起,二与心相应,三系属于心。如属我物,立我所名,心家所有,名心所有。"

④ 《俱舍论》卷六:"一切有为,唯除自体,以一切法为能作因,由彼生时无障住故。"

⑤ 许慎:《说文解字》。

而下的言说，不管是伦理的，还是知识的，统统都可以归结为"主-客"架构。之所以如此，是因为在本体论层级上就有一个"物界"的划分。伦理学上就有一个基本的物界：我与他者；认识论上也有一个基本的物界：我与对象。

所以，我们现在在谈"孔颜乐处"，表达为"所乐何事"，哪怕仅仅在表达上，就已经使我们很难通达本源了。在传统观念上，我们会说：一个仁者，他"能乐"，他有其"所乐"。这样一来，我们的全部思路就去思考那个"所乐"，那个东西，那个对象，那个存在者，那个物。然后我们会问：孔颜到底乐什么？语言就规定了你只能去思考这个对象。然后，你就会采取排除法的思路——在宋明理学那里就是这样想的——不外乎是：这个颜子，既然"居陋巷，人不堪其忧，回也不改其乐"，那么——很多人就会很严肃地这样思考——颜子"所乐"的就一定不是那个"贫"；既不是"贫"，那就是"道"了。他们的思路就是这么来的，最后归结为"乐道"，而且是作为形而上存在者的道。尽管宋明理学的各个派别对"道"的理解有所不同，但不管怎么说，宋明理学所理解的"道"有一个共同点，就是那个至高无上的、形而上的存在者。结果，所乐的还是一个存在者，一个物，一个被对象化打量的东西。

其实不仅"所乐何事"这样的提法，即使"孔颜乐处"这样的提法也是易致误解的，因为这里出现了一个"处"，而"处"和"所"是一个意思，所以才有"处所"这样的说法。这就是说，"乐处"意味着一个地方、一个处所，一个空间场所。这就麻烦了，仍然带出了"主客"的观念。其实，西方语言也有同样的麻烦。比如说，海德格尔讲"在世"——"在世界之中存在"（In-der-Welt-sein）①，也会带来这样的困扰，似乎存在着"此在"和"世界"之间的一种对待关

①　海德格尔：《存在与时间》，陈嘉映、王庆节译，生活·读书·新知三联书店1999年版，第一篇第二章。

系。其实,在存在本身的层级上,哪里有什么"此在"和"世界"?后期海德格尔也是这样,他讲"思"(denken),讲"所思"(Gedachten),自然而然就会带出什么"澄明"(Lichtung)之境、"林中空地"(Waldlichtung)之类的东西①。这都是语言形式所带来的麻烦。

　　所以,我今天想提出来一个基本的层级划分,那就是说:有两种乐。我刚才讲的,都是讲的"**有所乐**"。这样的"**有所乐之乐**",总是有一个对象、一个场所什么的。用儒家的传统形而上学的话语来讲,我们会说:一个"小人",他有什么可"乐"的啊? 小人所乐,就是乐一些形而下的东西,如打麻将,这当然就是"有所乐之乐"。按照传统的说法,这一定是"小人"。假如"小人"一定是一个道德概念,你也可以称之为"常人",也行啊。就是说,这样的人是没有得"道"、守"道"的。然后,在宋明理学家看来,"孔颜乐处"乐的一定不是打麻将,也绝不会是口腹之欲。他们会说:孔颜所乐的,必定是形而上的东西。但我会说:即使照这么讲,不论孔颜还是常人,他们的共同点总是要"乐"一个"东西"。但我会说:这么来理解"孔颜乐处",恐怕是大成问题的。其实不仅孔、颜那样的圣人、君子,即使一个常人,你也不能这么去理解他。我就认识这么一个人,一个平平常常的人,他没什么文化,也谈不上什么家财,就是一个普普通通的工人,但却总是乐乐呵呵的,总是自然而然地带着笑、哼着歌。我不知道他乐什么,连他自己也不知道。他"**无所乐**"。这大概就是"**无所乐之乐**"。

　　所以,对于"孔颜乐处"、"所乐何事",我们须得另寻解释。

---

　　①　海德格尔:《哲学的终结和思的任务》,《面向思的事情》,陈小文、孙周兴译,商务印书馆1999年版。

"圣"境界的诠释学意义(一)[*]

"圣"是另一种境界:**自如的**境界。那是孔子"五十而知天命"以后的境界。在儒家的观念当中,我会把这个自如的境界理解为:那就是重新回到"自由自在"的本源情境,回到生活本身,回到纯真的生活情感本身。那么,怎么回到生活本身呢?孔子就是这样表达的:"五十而知天命,六十而耳顺,七十而从心所欲不逾矩。"这里涉及几个很关键的词语:"天命"、"耳"、"心"、"欲"、"矩"。我们一一来看:

一、知命:领悟生活

首先是"知命"——"知天命"。那么,"天命"是什么意思?我首先要说:"天命"不是"什么"。但是,一般后来的理解,包括"文化大革命"中对孔子的批判,都是把"天命"理解为"上帝的意志"之类的。在我看来,这些都是形而上学思维模式的结果。

这首先涉及怎么来理解这个"天"。冯先生讲过很多"天",讲了"天"的很多意义,分门别类的含义①。那种谈法,其实是很糟糕的。那是把"天"把握为了各种各样的不同的存在者。还有李申

* 节选自拙著《爱与思——生活儒学的观念》,第四讲,第三节,"3. 自如境界:回归生活"。

① 冯友兰:《中国哲学史》,上册,华东师范大学出版社2000年版,第35页。

写的《中国儒教史》,也把"天"理解为一种最高的意志。当然,也不是说这样的理解全然都是不对的,因为"天"确实曾经被这么理解了。老百姓甚至有一种很人格化的理解,比如我们日常口语里的说法:"老天爷"。所以,"天"被理解为至高无上的存在者,这确实也是观念史上的一个事实。但是,问题在于:同样是在中国观念史上,"天"只能被这么理解吗? 我们应该怎样更加本源地去理解"天"? 我一再强调,儒家文本里面出现了很多词语,它们的含义是不能一概而论的。在不同的语境中,它们可能说的是不同的事情。比如"仁"这个概念,我说过,有的时候说的是形而上的东西,有的时候说的是形而下的道德原则,而有的时候说的是非常本源的事情。对此要做区分——观念层级的区分。"天"也是一样要做区分。

怎么理解"天"? 孔子有一个说法,很值得玩味。我从"命"字说起,再说孔子讲的"天"。"命"是一种言说,就是"口令"。这是很明白的,汉字"命"本来就是这样构造的。但是,这个"口令"难道就是"天"在那里"发号施令"吗? 不然。孔子却说:"天何言哉?"①"天"一边发"口令",一边却又"无言",这似乎是一种矛盾。我是说:孔子讲"天何言哉",但是他又称之为"命",这似乎是一个矛盾。但是,我这样说是有前提的,这个前提是:我已经把"天"理解为了一个存在者。我们说"天是要说话的",意思是在说"老天爷"、"上帝"这样一个会说话的存在者。然后,我才能说"天何言哉"而又能"命",这是一个矛盾。还有,很多人这样来理解孔子这句话,说:孔子这里说的"天"是"大自然",nature,所以它不说话;然后又在"命",那只是一种比喻。但是,所谓"大自然"还是一个存在者,或者是一个存在者领域。这就是我所说的,我们过去这

————————————

① 《论语·阳货》。原文:"子曰:'予欲无言。'子贡曰:'子如不言,则小子何述焉?'子曰:'天何言哉? 四时行焉,百物生焉,天何言哉!'"

么理解,总是把"天"作为一个存在者。

但是,我更愿意这么来理解"天",就是"自然";但不是什么"大自然",而是中国人讲的"自然"。我经常讲这个话题。谈"自然",儒家谈,道家也谈。在汉语当中,"自然"不是一个词,而是一个词组,就是"自己如此"的意思①。当然,这样讲仍然会导致一些模糊之处。比如,我们在现象学语境当中谈"自己如此"的时候,仍然会有两种不同的理解。一种是在胡塞尔那里,"自己如此"可以理解为"自身所予性"(Selbstgegebenheit),那么,我会说:这个还有一个形而上的存在者。另外一种理解,是海德格尔式的理解,似乎是对应于"存在本身"、"生存领会"什么的。不过,海德格尔也有他的问题,也有他的不彻底性。这是我讲过很多次的了,就不再讲了。

我更愿意采取道家的说法:"自然"是"无"。这就意味着:自然就是真正的存在本身。这就回到了我在第一次讲座上所讲的那个观念上去。自然不是什么"自身所予性",而是"无",就是"无物";对于儒家来讲,自然就是先行于存在者的生活本身、情感本身。我说:有各种各样的爱的情感的显现样式,这些样式就是自然——自自然然、自然而然。这样的自然,就是自己存在,而与任何形而上的根据无关,也与任何形而下的东西无关。自然先行于这一切。这才是真正的"大自然"。

因此,"天"并不是任何意义上的存在者。所以,这个"天"之"命",我会说,就是生活本身在说话,但是在无声地说话。虽然无声地说话,我们却倾听着。在中国的观念中,有很多词语,都和说话有关,这不是偶然的,这意味着,我们的远古先民,一定有那么一种领悟——这种领悟和认识无关,完全不是认识,而先行于任何认

---

① 黄玉顺:《中西自然价值观差异之我见》,载《理论学刊》2004 年第3 期。

识。就是说，他似乎听到了什么。可是他什么都没有听到；但他确确实实感觉自己听到了什么，他感觉自己只有在这种倾听之中才能"去生活"。我们不能设想他没有这么一种领悟，否则他根本就造不出这些观念来，就不可能这样来用这些字。特别是"道"这个字，从一开始就有两个意义，一个是道路，一个是言说。怎么会是这样的呢？我们会感到很奇怪，没法解释，任何知识都无法告诉我们，训诂学、语言学都不行。我们只能说：它跟知识无关，而是先行于知识的，先行于认知的。这样的"天命"，我称之为"生活领悟"。如果我们一定要说"良知"的话，我更愿意在这样的本源意义上使用"良知"这个词语："良知"就是生活领悟，就是"听见"了生活情感尤其是爱的情感的无声的召唤。生活情感的这种无声的召唤，就是"天命"。

二、耳顺：倾听生活

所以，孔子才说"耳顺"。也正因为如此，我会说，人到了这个自如境界，才算是真正的"圣人"。因为"圣"字从"耳"，就是倾听。"圣"是个形声字嘛，"圣"的繁体字是"聖"，从"耳"[1]。因为你能倾听，你才成"圣"。所以，孔子才会特别说到"耳顺"。孔子特意地说到"耳"，圣人之"耳"用来做什么？倾听。倾听什么？倾听天命，而不是听上帝发号施令。这里没有上帝，也没有任何存在者。我说过了，这里的"天"不是实体，也不发号施令；但我们似乎确实倾听到了，所以，我们把这件事领悟为"命"——口令。"天"既然不是存在者，不是物，那就是存在本身，就是生活本身；"命"也就是生活本身的情感流行的某种"趋向"、"趋势"、"势头"、"动向"。所以，倾听什么？就是倾听生活本身，倾听生活情感。这样，你就

---

① 许慎：《说文解字》。

成圣了。

我刚才谈到过，"圣"就是"仁且知"①。什么叫"仁且知"呢？这跟"圣"之"耳"的"倾听"有什么关联呢？"仁"就是"天命"，就是存在本身的无声的言说，也就是生活情感本身的流动；而"知"，就是"知天命"，就是"知道"了，倾听到了这样的"天命"。此时，不仅生活情感涌流着，而且我们倾听到了、"知道"了这种涌流，这就不再仅仅是自发境界、自然境界了，而有了"觉解"。这就叫"仁且知"，也就是我所说的"生活领悟"。

我们倾听"天命"，就是听到了生活本身的流水之声。生活之"活"，原来就是流水之声："活，水流声。"②生活犹如《诗》云："河水洋洋，北流活活。"③所以，生活犹如孟子所说："源泉混混，不舍昼夜。"④犹如孔子所说："逝者如斯夫，不舍昼夜！"⑤所以，我经常说：生活如水，情感如流。这就是"智者乐水"、"智者动"；然而生活本身，其实无所谓动不动，这就是"仁者乐山"、"仁者静"⑥。

这个时候，就叫"耳顺"。"耳"是倾听，"顺"是听见了。许慎解释"圣"字："通也。"⑦我们今天有一个词，叫做"通顺"。圣人"耳顺"，所以能"通"，就是"通顺"。通往哪里呢？通往生活本身、存在本身。这就是我所说的：通达本源。

大家都能注意到，汉语观念中有一系列的关键性的词语，在儒家、道家都非常核心的词语，都和我们的口、耳有关。诸如"命"、"名"、"哲"、"和"、"吉"、"君"；还有"诚"、"信"、"谊"；

---

① 《孟子·公孙丑上》。
② 许慎：《说文解字》。
③ 《诗经·卫风·硕人》。
④ 《孟子·离娄下》。
⑤ 《论语·子罕》。
⑥ 《论语·雍也》。
⑦ 许慎：《说文解字》。

还有"圣"字(繁体从"耳"),等等。据说老子这个圣人,名"耳",字"聃",也跟耳朵有关。很有意思!这一切绝不是偶然的。从"口"或"言",就是说话;从"耳",就是倾听。可是"天"不说话,你听什么?但是天又能"命",你确实是能够听见的。你回到本源上,谁告诉你什么?没有谁告诉你什么。但是唯其如此,你才"耳顺",才能"通顺",才能通达本源。否则,孔子突然说了一句"耳顺",你会感到突兀,不明所以。他听什么呢?实际上,他是在听"无"。

还有一点,我要分辨一下:事实上,在第一个境界之中,在自发的境界之中,我们就已经在某种意义上"耳顺"了。我们一向就在倾听生活,一向就在倾听情感。我们向来就"在生活",所以我们向来就在感悟生活、倾听生活。假如你听不见"活"——水声,你就没法"活"——没法生活。但是,这里缺少一点——我刚才讲了,我愿意理解为——真正本源意义上的"良知"。这样的良知,从知识论的角度看,是"无知"的。在认识论、知识论的意义上,良知无知。良知无知,因为其无"所知"。但良知又确实是一种"知",所以才叫做"良知",才有个"知",那是"无所知之知"。"圣"之为"仁且知"之"知",就是这样的良知。这才是真正意义上的作为生活领悟的"良知"。这跟传统形而上学所理解的"仁且智"的智是不同的。人们通常这样理解"仁且智",就是:仁者爱人,有爱心,或者说遵守儒家的道德原则;然后他还很有智慧,于是就成了圣人了。更有甚者,把"良知"把握为什么"本体"。不是这样的,不能这么理解。"仁且知"固然是达到圣人的境界,但是圣人的境界就是倾听。倾听什么?听无。什么都不要听,不听知识,不听道德,不听上帝;只听"天命",只听生活本身,只听生活情感。这才是"圣",这才能达到"从心所欲不逾矩"的那么一种"自由自在"。圣,就是知道倾听爱的呼唤。

三、从心所欲：生活

孔子说他自己："七十而从心所欲不逾矩。"对于这个表达，人们有很多的误解：又是"心"，又是"欲"，又是"矩"。太主体性了！所以，我想通过对这几个观念的解释，来说明孔子这种最高境界的本源性意义。

第一点，关于"**心**"。

从字面上看来，"从心所欲"的前提是"心"，于是，人们马上就想到形而上学的"心性论"，说：这个是良心，本心，本体。其实，这个"心"也就是"无心"。汉语的"心"也是有很多不同的用法的。所谓不同，是观念层级上的不同：有时说的是形而下的心，比如说，牟宗三所说的什么"道德心"、"知识心"[①]；有时说的是形而上的心，就是孟子所说的"本心"、"良心"，也就是绝对主体性；有时候却恰恰说的是无心，说的是本源之心：无心之心。此心即无。《增广贤文》上说："流水下滩非有意，白云出岫本无心。"生活情感的显现、本源性的爱的显现，就是"非有意"、"本无心"的事情，就是"自然"——"自然而然"——的事情。所谓"从心"，就是随顺这样的自然。孔子之所以能这样随顺自然，是因为他已经"知天命"而"耳顺"，已经领悟了生活本身，倾听了生活情感。所以，对孔子所说的"从心所欲"，我们千万不能理解为心性论的那个"心"。

---

①　牟宗三把"知识心"、"知识主体"看做形而下的，而把"道德心"、"道德主体"看做形而上的，这才有他的所谓"良知坎陷"的设计，由绝对的道德主体性来开出相对的知识主体性。但我认为，这是站不住的。参见拙文《"伦理学的本体论"如何可能？——牟宗三"道德的形上学"批判》，载《西南民族大学学报》2003 年第 7 期。

第二点,关于"**欲**"。

我在谈"七情"的时候就谈到过,"欲"一般来说是一个主体性范畴。我说过,"欲"是心理学意义上的"意向性"(intention)①。甚至有时在谈到"仁"的时候,"欲"也是主体性、意向性的事情。比如,孔子说:"仁远乎哉? 我欲仁,斯仁至矣!"②显然,这里的"仁"是"欲"的对象,是一种道德情感方面的意愿,当然就是形而下存在者的一种主体性意向性了。但是,显而易见,孔子这里所谈的"从心所欲",却是自如境界的事情,那就绝不会是主体性意向性的事情了。这个问题,同样涉及我经常讲的一个话题,就是:孔子那里的词语往往是多层级的用法。"欲"也是这样的,在谈到自如境界的时候,孔子所说的"欲",一定不是说的主体性的意向性。这里的"欲",一定是回归了本源层级的事情。

这就使我想到关于"欲"的这样两种说法:"性之欲"和"情之欲"。首先需要指出:这不是现代汉语里所说的"性欲"、"情欲"。"性之欲"这个说法,例如朱子说:"人生而静,天之性也;感于物而动,性之欲也。"③我讲过,这是一种很典型的形而上学的"性-情"观念架构④。而"情之欲",我们可以这样理解:这里没有"性"——主体性的预设,而是从"情"——生活情感出发的。有情,就会有欲。当然,欲不是情;欲是从情感向意欲的观念递转,正是在这种递转中,主体性才得以生成。但是无论如何,这样的接近于本源性的"欲"毕竟还不是主体性。

我理解,孔子这里所说的"从心所欲"之"欲",既然实质上是

————————————

① 参见《爱与思——生活儒学的观念》第二讲第三节"1. 本源之爱"。

② 《论语·述而》。

③ 朱熹:《诗集传·序》。

④ 参见《爱与思——生活儒学的观念》第二讲第一节"1. 性与情:儒家的形而上学架构"。

"无心"的，那么就是"无心之欲"，就是那种直接发源于生活情感的"欲"。这非常接近于我刚才谈"天命"的时候说到的：生活本身的情感流行的某种"趋向"、"趋势"、"势头"、"动向"。这种"欲"，恰恰是"无欲"。比如，孔子在领悟天命的时候，说："予欲无言。"①这样的"欲"，恰恰是"无欲"。所以，"从心所欲"恰恰是说的无心、无欲。

第三点，关于"**矩**"。

所谓"不逾矩"，从字面上看，是说的不会逾越规矩，诸如不会犯法、不会违纪之类。也就是说，怎么做都不会"犯事"。但是，这样的理解是很不好的，是很形而下学的理解，而不再是超越了形而下学、形而上学的自如境界的事情了。我们知道，"矩"说的是"礼"，就是我谈到过的各种各样的规范。这样的规范的存在，是形而下存在者的事情；可是，在这种自如境界上，我们不仅超越了形下之物，而且超越了形上之物。这里"无物"，也就无"矩"、无"礼"可言。孔子之所以能"不逾矩"，是因为在这样的境界当中，根本就没有什么"矩"：不仅超越了形而下的东西，而且超越了形而上的东西，真正回到了生活本身、情感本身。

所以，我的理解是："从心所欲不逾矩"，就是说的生活而已。不过，需要注意：这里的"生活"是个动词，就是"生活着"，就是本源地"在生活并且去生活"着。所谓的"达到最高境界"，其实就是生活着——纯真地、质朴地生活着。

如此说来，这不是又回到了那个最低的境界去了吗？不是又回到了自发境界或者"自然境界"了吗？当然可以这么说。这就是老子所说的"复归于无物"②。所以我常说：最高的境界，就是回到最低的境界。但是，这里还是有个区分：这个最高的境界却

---

① 《论语·阳货》。

② 《老子》第十四章。

又跟那个最低的境界有本质的不同,这个不同就是有无"觉解",
或者是我刚才说的,有无"良知"。最低的自发境界是无觉解的,
而最高的自如境界却是有觉解的。所以,更确切地说:最高的境
界,就是自觉地回到最低的境界。具体说来,最高的境界就是:自
觉地回归生活本身,自觉地回归生活情感,尤其是爱的情感,自觉
地在生活并且去生活。

"圣"境界的诠释学意义（二）*

　　这种际遇，或者作为际遇的生活本身，儒家称之为"命"或者"天命"。

　　命显然是一种言说，因为"命"字的字面意思就是"口令"。"命"字从口、从令，就是发号施令。许慎解释为："命，使也。"①朱骏声纠正说："命，当训'发号也'。"②这当然是对的。但许慎的解释也是成立的："使"是说的使之然。人、物何以如此这般？天使之然，所以叫做"天然"、"天命"。而我们已一再指明：本源之天就是自然——生活自己如此。天然就是自然，就是生活自己如此。所以，人、物之所以然，是生活"使"之然。而生活如何使之然？这就是"命"——发号施令。

　　所以，在本源意义上，"命"或"天命"绝非人们通常所说的"命运"，亦即断然不是后来人们所理解的那样，仿佛有一个具有至高无上的意志的人格神，他在冥冥之中预先规定了我们的生活。这就是说，"命"或"天命"绝非所谓"命运"（destiny）。destiny 源自destine，意为：注定、预定。这种观念预设了一个预定者，我们的生活是早已被他注定了的，我们无能为力。然而这不符合儒家的思想。儒家一向认为，我们不是无能为力的，我们可以把握自己的生

---

　　*　节选自拙著《爱与思——生活儒学的观念》，附论二《生活本源论》。

　　①　许慎：《说文解字·口部》。

　　②　朱骏声：《说文通训定声·口部》。

活,甚至可以"参赞化育",这也就是"穷理尽性以至于命"①,否则,我们就不可能超越。但事实是,我们能够超越:我们不仅总是已经**在**生活,而且总是能够**去**生活。所以,我们必须牢记:"天命"之所谓"天",绝非能够主宰我们"命运"的上帝那样的东西,而是汉语所说的"自然",亦即上文说过的:"自己如此"。生活自己如此:我们倾听天命、遵从天命,那是生活自己如此;我们参赞化育、穷理尽性,也是生活自己如此。所以,所谓命或天命,不过是说的生活本身的自己显现:对于我们来说,作为际遇的生活显现为命。至于所谓"命运",其实不过"夫莫之命而常自然"②而已。可是人们总误以为:存在着一个作为绝对主体、绝对实体的**形上之天**,诸如上帝(God)之类,是他在那里发号施令,而成为**形上之命**;此形上之命落实在个体头上,便是**形下之命**——个人的命运。这就是一切宿命论与决定论的根据。然而这个形上之天不过是**本源之天**被对象化了的结果,而形上之命也不过是**本源之命**被对象化了的结果。在本源上,形上之命作为形上之天的发号施令,乃渊源于本源之天的本源之命:生活本身的自己显现。这种本源的显现,被领悟为作为本源之命的天命。

因此,天命作为生活本源的发号施令乃是无声的:这种无言之命,乃是无声之令。"上天之载,无声无臭。"③天命的事情④,乃是无声的。这就正如孔子所说:"天何言哉?四时行焉,百物生焉,天何言哉!"⑤然而四时行于斯,万物生于斯。这就是说,天命,亦即生活本身,生成了世间万物。这就是《易传》所说的"乾道变化,

---

① 《周易・说卦传》。
② 《老子》第五十一章。
③ 《诗经・大雅・文王》。
④ 朱子《诗集传》:"载:事。"
⑤ 《论语・阳货》。

各正性命"①：乾道即是天道，应该从本源上被理解为天命，人得之而有人性（性理），物得之而有物性（物理）；这也就是《中庸》所说的"天命之谓性"，人与万物之性皆由天命生成。这就是说，物，包括人，是由作为际遇的生活本源生成的。这种无言的天命，可以谓之"天籁"，但却不是庄子所指的自然界所发出的声音，而是生活本身的无声的号令。

这样的本源之"命"，也就是本源之"道"。这样，我们才能解释一个困惑：原来是指"道路"之"道"，是怎么会被领悟为"道说"之"道"的？道路之"道"为什么可以指言说？原来，本源之道本身"能说会道"，生活本身自己在"道"着、言说着。"诚者自成也，而道自道也。"②"诚"字原来也是这个意思，由"言"而"成"，即是"自道"；这种"自道"作为生活本身的自己显现，就是生活本身的自己言说，其实就是生活本身的自己展开。

那么，人与万物究竟是**怎样**由生活生成的？这种生成首先就是：倾听天命。倾听天命，就是倾听生活本身。我们说过，生活如水；我们还曾指明，"活"本来是说的水流声。水流有声，我们倾听；然而天命无声，我们依然倾听：天命之无声，恰如水流之有声。这种倾听天命，被经验主义哲学解释为知识论意义上的"生活经验"、经历、阅历。这种解释基于"主-客"架构，亦即以现成的主体性的人为前提。然而倾听生活并不是说已经预先有一个现成的作为主体的人，然后他才去倾听一个现成的作为客体的生活。人"活着"，并不是说他首先已经是一个人，然后他拥有生活；人"活着"是说，首先是因为**在**生活并且**在倾听**生活，这个人是在这种倾听中生成的，然后他**才能**生活并且**去**生活。我们必定倾听着生活的声音，我们不可能不听从生活的号令，因为唯有遵从生活的这种"天

① 《周易·乾象传》。
② 《礼记·中庸》。

命",我们才能生活。

　　不仅如此,而且惟有倾听天命,人才成其为人,物才成其为物。在这种意义上,命是从天到人、从生活到主体的递转的转枢所在。《庄子》对此有过很好的说明:"未形者有分,且然无间,谓之命。"①也就是说,命是从无形到有形、从无分别到有分别的转枢。《中庸》所谓"天命之谓性"就是说:正由于命,人才成其人性(性理),物才成其物性(物理)。既然"乾道(天道)变化,(人物)各正性命"②,那么,所谓天命不过就是天道变化,亦即生活本身的变化而已。

　　而"命"作为生活际遇,与"时"密切相关,这是因为,生活本身总显现为时代的生活方式,这也就是"天道变化"。荀子曾经指出:"节遇谓之命";杨倞解释说:"当时所遇谓之命。"③《淮南子》也说:"命者,所遭于时也。"④所以,作为际遇的天命又称之为"时运"。然而所谓"时运"仍然不是说命运,而是说作为生活本身的言说的天命。时运作为"时令",本源处仍然是"天令"——天命。我们之所以知道时令,首先是因为我们领悟着天命;而我们之所以领悟天命,是因为我们倾听天命,也就是说,我们倾听生活本身。

　　于是,我们才能理解何谓"圣人",也才能理解孟子为什么说孔子是"圣之时者"⑤。能够倾听天命,亦即倾听生活,倾听生活的显现,倾听生活的无声的言说,这就是"圣"。"圣"繁体写作"聖",而这个字意味着什么?这个字,除了它的声旁"呈",就是一只耳朵,表示倾听。这一点或许是令人惊异的:圣不过是意味着倾听。

---

　　①　《庄子·天地》。
　　②　《周易·乾彖传》。
　　③　杨倞:《荀子注·正名》。
　　④　《淮南子·缪称》。
　　⑤　《孟子·万章下》。

圣人倾听着什么？他一定是听见了什么消息。然而那是什么消息？**消息**之为消息，不过是说如水的生活的**消长**；而此消长，不过就是生活的显现。所以，许慎把这个字归入"耳"部，并解释说："圣，通也。从耳，呈声。"①这是非常精当的解释，表明所谓"圣"原来只是说：能够倾听，从而**通达**。圣首先是倾听某种声音："圣，声也。"②汉儒韩婴解释说："闻其末而达其本者，圣也。"③问题在于：倾听什么？通达什么？其答案是：倾听天命，通达天命。所以孔子在"五十而知天命"之际，便是"六十而耳顺"④，所谓耳顺，不过是说听见了生活的消息。"顺"就是"通"，故有"通顺"之说。《庄子》有一个解释是非常精确的："圣也者，达于情而遂于命者也。"成玄英注释说："通有物之情，顺自然之命，故谓之圣。"⑤这简直可以视为对夫子自道的注脚："五十而知天命"是说仅仅知道了天命的存在，而"六十而耳顺"则是说能够真切地倾听到天命的声音，这样，就能真切地通达天命。

这里，一个"情"字万万不可轻轻放过：原来，所谓"圣"就是"达于情而遂于命"。《风俗通》也说过："圣者，声也，闻声知情，故曰圣"⑥；"圣者，声也，通也，言其闻声知情，通于天地，条畅万物也"⑦。如果"命"是在说生活，那么"情"是在说什么？在早期汉语中，"情"有两种基本用法：一是事情本身，就是我们今天所谓的"真实情况"，《易传》所谓"以类万物之情"就是这种用法⑧，而我

---

① 许慎：《说文解字·耳部》。
② 《广韵·劲韵》。
③ 韩婴：《韩诗外传》卷五。
④ 《论语·为政》。
⑤ 成玄英：《南华真经注疏·天运》。
⑥ 《广韵·劲韵》引。
⑦ 《艺文类聚·人部》四圣引。
⑧ 《周易·系辞下传》。

们已经知道,事情本身也就是生活本身;二是情感,即是本源的生活情感。但实际上,这两种用法是一个意思:所谓生活本身,不过就是本源的生活感悟本身,因为离却了生活感悟,所谓生活本身也是子虚乌有的;而生活感悟,首先就是生活情感。

因此,倾听天命、倾听生活,其实就是倾听本源的生活情感,尤其是倾听爱的情感。这样一来,我们就能够理解为什么"圣"被领悟为"仁且智"了:圣首先是**本源之仁**,亦即作为本源的生活情感的仁爱。

确实,儒家认为,"圣"就是"仁且智"而已。《论语》记载孔子之语:"若圣与仁,则吾岂敢?"俞樾解释说:"圣与仁,犹言智与仁也。"①又载:"太宰问于子贡曰:'夫子圣者与? 何其多能也?'子贡曰:'固天纵之将圣,又多能也。'"②"多能"即智;若非多能,只是"将圣",而非"既圣"。《孟子》记载:"昔者子贡问于孔子曰:'夫子圣矣乎?'孔子曰:'圣则吾不能,我学不厌而教不倦也。'子贡曰:'学不厌,智也;教不倦,仁也。仁且智,夫子既圣矣!'"③所以王充指出:"仁智之人,可谓圣矣。"④这些记载都是在说:圣就是仁且智。

当然,通常所说的"圣"就是"仁且智",还不是说的**本源之圣**,而只是说的在境界意义上的**超越之圣**。本源之圣不一定"知",而惟有"仁"。所以,孔子的说法有所不同。"子贡曰:'如有博施于民而能济众,何如? 可谓仁乎?'子曰:'何事于仁? 必也圣乎!'"⑤这里并没有涉及智,这就是说的本源之圣。本源之圣"比于赤

① 俞樾:《群经平议·论语一》。
② 《论语·子罕》。
③ 《孟子·公孙丑上》。
④ 王充:《论衡·知实》。
⑤ 《论语·雍也》。

子",那是**无知之圣**,乃是自发的境界;超越之圣之为"大人",那是**有知之圣**,那是自如的境界。本源之圣作为无知之圣,不过就是本源之仁而已,就是本源的生活情感、本源之爱而已,这里没有经过任何智慧,没有任何在康德意义上的感性、知性、理性。所以,在本源意义上,**人天然是圣人**;这就是说:人的生活天然是情感的存在。这里所谓"天然",并不是说的在经验论、个体发生学意义上的"天生";"天然"是说:生活自己如此这般,本源的生活情感自己如此这般。

所以,"圣"原来不是说的那种比君子还高尚的道德境界。在本源处,人天然是圣人,这是本源之圣。当其离却本源之际,他便成为小人,进而可能成为君子;当其复归本源,他又成为圣人,这是**超越之圣**。超越之圣只不过是超越了形而上学、形而下学之后,复归本源之圣的境界。所以孟子才说:"大人者,不失其赤子之心者也。"①赤子之心便是本源之圣;不失赤子之心,亦即重新拾回赤子之心,便是超越之圣。

---

① 《孟子·离娄下》。

"文化保守主义"评议*

关于"文化保守主义",我原本暂时不想说什么。一则因为眼下太忙,二则因为:

其一,我以为,"文化保守主义"是一个过于含混的符号。

如果说"翻译即是诠释",那么"文化保守主义"是这样一种诠释:现时思想界有多么混乱,它就有多么混乱。而现时思想界的状况是:尚未脱离五四时期、八十年代那样的思想浮泛。"文化保守主义"这口酱缸里,盛了太多的形形色色,譬如其中的两个极端,就是某些"儒家自由主义"和你所谓某些"顽固派"之"儒家"。李泽厚说:进入九十年代,学问家凸显,思想家淡出;我说:八十年代是"思而不学",九十年代是"学而不思"。八十年代是没有学术的思想,九十年代是没有思想的学术。(我此所谓"学"或"学术"不是学究那样的"学问",而是严谨的思想所需的那种严谨的学理或哲理的运思。)直到二十一世纪,才开始有人在学术地思想着或者思想地从事着学术,但人数太少。八十年代的那种无学的思想或者不思的思想,质言之,便是:有的是吵嚷喧嚣,唯独无思。孟子

---

* 原载《学术界》2004年第5期,题为《"文化保守主义"评议——回复陈明的一封电子邮件》;人大复印资料《文化研究》2004年第12期全文转载;收入拙著《面向生活本身的儒学——黄玉顺"生活儒学"自选集》。我当时曾指出:"这篇文章的真正意义并不是对'文化保守主义'的批评,而仍然是一种彻底的诠释观念的阐明。唯有这样的诠释观念,才能保证生活儒学的态度。"(《面向生活本身的儒学——黄玉顺"生活儒学"自选集》,前言,第7页。)

曰："弗思耳！"①目前关于"文化保守主义"的讨论，便是这样的"没有思想的思想"。

同时，"文化保守主义"这个含混的符号同时也过于简单化。我知道，你对别人称你为"文化保守主义者"是有所保留的。我很能理解这一点，因为你是一个个体，而个体总是最丰富的，绝非任何简单的抽象符号可以概括得了的。如你所说，你可以被不同的人同时划归为"文化保守主义"、"民族主义"、"激进主义"、"自由主义"甚至"新左派"之类，乃至"意志主义"、"实用主义"、"社会达尔文主义"等等，这能说明什么呢？

其二，就其"文化"而论，"文化保守主义"不过是一种情绪的符号，或者更确切地说，它是民族主义情结的一种表达式。

我最近发表了一篇《中国现代"哲学"的困窘：西方强势话语阴影之下的"文化纠缠"》②，大意是说：中国现代思想领域的言说，不论自由主义者、文化保守主义者，还是马克思主义者以及其他，其实都是在"中西文化优劣比较"的情绪支撑下进行的，这种情绪本质上是民族主义情结的产物。民族主义情结本身并无所谓好坏，但它如果试图代替严肃的运思，那就是对真正的哲学之思的遮蔽。目前所谓的"文化保守主义"话语，其实仍是这样的遮蔽。我知道，你过去对以哲学的方式来进行儒学的重建是不以为然的；但我也相信，通过我们这一次的深入交流，你对于这种哲学进路已有了相当的理解与同情（我们达成共识：儒学的重建需要多层级、多维度的工作）。民族主义情绪或许是民族生命意志的正当流露，但它决不能代替严肃冷峻的思考。而这正是我之所谓"哲学"：它并不必然意味着知识化，更不意味着"知识本体化"；它仅仅意味

---

①　《孟子·告子上》，《十三经注疏》本，中华书局 1980 年影印版。

②　黄玉顺：《中国现代"哲学"的困窘：西方强势话语阴影之下的"文化纠缠"》，《天府新论》2004 年第 3 期。

着严谨的运思。假如我们真想"先立乎其大者",我们就不能忘记孟子的话:"思则得之,不思则不得也。"①

当然,人们采用了一些哲学化的言说方式来传达某种情绪,如"主体性"之类。但具有讽刺意味的是,八十年代是用"主体性"来否定文化民族主义,而九十年代却是用"主体性"来宣扬文化民族主义。前者表面上是资本主义精神的个体主体性,但实质上还是民族主义情绪的表达,因为即便是自由主义西化派,骨子里却仍然是寻求"民族复兴"之路的民族主义者;后者表面上是中华民族的群体主体性,但实质上却是传统的集体主义精神的情绪表达,因为所谓"中华民族"仍是一个含混的符号,并未被转化成真正意义上的现代性的"民族国家"(nation)的观念。而且无论如何,它们都不过是"学而不思"的情绪传达而已。人们从来没有问过:这样的主体性本身是何以可能的?

其三,就其"保守"而论,"文化保守主义"这个符号是对生活本身这个源头活水的遮蔽。

"文化保守主义"这个符号的语义预设是:有着那么一个"现成在手"的"文化"传统或者"道统"之类的东西,现成地摆在那里,可以由我们去持守之或者"保守"之。这种预设却没有意识到:这样把传统对象化,却恰恰是在使传统疏远化、异己化、陌生化。况且,竟有一个现成地摆在那里的传统,这是可能的吗? 它在哪里? 在经典文本里? 可是经典文本的所谓"本义"其实只不过是"不可知"的"物自身",对这种"本义"或者"原意"的设定将使我们陷入"认识论困境":我们如何可能确证这样的"不以人们的意识为转移"的"客观存在"? 我们如何可能走出自己的皮肤,而去"切中"这样的"客观存在"? 其实,经典文本的意义在于我们的诠释。传统不是某种现成在手的东西,不是我们可以"继承"之或者"保守"

———————————————

① 《孟子·告子上》。

之的对象,而是我们的生活本身、我们的生活感悟本身。传统作为我们被抛其中的际遇,作为我们的"天命",决不在生活之外,而就在我们自己的现实生活之中。我们惟有由此出发,才能够"去是"、"去存在":我们的本真的能在,恰恰基于我们被抛的所是。朱子诗云:"问渠那得清如许?为有源头活水来。"我们生活着,就在感动着、领悟着、诠释着;我们怎样生活着,就有着怎样的感动、怎样的领悟、怎样的诠释。如果一定要谈儒家,那么这样的生活感悟便是儒家的源头活水:譬如仁爱便是这样的生活感悟;它并不是"性"那样的形而上学的主体性,而是为这种主体性奠基的大本大源;然后才有作为正义论的"义"原则,才有作为规范论的"礼"的制度设计。只有这样,我们才能理解孔子所说的"礼有损益"的原则:任何规范建构、制度建构都是历史地变动的东西;而此变动的大本大源,就是我们的生活感悟。否则,我们就会不自觉地充当某种现存秩序的精神守护人,甚至不自觉地充当专制制度的辩护士——眼下许多所谓"儒家"正是如此的,他们的最大误区就是把所谓"儒家传统"看做是某种"现成在手"的东西。

所以,我很高兴,对现实生活的本源性的肯定是我们这一次交流的最大成果。有人把你所主编的《原道》称作中国大陆"文化保守主义的旗帜",过去我总觉得这面旗帜的色彩仍然有些朦胧驳杂。记得前年夏天我在北京之际,我们烫火锅时,你曾询及:《原道》眼下应该如何"盘点",总结过去、开拓未来?接下来,人们看到了《新原道》。我有时想:韩愈的《原道》实质上是中国的中世纪精神的形而上学言说,冯友兰的《新原道》实质上是中国的现代性精神的哲学表达,那么,陈明的《原道》及《新原道》如何?何谓"原道"?又如何"新"?冯先生的《新原道》讲"极高明而道中庸"[1],照我的理解,他那"极高明"说的是本、体,"道中庸"说的是末、用

---

[1]　冯友兰:《新原道——中国哲学之精神》,商务印书馆 1945 年版。

（儒家"中庸"原非此意,而是:"中"即是他所说的"极高明",而"庸"是他所说的"道中庸"）,这样的传统本体论架构是一种典型的形而上学话语。以当代思想看,旧式的形而上学乃是所谓"无本之木、无源之水"。你的《原道》似乎更多地是讲"道中庸"的事情,我以为是很好的。其所以好,好就好在这个"形而下"的"道中庸"正是回到生活——我们自己的现实生活——这个源头活水本身。这就是胡塞尔、海德格尔的口号:面向事情本身！但是,这个"事情本身"却可以被给予不同的理解。胡塞尔理解为纯粹意识,也就是先验的主体性,在这一点上,它倒是与现代新儒家一致的。但海德格尔发问:这种主体性本身何以可能？形而上学何可能？"先立乎其大者"（确立"本心"、即主体性）,此大者本身如何立？先立其大的前提是"我欲仁",然而我既已经"欲仁",则其大者已然确立,又何须乎再立？而此大者若非已然确立,又是什么东西足以令我确立？我凭什么竟会想到先立其大？这就是先验论的困境,因为它不知道:真正的大本大源,乃是先行于主体性建构的生活感悟——仁爱。

　　这当然也表明,我们最后的一点分歧仅仅在于:我不认为作为本源的生活感悟是主体的需要与意志。我最近注意到你有"意志"之说,诸如"中华民族的意志"、"救亡图存的生命意志"、"主体意志欲求"等等,并把这个"意志"视为"中体西用"之"体"（见于你的《保守:思潮与主义》）①。我的看法是:这样的意志仍是某种形而上学的主体性的表达,类似西方意志主义、生命哲学所说的那个本体论化的"生存意志"、"生命冲动"之类,或者说是钱穆先生那样的本体论化的"民族文化生命"式的主体性。然而我想问的是:这样的主体性的意志与需要本身何以可能？所以在我看来,它仍然是属于那种"无根的"形而上学的东西。而"有根的"形而

---

①　陈明:《保守:思潮与主义》,中国儒学网(www.confuchina.com)。

上学应该是：首先是生活造就了主体性,然后才可能有主体性去改变生活;首先是被抛的所是,然后才可能有其本真的能在。这也正是我们这一次所达成的基本共识之一。所以,我想,你过去的"中体西用"的原则与你这一次的提法是不无矛盾的,你这一次的表述是:"即用建体。"我以为这个提法是极有意味的。然而依此,"中体"乃是尚待建立的东西。那么如何建立? 它的本源性的"用"绝不是"西用"。我想,你的意思应该是:"即用"之"用"正是我们自己的现实生活。这是我所深表赞同的。但这样的生活及其感悟纵然必定表现为"意志"、"需要"这样的意欲,但意欲还不是真正的本源,亦即不是作为源头活水的生活感悟本身。"富与贵,是人之所欲也,不以其道得之,不处也;贫与贱,是人之所恶也,不以其道得之,不去也。君子去仁,恶乎成名?"则可见爱恶乃是意欲的本源;"唯仁者能好人,能恶人"①,则可见爱又是恶(wù)的本源。否则,我们如何能够称自己是"儒家"? 儒家之为儒家,固然既不在于对现成的"礼"的固守,因为孔子早已确定了"礼有损益"的精神;甚至也不在于对现成的"义"的固守,因为"义"者,"宜"也,"时"也;然而儒家之为儒家,假如甚至连"仁"也都连根拔起,那就正如孔子所说了:"君子去仁,恶乎成名?"其结果只能是阳明所说:"抛却自家无尽藏,沿门托钵效贫儿!"

　　最后,我最高兴的是:我们这一次共同回到了生活本身,从而共同质疑了"文化保守主义"这个符号。

---

　　① 《论语·里仁》,《十三经注疏》本,中华书局 1980 年影印版。

注生我经：论文本的理解与解释的生活渊源
——孟子"论世知人"思想阐释*

首先表达一个歉意：今天是周末，占用大家宝贵的周末时间，很不好意思。同时，我也要对古籍所、舒老师①表示感谢，给我提供这个机会，向在座诸位汇报一下我的一些想法。

我今天要讲的题目，大家都知道了吧？那么，我为什么会选这个题目呢？那天古籍所跟我联系的时候，我想了一下，这个题目比较恰当。第一个原因是：我猜想今天来参加的诸位，可能搞历史和文献的比较多，而这个题目正是文本的解释问题或诠释学问题，这跟搞历史和文献的有密切关系。另外一个考虑是：我自己其实很早就想写这么一篇文章，但一直没抽出空来，现在正好趁这个机会，把一些想法边讲边整理，大家相互学习。

一、问题的提出

我之所以思考这个问题，那是在前年吧，我去开一个会，有一

　　* 原载《中国社会科学院研究生院学报》2008 年第 3 期（发表时有删节）；收入拙著《儒家思想与当代生活——"生活儒学"论集》，光明日报出版社 2009 年版。这是应邀于 2007 年 4 月 17 日在四川大学古籍研究所"《儒藏》系列讲座"所作的讲演，由我的研究生李龙根据当场录音记录整理，特此致谢。

　　① 舒大刚：四川大学教授、博士生导师，历史文化学院副院长、古籍整理研究所所长，"《儒藏》工程"首席专家。

个博士生,很优秀的博士生,我们聊天的时候,他跟我谈了他的一个很大的困惑。在读博士之前,他读《论语》,觉得清清楚楚、明明白白;而现在要作博士论文(他的论文题目是《论语》的诠释史),当然就要读历代的许多《论语》注疏,从何晏到皇侃、朱熹,一直到刘宝楠,最后是他的导师,但是,他越读越感到惶恐。为什么呢?因为原来是很明白的,现在却越读越感到迷惑:各家的说法相去甚远。面对同一个《论语》文本,他原来是很明白的,因为《论语》的语言是很白话的;然而当他去研究历代的解释时,却很困惑。这是一个相当认真的同学,他当初就是要通过对孔子的领会来解决自己的“安身立命”问题。现在这一困惑,就不仅是做论文的问题了,连怎么做人似乎都成了问题。

　　我就我自己当时的想法跟他谈了。我说,你现在脑子里一定有一个预设,那就是:某人(比如朱子)对《论语》的诠释,应该是《论语》这个文本的客观意义。但是,假如你仅仅读朱子,而不读其他人的注释,你还可以认同他,甚至觉得朱子讲得简直太到位了,就是客观真理;可是当你又读另一个人的注释的时候,你可能同样也会感到他讲得很有道理。但是这两个人的讲法是不同的,甚至在某些根本的观念上是矛盾、对立的。这就麻烦了。我跟他讲:其实,你这样的想法,自觉不自觉地先就有这样一个预设:有某个人,他有可能完完整整地、客观地把握《论语》的意义,把握孔子的思想。当然,在你没有碰到不同的解释的时候,这个人的解释对你来说可能是不成问题的;但当你碰到不同的解释时,就会感到困惑:到底谁的解释才是客观地把握住了孔子思想的呢? 这是很难取舍的。如果要取舍,那么这个尺度又是谁的呢? 谁来做这个仲裁者呢? 这是一个很大的问题。我不知道在座诸位在研究历史文本时有没有碰到过这样的困惑?

　　其实,他这个预设本身就是有问题的,用哲学的话语来表达就是(当然这个表达还是很不准确的):假定有一个无限的存在者,而你只是一个有限的存在者，你怎么可能把握它呢？有限的存在者怎么可能容纳无限的存在者呢？这是完全不可能的。我给他打了一个比方，西方基督教神学家，他们是很明白的：作为一个人，我是有限者，我通过研究《圣经》去努力理解上帝，但上帝是一个无限者，所以，我实际上是不可能理解他的。除非我也是另一个上帝。我给他讲的第一层意思就是这样。然后他就说：照这么说，那岂不成了相对主义了，公说公有理，婆说婆有理，怎么样讲都行？我说：那也不是，但那是另一个问题了。

我当时讲：事情不是这样的。虽然说，从何晏一直到刘宝楠，他们对无限的存在者的把握都是不可能的；但是，反过来讲，假如没有这些人的诠释，那个无限的存在者也就不复存在了。这是一个很麻烦的问题，事实上，这涉及 20 世纪以来的思想界的一个很前沿的观念。简单说吧，这是一个现象学的观念："现象背后一无所有。"①这就意味着：我们所预设的那个所谓的无限的存在者，恰恰就是在诠释现象中显现出来的。离却这些现象，离却张三李四的解释，这个无限的存在者其实不存在。

我今天讲的这个题目，就跟这个话题有关，就是这么一个现象：我们做历史研究、文献研究的人，脑子里总是自觉不自觉地有那么一个态度，可以说是"科学的态度"，这个态度就是：当你拿起文本来研究的时候，你觉得自己是可以把它的客观意义搞出来的。假如你一开始就怀疑自己能不能去把握那个客观意义，那你还去研究它干吗呢？在这个问题上，大家不一定很自觉，但实际上你一定有这样一个前设，我称之为"预设信念"。它是不可证的，但却是所有科学研究的一个基本的前提。这是一个方面。但另一方面，大家都不难注意到：历史

---

① 海德格尔：《哲学的终结和思的任务》，见《面向思的事情》，陈小文、孙周兴译，商务印书馆 1999 年第 2 版，第 80 页。

上的任何一个文本,都会遭遇解释的歧义性。于是,面对各家不同的甚至截然相反的说法,你无法知道谁对谁错,你没法判断。可以说,几乎任何一个文本,都没有一个公认的结论。那怎么办呢?这就是我今天想讲的问题,这个问题其实是20世纪以来思想界的一个最前沿的问题,就是我的标题"理解与解释"的问题,或者说是"诠释学"问题。

简单来讲,就西方来说,诠释学大概分为三个阶段。

第一阶段是中世纪的古典诠释学。古典诠释学主要是研究《圣经》的。神学家的古典诠释学与我们中国的古典诠释学是一样的,只不过在我们的话语当中叫做"训诂学";西方是诠释《圣经》,而我们是诠释《十三经》,但也都是读经、解经。西方中世纪的诠释学有两派,但其基本的思想视域都是中世纪的、前现代的那样一种观念。中国也是这样,我待会儿会谈到,包括"六经注我"、"我注六经"这些问题,都是在传统的思想视域中的观念。

第二个阶段,到了西方近代哲学,像生命哲学,以狄尔泰为首的一些哲学家,他们把古典的诠释学扩展了,或者说使它在性质上有了改变。我们知道,西方文艺复兴以来,科学昌明,以至于所谓的社会科学、人文学术乃至于哲学,都纷纷效仿自然科学领域的一些方法和做法。但到了狄尔泰等人那里,他们发现这是不对的,完全错了。于是他们就做了一个基本的区分,简单说就是:面对自然界的自然科学里,我们是去发现、发明;然而对于人文学术来说,我们却根本不是去发现、发明,完全是两回事。那么,在人文学术,我们应该怎么做呢?那就是解释、诠释。我们面对历史文本,完全不是像一个科学家面对一个物理现象那样去发现什么客观的东西,而是诠释的问题。在生命哲学家那里,传统的古典诠释学被改造成了所谓的一般人文学科方法论。

第三阶段就是20世纪以来的诠释学,这与现象学有关。伽达默尔的《真理与方法》①，大家可能都看过吧？这是一部影响很大的著作。但伽达默尔的诠释学来自他的老师海德格尔，海德格尔的《存在与时间》②，就涉及"此在的生存之领会与解释"这样的解释观念，而伽达默尔的《真理与方法》就是把这些观念发挥出来，加以系统化。西方诠释学的这个阶段，人们一般把它叫做"哲学诠释学"。其实它也是有问题的，只不过到现在为止我还没有抽出时间来正面应对这个课题，但我经常有一些思考。

　　海德格尔和伽达默尔的哲学诠释学，与传统的诠释学有很大的区别：人文科学方法论实际上仍然是建立在《周易》所说的那种"天文"、"人文"两大块的划分之上③，或者用今天的话来说，就是建立在自然界和社会界的划分上。这个划分表明：自然科学应该研究自然界；而人文学科则应该研究人的问题，这里没有什么好发明、好发现的，只是一个诠释的问题。事实上，这么一种划分，用我的话来说，那是"形而下学"的。（"形而下学"这个说法也不是我发明的。）而到了 20 世纪，现象学基本上是把诠释问题看作存在的问题。我们知道，哲学最核心的部分，所谓纯哲学，就是存在论，ontology，以前译作"本体论"，它是为一切学术和思想奠基的，是最根本的东西。达到这么一个深度，是当代哲学诠释学的第一个特点。第二个特点是，从海德格尔开始的存在论，不再是传统形而上学意义上的存在论、本体论，他把自己的想法叫作"基础存在论"。海德格尔认为，我们应该回到活生生的现实生存中来理会理解和诠释的问题。这就是说，诠释问题不再是我们通常所理解的在

　　①　伽达默尔：《真理与方法》，洪汉鼎译，上海译文出版社 1999 年版。

　　②　海德格尔：《存在与时间》，陈嘉映、王庆节译，生活·读书·新知三联书店 1999 年。

　　③　《周易·贲象传》，《十三经注疏》本，中华书局 1980 年版。原文："观乎天文，以察时变；观乎人文，以化成天下。"

"主-客"观念架构下,一个作为主体的学者去研究一个作为客体的文本,而是说:生存就是一种诠释:你在生存着,就在不断地领会着、解释着。当然,我刚才说了,现象学的这么一种诠释观念也是有它的问题的,只不过我现在还没有时间来专门处理这个问题。这不是我今天要讲的话题,我们就把它略过去。

现在书归正传,我们来看看孟子的一段话。这段话,大家应该是很熟悉的,但我还是把它念一遍吧:

孟子曰:"颂其诗,读其书,不知其人,可乎?是以论其世也。"①

我们会发现,孟子这段话里面,很明显地有三个因素:一是"颂其诗,读其书",二是"知其人",三是"论其世"。用今天的哲学话语来说,这三个因素之间有一种"奠基关系";或者干脆用汉语的说法,它们之间有一种"渊源"关系。

这段话字面上的意思是说:如果你要读懂一个人的诗、书,比如,你要研究《史记》《汉书》等等,你要真正读懂它,这怎么可能呢?孟子一开始就提出了一个问题:如果仅仅面对一个文本,你是不可能真正理解它的。所以,孟子说:"不知其人,可乎?"这个意思非常明显:假如你不理解这个作者,你就不可能理解他的文本。所以,这里就有一层奠基关系、渊源关系:首先你要"知其人",然后才能"读其书";假如不知其人,你也就读不了他的书。当然,这对于我们做历史研究的人来说是很好理解的。比如,我们来读《史记》,可能首先应该读的就是《太史公自序》,甚至是《报任少卿书》,因为这里面会谈到司马迁自己的很多事情,这就是"知人"嘛,我们首先应该"知人"。

但是,孟子接着又说:你怎么可能知人呢?在我们这里就是:你怎么可能理解司马迁呢?你要理解《史记》,首先就得了解司马

---

① 《孟子·万章下》,《十三经注疏》本,中华书局 1980 年版。

迁这个人；但你要理解司马迁这个人，还有一个前提，那就是"论其世"，就是了解司马迁的生活。这就是说，你要理解司马迁，就必须先把汉代历史好好研究研究。假如你对汉代的历史没有一个整体的把握，你也就没法理解司马迁。

讲到这里，大家可能觉得很简单，谁都想得到。但是，这里面存在着许多的问题、困境，我们下面一步步地来谈。

首先谈一个表浅的问题，就是关于这个"论其世"也有不同的解释。朱子在《孟子集注》里解释："既观其言，则不可以不知其为人之实，是以又考其行也。"①朱子的意思是：孟子讲的"论其世"就是"考其行"。回到刚才所举的例子，就是要考证司马迁的行为。说白了就是：我们没必要去了解整个汉代的历史；我们只要看司马迁的传记就行了，读《太史公自序》就行了。我个人觉得，朱子的这个解释可能是错误的，他把孟子所说的"论其世"的"世"讲成"行"，这从任何一个角度来说都是站不住脚的，因为"行"的意思在中国哲学里是很明白的，那就是"知行"关系这么一对范畴嘛。如果按朱子的解释，孟子的话就是同义反复，没什么意义：我们要知道这个人，就要知道这个人的行为。

所以，我比较倾向于《孟子正义》的解释。首先是赵岐的注：既已"颂其诗，读其书"，然而"犹恐未知古人高下，故论其世以别之也"。显然，他是把"知人"和"论世"分开的，是两回事。如果赵岐这个注还不是很明确，那么孙奭的疏就说得更清楚了，他是这样说的："颂歌其诗、看读其书，如此不知其如是之人可以友也乎？然犹未知其人之可友也，抑又当论其人所居之世如何耳。"这是非常明确的，在孙奭看来，孟子讲的"论其世"的"世"是说的这个人的"所居之世"，用我们今天的话语来说，就是这个人生活的时代背景。显然，朱子和赵岐、孙奭的解释是不同的。我不知道大家倾向

---

① 朱熹：《四书章句集注》，中华书局 1983 年版。

哪一种解释,我个人觉得《孟子正义》的解释可能要恰当一些。

　　到目前为止,我们在孟子这段话里面发现了三个要素,而且它们之间有一种渊源关系:首先你要"论其世",然后才能"知其人";"知其人"以后,才能"读其书"。这么一种关系是很清楚的。显然,这里存在着这样一种"还原"关系:诵诗读书→知人→论世。这实际上是反过来揭示的这样一种生成关系:世→人→诗书。这就是说:如果说,诗书是由其人写作的,那么,其人则是由其时代生活背景生成的。这里涉及的乃是这样一个更为一般的生成序列:生活→作者→文本。显然,孟子是有一个信念的。一个什么信念呢? 就是:"论其世"就可以"知其人";"知其人"就可以"读其书"。

　　但孟子这个信念能不能成立呢? 我们待会儿再说。我现在想说的是:其实这里面还有一个因素,对诠释学来说是非常重要的因素,孟子没有提到。孟子这几句话都省略了一个主语:到底是谁在读书? 谁在"知其人"? 谁在"论其世"呢? 孟子这里没有提到这个显然存在的基本因素:读者自己。唯其如此,这才成其为一个解释学问题:解释乃是在读者与文本之间发生的事情;没有读者,就无所谓解释。所以,读者问题是关于文本的理解与解释问题中的一个不可忽视的因素,因为事实上,这里所存在的不仅有"生活→作者→文本"的关系问题,而且还有这样的关系:读者→文本;读者→作者;读者→生活。(如图)

　　这三种关系,也就是在理解与解释问题上的一些最基本的困惑问题:读者怎么可能理解客观的文本? 怎么可能理解文本的作者? 怎么可能理解作者的生活?

　　我今天想展开来讲的，就是这么三层关系。在这里面，我们会面临许多今天思想界经常思考的问题，面临一些与理解和解释密切相关的困惑。如果你真正很严肃地思考，你就必然面对这些问题。假如不能彻底地解决这些问题，我们就会觉得不踏实，怎么来安身立命呢？我猜想在座的诸位来研究中国历史、文化、哲学，特别是儒学，可能不仅仅是拿一个文凭或者做一篇论文就完事的吧？据我所知，很多同学，特别是搞中国文化的，都有一个安身立命的问题。

　　下面我就一个一个地讲我刚才所说的三个维度：第一层是读者和文本的关系，就是"读书"的问题，面临的是"我与书"的关系；第二层是读者和作者的关系，就是"知人"的问题，面临的是"我与人"的问题；第三层是"论世"，即"我之世"与"人之世"的关系问题。最后按我目前的思考和理解，我希望自己能够比较透彻地解决这些问题。

二、读书：我与书——我们怎么
可能理解客观的文本？

　　先说第一个大问题"读书"，即"我与书"的关系。我刚才讲了，当我们研究历史文献的时候，我们自觉不自觉地都有一种预设信念：第一，这个文本是客观实在的，是不以我们的意识为转移的；第二，这个文本具有一种客观的意义，这个客观意义也是不以我们的意识为转移的客观实在。我想，所有研究历史和文献的人，即使没有思考过这个问题，也一定有这样的信念。那么，我们的问题就从这儿开始吧，我把它概括为一种发问方式，即：我们怎么可能理解客观的文本？

　　这个问题在20世纪哲学界有一个专门的名称，叫做"认识论困境"。由于在座很多同学不是学哲学的，所以我还是简单介绍一下吧。通俗地说,我这儿有一个茶杯,按照日常的经验,我们都知道它是客观实在的,是"不以人的意识为转移的";我即使转过背去不看它,它还是客观实在的。这是我们的基本信念。但我会问:你凭什么说这个茶杯是客观实在的呢?这个问题就是西方近代以来的哲学的一个最强大的动力。联系到这里讨论的文本问题,我们也可以问:你凭什么说某个文本是客观实在的呢?凭什么说它有一种客观实在的意义呢?

事实上,你是没法证明这一点的。所以,近代西方哲学实际上是采取了两种方式来回避这个问题。我们知道,近代西方哲学有两大派:经验主义和先验主义。经验主义的想法很简单。记得有一次上课的时候,我也问了这么一个问题:凭什么说这个茶杯是客观实在的呢?大家不约而同、不假思索地回答说:我看见了!我就反问:你"看见了"它就是客观实在的吗?接着我就分析:"看见"是一种意识现象,而且是一种低级的意识现象(高级的意识现象,据说是理性、逻辑思维),心理学里的感觉心理学专门研究这个现象。"看见"既是一种意识现象,也就表明,当你说"看见了它"的时候,这恰恰证明了它是在你的意识之中,而不是在你的意识之外。"我看见它了"只表明了它在你的视觉这么一种意识当中,但你还是不清楚:我的视觉之外的那个东西到底在不在?于是,西方经验主义哲学,从贝克莱到休谟,就把这种态度贯彻到底,认为"看见"就是感觉,而感觉之外的那个客观实在,我没法知道。例如贝克莱的名言"存在就是被感知"①。后来马克思主义哲学批判

① 贝克莱:《人类知识原理》,I.2 - 8。转引自《西方哲学原著选读》,上卷,商务印书馆 1981 年版,第 503 页。在贝克莱看来:客观的实在只不过是观念的存在;"一个观念的存在,就在于被感知";"所谓不思想的事物完全与它的被感知无关而有绝对的存在,那在我是完全不能了解的。它们的存在就是被感知,它们不可能在心灵或感知它们的能思维的东西以外有任何存在"。

它,称之为"不可知论"。

　　另一种则是先验论的、理性主义的进路,也是干脆承认:理性以外的客观实在对于我们来说是不可知的。事实上,先验进路和经验进路采取的是相同的方式,就是:意识之外的东西,我们别去管它;管它在不在,我们只认识意识本身。只不过,对经验主义来讲,意识本身的"原初所与"是感知,而先验主义则不这样认为。大家都熟悉笛卡儿吧? 他就是把世界、上帝甚至自我都排除掉、悬搁掉,也就是怀疑一切;但笛卡儿最后发现,尽管可以怀疑一切,但对"我在怀疑"这件事情本身是不能怀疑的。所谓"怀疑"是什么事情呢? 就是"思",在思考嘛。笛卡儿既然把他自己这个肉体和灵魂的统一体都悬搁掉了,那么所谓"思"又是个什么玩意儿呢?笛卡儿认为,这就是思想本身、理性本身。于是他就以此为起点,来重新推出世界、上帝和自我。

　　到了 20 世纪现象学的创始人胡塞尔,他解决这个问题比笛卡儿还要透彻,他认为笛卡儿还不彻底,还留有心理主义尾巴。迄今为止,"认识论困境"在胡塞尔那里得到了最为确切的表述:内在意识是不可能"切中"外在实在的[①]。胡塞尔的意思是:我的意识是内在的,而作为客观实在的东西是外在的,它超越了意识,是超越物,那么,我的内在的意识怎么可能"切中"外在的客观实在呢?胡塞尔使用的是"切中"(treffen)这个术语,而我自己对"认识论困境"则是这样表述的,我用了两句话:第一句是:内在意识如何可能"确证"外在实在? 第二句是:即便我们承认了这个外在实在,

---

　　① 胡塞尔:《现象学的观念》,上海译文出版社 1986 年版,第 9、7 页。原文:"在客观科学那里存在着超越的可疑,问题是:认识如何能够超越自身,它如何能够切中在意识框架内无法找到的存在?""对切中事物本身的认识可能性的反思陷入这样一种困境之中,即:认识如何能够确信自己与自在的事物一致,如何能够'切中'这些事物?"

我们的内在意识如何可能"通达"这个外在实在？①

　　这个困境对于我们这里所讨论的理解与解释的问题也是同样有效的：我们如何可能确证一个文本及其意义竟是客观实在的呢？我们如何可能通达、理解这个客观的文本及其客观的意义呢？没有办法。我经常打一个比方：你不能设想你能够走出自己的皮肤。当然，这个"皮肤"是个比喻，在这里是比喻的意识的边界。你怎么可能走出自己的皮肤去，走出自己的意识呢？面对"认识论困境"，胡塞尔认为：既然是这样，那么，意识之外的东西，我就不予考虑嘛，我现在只研究意识本身，回到纯粹意识本身。

　　我在这里想强调的是：第一，这么一种"认识论困境"是不可回避的，近代以来的西方哲学一直在试图以各种方式来解决这个问题。马克思也不例外。大家读过马克思的《关于费尔巴哈的提纲》吧？他认为思维和存在的同一性根本就不是一个理论问题，而是一个实践问题，你要在理论上去证明它，那是行不通的②。马克思的这个解决方式是很有意思的。我记得在"文革"时期全民学哲学的时候，人们这样来理解马克思：你不相信客观实在吗？我打你一个耳光，你看是不是客观实在的！事实上，这是把马克思的思想庸俗化了。马克思所说的"实践"不是这个意思。但有一点：马克思的解决方案也是有问题的。我今天就不讲这个话题了，扯得太远了。总之，我们不能回避"认识论困境"问题。在座诸位如

① 黄玉顺：《爱与思——生活儒学的观念》，四川大学出版社 2006 年版，第 89 页。

② 马克思：《关于费尔巴哈的提纲》，见《马克思恩格斯选集》，第 1 卷，人民出版社 1995 年版，第 55 页。原文："人的思维是否具有客观的真理性，这不是一个理论的问题，而是一个**实践的**问题。人应该在实践中证明自己思维的真理性，即自己思维的现实性和力量，自己思维的此岸性。关于思维——离开实践的思维——的现实性或非现实性的争论，是一个纯粹**经院哲学的**问题。"

果要从事研究，你就会面对历史文本，你就要理解、解释这个文本。那么，你首先就应该想想：这个文本及其客观意义，我是怎么可能知道的呢？这就是"认识论困境"。我想强调的第二点是：像西方近代哲学那样回避认识论困境，那显然是不对的。我刚才讲了，西方近代哲学的那两种进路实际上都是在回避这个问题，它们解决不了问题，而且这很容易导致"不可知论"。先验论者康德也是"不可知论"的，经验论就更是不可知论的了，彻底的经验论就是"不可知论"。

　　"不可知论"确实是很不对的。打一个很浅显的比方：虽然我不能证明这个茶杯是客观实在的，但我还是得相信它，我渴了就知道端起它来喝，我总不能一边端起它一边想：这个东西完全是子虚乌有的嘛。我喝的只是符号嘛！再举个例子，待会儿我讲完了以后，大家奔食堂而去，你不可能一边走一边想：这个食堂是不是客观实在的呢？我怎么能证明它呢？事实上，你不用想那么多，这个信念是可靠的，你只管奔那儿去，端起碗来吃吧！但是，作为一个严肃的学者、思想者，你必须思考这样的问题。而我今天就是想在我的理解中来解决这个问题。

　　在我们中国的前现代的思想中，对这个问题表达得最透彻的是陆九渊。他提出："六经皆我注脚。"①在这里我想顺便强调：我们当今这个世界很糟糕，我们的精神生活完全陷入了某种"绝对的相对主义"。现在很多中国人，没有理解陆九渊的意思，他们认为这个"我"指的就是陆九渊这个经验的个体，或者今天的任何一个"我"这样的单子性的个体。这样理解是不对的。我们大家应该都知道，陆九渊所说的"我"，指的是从孟子开始的儒家传统形而上学所说的"心性本体"，用今天的话来说，就是一个"大我"。

　　我这里顺便说说，我们现在的年轻人特别喜欢讲"率性"，而

① 陆九渊：《陆九渊集·语录上》，钟哲点校，中华书局1980年版。

且还引经据典:《中庸》讲的"率性之谓道"嘛,所以,我想干什么就干什么!怎么会得出这样的结论呢?有的年轻人酗酒,把肚子都喝坏了,然后说:这就是率性嘛!这就是率性吗?当然不是。这里面有一个前提:那个所率之"性"是什么呢?事实上,《中庸》所讲的"性",就是儒家先验哲学的心性设定,它既是主体性,又是本体性,不是"小我",而是"大我"。

　　我想说的是:陆九渊这么一种"六经皆我注脚"的态度,是一个重大的理论问题。我刚才讲了,我们搞历史和文献的人都会不假思索地有一个信念、一个作为前提的态度,就是客观的"我注六经"的态度:我要客观地把这个文本的客观意义给揭示出来,就像科学家发现客观的规律一样。事实上,这么一种态度在今天的哲学看来是靠不住的了,这简直成了一种"常识"。于是,有的人就有另一种态度,就是"六经注我",但是曲解的"六经注我",把"我"理解为经验中的个体,这是对古人、对陆九渊的误读,这是必须被排除掉的。否则,你就成了极端个人主义,爱干什么干什么;你解释历史文本,也是想怎么说就怎么说。那怎么行呢!

　　但是,另外一层也是必须强调的:即便我们设定了这么一个先验的心性本体,这在我们今天的思想看来仍然是有问题的。我们面对一个文本,即便采取"六经注我"的态度,而且这个"我"说的是心性本体,然而这在今天的思想观念看来,却是典型的形而上学思维方式,因为你首先就设定了一个先验的本体,包括人性论,不论是主张性善还是性恶,你都预先设定了一个先验的本体。这样一种思维方式,和我刚才所讲的西方先验主义的思维方式本质上是一样的。按照这种思维方式,我们在阅读、解释文本的时候,既不是我在解释它,也不是文本本身的客观意义在呈现出来,而是那个所谓"本体"在那里呈现。这样一种先验的思路,它在一定意义上能够避免经验主义的那种相对主义态度、唯我论的态度;但是,它也是有问题的,今天的思想就是要解构这种先验的设定。

这就是我们中国人所熟悉的两种说法："我注六经"的经验论态度，"六经注我"的先验论态度。在今天看来，这两种态度都不能彻底解决问题。如果按我自己的说法，我会这样表达："注生我经"。意思是说："我"这样一个主体性存在者（读者）和"经"这样一个对象性存在者（文本）其实还不是"究竟"，我们要问的是：这样的存在者是从哪儿来的？它们如何在观念中呈现为对象，并从而规定我这样一个主体？用哲学的话语来说就是：这个"主-客"架构是如何生成的，如何被给出来的？在我看来，就是在"注"这样的事情中生成的。最本源的事情就是"注"本身。"注"不是一个名词，而是一个动词，就是一种"在"。或者用我的说法："注"本身是生活的一种显现样式；所有的实体性、存在者性质的东西，都是在这样的事情当中显现出来的。但这是我要在第三个大问题当中谈的话题，这里暂且按下。

我刚才讲了，"认识论困境"迫使我们思考文本的客观性及其客观意义是怎么可能的问题，但这并不意味着我们对文本及其意义的客观性的否定。当然，如果你陷入了一种相对主义、唯我论的态度（当今很多人都持这样一种人生态度），那实际上就是对客观性的否定。否定了客观性，就陷入了唯我论。但是，按今天的思想的发问方式，我们可以追问："我"这样一个主体性的存在者是从哪里来的？

为此，我经常举一个例子。今天很多年轻人为了彰显自己的个性，经常挂在嘴边的一句话就是："我就是我！"可是我们可以追问：你以为你是谁呀！这是北方人的一句口头禅。从逻辑的角度讲，这是同义反复。呵呵，同义反复即同一律，这确实是一个伟大的真理，它是一切逻辑的基础嘛。但是，我们现在不妨来做一个实验。你拿一张纸和一支笔，然后开始写"我是……"。你写下去，写一句和写一万句都是同样的结果："我"是"非我"。不信你们试试。比如说，我写"我是四川大学的教师"。但是，"四川大学"不是"我"啊,我死掉了,四川大学仍然健在;"教师"也不是"我"啊,老师是"他者",不是"我"。再比如,我写"我是我爸的儿子",可是,儿子不是"我",爸也不是"我";即使世界上没有我这个人,还是有爸和儿子,对不对? 其实,这是很简单的道理。马克思说: 人的本质是社会关系的总和①。因此,个体的本质就是社会关系的总和。你所写下的各种各样的"我是……"其实就是在揭示你的各种各样的复杂的社会关系,如此而已。这就像一个坐标,个体是上面的一个点,这个点是被坐标所规定的,而不是相反;没有这个坐标,这个点就显示不出来。

但是,这样一种解释也还是一种很传统的解释,它虽然可以在一定层面上揭示某种真理:自我是被他者规定的。但这还是不够的。"自我"被"他者"所规定,这里仍然还是两个存在者,仍然是一种"主-客"架构,仍然会面临"认识论困境"。

三、知人: 我与人——我们怎么可能理解文本的作者?

这就涉及第二个大问题,或者说第二个层次上的问题:我与人(读者与作者)的关系问题。我把第一个问题概括为: 我怎么可能理解客观的文本;把第二个问题概括为: 我怎么可能理解文本的作者。第一个问题,我是从"认识论困境"的角度来谈的;现在我从另外一个角度、现在哲学界比较热门的话题之一"交互主体性"来谈第二个问题。在我看来,"交互主体性"也面临着困境。要理解这个问题,我得先简要地谈谈胡塞尔的相关思想。

---

① 马克思:《关于费尔巴哈的提纲》,见《马克思恩格斯选集》,第 1 卷,第 56 页。原文:"人的本质不是单个人所固有的抽象物,在其现实性上,它是一切社会关系的总和。"

　　胡塞尔的现象学，其实就是把先验的进路、理性的进路发挥到极致、极端。胡塞尔也是从解决"认识论困境"问题入手的，他认为，既然意识之外的东西我没法证明，没法"切中"，那么，我现在研究科学、哲学，就只是研究"纯粹意识"本身。但是，胡塞尔后期面临一个很大的问题。假定在座诸位都信守胡塞尔的立场，凡是意识之外的东西，我都把它"放入括号"存而不论，把它当作"超越物"而"悬搁"掉，那么，当你回家见到你的爸爸妈妈和亲人的时候，你怎么面对他们呢？你总不能在心里想"我的爸爸妈妈是不是客观实在的呢"这样的愚蠢问题吧？刚才我们面对的是一个物，比如一个文本；而现在我们面对的却是人，他也是一个主体。这样一来，问题就非常严峻了。这就导致别人对胡塞尔的指责：不管你怎样讲，不管你怎样想排除经验主义，你实质上还是唯我论，是一个排除异己的"独存的我"（solus ipse）[1]。

　　比如，现象学的先验的"本质直观"，在胡塞尔的观念中，不是指一个经验的个体在那里直观，那样的经验直观是看不到本质的。胡塞尔让我们拿出一张红纸，然后教我们如何看"红本身"。但是，我怎么也看不到红本身，看不到红的本质、本质的红。固然，在胡塞尔看来，先验直观和经验直观本质上是不同的；但实际上，当我们具体地进行直观活动的时候，却总是张三、李四这个经验的个体在直观。比如说，我现在举着这个茶杯，然后学着胡塞尔那样去直观它的本质，可是我始终看不到这个茶杯的本质，我看不进柏拉图的"理念世界"里面去。因为我是一个在经验世界中的经验的个体，所以，我在本质直观的具体操作中，是不可能穿透经验的边界的。只要你一具体操作，先验的直观马上就变成一种个体性的、经验性的活动了。这样一来，我的意识之外的他者的主体性又是

─────────

　　[1]　胡塞尔：《生活世界现象学》，黑尔德编，倪梁康、张廷国译，上海译文出版社 2002 年版，第 150 页。

怎么被确定的呢？你总不能说这个世界上除了我，其他人都是非人，都不存在吧？这显然是很荒诞的。

为了解决这个问题，胡塞尔后期提出了一个概念：交互主体性（inter-subjectivity，或译为"主体间性"）。他的意思是说：原来大家攻击我的，是我所设定的那么一个单子性的意识个体；而事情本身不是这样的，原初的事情，不是单子性的意识个体的存在，而是若干个主体的交互性的共同存在。

但是，无论他怎样辩解，按胡塞尔的先验论，他始终不可能逃脱这样的两难困境：假如"交互主体性"是一个存在于经验世界中的事实，它就是超越物，就应该首先被悬置起来；假如"交互主体性"是一个存在于先验意识中的事实，它就仍然不能解决在经验世界中"他者的主体性的确立是如何可能"的问题。这其实是所有一切先验哲学的共同困境：从先验领域到经验领域的跨越，这是如何可能的？胡塞尔的立场当然是后者，也就是说，他人的存在乃是纯粹意识当中的一种直接的被给予性。但是这样一来，胡塞尔仍然逃脱不了唯我论，因为在这种观念中，他人的存在只不过是"纯粹作为我的我思相关物"①。

所以，假如坚持必须把不依赖于"我"而客观存在的东西视为超越物而加以悬置，那就必须放弃那种不依赖于"我"而客观存在的"他人"，也就是说，"主体间性"的观念就是不能成立的；假如承认"他人"是不依赖于"我"而客观存在的，那就必须放弃对超越物的悬置，也就是说，必须放弃他的先验现象学的根本态度。目前，关于胡塞尔提出的"交互主体性"概念是否真正解决了他的意识现象学所面临的困难，国内国外的现象学界也是有争议的。有的学者认为胡塞尔通过"交互主体性"这个概念解决了他的困境，而有的学者则认为"交互主体性"根本就没法解决这样的问题。

---

　　①　胡塞尔：《生活世界现象学》，第 152 页。

　　我们现在面对文本的理解和解释,也面临这样的问题。我们要"读其书"就要"知其人",也就是说,就要理解作为"他者"的作者。不仅如此,其实,对作者的理解,就是回到了开头:还是对文本的理解问题。因为,你怎么能"知人"呢? 读书嘛。不过,这里还是存在着一点区别的:第一部分是就读书而论读书,是读作者的作品;而这里则是为知人而读书,是读关于作者的传记之类的书籍。但是无论如何,"知人"问题和"读书"问题还是文本的理解与解释的问题。

　　然而按胡塞尔的问题,你作为读者而理解文本的作者,你是一个主体,他却是另一个主体,那么问题在于,你如何可能确证他这样一个主体的存在呢! 俗话说,"知人知面不知心"啊,当今这个时代,我们感到人与人之间越来越难以理解,似乎每个人都戴着一个面具。按照西方传统的哲学观念,你面对一个人,不管他是熟人还是陌生人,他都是一堆"现象",而且这个人的"本质"是不可知的。但在现象学看来,"现象背后一无所有",现象就是本质。然而尽管如此,胡塞尔的先验的现象学仍然面临着严峻的问题:我是无法确证他人的存在的。因此,我们是不可能理解作者的。

　　然而事实上,我们今天应该很清楚:问题并不在于如何"证明"他人的客观存在,因为这根本就不是任何理论思维可以解决的问题;而在于弄清楚:我们怎么会产生出关于"他人"及其"客观存在"的观念? 我必须再一次强调:这根本就不是任何理论思维可以胜任的任务。我们获得关于他人客观存在的观念,这根本上就是一种前理论、前思维的事情。这既不是理性认识可以解决的问题,也不是任何感性认识可以解决的问题。这根本就不是认识论的问题。

　　简而言之,这是一种"生活领悟"。唯其如此,孟子根本就不涉及"他人的客观存在怎么可能"这样的问题。孟子是从已经确信他人的客观存在出发的,他提出的问题仅仅是:我们怎么可能理解这个在我之外客观存在的他人？我们怎么可能"知人"？孟子的回答是：论其世。

四、论世：我之世与人之世——我们 怎么可能理解作者的生活？

所以，现在我讲第三个大问题"论世"，并由此而逼近我们如何解决上述问题。现在的问题在于：即便我们已经明白，主体性存在者是由生活生成的，但是，读者有读者的生活，作者有作者的生活，这毕竟是两个不同的生活。因此，文章开头的那个图示应该改为：

这里的问题就是：读者所试图理解的是作者的生活，而非读者自己的生活，但是，这两种生活显然是不同的，那么，由自己的生活所生成的读者，怎么可能理解作者的生活呢？比如说，我来读《论语》，可是我是21世纪中华人民共和国的一个公民，而孔子却是春秋末年的人，我们俩的生活差别简直是太大了。这就面临一个问题。什么问题呢？这直接与"历史"这个观念有关，我今天也想把"历史"观念"解构"一下。如果说，我能够理解这个人，是因为我能够理解他的生活，那么，我们可以问：你怎么可能理解他的生活呢？孟子说得很清楚，你要"知其人"就要"论其世"，意思就是说，作者是由他的生活塑造的，所以，你要理解他的生活，才能理解这个人。但是，作者的生活并没有塑造我啊！我是被我的生活塑造的，而我的生活与他的生活又是不同的。因此，从目前的分析来看，我是不可能理解作者的。僧肇的《物不迁论》，大家读过吧？什么叫"物不迁"？就是"昔物不至今"①。那么，"历史"这个观念是怎么可能的呢？按照这种观念，我不可能理解历史。作为一个21世纪全球化背景下生成的人，我怎么可能理解古代的历史呢？所以，历史的流动在传统形而上学的思维模式下是不可能的，是流动不起来的。我经常讲，我们做历史研究的人，其实都自觉不自觉地有一个历史哲学的背景。你在研究历史的时候，总是会基于一个这样或那样的历史观，那就是历史哲学的问题。

这似乎又回到了第一个大问题：读书的问题。你要理解司马迁的《史记》，就得理解司马迁其人；要理解司马迁其人，就得理解司马迁其人的生活背景，就得理解汉代的生活。但是这样一来，你还是得去读《史记》。但即使读了《史记》，上述问题依然存在：我们作为一个被当下生活所给出来的人，怎么可能置身于作者的生活之中呢？

对于这个问题，20世纪的思想给出了一种解决方式。首先，我要区分三个词语。读者和作者有一个共同点，哲学上把他们都叫做"存在者"，或者更确切地说，主体性的存在者。这是第一个概念：存在者。然后，读者的生活和作者的生活也有一个共同点，我们把它们叫做"存在者的存在"。这是第二个概念。按照孟子给出的渊源关系的序列，他应该有这样一个观念：存在者是被存在者的生活所规定的；用我们的话说就是：作者是被他的生活塑造的。然而这两个概念却还停留在形而上学的思维方式中。这种思维方式的特点，就是把历史、生活对象化、客观化，认为历史、生活是在我之外的客观实在，已经摆在那里，然后我这个主体可以去研究历史、思考生活等等。这是一种对象化的思维方式，即始终在

① 僧肇：《物不迁论》，见元康《肇论疏》卷上，载《大正藏》，台湾：新文丰出版公司1975年影印本，第45册。

"主-客"架构下来思考问题。然而我刚才已经说了,这必然会面临"认识论困境":你怎么可能穿透你的"皮肤"、意识的边界,去通达文本的客观意义呢?

近代西方哲学一直试图解决这个问题,但没有人真正解决了这个问题。然而20世纪的思想却开启了解决这个问题的可能性,就是:我们应该换一个思维方式来思考这个问题。我们之所以陷入所谓的"认识论困境",是因为我们总是在"主-客"架构下来思考问题。但是,困境归困境,我刚才说了:你怎么胆敢否认茶水、食物的客观实在性呢! 所以,很显然,所谓"认识论困境"可能本身就是一个很荒诞的问题。因此,现在我们应该换一个发问方式,即:"主-客"架构是怎么可能的? 主体和客体都是存在者,所以我们的问题也可以转换成:存在者是怎么可能的? 这就意味着,当我们面对历史文本的时候,我们应该问:这个客观的历史文本是如何可能的? 它怎么会在我们的观念当中显现为一个客观实在的对象? 并且我们还应该进一步反躬自问:我这个作为主体性存在者的研究者、诠释者本身又是何以可能的? 这样一种思维方式,就把"认识论困境"问题给消解掉了;同时这也意味着,我们应该回到"存在"本身或者"生活"本身。这就是第三个词语。

我刚才提出了两个概念:存在者和存在者的存在,或者作者和作者的生活、读者和读者的生活;现在我们要进一步追溯那种真正先行于任何存在者及其存在的"存在"本身,或者说追溯那种真正先行于读者、作者和文本的"生活"本身。这样的生活,就不再是我刚才说的存在者的存在、生活者的生活了,不再是读者或作者的生活了,因为:"读者的生活"、"作者的生活"这样的观念有两个前提:第一,必须把生活对象化,置于主体的对面;第二,对生活进行历时的切分、时间观念的切分,然后就产生了僧肇所说的"昔物不至今"的问题,从而,穿透历史就成为不可能。

一般来说,对于"存在者何以可能"这个问题,有两种可能的回答。第一种是传统形而上学的回答方式。通俗地讲，比如说，一个小孩跟他妈妈的对话："我是从哪儿来的？""妈妈生的呗！""妈妈又是从哪儿来的？""姥姥生的呗！"……但是，妈妈和姥姥仍然是存在者啊。最后，我们可以从大千世界一直追溯到上帝、本体。可是，上帝和本体仍然还是存在者啊。这仍然不能回答"存在者何以可能"的问题。这就是传统形而上学思维方式的极限。所以，20世纪的思想就有了第二种回答：存在。今天，最前沿、最核心的问题就是"存在"问题。用《老子》的话来说，就是："天下万物生于有，有生于无。"①"万物"从"有"而来，而"有"本身在宗教形而上学中就是"上帝"，在哲学形而上学中就是"本体"。但进一步讲，"有生于无"，"无"就是存在本身，就是生活本身。为什么说存在、生活是"无"呢？因为这不是存在者，这里无物存在。

然后，我们再回过头来理解历史文本、作者、作者的生活，就可以基本解决问题了。

五、问题的解决

先回到第三个疑问。当我们说"读者的生活"、"作者的生活"的时候，就一定会产生困惑。而事实上，不管是作者的生活还是读者的生活，都是程子所说的"体用一源"②，即：皆源于生活本身。而生活本身，是浑然的、浑沦的。我们不说"浑然一体"，因为说到"体"就麻烦了。这里没有"体"，"神无方而易无体"③。而所谓"读者的生活"和"作者的生活"，其实都是生活本身在我们的观念

---

① 《老子》第四十章，见《王弼集校释》，楼宇烈校释，中华书局 1980年版。

② 程颐：《伊川易传·序》，见《二程集》，中华书局 1981 年版。

③ 《周易·系辞上传》。

中的某种显现样式。

刚才谈到陆九渊时,我说我自己的观念是"注生我经"。这里,"注"作为一个动词,就是说的生活的一种显现样式。当然,我们可以这样陈述:有一个搞历史或文献的学者,他的生活方式就是"作注"。但是,我们这样表达,就会陷入困境,因为这样一种表达意味着一个学者、一个主体性的存在者已然先行了,然后他才可能作注或不作注。这样一种思维方式必然会陷入"认识论困境"。因此,如果你是一个彻底的思想者,就应该反过来想这个问题:如果没有"作注"这样的事情本身,那么这个研究者、作注者就是不存在的。当然,这个人是存在的,他是张三、李四,张三、李四是存在者;但他们不是这里的作注者,不是作注者这样的存在者。假如没有"作注"这样的事情发生,那个作注者就是不存在的,那个被诠释的文本作为存在者也是不存在的。我们面前固然摆着一个文本,但是如果没有"作注"这样的事情发生,这个文本就根本不是一个"注本"(被注的文本),你可以把它改作任何用途,拿去烧火也行。

我经常讲儒家的仁爱观念,也是这个意思。比如母爱,就是仁爱的一种显现样式。母爱不是一个存在者,而是先行于存在者的事情;母亲和儿子这样的存在者,都是被这种爱所造就的。为什么这么讲呢?因为:假如母爱这种作为存在本身之显现的情感还没有显现出来,那就根本还没有母亲,或者说,这个女人就还不成其为一个母亲。同样,我们可以说:假如没有阅读这样的事情发生,历史就不存在;假如没有作注这样的事情发生,文本也不存在。实际上,文本、作者、读者,都是被共同涵摄于当下的生活之中的。

这就涉及一个很重要的问题。不论是主观主义的历史观,还是客观主义的历史观,都是错误的,或者说是不究竟的,因为这样必然陷入困境。客观主义的历史观的前提是:历史在空间上是在我的生活之外,在时间上是在我的生活之前。但这样一来,我就没法通达它。客观主义的历史观必然陷入"昔物不至今"的困境。而主观主义的历史观也面临一个问题，这就是我刚才讲的"主体间性"问题。我们都是主体，你讲一套历史，我讲一套历史，到底谁对谁错呢？没有仲裁者，大家都是主观的。事实上，主观主义的历史观和客观主义的历史观都仍然是在"主-客"架构之下思考问题的。现在我们说：历史并不在当下的生活之外，而就在当下的生活之中。这样我们就导向一个更深刻的问题：生活或存在本身究竟是如何涵摄了历史、文本、传统的？

　　如今我们大家经常把"传统"挂在嘴边。但一般来说，当我们谈到"传统"的时候，马上就会不假思索地认定它有两个特点：时间上在我之前，空间上在我之外；或者说，时间上在当下的生活之前，空间上在当下的生活之外。你这样想就完了，你马上陷入困境。

　　作为存在的生活，这可能是一个比较难以把握的观念。我猜想大家很容易以传统的思维方式来看待我所说的"生活"或"存在"，就是把生活对象化，作为一个客体来打量。如果这样理解，那么生活还是在你之外，或者是摆在你面前。生活怎么可能摆在你面前呢？太奇怪了。我们之所以有这样的思维方式，根本的原因是生活被我们对象化、存在者化了。其实，生活本身不是一个对象，不是一个东西；在生活本身的层级上，原本没有所谓"作者的生活"、"读者的生活"。生活就是生活，如此而已。生活就是存在，而不是任何存在者的存在；一切存在者的存在，乃至一切存在者本身，都是由生活所生成的。这是一切跨时间、跨空间的理解与解释之所以可能的渊源所在。而所谓"作者的生活"和"读者的生活"，那不过是生活本身的一种显现层级：生活本身显现为了某种存在者的存在，显现为了某种生活者的生活。

　　在这里，我要强调的是：第一，作者的生活和读者的生活都渊源于生活，生活本身乃是浑然的；第二，这种浑然的生活乃是前时

间性、非时间性的;因此,第三,我们理解文本、理解文本的作者、理解作者的生活才是可能的。我们可以用下图来表示这一观念:

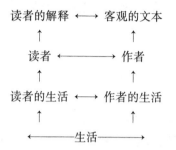

因此,"有我"的生活固然是存在的,这就是某种存在者的存在;但是,"有我"的生活渊源于"无我"的生活。我经常讲:生活本身乃是非人的生活。因为:所谓"人",那就是一个主体性的存在者;所谓"非人"的生活是说:此时此刻,作为主体性存在者的人还没有生成。

现在我们回到开头的问题。我今天讲座的宗旨,诸位切莫误解。我绝不是要否定文本的客观意义。因为如果采取这么一种立场,那就陷入了那种被误解的"六经注我",我就是一个主观主义者了。我开始时谈到了,我们在研究文本的时候总是有一个预设信念:它是客观实在的,是有客观意义的,并且这种客观意义是不以我的意识为转移的。但同时呢,我们又总是遭遇理解和解释的歧义性,使得我们无从选择。

我想说的第一层意思是:我们绝不能否定文本及其意义的客观性;但是,如果你仅仅承认这一点,你马上就会陷入"认识论困境"。因此,我们应该换一种思维方式,我们应该去追问:文本为什么会有这样的客观实在性? 文本意义的客观性是如何可能的? 通过这样的追问,我们就回到了存在,回到了生活本身。"回到生活本身"在这里是什么意思呢? 那就是说:你不能把文本设想成是在当下生活之外、之前的东西,而应该意识到它是被当下的生活所涵摄的东西。

第二层意思是：文本的歧义性是依然存在的。因此，我们应该追问：文本为什么会有歧义性呢？这跟第一个层面的问题是相关的。我这里想强调的是：我现在所说的"客观性"不是传统意义上的"客观性"，就是说，我们现在不能像过去的传统形而上学思维方式那样去理解文本的客观性。我刚才描述过这种形而上学思维方式的特征，就是：时间上在当下生活之前，空间上在当下生活之外。但事实上，这样的客观性是不可能的；恰恰相反，文本乃是被涵摄于当下的生活之中的：文本作为一种存在者，是当下生活的一种显现样式，是当下的"注"的一个结果。唯其如此，当我说"生活本身"时，这是无所谓主观和客观的，而是先行于、超越于"主-客"架构；然而唯其如此，"主-客"架构中的主观性和客观性才是可能的。

这就是我想强调的两点：文本是有客观性的，而不是可以任意解释的，只不过这里所说的"客观性"不是传统形而上学所理解的客观性；同时，歧义性本身就是一种客观性，而追本溯源，歧义性本身就是生活的显现。

我记得有一次，有人问我："生活的意义是什么？"当时我回答说："生活无意义。"这令他很惊诧。但我这样说的前提是：我所说的生活不是什么"读者的生活"、"作者的生活"，不是你的生活、我的生活，不是指的存在者的存在，而是指的作为存在本身的生活本身。存在本身没有任何意义。为什么呢？我们可以换一个方式来思考这个问题。当我说"生活没有意义"时，那个人马上反问："那我活着还有什么意义呢！"实际上，从逻辑的角度来说，他这里已经偷换概念了：我说的"生活"不是"我活着"。我告诉他：你的生活当然是有意义的；作为一个主体性存在者的存在，你的生活的意义是被你创造的。我的意思是：你作为一个存在者，你在创造你的生活的意义；但是，你这个创造意义的存在者本身却是被生活给出来的,而生活本身却是没有意义的;否则,你就会在生活之外去设定一个尺度。然而"生活之外"是一件没法设想的事情,根本就不存在什么"生活之外"。如果生活就是存在本身,那么我可以仿照巴门尼德的话说:生活之外就是"不存在"。

因此,我们必须严格区分如下三个词语:存在者、存在者的存在、存在。这其实也就是海德格尔作出的一个基本的区分。对于存在或生活,在我们两千年来的传统思维方式中是很难理解、很难把握的。这就是《老子》讲的"道可道,非常道"①。但可惜的是,我们总是言说着某个存在者以及这个存在者的存在,然而"遗忘"了存在本身;我们总是言说着某种生活者以及这种生活者的生活,然而"遗忘"了生活本身。

最后,我作一个简单的小结。我今天来讲孟子的这么一番话,是想揭示一点,就是:孟子的这段论述,实际上蕴涵着他的一些先行的思想观念,所以他才会有这种"论世知人"的信念:我们"论其世",就能"知其人";我们"知其人",就能"读其书"。我们今天的话题没有涉及孟子的这一信念是怎么可能的问题,那是另外的问题,我自己现在就是在做这方面的研究工作:在我看来,孟子那里是有很多关于生活本身及其情感显现的言说的。但这不是我们今天的话题②。事实上,正因为孟子有那样一些最本源层级上的生活观念,他才可能有"论世知人"的信念,而认为那是不言而喻的。孟子确信:我们能够理解作者的生活、作者、文本。那么,他显然一定有自己的关于生活本身、存在本身的观念。理解了这一点,那就好办了,就是:我们可以理解文本、文本的作者、作者的生活,并

---

①　《老子》第一章。

②　参见黄玉顺:《面向生活本身的儒学——黄玉顺"生活儒学"自选集》,四川大学出版社2006年版;《爱与思——生活儒学的观念》,四川大学出版社2006年版。

从而把握历史文本的客观性，这是因为所有这一切都是"一源"的，即：所有这一切都是由生活本身生成的。

再回到那个博士生的问题。在他当时看来，历代对《论语》的诠释是不同的，完全没有客观标准，令人困惑。我想：他所说的"客观"也就是传统形而上学所讲的"客观"，而那是不对的，哪里有那样的客观？我现在特别想强调一点：从何晏开始，一直到这个博士生的导师，他们关于《论语》所作的那一系列不同的诠释，也就是现象学所说的"现象"，都是存在的显现、生活的显现，都是很有意义的。这种"注"背后有什么东西呢？没有。"现象背后一无所有。"注本身是生活的一种显现样式；如果没有这样的显现样式，《论语》这个文本本身也就不复存在。因此，我想告诉那个博士生的是：你做的诠释工作是有意义的，你的诠释同样是生活的显现、存在的显现；或者用我们中国人的话来讲，这就是"天命"。所谓"天命"就是存在、生活本身的言说，或者说是存在、生活本身的显现。作注就是存在或者生活本身的一种显现方式；离却作注，就什么都没有：既没有注释者，也没有被注释文本。

好了，今天就谈这么多吧。我不知道我讲明白了没有？这里面涉及的一些观念确实比较麻烦，理解起来可能困难一点。但我今天总不能白讲吧？你们总应该还是有些感觉的吧？谢谢！

汉语"存在"与英语"to be"之对应[*]

　　我有一个基本的表达:"生活即是存在,生活之外别无存在。"所以,我就先说一下"存在"这个观念。西学东渐以来,现代汉语确实受到西方文化包括西方哲学的影响,很多词语都是通过日语而从西方转译过来的,日本人先把西方的某个词语翻译为日文的汉字,然后中国留日学生感觉这个翻译不错,就把它拿过来用,于是延续下来。比如 philosophy 这个词,就是日本人首先翻译为"哲学"的。"存在"这个概念也是这样。在英文中,"存在"就是动词"to be",就像哈姆雷特所说的:"To be or not to be, that is the question."德文里面则是"Sein"。"to be"的名词化或动名词,就是 being 或 beings,比如"人类"就是"human beings"。所以,只要我的文章里面出现了"存在"这个词语,许多中国读者就认为这是西方的观念,觉得我的哲学是西方的东西。其实这是很大的误解。这个问题,我在我的书里已有专节讨论过[①],这里再做一些解释。

　　不仅仅是"存在"和"to be",所有词语,在中国和世界交流之初,都存在这样的问题。例如,一个不懂英文的中国老板和一个美国人谈生意,问美国人商品怎么卖,如果答案是 five dollars,这

　　[*] 节选自《生活儒学的"生活"观念》,见拙著《儒家思想与当代生活——"生活儒学"论集》,光明日报出版社 2009 年版,第 58—61 页。
　　[①] 黄玉顺:《爱与思——生活儒学的观念》,四川大学出版社 2006 年版,第一讲第一节:"等同与对应:定名与虚位"。

个中国商人肯定无法理解那是什么意思,这时候就有一个翻译,他把 dollar 翻译为人民币的"元"这样一个对应词,中国老板一听就明白了:哦,五元。于是砍价,又翻译过去:"four dollars"。这其实是一个诠释学问题,就是说,在不同的民族语言之间的对应词,比如美国人讲的"dollar"和中国人讲的货币单位"元",是一回事吗?答案当然是否定的,尽管我们现在可以计算它们之间具体的比值是多少,但二者在很多方面相差还是很远的,并不是一回事。这就导致了今天学界关于翻译和诠释的一种说法,我是很不赞同的,他们认为:严格说来,不同民族语言之间是不可翻译的。这就意味着我们完全无法和外国人交流,我们和他们之间根本不可能互相理解。这种观点是错误的,因为它不符合生活的实情。实际上是需要翻译,而且可以翻译的,翻译过来了,我们就能够相互理解了,刚才所举的那个商人的例子就是。

再比如说,有一个至高无上的"位"——king 或者 queen,就是"王"的意思。设想一下,假如大清皇朝第一次接待英国的使臣,皇上听他说到他们的 king,肯定不知道那代表什么。翻译官就会找一个与之对应的汉语词语"王"来翻译,皇上一听就明白了。这样也就理解了。可是实际上,汉语的"王"和英语的"king"的意思却是大相径庭的。但是,如果我们只注意问题的这个方面,因为其区别太大就说这是不可翻译的,那就过于片面了,事实上皇上是已经理解了翻译的意思的:原来英国也有像咱们的"王"这样一个至高无上的"位"叫做 king 啊。但是,反过来也不能说两个"王"就是一回事,那样也错了,因为我们知道,甚至中国本身历代的"王"的意义就已经不是一回事了,三代之王和秦汉以后的王就不是一回事,更何况和英国的王相比较了。

所以,我提出了一对方法论概念来解释这个现象,那就是"可对应性"和"非等同性"。这是我从韩愈那里得到的启发。可能很多同学都读过韩愈的《原道》①，里面谈到，儒家和道家都谈"仁义道德"，但两家的立场和观点却不同，甚至截然对立。比如对于"仁义"，儒家持一种肯定的立场，而道家则相反；对于"道德"，尽管两家都谈，但其观念的实质也是不同的。但是，双方并非完全不能互相理解。对于这种现象，韩愈就给它们起了一种名字，叫做"定名"与"虚位"。"仁"与"义"的涵义是确定的，叫做"定名"，所以两家的立场相反；而"道"与"德"的涵义却不是确定的，所以儒道两家都谈，自说自话。我们不能说儒家是肯定"道""德"的，道家是否定"道""德"的，事实上两家都是对"道""德"持肯定态度的；而是说两家所谈的"道""德"的意思并不是一回事。所以，"仁与义为定名，道与德为虚位"②。但有意思的是，比如说，一个儒家学者，一个道家学者，两个人在那里谈论"道""德"问题，他们之间尽管可能因为立场不同、观点不同而不能完全理解对方，但也不是完全不能理解对方，双方其实都明白对方在说什么事情、在谈什么问题，双方在一定程度上是可以互相理解的。

我的进一步看法是：韩愈对"定名"与"虚位"的区分，其实既同时适用于"仁"与"义"，也同时适用于"道"与"德"，就是说：不论"仁义"还是"道德"，一方面，它们都有"虚位"的一面，双方所说的"仁义道德"之间是具有对应性的，所以双方能够理解对方在说什么；但另一方面，它们也都有"定名"的一面，双方所说的"仁义道德"之间并不具有等同性，所以也可以说双方不能理解对方。这种现象也适用于两个不同民族语言之间的情况。把这种现象表达为现代汉语，我的说法是："定名"说的是两种话语系统之间的"对等"、"等同"问题，严格来讲，两者之间存在着"非等同性"；"虚

---

① 韩愈：《原道》，《韩昌黎文集校注》，马其昶校注，马茂元整理，上海古籍出版社 1986 年版。

② 韩愈：《原道》。

位"说的是两种话语系统之间的"对应"问题,应该承认,两者之间确实存在着"可对应性"。任何两种话语系统之间,比如儒道之间、英汉之间、德汉之间,都是这样一种关系。英文的"king",从"定名"的角度来说,和汉语的"王"不是一回事,两者之间不存在等同性;但是通过把"king"翻译为"王",我们就能很好地理解其意义,这说明两者之间具有一种"虚位"上的对应性,"王"和"king"都代表了一种政治结构当中的最高位,从而在观念层级上相互对应。

　　我们再回到"存在"这个概念上来。你不能一看到"存在",就把它与西方的"to be"等同起来;但是,两者之间确实存在着可对应性,所以可以互相翻译。我们用汉语去翻译西方的东西,翻译就是诠释,它必定会带上我们汉语自己的观念。我们用汉语固有的"存在"这个词语去翻译西方的"to be"或者"being",这其实就意味着二者之间是具有对应性的,所以才是可理解、可翻译的。但另外一方面,我们汉语所说的"存在",和西方的"to be"或"being"之间并没有等同性,二者是不能画等号的。所以,如果有人在看我的作品的时候有一种感觉,觉得西化色彩太浓了,那是因为他不明白这个道理:其实,要把一个观念完全西化,那是不可能的,想要西化都无法做到。我自己经常搞中国传统的文字音韵训诂,当我把中国最古老的"存在"观念分析出来以后,你会发现,与西方的"to be"或者"being"相比较,两者之间同样存在着上述"定名"和"虚位",或者"非等同性"和"可对应性"两个方面。确实,不同的族群之间,他们的观念系统之间的层级结构是具有对应性的,否则我们无法互相理解;但由于我们的生活方式、文化传统等因素的不同,这种对应只是"虚位"上的对应,而"定名"上的实质是有很大的区别的。"存在"问题也同样是如此。所以,对于自己发明的这样一种说法,我是比较得意的,它确实能说明很多问题。

思想及其历史的生活渊源
——论"思想史"及其"对象"问题*

在中国学术界,有两个争论问题其实是密切相关的:一个是史学界"思想史"领域的两种研究范式问题;另一个是"思想史"与"哲学史"的关系问题。这两种争论都被归结为"研究对象"的问题。这两种争论之所以密切相关,是因为不论思想史还是哲学史,它们的"研究对象"的边界至今还是晦暗不明、模糊不清的,总是存在着交错地带,所以总是不断地出现"越界"行为。

本文意在阐明:哲学史其实就是关于"形而上者"的思想史;而其他思想史则是关于"形而下者"的思想史;但思想史还应有一个更本源的视域,那就是关于那种先行于形而上者、形而下者的观念层级的领域,也就是那种未被理论化,甚至未被意识到的、类似于所谓"集体无意识"的视域。这种视野更为宽阔的思想史,可称之为"观念史"。这就是说,哲学史属于思想史,思想史属于观念史。

本文还将阐明:作为"研究对象"的"思想的历史"乃是基于"主-客"观念架构的,而这种观念架构及其双方则均渊源于当下的生活感悟,"思想史"由此而可能。这是因为,思想及其历史总是被当下思想着的事情,而此当下的思想不过是当下生活的一种显现样式;因此,过去的思想及其历史其实是当下的一种生活感

* 原载《湖南社会科学》2009 年第 2 期;收入拙著《儒家思想与当代生活——"生活儒学"论集》,光明日报出版社 2009 年版。

悟,而被涵摄于当下的生活之中。

一

众所周知,侯外庐主编的《中国思想通史》的问世,产生了广泛深远的影响,确立起了"中国思想史"的一种传统的研究范式。但侯外庐并未专门探讨"思想史的研究对象"这个问题,而仅仅在序言中很简要地说过:

> 这部中国思想通史是综合了哲学思想、逻辑思想和社会思想在一起编著的,所涉及的范围比较广泛;它论述的内容,由于着重了基础、上层建筑和意识形态的说明,又比较复杂。①

这一段话的后半段其实是说的思想史的方法论问题(这里是历史唯物论);惟有前半段才涉及思想史的研究对象问题,但并没有予以展开。所谓"思想史的研究对象"问题被正式提出来,是在《哲学研究》1983 年第 10 期组织的一个关于"中国哲学史与思想史的关系"专栏的讨论中。其中属于"侯派""正统"的,是张岂之的观点,认为:

> 思想史就是人类社会思想意识的发展史。当然,思想史也不是包罗万象的,仍然有一定的范围,或称之为科学的限定。只有以理论形式出现的思想内容才是思想史的研究对象。所以,确切地说,思想史就是理论化的人类社会思想意识的发展史,思想史就是研究人类历史上社会思想意识发展、演变及其规律的学科。②

---

① 侯外庐:《中国思想通史》,人民出版社 1963 年版。
② 张岂之:《试论思想史与哲学史的相互关系》,《哲学研究》1983 年第 10 期。

按照侯、张二人的说法，一方面，思想史的对象是非常宽泛的，不仅包括了"社会思想"（其实"社会思想"这个概念颇为模糊），而且包括了"哲学思想"（较广义的可涵盖"逻辑思想"）；然而另一方面，思想史的对象又是颇为狭窄的，它仅仅指这样一种思想："理论化的"亦即"以理论形式出现的"思想。

我们知道，近年来，葛兆光对这种传统的思想史研究范式发起了挑战，称之为"思想家的思想史或经典的思想史"①，其研究对象仅仅局限于"思想家"的"经典"。而在葛兆光看来，思想史的研究对象应当是一个更为广阔的领域，即所谓"一般知识与思想"。他说：

> 一般知识与思想，是指最普遍的、也能被有一定知识的人所接受、掌握和使用的对宇宙间现象与事物的解释，……是一种"日用而不知"的普遍知识和思想，作为一种普遍认可的知识与思想，这些知识与思想通过最基本的教育构成人们的文化底色，它一方面背靠人们不言而喻的终极的依据和假设，建立起一整套有效的理解，一方面在日常生活中起着解释与操作的作用，作为人们生活的规则和理由。②

这种观点确实极大地拓展了思想史的对象域，不仅包含"精英"的"雅"的思想，而且尤其包含了诉诸"大众"的"俗"的思想，而不再局限于那种"理论化的"、"以理论形式出现的"思想。但这个对象域也并不是漫无边际的，葛兆光明确说：它必须是某种"一般"的或者"普遍"的东西。这就意味着：并非任何一个张三李四的"思想"都可以进入思想史，而且也非任何思想家、哲学家的思想都可以进入思想史（我们知道，有些被学者们研究的"思想家"、"哲学

---

① 葛兆光：《中国思想史·导论》，复旦大学出版社 2005 年版，第13 页。

② 葛兆光：《中国思想史·导论》，第14 页。

家"的思想并没有对"一般""普遍"的社会生活及其历史发生任何实际的影响）。然而令人疑惑的是，葛兆光又说：

> 人们都在思想，无论这种思想伟大或者渺小，也不管这种思想能否进入记忆或被人遗忘，它们与那些后来想起来就肃然起敬的思想一样，曾经在同样流逝的历史时间中存在过。[1]

显而易见，这里的表述就与前面所引的表述发生了矛盾。按照这里的说法，因为"人们都在思想"，所以，只要是"曾经在同样流逝的历史时间中存在过"的思想，就有资格进入思想史。姑且暂不讨论何谓"思想"，什么样的想法足以称之为"思想"，这样一来，思想史的研究与写作其实就成为不可能做到的事情了，因为没有任何人能记录所有曾存在过的"思想"。

而更根本的问题则是：究竟何谓"思想"？ 如果说"'思想史'顾名思义要说的是思想的历史"[2]，那么，我们显然首先必须明确的是：什么是思想？

这个问题，与本文开始提到的另一种争论"思想史与哲学史的关系"问题是密切相关的。

二

那么，思想史与哲学史之间是怎样一种关系呢？

根据国家质量技术监督局 1992 年颁布的作为国家标准的《学科分类与代码》，哲学史和思想史是分属于两个不同的一级学科的：在一级学科"哲学"下，设有"中国哲学史"、"东方哲学史"、"西方哲学史"等二级学科；在一级学科"历史学"下，设有二级学

---

[1]　葛兆光：《中国思想史·导论》，第 77 页。

[2]　葛兆光：《中国思想史》，第一卷，复旦大学出版社 2005 年版，第 2 页。

科"专门史",其下设"思想史"方向。

这样的学科分类等于是在告诉我们:哲学史不是思想史。这已经是人们司空见惯、习焉不察的一个观念了,似乎这是理所当然的事情。但是,这个学科分类观念蕴涵着一个原本显而易见的预设,却是人们始料未及、未必能够接受的:哲学不是思想。

哲学不是思想吗?这就涉及上文提出的问题了:究竟何谓思想?

我曾在拙著中谈到,汉语"思想"这个词语可以指称三种不同层级的观念①:

(1)形上之思。这样的思想就是所谓"形而上学"(metaphysics),也就是所谓"纯哲学",尤其指"本体论"(ontology,或译为"存在论")。简而言之,哲学就是关于"形而上者"的思想。在中国哲学传统中,所有一切存在者,即"万物",区分为"形而上者"和"形而下者",这也就是《周易》所说的:"形而上者谓之道,形而下者谓之器。"②哲学思考形而上者,即是"形上之思"。形上之思的历史,也就是"哲学思想"史,即通常所说的"哲学史"。按照前引侯外庐的说法,思想史是"综合了哲学思想、逻辑思想和社会思想在一起"的,这也就是张岂之的说法"思想史的研究范围比哲学史宽"③,那么,换句话说,哲学史显然就是思想史的一个部分或者一个层面。

(2)形下之思。除哲学思想外,"思想史"之"思想"通常指的是下面这种意义的各种各样的思想,例如政治思想、经济思想、法律思想等等,它们都是关于"形而下者"的思想。这种意义的思

---

① 参见黄玉顺:《爱与思——生活儒学的观念》,四川大学出版社 2006 年版,第三讲"思的观念",第 95—128 页。
② 《周易·系辞上传》,《十三经注疏》本,中华书局 1980 年版。
③ 张岂之:《试论思想史与哲学史的相互关系》。

想，其实可以分为两类：一类是张岂之所说的"理论化的"思想；另一类则是葛兆光所说的并不一定"理论化的"思想。但这里还是有一个边界，这就是上文曾谈到的张论和葛论的一个共同点：这种思想必须是实际影响了"一般"或者"普遍"的社会生活及其历史的思想（侯、张认为那是意识形态对于上层建筑和经济基础的反作用），而不是任何一个张三李四之所思所想。

（3）本源之思。汉语"思"、"想"乃至"思想"，原指一种情感行为，义同"思念"。我曾举过《红楼梦》里的两例：

> 那士隐夫妇，见女儿一夜不归，便知有些不妥，再使几人去寻找，回来皆云连音响皆无。夫妇二人，半世只生此女，一旦失落，岂不思想？①

> 宫里嫔妃才人等皆是入宫多年，抛离父母音容，岂有不思想之理？在儿女思想父母，是分所应当。②

这种情感之思会转化为领悟之思，我称之为"生活领悟"。这种领悟之思其实是比形下之思、形上之思更先在、更先行的思想。这其实就是葛兆光所谈到的"百姓日用而不知"③的思想，这其实是科学之思、伦理之思、哲学之思的源头活水。而社会生活中的这种"一般"或者"普遍"的领悟之思，人们可能会将其命名为"社会观念"、"社会心理"、"文化心理"等等，类似于某种"集体无意识"，它们不仅未被"理论化"，而且甚至根本就没有被"意识到"，而是潜存于诸如葛兆光提到的历书、图像、档案、类书、唱本等等之中④（其实还远不止这些"史料"或者"文献"形式）。

---

① 曹雪芹：《红楼梦》，第一回，人民文学出版社 1957 年版。

② 曹雪芹：《红楼梦》，第十六回。

③ 《周易·系辞上传》。

④ 葛兆光：《什么可以成为思想史的资料》，《开放时代》2003 年第4 期。

总而言之,关于思想史的"对象"或"史料",我们应该具有更为宏阔的视域。

三

前引侯外庐的说法,思想史"论述的内容""着重了基础、上层建筑和意识形态的说明"。这当然是一种历史哲学的表述,也就是说,传统思想史范式乃是直接以历史唯物论作为自己的方法论的。按照这种范式,思想史就应该是意识形态史;而且,这种意识形态,按张岂之的说法,乃是"以理论形式出现的",亦即"理论化的""社会思想意识"。我们记得,马克思在叙述其历史唯物论原理的时候,明确地列举了一些"意识形态的形式":"法律的、政治的、宗教的、艺术的或哲学的"等等①。但马克思并没有说过这种意识形态的形式必须是"理论化的",例如艺术当然不是理论化的东西,倒毋宁说是情感化、感悟化的;因此,相反,马克思说:

> 思想、观念、意识的生产最初是直接与人们的物质活动,与人们的物质交往,与现实生活的语言交织在一起的。……意识在任何时候都只能是被意识到了的存在,而人们的存在就是他们的实际生活过程。②

马克思的这个思想常常被人们忽略:思想最初直接就是存在;思想就是生活。然而传统的思想史范式却仅仅指称的是"理论化的"意识形态的历史。葛兆光所批评的正是这样的传统范式,称之为"精英"的"经典"意识。

---

① 马克思:《〈政治经济学批判〉序言》,《马克思恩格斯选集》,第2卷,人民出版社1972年版,第83页。

② 马克思:《德意志意识形态》,《马克思恩格斯选集》,第1卷,第30页。

不仅如此，葛兆光批评道："历史对于精英与经典的历史性的位置确认，常常是因为'溯源的需要'、'价值的追认'、'意义的强调'等等原因引起的。"①换句话说，精英的经典之所以被纳入思想史，其实是出于后来的思想史家的理解与阐释；言下之意，这样的"思想史"其实并不是客观的思想史，而仅仅是思想史家眼中的"思想史"。所以葛兆光说：

> 如果把历史时间中出场的知识与思想等历史进程称作是"思想史"的话，对于这个思想过程进行的任何描述，都只是应该加上书名号的《思想史》，当思想史被后人加上他们的想象、理解和解释，用文字记载下来而成为《思想史》的时候，它就已经成了"在历史时间中制作思想路程的导游图"。②

葛兆光这里其实是在主张一种客观的、关于"历史时间中出场的知识与思想等历史进程"的思想史，而反对那种主观的、出于"想象、理解和解释、用文字记载下来"的思想史。然而这就涉及一个更为重大、更为根本的问题了：历史（包括"思想的历史"）何以可能？

在这个问题上，显而易见，葛兆光的视域其实跟许多思想史研究者包括侯张二人的视域是一样的，亦即还停留于这样一种传统的视域之中：客观的"思想的历史"。因为它是客观的，所以它才可能成为我们这种"研究主体"对面的"研究对象"。所谓客观的，就是"不以人们的主观意识为转移"的，而绝不是那种"因为'溯源的需要'、'价值的追认'、'意义的强调'等等原因引起的"东西。

这不禁使我们想起《大英百科全书》对于"历史"的解释：

> 历史一词在使用中有两种完全不同的含义：第一，指构成人类往事的事件和行动；第二，指对此种往事的记述及其研

---

① 葛兆光：《中国思想史·导论》，第12页。
② 葛兆光：《中国思想史·导论》，第51页。

究模式。前者是实际发生的事情,后者是对发生的事件进行的研究和描述。①

但事实却非常清楚:谁也不可能见到那种"实际发生"的"往事";人们能够看到的总是"对此种往事的记述"。我们无法看到客观的历史;我们看到的总是历史的文本。这是一个严峻的事实,是史学界至今不得其解的一个严重的困扰问题。

于是,在这个问题上,人们很容易想起克罗齐的那句名言:"一切历史都是当代史。"在他看来,"历史经常是一种叙述"②;这里的关键在于"没有主体和客体的区别"③。然而克罗齐的历史哲学恐怕同样有问题,因为,我们不可忘记的是:克罗齐是一个新黑格尔主义者,因此,那个吞没了一切存在者包括历史的东西,既不是什么客观的东西,也不是什么主观的东西,但也不是什么"存在"本身、生活本身,而是黑格尔式的绝对"精神"。

在这种克罗齐式的思想方式的背景下,人们自然不难想起柯林武德的那句名言:"一切历史都是思想史。"他认为:

> 每个历史学家都以自己为中心,根据他自己的角度来观察历史,因此他看到了别人所看不到的某些问题;而每个历史学家都根据他自己特有的观点,也就是从他自己特有的一个方面来观察每个问题。④

> 历史学家不仅是重演过去的思想,而且是在他自己的知识结构之中重演它;因此在重演它时,也就批判了它,并形成了他自己对它的价值的判断,纠正了他在其中所能识别的任

① 《简明不列颠百科全书》,中国大百科全书出版社 1986 年版。

② 克罗齐:《黑格尔哲学中的活东西和死东西》,商务印书馆 1959 年版,第 76 页。

③ 克罗齐:《黑格尔哲学中的活东西和死东西》,第 69 页。

④ 张文杰等编译:《现代西方历史哲学译文集》,上海译文出版社 1987 年版,第 167—168 页。

何错误。①

柯林武德的历史视域不同于克罗齐的地方在于：不是某种绝对"精神"，而是一种"个体透视"。这是一种带有浓厚的经验论色彩的历史哲学观念，而克罗齐的则是一种先验论的历史哲学。

柯林武德这样的历史哲学观念，不由使我们想起陆九渊的著名命题："六经注我。"在他看来，"六经皆我注脚。"②不过，陆九渊所说的"我"亦即"吾心"，并非柯林武德所说的历史学家"自己"这样一个经验个体，倒更接近于克罗齐的"精神"，即具有本体地位的某种一般意识，亦即传统儒学所说的"本心"，本质上是一种先验的设定。历史，包括思想的历史，只不过是这个先验意识的一种自我展现形式而已。

但我们知道，不论是先验论的还是经验论的哲学观念，都会遭遇难以克服的理论困境。20世纪以来的思想视域，早已超越了这样的传统形而上学的观念。

四

其实，不论是在西语还是在汉语中，"历史"这个词语之所以竟然同时具有"客观"的历史存在、主观的历史"叙述"双重含义，这并不是没有来由的，而恰恰传达出这样一个消息：两者其实是一回事。历史总是被叙述着的历史；思想史总是被当下思想着的思想史。

然而这样一来，我们似乎重新回到了"主-客"架构：我们仍然预设了叙述的双方，即历史的叙述者（主体）和被叙述的历史（对

①　柯林武德：《历史的观念》，中国社会科学出版社1986年版，第244—245页。

②　陆九渊：《陆九渊集·语录上》，中华书局1980年版。

象）。确实,事实上,"主-客"架构显然是不能取消的,否则我们无法进行任何面对客体、对象的主体行为,无法进行任何科学研究,无法进行任何历史学、思想史的研究。然而同样明显的是:仅仅从"主-客"架构出发也是不行的,我们会陷入"认识论困境",无法穿透主体意识的边界,通达那个客观的、"不以人的主观意识为转移"的对象。

其实,真正的问题在于更进一步的追问:"主-客"架构是何以可能的? 这就是说,不仅作为对象的历史及其文本,而且作为主体的研究者或者解释者,是何以可能的? 在这个意义上,所谓"研究对象"这个提法也是值得讨论的。在这个问题上,我曾通过阐释孟子的"论世知人"思想①,批判了陆九渊的"六经注我"的先验论观念,提出"注生我经",即"我"(解释者)与"经"(被解释文本)都是"注"的产物,而"注"其实不过是当下生活的一种样式,而归属于生活本身②。对此,柯林武德可能已经有所领悟,他说:

> 历史的过去并不像是自然的过去,它是一种活着的过去,是历史思维活动的本身使之活着的过去。从一种思想方式到另一种的历史变化并不是前一种的死亡,而是它的存活被结合到一种新的、包括它自己的观念的发展和批评在内的脉络之中。③

柯林武德这段话中包含着一种洞见:是当下的思想使过去的历史存活着。但是问题在于:假如这里的"思想"就是指的他所说的那个"以自己为中心"的历史学家的思想,柯林武德也就重新陷

---

① 《孟子·万章下》,《十三经注疏》本,中华书局 1980 年版。原文:"颂其诗,读其书,不知其人,可乎? 是以论其世也。"

② 黄玉顺:《注生我经:论文本的理解与解释的生活渊源——孟子"论世知人"思想阐释》,《中国社会科学院研究生院学报》2008 年第 3 期。

③ 张文杰等编译:《现代西方历史哲学译文集》,第 256 页。

入了某种主观主义的"六经注我"的泥潭。

　　我们还是必须回到那个更为本源的问题：不仅对象性的、客观的历史文本，而且主体性的、主观的历史学家是何以可能的？不仅客体，而且主体是何以可能的？于是我们只能回到作为所有一切东西的大本大源的存在——生活。如果说，历史，包括思想的历史，都不过是当下的思想或者解释的显现样式，那么，这种当下的思想或者解释也是生活的一种显现样式。如果说，文化的差异不过是生活的共时显现样式，那么，历史的变动也不过是生活的历时显现样式。这就是说，思想史不过是当下思想的一种显现样式，亦即一种当下生活的一种显现样式而已。历史研究，包括思想史研究的主体和对象，都是在这种显现中生成的，亦即都是当下生活感悟的产物。

诗教中的诠释学观念[*]

我们知道,"诗教"的教化方式在孔子那里是受到特别重视的、首要的。孔子有一段话——三句话,我认为是孔子教化思想的纲领性的陈述,即:"兴于诗,立于礼,成于乐。"①把这三句话搞清楚、阐释清楚了,孔子思想的整个丰富的系统层级也就出来了。当然,有的学者也可以选择其他的方式进行阐释;但我认为,这段话是非常重要的。《论语》里面,关于孔子在观念上、理论上如何强调"学诗"的重要性,以及他在身体力行方面如何教学生读诗、赋诗、吟诗、歌诗,如何解诗、讲诗,都有很丰富的记载。除了《论语》以外,其他的文献也有很多记载,都是非常宝贵的资料。在我的一些著作和文章里面,我也很重视这部分。我的问题是:孔子为什么这么倡导诗教,放在首要的地位? 我是有我的一套理解、阐释的。

头一天我好像很短暂地提到过这个话题。那天涉及我们说到的"言说方式"的问题:我们只能以某一种方式,才能通达"道"或者本源的仁爱之情。我当时引用了《老子》开篇的说法,就是"道可道,非常道"。其实,我们现在思想界对这个问题是有一些研究的。那天我是用我的概括方式:"言之有物"和"言之无物",这是两种不同的言说方式。

---

　　* 节选自《生活儒学的儒教观念》,第二节"1. 本源之教:诗教",见拙著《儒教问题研究》,人民出版社 2012 年版。

　　① 《论语·泰伯》。

当然,《易传》是形上学的建构,要求"君子以言有物而行有恒"①。鞠曦先生办的刊物《恒道》和这个是有关系的。那是一个很重要的理念、很重要的命题:《易传·大象传》是有一套完整的理论建构的,是涉及整个形上学、形下学的,这个时候必须要"言之有物"。但是,作为无的无物存在——先行于任何存在者、先行于任何"物"的这么一种本源层级的"道"——作为无的道,"言之有物"恰恰是与之悖离的。

那天我还批判性地引证了西方现代语言学、语言哲学关于符号的说法。语言学对科学层级上的对象的把握,是"言之有物"的,在索绪尔那里就是说:符号是有"能指"、有"所指"的。"有所指"是一种对象性的东西,所以,那是一种对象性的把握。对象性的把握是不可能通达"道"的:道怎么能成为一个对象呢? 一切对象皆是被道给出来的。分析哲学——语言哲学也会认为:一个符号,有指称(reference)、有涵义(meaning)或者概念。这也是"言之有物"的,也是对象化的把握。这样的言说方式是不能通达道的。

言说方式和我们操何种语言是没关系的,不能说汉语就能通达道,德语就不能通达道;使用同样一种母语,也有不同的言说方式。我刚才讲的这么一种"言之有物"的、可以陈述的言说方式,它可以通达一个对象,把握一个对象,陈述描绘一个对象,定义一个对象,这都是可以做到的。但是,如果道是无,那么"言之有物"就不行:有和无是不相应的,完全不相应。显然,应该存在着这样一种言说方式(不是一种语言),这种言说方式"言之无物"。这种言说方式不像我们写一篇科学论文,或者中小学生写一篇记叙文、说明文、议论文这样的东西,这样的东西是"言之有物"的,这样的文体是不能通达道的。那么,有一种言说方式——在这种文体之外的一种言说方式,它可以通达道。

---

① 《周易·家人象传》。

这种言说方式问题，在世界范围内的思想界，有很多探讨，就是：我们的观念进入到、回溯到、还原到存在本身或者无本身的时候，怎么样一种言说方式才可能通达它呢？这个问题，我先介绍一下西方的诠释学，然后我们再进行批判，之后回到儒家的诠释观念上来。

我们知道，我们来读圣人书，能不能真正进入圣人的最本源的观念中去（这是对道的一种通达），这是很不容易的事情、很难的事情。就像我昨天说的，我们自以为读懂了圣人书，但是未必读懂了。联系到我现在这个话题，那是以一种"言之有物"的方式去理解的，也没错，但那是一种"有"这个层面的言说。那是可以的，但不是究竟的。

就西方的诠释学来说，是这么一个词语：Hermeneutik。它的词源是 Hermes，我们汉语翻译成"赫尔墨斯"。赫尔墨斯是西方神话里的一个神。他是一个什么神呢？是神的信使，他把神旨、神意传达到人间。这么一个角色是非常重要的。我们的圣人就像是这样的一个人；当然，我们儒者也都应该争取做这样的一个人。我这里面也顺便说一下：这就是"学做圣人"嘛！这是宋明理学所说的"学"，学什么呢？就是"学做圣人"。这个"圣"字是简化之后的，甲骨文的写法不是这个样子。甲骨文"聖"，下面画了一个很小的"人"，意思就是说，"聖"字重点突出的不是这里，而是耳朵和嘴巴。圣人首先倾听着"消息"——"天地消息"①、阴阳消息，或者叫做倾听"天命"、倾听生活的呼唤，等等。首先倾听，然后言说。教化就是一种言说。我那天也探讨了圣人的境界，其实在《论语》尤其是《孟子》里面有明确的说法：圣人是怎么样的呢？"仁且智"②：耳朵倾听爱，嘴巴言说爱。儒家说了很多的道理，归根结底就是说仁爱。回到西方诠释学，中西在结构上是一样的，而内容不

① 《周易·丰象传》。原文："天地盈虚，与时消息。"
② 《孟子·公孙丑上》。

同。结构上,赫尔墨斯倾听的是神的指令,然后把神的指令带给人间、说出来,所以西方诠释学的词源是 Hermes。中西之间在架构上有一致之处。我们的"训诂学"什么的,对应的是西方的古典诠释学;反过来说,西方诠释学的第一个阶段也是古典诠释学,比如《圣经》诠释学。第二个阶段,生命哲学家把它一般地人文科学方法论化;第三个阶段才是当代诠释学——存在化,言说存在本身。就 Hermeneutik 的本意来讲,它和儒家很不同:他倾听的是众神的声音,而儒家倾听的不是什么神的声音,而是倾听仁爱——本真情感,然后说出来,这就是教化。

我想说:圣人孔子为什么重视诗?因为诗就是这样的本源情感。当然,不是说你写过诗你就是诗人、圣人了。圣人是很高的境界。诗人,在当今的思想前沿看来,就是圣人,就是 Hermes。在我们中国儒学里面,孔子就是诗人:孔子不仅读诗、赋诗、吟诗、歌诗、解诗、讲诗,他自己也作诗。你读《孔子世家》,还有一篇保留下来的孔子亲自做的诗,总共六句,是非常好的①。所以,圣人就是诗人。

孔子讲"兴于诗",他有一个认定。认定什么呢?我们翻翻传统训诂,这个"兴"字的最常见的解释就是:"兴,起也。"比如成语"夙兴夜寐"这个"兴",就是早早地起床——站起来、立起来了。"兴于诗"是说:作为一个人真正地站起来了;或者用哲学的话语说:主体性确立起来了。那么,作为一个儒者、仁者,这种主体性是怎么确立起来的呢?是在对爱的倾听当中确立起了作为仁者的人——"仁者,人也"②;否则,你就还不是一个人。我们今天哲学界探讨"存在者何以可能",包括主体性这样的存在者何以可能,

---

① 司马迁:《史记·孔子世家》。原诗:"彼妇之口,可以出走;彼妇之谒,可以死败。盖优哉游哉,维以卒岁!"

② 《孟子·尽心下》。

孔子给出了一个回答:"兴于诗。"为什么呢? 因为诗不是"言之有物"地对一个物的科学的认识;诗就是爱的显现。真正的诗就是这种情感的显现。你读《诗经》,要这样去理解它:它会谈到很具体的情感内容,但归根结底就是仁爱的显现。

所以,我也顺便说一下,我们欣赏艺术作品,从中小学起,老师讲一篇文章、一首诗什么的,比较典型的是记叙文,讲故事的,教你先归纳它的"段落大意"、"中心思想",它反映了一个什么什么"思想"、"观点"什么的,这个模式对于记叙文、议论文是完全可以的,但是对于艺术作品是完全没用的。在儒家看起来,你最多可以说:它是一种情感的显现,不管是千差万别的情感显现,归根结底是爱的显现。这就是我们今天欣赏艺术——欣赏诗、画——诗性的东西的根本点。以前有一个美国的很著名的美学家苏珊·朗格,曾经在中国很流行,她有一个命题:艺术是情感的符号。我常和我的学生讲:她这句话说对了一半,错了一半。艺术是情感的显现,这是对的;但真正的艺术不是符号。符号就是我刚才讲的索绪尔的语言学或者语言哲学所讲的"有所指"、"言之有物"的东西,那是从对象性的物的记载、描绘、描写来看的。

艺术包括诗,这里无物存在。我举一个国学大师王国维先生的例子。王国维先生谈宋词。词其实也是一种诗嘛。不是谁写了一首词就是词人了,词人是很难得的。很难得的词人也还有两种境界,高低不同。王国维先生谈到了词的两种境界,叫做"有我之境"与"无我之境"。如果别人读你一首诗,处处感受到——赫然感受到你的主体性挺立在那里,那么王国维先生会说:这不是最好的,不是最高境界。最高境界是别人感受不到你的存在。主体不存在,对象也不存在。他只感受到情感。词中其他的形象都是情感的显现样式,这就是王国维先生讲的"一切景语皆情语也"①。

---

① 王国维:《人间词话》,上海古籍出版社1998年版。

这么一种"情语"——最高的境界,不是"有我之境",而是"无我之境"。什么是无我之境呢?"不知何者为我,何者为物":没有我存在,也没有物存在——没有"主-客"架构。没有存在者存在,无物存在,这就是无的显现。

但是王国维先生不是为了谈儒家的这个观念。我这里是讲孔子为什么重视诗,是因为诗就是爱的显现,而不是对爱的符号性的表达、对象性的把握,完全不是。所以孔子讲"兴于诗",就是说:你作为一个儒者,作为一个人,作为一个主体性的存在者,你的兴起、你的挺立从哪里来的呢?诗!这就是诗教。

诗教在汉儒那里开始发生演变,就是对"诗教"的理解发生了演变。我们今天来"诵诗"——读《诗经》,你首先接触到的就是《毛传》。《毛传》里面还保留着很多很本源的观念,但也开始发生演变了。到了《郑笺》,再到了朱子的《诗集传》,可能就越说越远了。汉儒对诗的很多解释,就已经有很多政治性、伦理性的东西在里面了,已经不本真、不本源了。其基本解释模式,就是把"赋比兴"的"比"理解成"比喻",比喻是一种讽刺,而且就是讽刺政治事件、政治人物。至少"十五国风"并不是这么一回事;它就是老百姓的民歌,就是本真情感的一种显现,如此而已。汉儒把它政治化了。当然,有的诗,比如《雅》《颂》,特别是《大雅》《颂》,有很强的政治内容,这是肯定的;但"十五国风"不是这样的。而孔子首先强调的就是读《国风》——《周南》《召南》。他问他的儿子:你读了《周南》《召南》没有?(这是"十五国风"的开头两"风"。)如果你没读过,这就像撞到墙面而已,什么也看不见,瞎眼了①。

所以孔子特别重视诗,又特别重视《国风》。至于孔子讲诗的具体记载,非常多,我就不展开谈了,时间有限。我只是强调:诗

---

①　《论语·阳货》。原文:"子谓伯鱼曰:'女为《周南》《召南》矣乎?人而不为《周南》《召南》,其犹正墙面而立也与!'"

教是儒教的第一教,是首要的。这和我们现在教育界的一种讲法是不谋而合的:现在幼儿园、小学的"寓教于乐",其实就有"诗教"的意思,但是还不明确。我们依照孔子的讲法,可以明确地告诉他们。关于小孩子的教育,我的想法是:儿童读经可以读,但我个人的看法,那要看读什么经。一上来就读《公羊传》,哪里读得懂啊!《论语》比较好读、好感受,也不一定真正能懂。最好是读诗。给小孩子多选一些、多做一些好的诗——特别浅显、特别有爱心的那种诗,让他去读、去背,这是对小孩子的一种最好的教育方式。现在不是强调"法制教育"吗?但是,法教不如礼教,这个道理孔子是说得很明白的:"道之以政,齐之以刑,民免而无耻;道之以德,齐之以礼,有耻且格。"①进一步说,礼教不如诗教;或者说:礼教不如情教。小孩子,你和他讲大道理,他不一定懂,也不一定能接受;身体力行的情感,他是可以感受到的。

　　我经常想到这样的体验:孔子的妈妈肯定是极有爱心的人。孔子就生活在这样的环境中。在孔子之前,从来没有人把"仁爱"提到这么高的位置上去;孔子在历史上第一个把"仁爱"看成是大本大源,这绝对和他的母亲的情感是有密切关联的,不是偶然的。孔子这么一个圣人,在母亲的培育下,首先接受的是情感的培育。我设想:他母亲对孔子的这么一种爱,在方方面面表现出来,其中,他母亲肯定也教他颂诗。孔子为什么这么强调"兴于诗"?就是这么一个道理。可惜关于孔子早年的资料现在比较少,太少了,"文献不足征";但是,这些生活情境,我们是可以去设想、可以去感受的——设身处地就可以想得到的。我想:我们今天讨论"儒教"的问题,真正对应于那天我讲的作为大本大源的那么一个观念层级的这么一种教化,就是诗教。这太重要了,而且是首要的。

　　诗教这么一种教化,和神啊、上帝啊、政治啊、道德啊,都没有

---

　　① 《论语·为政》。

关系;首先就是爱的教育——仁爱的教育。这种教育,就是通过吟诗、唱诗,最好是教他写点诗。我想起尼采有一句名言(他的思想我当然不会太在意),这句名言是很诗化的,大意是说:假如我生来不是一个诗人,我如何能够忍受做一个人! 这句话说得太有意思了! 但是,他的意思的具体内容和我们所说的不同;不过,这样一种表达还是很好的。这是关于诗教的问题,我想强调的是:诗教不是后来人们强调的那些"言之有物"的东西——对象化的、政治化的、道德化的、伦理化的甚至神学化的、形上学化的东西;诗教和这些都无关,恰恰相反,我们成为那样一种主体性——仁者的挺立、确立——的前提,正是在诗教当中:"兴于诗"。所以,我把诗教列为第一,是最重要的,然后才是其他的教化。

符号的诞生
——中国哲学视域中的符号现象学问题*

　　符号学的"正宗"似乎应该属于索绪尔(F. de Saussure)结构主义传统,这正如罗兰·巴尔特(Roland Barthes)所说:"符号学……它来自索绪尔:'我们可以设想有一门研究社会生活中符号生命的科学……我们称之为符号学。'"①这个传统又以一种变式而延续到德里达(J. Derrida)解构主义乃至于整个后现代思潮。但实际上,当代几乎所有重要哲学派别的研究都涉足于符号问题,他们往往也都有自己的符号学。其中最引人注目的,除语言分析哲学的符号理论以外,就是现象学的符号学。对此,现象学创始人胡塞尔(E. Husserl)在其划时代的名著《逻辑研究》中进行了系统的探索,其成果不仅对整个现象学运动,而且对当今的符号学和语言学研究产生了广泛重大的影响。而我们的问题是:当这种现象学符号学的影响传至中国而与我们的哲学传统相遭遇时,将会发生怎样的解释学事态? 一种"中国符号学"将会怎样在这种解释情境之中浮现出来?

---

　　* 原载《中山大学学报》2009年第3期;人大复印报刊资料《中国哲学》2009年第8期全文转载;收入拙著《儒家思想与当代生活——"生活儒学"论集》,光明日报出版社2009年版。
　　① 罗兰·巴尔特:《符号学原理》,王东亮等译,生活·读书·新知三联书店1999年,第1页。

一

这自然使我们想到"中国哲学中的符号学思想"这个问题。不过，疑问也就随之产生：中国哲学传统何来所谓"符号"（sign）这个概念？话虽如此说，但中国哲学却也不乏符号的观念。我们这里将严格区分"概念"（concept）与"观念"（idea）。一个概念必定是一个观念，但一个观念未必就是一个概念。概念总是与词语相关联的，或者说，概念作为一个词语的所指，必须在与这个词语的能指方面结合之后，才成其为概念；而观念则不然，当其未结合于词语时，它绝不是一个概念。所以，一个由语言以外的符号所传达的观念，就绝不是什么概念。这就是说，概念总是由语言符号来传达的，而观念则可以由语言之外的符号来传达。不仅如此，观念甚至可以根本就与任何符号无关，而是前符号性的。例如老子的"道"固然可以被视为一个已经被言说并被书写为符号的概念，但那恰恰不是作者心目中那不可"道"（言说）的道，即不是作者所领悟的"道常无名"①的观念本身。按照胡塞尔的现象学，我们可以在直观中获得一个观念。然而假如我们起初却无以言表之，或者我们始终都不以言表之，那就是一个非概念、前概念的观念了，甚至是一个非符号、前符号的观念了。当然，我们后来可能使之概念化，亦即语言符号化；但这恰恰表明：概念乃是被观念奠基的，符号也是被观念奠基的。

所以，我们可以讨论中国哲学关于符号的观念。但须注意，这里所谓"观念"不仅仅是指的西方柏拉图以来的哲学，例如胡塞尔现象学的"观念"（idea）概念，而是有其更为普泛的语义，尤其具有

---

① 《老子》第三十二章，《诸子集成》王弼《老子道德经注》本，中华书局1957年版。

汉语"观–念"的语义。本来,我们将 idea 译为汉语"观–念",也就已经具有了解释学意味,因为"观"与"念"本来就是中国哲学的重要概念①。这里涉及汉语与西语之间的"可对应性"与"非等同性"问题,兹不赘述②。

说到中国哲学的符号观念,这恐怕立即会使我们想到《易传》中的一段记载:

> 子曰:"书不尽言,言不尽意。"然则圣人之意,其不可见乎? 子曰:"圣人立象以尽意,设卦以尽情伪,系辞焉以尽其言。"③

这段后来引发了著名的"言意之辨"的记载,所谈的本来是"易道"(圣人之意)与"《易》之为书"(《周易》古经)之间的关系。《周易》中有两种符号系统:"立象""设卦"是指的卦爻象(卦画),这是语言文字之外的狭义符号系统;"系辞"是指的卦爻辞(筮辞),这是语言(言)文字(书④)的符号系统;合起来说,它们都是符号。所以,孔子与弟子所议论的正是我们这里的话题:符号。议论中所提到的"言"、"书"、"象"、"卦"、"辞"等,作为概念,无不包含着符号的观念,而且这些观念本身也都已经被表象为语言符号了。而"书不尽言,言不尽意"则意味着:"书"(文字)、"言"(语言)的符号不能穷尽观念;下文还将表明,即便继而"立象"、"设卦"、"系辞",所有的符号仍然不能穷尽观念。总之,符号不能穷尽观念。

---

① 黄玉顺:《爱与思——生活儒学的观念》,四川大学出版社 2006 年版,附论一《汉语"观念"论》。

② 黄玉顺:《爱与思——生活儒学的观念》,第一讲第一节:"等同与对应:定名与虚位"。

③ 《周易·系辞上传》,《十三经注疏》本,中华书局 1980 年版。

④ 这里"书"应该指《尚书》那样的东西,否则,系辞也是"书",那就与"系辞尽言"矛盾了。

二

胡塞尔所开创的现象学符号学涉及许多课题,其中最根本的问题是:符号究竟是奠基性的(foundational/fundierend),还是被奠基的(founded/fundiert)? 如果是被奠基的,它是如何被奠基的? 换一种问法:符号行为是如何可能的?[①] 于是我们首先必须回答一个问题:何谓"奠基"? 奠基(founding/Fundierung)乃是胡塞尔现象学的一个基本概念。他在《逻辑研究》第二卷中给出了一个经典的形式定义:

> 如果一个 α 本身本质规律性地只能在一个与 μ 相联结的广泛统一之中**存在**,那么我们就要说:一个 α 本身需要由一个 μ 来奠基。[②]

也可以更为通俗地说:如果 B 存在,当且仅当 A 存在,那么,A 是为 B 奠基的,或曰 B 是被 A 奠基的。μ 和 α 或者 A 和 B 之间就是一种奠基关系(relationship of founding/Fundierungsordnung)。在胡塞尔那里,这种奠基关系不仅仅是纯粹逻辑的形式的蕴涵关系,而是一种关乎"存在"(Being/Sein)的实质构造。这种构造关系作为先验建构(transzendental Konstitution),所涉及的乃是内在于纯粹先验意识的、作为主体的意向活动(Noesis)与作为对象的意向相关项(Noema)之间的关系问题,即意向性(Intentionalitaet)问题。因此,这里的"存在"所指的不是所谓"不以人的主观意识

---

① "如何可能"这样的问法,在康德那里正是奠基问题。例如:"形而上学如何可能?"那就是追问形而上学的基础,亦即:形而上学是如何被奠基的?

② 胡塞尔:《逻辑研究》第二卷第一部分,倪梁康译,上海译文出版社1998 年版,第 285 页。

为转移的客观实在",而是纯粹意识的意向性存在,或者如前引《周易》所说的"易道"之"意"的存在,是一个被构造的意义世界,即胡塞尔所谓"生活世界"(Lebenswelt)的存在。在现象学看来,我们存在(sein, ist)、生存(existieren)于其中而被我们的语言、符号所表象的,正是这样的生活世界。

按照胡塞尔现象学,我们可以这样切入关于符号的奠基问题:

为了找到作为知识的绝对基础的自明的出发点,并避免陷入"认识论困境"①,我们必须实行现象学的还原(Reduktion),首先是对关于一切外在的客观实在(世界、上帝乃至自我)的存在设定的悬搁(Epoché),即是对外在超越物(Transzendenz)的排除。排除之后并非一无所有,这里实际上还存在着(sein)现象学还原的剩余物(Residuum),即纯粹的思、纯粹意识本身。显然,这是对笛卡儿"我思故我在"(cogito sum)进路的现象学纯化,即彻底的先验化。而我们知道,中国哲学中的道家、儒家(尤其是其正宗的心学)的形而上学建构正是先验哲学(但不仅是先验哲学,还有更本源的视域),这就为我们进行现象学与中国哲学的比较提供了一个平台。

然而当所有的外在超越物都被悬搁起来之后,认识行为如何可能? 意识总是关于某物的意识,亦即总是关于某个对象的认识,那么,这个对象如何可能? 更通俗地发问是: 这个对象存在于何处? 其回答是: 思必有其所思,既然意识总是指向某物的,那么这种指向性就是意识的本质: 意向性(Intentionalitaet)。先验意识行为本质上是意向活动,它的内在结构是: 一方面是思、意识行为,即意向活动(Noesis)本身;另外一方面是思之所思、意识之所指向的某物,即意向相关项(Noema)。注意,这是纯粹意识的内在的而

---

① "认识论困境"是经验主义认识论所必然遭遇的困境: 内在意识如何可能确证外在实在? 它又如何可能穿透意识,切中这个外在实在?

非外在的结构；这就是说，意向相关项作为对象、客体，本质上不过是这种意向活动的构造（Konstitution）。这一点犹如儒家心学泰斗王阳明所说：什么是物？"意之所在便是物。"①

意识行为的这种意向性构造，叫做"客体化行为"（objektivierender Akt），就是意识首先设置自己的客体对象。所有的意识行为区分为客体化行为与非客体化行为。客体化行为指所有的认知性意识活动，如表象、判断等，它们具有构造对象的作用；非客体化行为则指所有的价值性意识活动，如情感、意愿、评价等，它们并不具有构造对象的作用。显然，认知性的客体化行为对于价值性的非客体化行为来说是奠基性的，否则后者缺乏对象；进而，一切认知性的认识行为、价值性的情感行为都是奠基于这种客体化行为的。于是，外在的认识对象现在转变成为内在的意识因素：作为对象的意向相关项并不是外在超越物，而是内在意识的客体化行为的结果。这就犹如孟子所说："万物皆备于我矣。"②此时，外在超越物被彻底地内在化了。

客体化行为对意向相关项的构造，这是意识活动的立义（Auffassung）功能，即赋予在我们意识体验中原初具有的感觉材料（立义内容）以一个意义，这个意义就是被我们所构造的意向对象。但是，对象客体的确立同时就是主体的确立；而主体、客体的同时确立，乃是为其他一切意识行为奠定基础的。在这个意义上，所谓"立义"（确立客体）与儒家心学所说的"立心"（确立主体）是可以对应的：我们必须首先确立作为先验主体意识的"本心"（孟

---

① 王守仁：《传习录上》，见《王阳明全集》，上海古籍出版社 1992 年版。参见黄玉顺：《儒家良知论——阳明心学与胡塞尔现象学比较研究》，见《面向生活本身的儒学——黄玉顺"生活儒学"自选集》，四川大学出版社 2006 年版。

② 《孟子·尽心上》，《十三经注疏》本，中华书局 1980 年版。

子);而"万物皆备于我"则意味着:对象只不过是本心的内在因素。所以,孟子强调"先立乎其大者(大体、本心)",亦即确立作为主体的本心;而这是"思"(纯思)的事情,"思则得之,不思则不得也"①。主体(心)和对象(物)同时是"思"的构造。

立义活动有立义内容(Auffassungsinhalt)和立义形式(Auffassungform)两个方面。立义内容就是上述的我们意识体验原初具有的感觉材料;立义形式实质上是意识的构造方式,它决定着"对象究竟是单纯符号性地、还是直观地、还是以混合的方式被表象"②。这就是说,基本的立义形式分为两种:直观的,符号的。于是,根据意识行为的立义形式,客体化行为分为直观行为(intuitiver Akt)与符号行为(signitiver Akt/Signifikation)。这样,"通过一个基本的划分,客体化的意向分成符号意向和直观意向";由此,"我们现在将单纯直观行为的情况与单纯符号行为对置起来"③。这种对置表明,直观的结果是先于并且始终可以独立于符号之外的。类似的思想在中国哲学中也是存在的。例如玄学家说:

> 盖理之微者,非物象之所举也。今称"立象以尽意",此非通于象④外者也;"系辞焉以尽言",此非言乎系表者也。斯则象外之意、系表之言,固蕴而不出矣。⑤

作为纯粹观念的"象外之意"乃是直观的直接结果,它不必、有时甚至也不能诉诸符号,所以,老子才讲"绳绳不可名,复归于无

---

① 《孟子·告子上》。
② 胡塞尔:《逻辑研究》第二卷第二部分,倪梁康译,上海译文出版社1999年版,第92页。
③ 胡塞尔:《逻辑研究》第二卷第二部分,第52、195页。
④ 原文作"意",此据文义校改。
⑤ 何邵:《荀粲传》,见《魏志·荀彧传》注。转引自《哲学大辞典·中国哲学史卷》"言不尽意"条,上海辞书出版社1985年版。

物"、"大音希声，大象无形"①。根据这个思想，中国传统美学追求
"言外之意"、"弦外之音"、"不着一字，尽得风流"等等。

三

　　于是，我们现在切入了胡塞尔现象学的符号理论。在直观行
为与符号行为之间，存在着奠基关系：直观行为是为符号行为奠
基的。当然，在一个符号系统或语言系统内部也有奠基关系的问
题，例如，"断言陈述的主语环节是一个奠基性的行为（主语设
定），在这个行为上建立起谓语设定，对谓语的肯定或否定"②。但
这些并不是我们这里所关注的问题；我们所关心的是直观行为与
符号行为之间的奠基关系。

　　直观行为的立义形式是直观性的，它包括感知与想象，而归根
到底是感性直观（sensuelle Anschauung）或者个体直观（individuelle
Anschaung）（这里所谓"感性直观"不是经验论的感性直观，而是
现象学的感性直观）。而符号行为的立义形式则是符号性的。符
号行为就是以符号意向为行为特征的意识行为。所谓符号（sign/
Zeichen）就是符号意识（Zeichenbewuβtsein）或者符号行为
（signitiver Akt）的现象。由于客体化行为作为表象（Vorstellung），
又分为本真的（eigentlich）表象和非本真的（uneigentliche）表象，所
以，符号意识便属于非本真表象。关于符号的非本真性，我们在中
国哲学中可以找到印证。例如道家以"道"为"真"，以"得道"为
"真人"，而"道"既不能得之于外在经验的观察，也不能得之于内

① 《老子》第十四章、第四十一章。
② 胡塞尔：《逻辑研究》第二卷第一部分，第 440 页。主语的奠基性与
"预设"（presupposition）理论有关：一个陈述的主语首先是对这个主语的指
称（reference）对象的存在设定。

在逻辑的思考,而只能得之于类似现象学式的直观:"不出户,知天下;不窥牖,见天道。其出弥远,其知弥少。是以圣人不行而知,不见而明。"这是通过"涤除玄览"、"微妙玄通"亦即先验直观得到的①。这种直观所要求的是"无前设性"(Voraussetzungslosigkeit)、"无成见性"(Vorurteilslosigkeit),要求"面向事情本身"(Zur Sache selbst),亦即老子所说的"以身观身,以家观家,以乡观乡,以国观国,以天下观天下"②。

虽然胡塞尔对直观行为和符号行为的划分是在《逻辑研究》(1901 年),而对本真表象和非本真表象的划分则主要是在《纯粹现象学与现象学哲学的观念》(1913 年);但这两种理论划分之间是存在着逻辑的因果联系的:"当人们谈及本真表象与非本真表象的对立时,人们所看到的通常是'直观'与'符号'的对立";"非本真的思维行为就将会是……符号行为";"本真的思维行为就将会是……直观"③。这就是说,符号行为之所以是非本真的,是因为它与本真的直观行为的下述差异,从而是由直观行为奠基的:

(1)符号行为本身没有自己的感性材料,亦即没有自己的立义内容,所以,它必须借助于直观行为的感性内容,从而为直观所奠基。这是因为,符号是一种有含义(Bedeutung)的表述(Ausdruck),包括两个方面:一方面是所谓"纯粹符号",指在一个表述中的物理体验,即一个表述所具有的物理方面,如说出的语音现象、书写的笔画现象等;另外一方面是符号的含义,指在一个表述中的心理体验,即一个符号所具有的意指(Meinung)方面④。这似乎是与索绪尔对"能指"(signifier/signifiant)与"所指"(signification/signifié)

---

① 《老子》第四十七章、第十章、第十五章。
② 《老子》第五十四章。
③ 胡塞尔:《逻辑研究》第二卷第二部分,第 196—197 页。
④ 胡塞尔:《逻辑研究》第二卷第一部分,第 34 页。

的划分对应的,但实质上不同:索绪尔的"所指"类似于弗雷格
(Gottlob Frege) 的" 涵义 "(Sense/Sinn) 与 " 指称 "(Reference/
Bedeutung)①,能指与所指两方面都有着肯定外在的客观实在的
意味;而在胡塞尔现象学,这种外在于纯粹意识的客观实在,正是
应被悬置起来的超越物,或者仅仅是在意识活动中的被奠基
物——意向相关项,即是被构造出来的:"在前一种行为中,一个表
述作为感受的语音而被接受、被构造,而在后一种行为中,所构造
的则是含义。"②"前一种行为"指直观行为的"物理体验",其实就
是对能指的构造;"后一种行为"指直观行为的"心理体验",其实
就是对所指的构造。

纯粹符号及其含义这两个方面都必须具有立义内容或感性材
料,而这种立义内容或感性材料都不是纯粹符号本身所具有的,而
是直观行为提供的。例如"纸"这个词语,有纯粹符号和含义两方
面:就其纯粹符号方面看,它必须有一种说出的语音"zhǐ"、写出
的笔画"纸"才能成立,而这两者首先都必须通过直观来把握;就
其含义方面来看,它本身不能提供任何关于纸的感性材料,我们从
"纸"这个符号中是既听不到也看不到任何纸的,这种感性材料也
必须由直观行为提供。在这个意义上,并不存在所谓"纯粹的符号
行为"。这就表明,符号行为的非本真性在于其被奠基性,即是被
直观行为奠基的。用中国哲学的话语讲,假如没有"圣人之意",
就谈不上"言"、"书"、"象"、"卦"、"辞"等符号③;假如没有不可
"道"的"常道"(先验观念),也就谈不上"可道"的"道"(言说)④。

---

① 弗雷格:《论涵义和指称》,见肖阳的汉译文《论涵义和所指》,载于
马蒂尼奇主编《语言哲学》,商务印书馆 1998 年版。
② 胡塞尔:《逻辑研究》第二卷第一部分,第 442 页。
③ 《周易·系辞上传》。
④ 《老子》第一章。

（2）进一步说,在符号行为中,上述纯粹符号与其含义之间的联系乃是任意的、偶然的。"一个符号意向的特殊本质就在于,在它那里,意指行为的对象和充实行为的对象（例如在两者现实统一之中的名称与被指称之物）相互间'没有关系'";"符号在内容上大都与被标识之物无关"①。例如,树这个质料种类与"树"这个语音或者笔画的本己种类之间的联系是偶然任意的,汉语谓之"树",英语谓之"tree",其他语言符号系统又有其他的语音笔画形式。"在质料和被代现者之间的符号代现所建立的是一个偶然的、外部的联系,而直观代现所建立的则是一个本质的、内部的联系。在前一种情况中,偶然性在于,可以想象在同一个符号行为上附加任何随意的内容。符号行为的质料只是需要一个支撑的内容而已,但我们并不能发现在它的种类特殊性和它的本己种类组成之间有必然性的纽带。"②这似乎也是类似于索绪尔所说的能指与所指之间联系的任意性的,但其实质区别仍如上述。在这个意义上,符号行为的非本真性,在于其象征性（Symbolischkeit）,"与'符号的'同义的是'象征的'"③。而这种象征性,出于一种"约定"。

胡塞尔在其前期《逻辑研究》中不可能谈到"约定"问题,因为这必然涉及后期才有的"主体间性"（Intersubjektivitaet）问题;但是,符号的任意性、象征性必然逻辑地导向约定问题。而在中国哲学中,我们知道,儒家的荀子对此是有深刻论述的:"名无固宜,约之以命,约定俗成谓之宜,异于约则谓之不宜。"④在儒家思想中,对"正名"有两种立场:一种是以实正名,使"名副其实",即符号

---

① 胡塞尔:《逻辑研究》第二卷第二部分,第 54 页、第 52—53 页。
② 胡塞尔:《逻辑研究》第二卷第二部分,第 89 页。
③ 胡塞尔:《逻辑研究》第二卷第一部分,第 431 页。
④ 《荀子·正名》,《诸子集成》本,中华书局 1957 年版。

（名）符合于、奠基于客观实际（实），类似庄子所谓"名者实之宾也"[1]，但这并不是胡塞尔的先验实际，而是经验实际。另外一种是以名正实，使"实副其名"，即客观实际（实）符合于、奠基于符号（名），犹如韩非所谓"循名而责实"[2]。在这种情况下，就会引出一个问题：此"名"既然先行于"实"，那么，这种名之符号又是被奠基于什么的？其答案恐怕只能是一种观念实际，类似于冯友兰所说的"真际"[3]；我们知道，这正是儒家心性论的基本观念。这种观念实际不是经验直观给予的，而是先验直观给予的。两种实际都是为直观所把握的，区别在于一种是经验直观，而另一种是先验直观。但总而言之，非本真的符号总是被奠基于本真的直观的。所以董仲舒指出："名生于真，非其真无以为名。"[4]

但荀子的"约定俗成"说还有其更深刻的意义：如果说"约定"必定是主体间的事情，那么"俗成"则不一定是主体性的事情。这取决于我们对"俗"的理解：那是主体的生存还是某种更其本源的前主体性的生活情境？但这一切都已经超出了胡塞尔的视域，我们在最后一节来讨论。

四

综上所述，显而易见，虽然在意向活动这个意识体验流（Erlebnisstrom）中贯穿着一系列的奠基关系，但终究存在着某种终

---

① 《庄子·逍遥游》，《诸子集成》王先谦《庄子集解》本，中华书局 1957 年版。

② 《韩非子·定法》，《诸子集成》本，中华书局 1957 年版。

③ 冯友兰：《新理学》，《三松堂全集》第四卷，河南人民出版社 1986 年版。

④ 董仲舒：《春秋繁露·深察名号》，凌曙《春秋繁露注》本，中华书局 1975 年版。

极性的或者原初性的(ursprünglich)奠基,那就是直观(intuition/Anschauung)①。"直观"乃是胡塞尔现象学的一个中心概念:从研究对象看,直观是现象学的首要课题;从研究方法看,直观是现象学的"第一方法原则"、"一切原则的原则"②。在这个意义上,现象学就是直观的现象学。在所有奠基关系中,存在着原初的奠基关系。原初性本质上是原初的自身所予性(Selbstgegebenheit),也就是说,具有终极原初性的东西就是具有原初的自身所予性的东西。这是胡塞尔现象学的"无前设性"的要求:原初所予的东西就是在存在上不依赖于任何存在设定的东西。胡塞尔认为,唯有直观才是原初的无前设性活动,它为其他一切意识活动奠基,当然也为符号活动奠基,即具有终极的奠基性。

先于任何名相的先验直观是原初奠基性的,这其实也是中国哲学传统中的一种基本观念,无论儒家还是道家都有这样的观念。老子认为,一方面是"道隐无名",而另一方面是由"玄览"而"玄通"③,而上文说过,玄览也就是先验直观。儒家哲学亦然。王阳明是儒家正宗心学的最高代表,据载:

> 先生游南镇,一友指岩中花树问曰:"'天下无心外之物';如此花树,在深山中自开自落,于我心亦何相关?"先生曰:"你未看此花时,此花与汝心同归于寂;你来看此花时,则此花颜色一时明白起来。便知此花不在你的心外。"④

这里对于花树的"看",类似胡塞尔所谓"现象学的看",亦即先验直观,它是最终的为物奠基的意识活动,舍此既无花树,更无

---

① 直观(Anschauung)与直觉(intuition)在胡塞尔那里是完全同义的概念。

② 胡塞尔:《纯粹现象学通论》(《纯粹现象学和现象学哲学的观念》第一卷),舒曼编,李幼蒸译,商务印书馆1992年版,第84页。

③ 《老子》第四十一、四十七、十、十五章。

④ 王守仁:《传习录下》。

所谓关于花树的语言符号了。

但这并不意味着符号行为是不重要的；相反，胡塞尔又指出："在非本真思维的、单纯符号行为的领域中，我们自由地摆脱了所有范畴规律的限制"，"我们可以自由地将这些类型符号联结为复合类型。"①艺术活动的符号行为就是这种自由的明证，在这个意义上，我们可以说艺术是一种"自由自觉的活动"（马克思语）。自然语言符号也是如此，"在语词中便单义地包含着某些符号意向，它们即使在'相应的'直观（这当然是指充实的直观）不在场的情况下也可以复活。于是，与所有可能的第一性的和被奠基的直观相平行的是那个（可能地）表述着它们的第一性的和被奠基的含义系统"②。我们可以设想一下中国的书法艺术，当我们完全抛开它的文字之符号含义而单纯地观赏其作为"纯粹符号"的文字本身时，这些文字符号仍然具有审美观念的意味，从而具有独立的艺术价值。

唯其如此，中国哲学非常重视语言符号的意义。纵然我们知道"书不尽言，言不尽意"，知道"象外之意"仍然"蕴而不出"，但我们仍然要坚持"立象以尽意"、"系辞焉以尽其言"。老子说"道"不可"道"，但他仍然要作"五千言"以"道"其"道"；禅宗虽然主张"不立文字"，但其"棒喝"之类的行为实质上也还是符号行为，而且最终还是要借助"文字禅"；儒家要收拾"礼崩乐坏"从而"名实淆乱"的局面，更首先要"正名"③。这是因为："理得于心，非言不畅；物定于彼，非名不辩。"④这些都表明了语言符号的重要性。但

---

① 胡塞尔：《逻辑研究》第二卷第二部分，第 197、196 页。

② 胡塞尔：《逻辑研究》第二卷第二部分，第 195 页。"第一性的直观"指感知，"被奠基的直观"指想象。就这两种直观而言，后者是被前者奠基的。

③ 《论语·子路》。

④ 欧阳建：《言尽意论》，载《艺文类聚》卷十九，转引自《哲学大辞典·中国哲学史卷》"言尽意"条。

是,庄子有一段很著名的话:"筌者所以在鱼,得鱼而忘筌;蹄者所以在兔,得兔而忘蹄;言者所以在意,得意而忘言。"①后来王弼加以发挥:一方面,"夫象者,出意者也;言者,明象者也";但另一方面,"然则忘象者,乃得意者也;忘言者,乃得象者也。得意在忘象,得象在忘言"②。显然,这里论述的只是语言符号对于意义的有限的传达作用,更非纯粹符号的独立意义。而胡塞尔认为,纯粹符号是具有某种独立于意义的自由意义的。

但上文已经表明,胡塞尔更强调的毕竟是:这种单纯符号的自由意义终究不是原初奠基性的,而是被奠基的。然而这样一来,自由也就失去了存在论意义,而成了一个认识论问题了。这正是胡塞尔现象学存在着的一个根本问题。胡塞尔深刻明晰地揭示了意识现象中的奠基关系,尤其直观行为对于符号行为的奠基关系,在这个问题上,胡塞尔似乎已经超越了西方的一个根本传统:语言、思维、存在的直接同一③。但是,他毕竟仍然没有超出这个传统:归根到底,他的整个意识现象学本身就是非奠基性的,而只是被奠基的。这是因为:胡塞尔现象学是从"认识论困境"问题切入的,它是以"主-客"二元对置这个认识论的基本架构为前提的;还原(Reduktion)固然是现象学的前提,但现象学还原本身却又是以内在性(Immanenz)与外在超越物的划分为前提的,而这正是一种外在的"主-客"二元对置。更根本的问题是:这种先验的内在性源于笛卡儿式的"我思"(ego cogito),实质上也就是主体性,它属

---

① 《庄子·外物》。

② 王弼:《周易略例·明象》,《四部丛刊》影印宋刊本。

③ 黄玉顺:《语言的牢笼——西方哲学根本传统的一种阐明》,《四川大学学报》2002年第1期;人大复印资料《外国哲学》2002年第2期、《新华文摘》2002年第6期全文转载。

于海德格尔(Martin Heidegger)所批判的形而上学传统①。

在这个问题上,或许庄子的一种区分值得我们注意:

> 可以言论者,物之粗也;可以意致者,物之精也;言之所不
> 能论、意之所不能察致者,不期精粗焉。②

假如按胡塞尔现象学来理解,那么,物之粗者是先验的,然而非本真的东西,既可以由思想来表象(意致),也可以由符号来表象(言论);而物之精者则是先验的并且本真的东西,不可以由符号来表象,但可以由思想来表象。然而不期精粗者呢? 这里尚未有意致与言论的划分,亦即既尚未有主体、主观与客体、客观的划分,也尚未有先验与经验的划分,只能直观,而且这显然既不是胡塞尔式的先验的直观,也不是经验论的直观,倒更类似海德格尔式的生存领会的直观。

五

有鉴于此,海德格尔在批判胡塞尔的基础上提出"基础存在论"(Fundamentalontologie),为全部传统的存在论或者形而上学奠基。但是,在语言符号问题上,海德格尔与胡塞尔之间究竟是一种什么样的关系,还是一个有待澄清的问题。看起来海德格尔似乎突出的是语言的源始性(Ursprünglichkeit),即认为语言才是终极奠基性的东西,所以人们经常津津乐道地引证海德格尔的一句名言"语言是存在之家"③,以此表明人类语言的源始奠基性;殊不

---

① 海德格尔:《哲学的终结和思的任务》,见《面向思的事情》,陈小文、孙周兴译,商务印书馆1999年第2版,第76页。

② 《庄子·秋水》。

③ 海德格尔:《关于人道主义的书信》,雄伟译,见孙周兴编《海德格尔选集》上卷,上海三联书店1996年版,第358页。

知,海德格尔所说的这种具有源始奠基性的"语言"并不是通常符号学、语言学所说的那种"语言",而是"语言的本质":

> 语言之本质因素乃是作为道示(Zeige)的道说(Sage)。
> 道示之显示(Zeigen)并不建基于无论何种符号,相反,一切符号皆源出于某种显示;在此种显示的领域中,并且为了显示之目的,符号才可能是符号。①

这里,被道示之显示(语言的本质)所奠基的语言符号,才是通常符号学、语言学所说的"语言"。这种语言作为符号,不是现象学意义上的"现象"(Phaenomen),而是前现象学的现象观念"现相"(Erscheinung)。为此,海德格尔区分了"人用语言说话"的语言和"语言用人说话"的语言。通常符号学、语言学所说的语言,是指的人用语言说话的语言,海德格尔称之为"人言"(Sprechen);而他所说的源始奠基性的语言,乃是语言用人说话的语言,他称之为"道说"(Sage)。道说不是人言,犹如儒家所说的"道心"不是"人心"②;道说是"大道"(Ereignis③)在说话,那是"寂静之音"(das Geläut der Stille)④,犹如庄子所说的"大道不称,大辩不言",乃是"不言之辩,不道之道"⑤。儒家亦然,例如孔子:一方面,"天何言哉?四时行焉,百物生焉,天何言哉!"⑥一切存在者、包括人及其"人言"皆源于此。但另一方面,这种无言无声的天道却又被

---

① 海德格尔:《在通向语言的途中》,孙周兴译,商务印书馆 1997 年版,第 216 页。

② 《尚书·大禹谟》,《十三经注疏》本,中华书局 1980 年版。

③ Ereignis 或译"本有"、"居有"、"缘构发生"。

④ 海德格尔:《在通向语言的途中》,第 183 页。

⑤ 《庄子·齐物论》。

⑥ 《论语·阳货》。

领悟为"天命",人应该"知天命"①,然而"命"就是"口令"②,也就是言。这种无言之言,也就是道。其实,汉语的"道"字本身就已经透露出这种消息:它的最古老的两个用法,一个是走路,但不是人走路,而是"道自道也"③;另一个就是说话,但不是人说话,而是天"命"。

为此,海德格尔对老子的"道"进行了一番悉心的领会:

> 也许"道路"一词是语言的源始词语,它向沉思的人道出自身。老子的诗意运思的引导词语就是"道","根本上"意味着道路。……"道"或许就是产生一切道路的道路,我们由之而来才能去思理性、精神、意义、逻各斯等根本上也即凭它们的本质所要道说的东西。也许在"道路"(Weg)即"道"(Tao)这个词中隐藏着运思之道说的一切神秘的神秘,如果我们让这一名称回复到它的未被说出状态之中而且能够这样做的话。④

在海德格尔看来,老子之"道"(Tao)即是他所谓"大道"(Ereignis);大道的运作,是"把作为语言的语言带向语言"⑤,即把作为语言符号的本质的道说带向语言符号,亦即让道说为人言奠基;而作为语言之思的语言学以及符号学,就是要理解语言符号"何以可能",那就首先应该通过"返回步伐"(der Schritt zurück)将人带回到他的存在的家——作为语言本质的大道的道说。人之所以有语言,只是因为他在生存中领悟着大道的道说,倾听而应合着大道的道说,这就是人为大道之道说所用。这就是说,语言符号并

---

① 《论语·为政》。
② 许慎:《说文解字·口部》。
③ 《礼记·中庸》,《十三经注疏》本,中华书局1980年版。
④ 海德格尔:《在通向语言的途中》,第165页。
⑤ 海德格尔:《在通向语言的途中》,第223页。括号内文字为引者所加。

不是原初奠基性的,人的语言是被"此在"的生存领悟的直观所奠基的。在这个意义上,海德格尔的语言符号观其实与胡塞尔的思想还是颇有一致之处的,即符号只是被奠基的东西;但是二人所确认的原初奠基性的东西不同,一个是纯粹先验意识或者纯粹理性,而另一个则是"此在"(Dasein)的生存领会。

但恰恰是在这个根本问题上,海德格尔也有自己的严重问题。他后期所谓"大道"(Ereignis)实即他前期所谓"存在"(Sein),海德格尔一生追寻的就是这个"存在"。按他的初衷,应该是存在给出了所有一切存在者。然而同时,在他看来,对存在的追寻却只能通过此在的"生存"(Existenz)才是可能的,"其它一切存在论所源出的基础存在论必须在对此在的生存论分析中来寻找","通过对某种存在者即此在特加阐释这样一条途径突入存在概念"[1]。于是"此在"反倒成了先行的东西。但"此在是一种存在者"[2]。这样一来,某种存在者倒成了存在的某种先行条件。这显然是一种自相矛盾的缠绕。

所以,我们提出"生活儒学",以一种无此在之前设的"生活"观念来取代这种有此在之前设的"生存"概念,由此解决这样的困扰[3]。就其作为存在而不是存在者而论,生活是无——"无物";而就其生成所有一切存在者(包括此在、符号)而论,生活是有——"无中生有",但不是作为"存在者整体"的"万有",而是先行于所有一切存在者的"纯有"(并且不是黑格尔式的先验的"纯有"[4])。

---

① 海德格尔:《存在与时间》,陈嘉映、王庆节译,生活·读书·新知三联书店1999年第2版,第16、46页。

② 海德格尔:《存在与时间》,第14页。

③ 黄玉顺:《论生活儒学与海德格尔思想——答张志伟教授》,《四川大学学报》2005年第4期;人大复印资料《外国哲学》2005年第12期全文转载。

④ 黑格尔:《逻辑学》,上卷,杨一之译,商务印书馆1966年版,第69—70页。

因此,生活的本源情境是"无分别",亦即庄子所说的"浑沌";人及其语言符号皆"倏忽"之间渊源于这种无分别的"浑沌"①。

现在回到本文开头谈到的"书不尽言,言不尽意"问题。《周易·系辞上传》又说:

> 天生神物,圣人则之;天地变化,圣人效之;天垂象,见(读为"现")吉凶,圣人象之;河出图,洛出书,圣人则之。《易》有四象,所以示也;系辞焉,所以告也;定之以吉凶,所以断也。

这里的"天垂象,见吉凶"就是汉语"现象"一词的来源,而且就是"天命",也就是"道",犹如海氏所谓"道说",其实乃是生活存在的"显示"、显现,但并不是符号;符号乃是后来圣人"象之""效之""则之",从而"设卦""系辞",犹如海氏所谓"人言"。显然,"设卦""系辞"不能穷尽"天命""天道",符号不能穷尽生活存在的显现,不能穷尽作为本真的生活领悟的观念。

但是,毕竟"圣人"在这里是一个重要的枢纽。"圣"字繁体作"聖",首先是"耳",然后是"口"(按甲骨文,其下只是一个并不加以突出的"人"形):其耳倾听"天命",亦即生活存在的消息;其口说出"人言",亦即语言符号。圣人犹如在神与人之间传递消息的赫耳墨斯(Hermes),解释学(Hermeneutics)由此而可能;但孔子"不语怪、力、乱、神"②,中国哲学所倾听而言说的并不是来自神的消息,而是来自生活的消息,尤其是来自作为本真生活的情感显现的仁爱。按照儒家的意思,生活的本真显现不是什么"本质直观",而是仁爱,这就是"道",就是"天命",此乃所有一切东西包括语言符号的大本大源。所以,孔子说:"君子有三畏:畏天命,畏大人,畏圣人之言。"③圣人之言只是"人言",天命乃是"天言";没有

---

① 《庄子·应帝王》。
② 《论语·述而》。
③ 《论语·季氏》。

天言,也就没有人言。我们之所以敬畏圣人之言,是因为敬畏天命。既敬畏天命,就应该倾听天命。

综上所述,作为存在先行于存在者的生活情境及其情感显现,乃是所有一切符号的渊源所在。生活是事(前分析的),而不是物(分析性的);然而符号的能指和所指(索绪尔)、涵义和指称(弗雷格)恰恰是物(或是实在之物,或是概念之物),而不是事。所以,"符号的生成"这个课题意味着:阐明究竟怎样"由事而物"、"无中生有"——符号的"能指"、"所指"、"涵义"、"指称"种种分别怎样从"无分别智"的"浑沌"的生活情境"现象"中"现相"。这里不仅存在着对象性的"物界"或"存在者领域"的划分问题(这当然是符号生成中的关节点,也可称之为"客体化",但并非发生在先验意识领域),而且同时存在着主体性的人言之"人"的诞生问题(能指和所指的结合其实只是主体和对象的一种结合方式)。如果说语言符号是人言,那么人言的前提就是人这个主体本身。在这个意义上,甚至符号的能指之生成也不仅仅是一个物理事件,而是一个真正的"文化"事件("文化"的本义就意味着由无"文"的"浑沌"而"化"为有"文"的分别)。

总之,假如生活的本源结构就是"在生活并且去生活",那么符号就是从浑沌的"在生活"情境之中生成的人的主体性的一种"去生活"的方式。人的主体性就诞生于"在生活"与"去生活"之间:人正是因为首先"在生活"之中倾听,才确立起主体性,成其为人;然后他才可能"去生活",才可能拥有某个"人"的生活,而语言符号也就是这个"人""去生活"的一种特定方式。

生活儒学关键词语之诠释与翻译[*]

"生活儒学"[①]自 2004 年正式提出以来,经常遇到怎样将生活儒学的若干关键词语翻译成英文的问题,这不仅涉及发表有关文章时所需要的英文摘要的问题,而且越来越多地涉及在某些英文刊物上发表、全文转载时怎样将整篇文章翻译成英文的问题。进一步说,这其实不仅是翻译(translation)问题,而首先是诠释(hermeneutics)问题,即怎样理解(perceive)和解释(interpret)生活儒学的关键概念。为此,很有必要专文处理一下这些问题。

1. 生活儒学:Life Confucianism

近年来,汉语学术界不止一人提出了"生活儒学"的说法[②],但基本上都说的是要将现成既有的儒学加以"生活化"——运用到实际生活当中去,意谓"(关乎)生活的儒学"而非"生活儒学"。例如,龚鹏程教授的著作就题为《生活的儒学》[③],书名应当译为:

---

* 原载《现代哲学》2012 年第 1 期;收入拙著《从"生活儒学"到"中国正义论"》,中国社会科学出版社 2017 年版。

① 参见黄玉顺:《关于"生活儒学"的一场讨论》(2004 年 5 月)、《生活儒学导论》(2005 年 1 月),均收入《面向生活本身的儒学——黄玉顺"生活儒学"自选集》,四川大学出版社 2006 年版。关于生活儒学,另参见黄玉顺:《爱与思——生活儒学的观念》,四川大学出版社 2006 年版;《儒学与生活——"生活儒学"论稿》,四川大学出版社 2009 年版;《儒家思想与当代生活——"生活儒学"论集》,光明日报出版社 2009 年版。

② 例如林安梧教授、龚鹏程教授、李承贵教授等。

③ 龚鹏程:《生活的儒学》,浙江大学出版社 2009 年版。

Confucianism of Life。

　　而"生活儒学"有别于"生活的儒学",并不是说要将现成既有的儒学"生活化"地运用到实际生活当中去(这一点恰恰是许多不熟悉生活儒学的人对生活儒学的一种望文生义的误解),而是说在重建儒学即建构儒学的一种当代思想理论形态时,在观念系统中将"生活"视为作为大本大源的"存在"——生活即是存在,生活之外别无存在;而这里所说的存在并不是存在者的存在,更不是存在者;一切存在者皆由存在所生成,即是由生活所生成。因此,此"生活"并非彼"生活","生活儒学"应当译为:Life Confucianism。

　　这是鉴于英语的名词短语,既可以是"形容词+名词"的形式,也可以是"名词+名词"的形式。后者的例子如"价值判断":value judgment。前一名词或形容词是对后一名词的性质的规定,而非对象的规定。因此,Life Confucianism 意谓这种儒学的基本宗旨乃是生活。

　　2. 生活:sheng-huo/shenghuo/life

　　之所以将"生活儒学"译为 Life Confucianism,还有一个重要原因,就是英文"life"并没有相应的形容词形态,我们只能采用名词形态。与此相关的几个形容词,并不是生活儒学所谓"生活"的意思:(1) live:[定语]活的,有生命的;正在使用着的;尚在争论中的;精力充沛的,充满活力的;实况播送的;等等。(2) alive:[表语]活着的,在世的;有生气的,有活力的;等等。(3) living:活着的;现存的;在使用着的;在活动中的;适宜居住的;等等。这些均非"存在"意义的"生活"。这个 living 有时也可译为汉语"生活的",但其含义是指"赖以维持生活的",例如"生活条件"(living conditions)。此外,living 作为动名词,主要有两个意思:一是"生计",二是"活着"。总之,live、alive、living 皆非生活儒学所谓"生活"之义。别无选择,生活儒学的"生活"只能译为 life。

　　当然,译为"life"也有可能产生误解,因为英语"life"也可译为汉语"生命",若干哲学派别都将"生命"作为自己的基本范畴,例如中国的现代新儒学,西方的意志主义和生命哲学。但是我们实在别无选择,只能在思想的阐述中加以说明:生活儒学所说的"生活"意谓存在,而不是任何存在者或存在者的存在,这与现代新儒学、意志主义和生命哲学截然不同,后者都将生命视为某种形而上的存在者。

进一步说,"生活"其实原是汉语固有的一个词语,早在战国时期便已出现,有时可以译为"shenghuo(生活)(life)"。如孟子说:"民非水火不生活;昏暮叩人之门户,求水火,无弗与者,至足矣。"①宋代孙奭《孟子注疏》解释:"人民非得其水、火,则不能生活;然而昏暮之时,有敲人之门户而求之水、火,无不与之者,以其水、火至多矣。"孙奭《孟子注疏·公孙丑上》还说:"'《太甲》曰"天作孽,犹可违;自作孽,不可活",此之谓也'者,……如己自作其灾孽,不可得而生活也。"这是宋代汉语"生活"的一个实例。

当然,这些"生活"并不全然吻合生活儒学所谓"生活"之义,但也有一定的对应性:现代汉语"生活"有时指人的生活,即一种形而下存在者的存在,这里包含着孟子、孙奭所说的意思——生存、存活;有时指本体意义上的生活,即一种形而上存在者或其存在(如梁漱溟所说的"生活"②);有时则指存在,即生活儒学之所谓"生活"。

汉语"生活"乃由"生"与"活"构成,具有丰富的含义,有时可以译为"sheng-huo(生-活)(growing-living)"。解释如下:

3. 生:sheng/grow/give birth to

汉语"生",许慎《说文解字》说:"生:进也。象艸木生出土

①　《孟子·尽心上》。
②　参见黄玉顺:《当代儒学"生活论转向"的先声——梁漱溟的"生活"观念》,《河北大学学报》2008年第4期。

上。"其实,这个字由两个部分构成:上"屮"下"土"。《说文解字》:"屮:艸木初生也。象丨出形,有枝茎也。"宋代徐铉注释:"象艸木萌芽,通彻地上也。"这就是说,"生"字的本义就是草木在大地上萌芽、生长。这恰好大致与英语 grow 的本义对应,可以译为"sheng(生)(grow)"。

无独有偶,英语"grow"与汉语"生"一样,都不仅仅指草木的生长,也指一般的生长、生成和形成,包括人的生长、成长。例如,"The younger generation is growing up"(青年一代正在成长)。汉语"生"也不仅指草木之生,也指人之生。这并不是什么"比喻",而是:

(1) grow:人之生与草木之生的同源性和共在性。人与草木原来在本真情境中乃是共同生长、共同存在于大地上的:这样的一种生活领悟(life comprehension),佛家谓之"无分别智"(nir-vikalpa-jn~a^na),意味着在"生"或者"grow"的本源意义上,作为有分别的存在者的人和草木,尚未存在,即尚未生成,尚未被给出。于是"生"也就有了下一意义:

(2) give birth to:生成、给出。这在哲学和思想上具有特别重要的意义,在英语中就是一个非常重要的哲学观念"give"(给与)。哲学存在论的核心问题其实就是"给与"问题,即:存在者是怎样被给出的? 其结果是找到一个"原初所与者"(the primordial given)或者"自身所与者"(the self-given),即本体或上帝。但本体或上帝也是存在者,它们又是怎样被给出的? 这就追溯到先于存在者的纯然存在。

而对汉语"生"的翻译,则可以表达为"give birth to"。英语"birth"同样也不仅仅指人的出生、诞生,也指事物的开始、起源。例如:"Lifestyle gives birth to culture"(文化源于生活方式)。"The needs of the epoch will give a second birth to Confucianism"(时代的需要将使儒学复兴)。所以,"give birth to"也可以指事物的生成。

例如《老子》讲的"天下万物生于有,有生于无"①,可以译为:"All things under heaven are given birth to by the Being, the Being is given birth to by the Nothingness。"《老子》的意思就是:形而下存在者(万物)是由形而上存在者(有)给出的,而形而上存在者是由存在(无)给出的。

4. 活:huo/hydro-acoustics/living

汉语"活"的本义,许慎《说文解字》说:"活:水流声。从水,昏声。"昏,上氏下口,古读"郭",这里表示"活"字的读音。这就是说,"活"本义其实是一个模仿水流声音的象声词。例如《诗经·卫风·硕人》:"河水洋洋,北流活活。"这大致与英语 hydro-acoustics(水-声)对应。

"活"进一步用作形容词,形容活泼。例如清初著名画家石涛说:"墨非蒙养不灵,笔非生活不神";"墨海中立定精神,笔锋下决出生活,尺幅上换去毛骨,混沌里放出光明";"山川之形势在画,画之蒙养在墨,墨之生活在操,操之作用在持"②。此"生活"即"生动活泼"之意。汉语形容词"活"与英语形容词"living"的某些用法是大致对应的。这种意义的"生-活"可以译为"sheng-huo(growing-living)"。例如儒家常讲的"源头活水",可以译为"living water from the source"。

通常的"生活"之"活",则本来是一个动词,如上引孟子所说"民非水火不生活"之"活",这大致与英文"live"对应。组成名词"生活",则大致与英语"life"对应。

但是,从汉语"生"与"活"的词源来看,"生活"的含义远比"life"更为深邃,尤其具有本源存在的意义:如果"生"意味着人与草木同生共在的"无分别智",那么"活"意味着倾听存在的"水

---

① 《老子》第四十章。
② 石涛:《石涛画语录》。

声"。这种"水声",中国文化称之为"天命"或者"命"(口、令);能够倾听并言说之,那就是"聖"(耳、口)。

5. 生存: existence

"生活"涵盖了"生存"的含义,但远不止"生存"之义。在哲学或思想的话语中,"生活"并不是"生存"。生活儒学所说的"生活"意谓"存在"——先行于任何存在者的存在。而"存在"与"生存"并不是一回事。海德格尔对此已有严格区分:"生存"仅仅说的是此在(Dasein)的存在,亦即"把生存专用于此在,用来规定此在的存在"①——"也就是说,人的存在"②,而不是一般存在者的存在,更不是先行于任何存在者的存在。因此,"生活"不能译为"existence"。这也正是生活儒学与作为一种"生存主义"(existentialism)的海德格尔哲学的根本区别所在。

笔者已经多次指出,海德格尔在这个基本问题上其实是自相矛盾的:一方面,存在是先行于任何存在者的,"存在与存在的结构超出一切存在者之外,超出存在者的一切存在者状态上的可能规定性之外"③,那么,存在当然也是先行于此在的,因为"此在是一种存在者"④;但另一方面,探索存在却必须通过此在这种特殊存在者,即唯有"通过对某种存在者即此在特加阐释这样一条途径突入存在概念","我们在此在中将能赢获领会存在和可能解释存在的视野"⑤。如果这仅仅是在区分"存在概念的普遍性"和我们"探索""领会""解释"存在概念的"特殊性"⑥,那还谈不上自相矛

①　海德格尔:《存在与时间》,陈嘉映、王庆节译,生活·读书·新知三联书店1999年版,第49页。
②　海德格尔:《存在与时间》,第30页。
③　海德格尔:《存在与时间》,第44页。
④　海德格尔:《存在与时间》,第14页。
⑤　海德格尔:《存在与时间》,第46页。
⑥　海德格尔:《存在与时间》,第46页。

盾;但当他说"存在总是某种存在者的存在"①,那就是十足的自相矛盾了,因为此时存在已不再是先行于任何存在者的了。

为区别于海德格尔的"存在"(存在者的存在)和"生存"(人的存在),生活儒学特别选用"生活"来表示存在,这样的"存在"已涵盖并且超出了海德格尔的"存在"与"生存"。

6. 存在:Being/being

生活儒学说到"存在",人们总以为这是一个外来词。其实不然,"存在"本是汉语固有的一个词语,古已有之,至迟在隋唐时期便已经出现。兹举数例如下:

《礼记·仲尼燕居》:"礼犹有九焉,大飨有四焉。……如此,而后君子知仁焉。"唐代孔颖达疏:"仁犹存也。君子见上大飨四焉,知礼乐所**存在**也。"

清代毕沅编《续资治通鉴·宋徽宗政和元年》:"辛巳,诏:'陈瓘自撰《尊尧集》,语言无绪,并系诋诬,合行毁弃;仍勒停,送台州羁管,令本州当职官常切觉察,不得放出州城,月具**存在**,申尚书省。'"该诏书应为宋代原文。

清代顾诒禄《满庭芳·芍药》词:"廿载音尘如梦,风流散,半没荒烟,空**存在**,青袍未换,霜鬓杜樊川。"

当然,以上各例"存在"都是说的某种存在者的存在状态,而不是说的纯粹存在。

(1)纯粹存在:Being

无论中西,传统观念总是用一个形而上存在者来说明众多形而下存在者,用"一"来说明"多":哲学用本体来说明现象,宗教用上帝来说明世界。这就形成了"形而上存在者→形而下存在者"的思维模式。但形而上者和形而下者都是存在者,故生活儒学进一步追问:存在者何以可能? 于是追溯到纯粹存在,这就有了

---

① 海德格尔:《存在与时间》,第11页。

"存在→形而上存在者→形而下存在者"的建构,这是人类全部观念的三个基本层级。

这里必须严格区分纯粹存在和存在者的存在。上文谈到,海德格尔在存在问题上是自相矛盾的。他说"存在总是某种存在者的存在",这固然不无道理,但只适用于轴心期以后的情况。《老子》所说的"无",就是"无物"的存在,即"无存在者的纯粹存在"。因此,从纯粹存在看,不能像巴门尼德那样讲:"存在者存在,不存在者不存在。"(Estin einai, ouk estin me einai.)①"无"并非"不存在",恰恰相反,无才是本源性的存在,因为一切存在者皆源于无:"天下万物生于有,有生于无。"②

然而,这样的"存在"在英文中找不到对应词(这也正是海德格尔所说的"遗忘存在"的一个例子),因为"to be"不能作为一个名词使用在陈述中。因此,我们只能用其动名词形态"being"。然而"being"这个形态往往指的是存在者,而不是存在。"being"可指:① 存在,生存;② 生命;③ 存在物,生物,人;④ 本质、特质;⑤ 上帝(the Being),例如 the Supreme Being。

但是,我们别无选择,只能用"being"来翻译汉语的"存在"。但为了有所区别,我们使用大写的"Being",而去掉前面的定冠词"the"(否则就是指称的上帝了)。

(2) 存在者之存在: being

如果纯粹"存在"使用大写的"Being",那么存在者之"存在"使用小写的"being"就应该是没有问题的了。例如人们常说的:A man's social being determines his thinking(人的社会存在决定其思想)。

---

① 参见《西方哲学原著选读》,上卷,商务印书馆 1981 年版,第 31 页。此处译文略有改动。

② 《老子》第四十章。

7. 存在者：a being/beings

无论是形而上存在者，还是形而下存在者，都是存在者。我们有时需要兼称这两种存在者，即称谓一般的存在者。但是，既然我们已经把形而上"存在者"译为大写的 the Being，而把形而下"存在者"译为小写的 being，那么，涵盖这两者的一般"存在者"又该如何翻译？这确实是一个问题。或许可以采取这样的译法，就是：a being（单数）或者 beings（复数）。这里的"a being"与上文谈到的存在者之存在"being"（无定冠词）是有所区别的。

8. 在：zai/Being

作为生活的指谓，"存在"具有深邃的意蕴。汉语"存在"由"存"与"在"构成，这是两个非常古老的词语。

汉字"在"是否出现在甲骨文中，存疑。徐中舒主编《甲骨文字典》认为："卜辞用'才'为'在'"；而甲骨文"才"字形，"示地平面以下，丨贯穿其中，示艸木初生从地平面以下冒出"；"卜辞皆用为'在'，而不用其本义"①。卜辞用"才"为"在"，这是对许慎《说文解字》的一种修正。许慎说："在：存也。从土，才声。"他认为"在"里的"才"仅仅是读音，这是不对的，按甲骨文的用法，"在"字的含义恰恰就体现在"才"上。《甲骨文字典》对"才"字的字形分析，与《说文解字》完全一致："才：艸木之初也。从丨上贯一，将生枝叶。一，地也。"这就是说，"在"字最初就是"才"字，其字形已包含了"地"也就是"土"的意思。

显然，"存在"乃是"才"字固有的一种含义。简单来说，"在"或"才"的含义是：草木之初生（本义）；存在（引申义）。这个字与上文谈到的"生"字的字形对应："一，地也"对应于"土"；"从丨上贯，将生枝叶"对应于"屮"。因此，这两个字的本义非常接近：草木生长在大地上。同时，与"生"一样，"在"不仅说的是草木的存

———————————————————

① 徐中舒主编：《甲骨文字典》，四川辞书出版社 1989 年版。

在,而且说的是人的存在。人和草木同生共在,即是"无分别智"的纯粹存在。因此,这种意义的"在"仍可以译为"Being"。

9. 存:cun/co-exist/mutually care for

汉字"存"可能不见于甲骨文,但仍是一个非常古老的词语。汉语"存"有两层基本含义:

(1) 生存、同生共在、存在:survive/co-exist/being

汉语"存"的本义之一是同生共在,犹如上文谈到的"生""在"均有同生共在之义。《说文解字》认为:"存:恤问也。从子,才声。"上文讨论"在"时已经指出,"才"其实也是有意义的,那么,"存"字由"才"和"子"构成。上文也已谈到,"才"的意思是草木初生。而"子"则是人之初生。由此可见,"存"比"生""在"更加鲜明地体现了人和草木同生共在、万物一体的"无分别智"。所以,尽管就"存"的日常用法来看,它与英语"survive"对应;但就其本义看,它更与英语"exist"尤其是"co-exist"对应。而"存"与"exist"一样,具有"存在"的含义。这就是说,存在就是万物一体的同生共在。

(2) 关爱、仁爱:mutually care for/love/benevolence

汉语"存"的本义之二是关爱。《说文解字》将"存"解释为"恤问"。"恤问"又叫"存问",这个词语直到民国年间还是常用的。《说文解字》解释:"恤:忧也。"例如《诗经·大雅·桑柔》:"告而忧恤。"显然,"恤"是出于同情(commiserate or sympathize),同情出于关爱(care for)、源于仁爱(benevolence or humaneness)。因此,"恤问"的反面是"不闻不问",即麻木不仁。联系到"存"字的上一层含义同生共在,那么,"存"的本义即互相关爱,可以译为mutually care for。如此看来,诗人王勃的名句"海内存知己,天涯若比邻",其所谓"存"就不仅仅是在说朋友存活着、存在着,而且是在说友人与诗人互相关爱着、牵挂着,而"天涯若比邻"正是同生共在的生活感悟。

这样一来,作为存在的"存"就几乎直接与"仁"是一回事了。上文曾引孔颖达疏"仁犹存也"亦有这层意思。而这正是生活儒学的一个基本观念:爱即在,在即爱①。《中庸》所说的"诚"能"成己""成物","不诚无物",其实也是这个意思。唯其如此这般地理解存在与仁爱——以仁爱为大本大源也就是以存在为大本大源,生活儒学才是真正的儒学。

由此说来,孟子所说的人生"三乐"之一"父母俱存"②,就不仅仅说的是父母健在,而且说的是父母与子女在爱的情感中共同生活。孟子对"仁"或"爱"与"存"之间的密切关系深有体会,这是人们过去还没有意识到的:"人之所以异于禽兽者,几希,庶民去之,君子存之。舜明于庶物,察于人伦;由仁义行,非行仁义也。"③"君子所以异于人者,以其存心也。君子以仁存心,以礼存心。仁者爱人,有礼者敬人。"④"虽存乎人者,岂无仁义之心哉?……孔子曰:'操则存,舍则亡。出入无时,莫知其乡。'惟心之谓与!"⑤"存其心,养其性,所以事天也。"⑥"养心莫善于寡欲。其为人也寡欲,虽有不存焉者,寡矣;其为人也多欲,虽有存焉者,寡矣。"⑦这些论述中的"存"与"仁",恐怕都须重新解释。

10. 爱:love

在儒家话语中,"爱"与"仁"有时无区别,有时则是加以区别的,这是中国训诂学中所谓"浑言之"与"析言之"的区分。"浑言"

---

① 参见黄玉顺:《爱,所以在:儒学与笛卡儿哲学的比较》,载《儒家思想与当代生活——"生活儒学"论集》,光明日报出版社2009年版。

② 《孟子·尽心上》。

③ 《孟子·离娄下》。

④ 《孟子·离娄下》。

⑤ 《孟子·告子上》。

⑥ 《孟子·尽心上》。

⑦ 《孟子·尽心下》。

是说两者不加区别,那么,"仁"就是"爱",例如:"樊迟问仁,子曰:'爱人。'"①"析言"是指两者相对而言、有所区别,那么,将"仁"与"爱"相对而言的一个典型例子,就是孟子所说的:"君子之于物也,爱之而弗仁;于民也,仁之而弗亲。亲亲而仁民,仁民而爱物。"②这种与"仁"相区分的"爱",可以译为 love。须注意者,"爱物"说的并不是"爱惜东西",而确实是在说 love。

11. 仁(仁爱):humaneness

在生活儒学看来,"爱"与"仁"的分别乃是在观念层级上的区分。"爱"说的一定是情感。而"仁"则不然,有时说的是形而下的道德情感行为或者伦理规范,而可译为 benevolence;有时甚至说的是形而上的本体,而可译为 humanness(不是 humaneness)(儒家心学以人之仁性为本体);而有时则说的是本源情感,而可译为 love。儒家所说的"仁"之所以不可定义,缘由就在这里。

这样的同时涵盖上述三层含义的"仁",在英语里是找不到对应词的;比较而言,"humaneness"较为接近。英语"humaneness"通常译为汉语"人道",大致对应了孟子所说的"仁民""爱物"两层意思,如"Humane Society"既指动物保护协会(爱物),也可指拯救溺水者协会(仁民)。不仅如此,"humaneness"的词根是"human",意谓:人的、有人性的、通人情的、人类的,等等。这较接近儒家之所谓"仁",如孟子所讲的:"仁也者,人也;合而言之,道也。"③

12. 是:shi/to be/this/this being/the beings/trueness

迄今为止,研究上古汉语判断词"是"的,常常是研究西方哲学的学者,他们往往以为中国缺乏西方那种以"to be"为核心的"存在"观念,这其实是出于对中国文化传统、古代汉语的隔膜。

---

① 《论语·颜渊》。
② 《孟子·尽心上》。
③ 《孟子·尽心下》。

英语的"to be",汉语在不同场合中分别以"是""有""在"翻译之,三者在中国文化中具有不同观念层级的意义,我已做过专门讨论,就其在上古汉语中的情况,大致来说:"在"谓存在;"有"谓形而上存在者;而"是"谓依据形而上存在者来判定形而下存在者,作动词时可以译为"to be"①。

但还不仅如此。当其对形而下存在者的存在进行判断时,汉语"存在"的两层意义(存在与仁爱)可以同时蕴涵于其中,这就是汉语的"是"。据汉语专家肖娅曼教授对上古汉语系词"是"的研究成果,第一,"是"做出判断的根据,是一个形而上的存在者,且是某种神圣的东西,如天帝、上帝等;第二,"是"所判断的对象,是形而下的存在者(可以译为"this being"或者"the beings");第三,这种判断不仅是存在判断,而且是价值判断,亦即不仅涉及事实上的"有无"(there is or isn't),而且包含道德上的"是非"(right or wrong)②。按照儒家的看法,是非道德判断的根本依据在于是否仁爱。

因此,汉语"是"作为判断词用法的出现,是在中国轴心时期的中期、晚期,即在春秋、战国时代③。这一点很值得注意:跟西方古希腊一样,中国轴心时期正是形而上学的建构时期;而"是"出现在此时,绝非偶然。

这个"是",有时可以译为"this"。海德格尔的"此在"(Dasein)就有这样一种含义(Da)④。不过,西方哲学中的"thisness"("此"

---

① 参见黄玉顺:《爱与思——生活儒学的观念》,第一讲第三节:"是、有、在:儒家'存在'观"。

② 参见肖娅曼:《汉语系词"是"的来源与成因研究》。

③ 肖娅曼:《汉语系词"是"的来源与成因研究》,巴蜀书社2006年版。中国的轴心时期,我称之为"原创时代",将其分为三个阶段,即西周、春秋、战国。

④ 海德格尔:《存在与时间》,第154页。

性、"这一个")只含有存在者的"是否"(is or isn't)意义,没有价值论的"是非"(right or wrong)意义。英语中同时含有"是否"和"是非"意义的是"true or false",在这个意义上,"是"可以译为"trueness"。

13. 有:you/the Being(not the God)

在中国上古的观念中,如果说"是"指向形而下存在者,那么"有"就指向形而上存在者。老子所说的"万物生于有"、"有名万物之母"①,就是这种含义用法的典型。

许慎《说文解字》对"有"的解释,极其意味深长:"有:不宜有也。《春秋传》曰:'日月有食之。'"这就是说,"有"即不应当有,犹如日食、月食之不正常。段玉裁《说文解字注》解释:"有,谓本是不当有而有之称,引申为凡有之称。"意谓"有"的本义乃是"不当有而有"。这就意味着:形而上存在者是不当有的。为什么不当有?这在今天看来应该是很清楚的:有是对无的背离,形而上存在者是对存在的背离,这种背离失却了本真。将形而上者视为"莫须有"的东西,这在今天看来实在是一个很了不起的观念。

这种意义的"有"可译为:the Being。但须注明:这并不一定是指谓上帝。

由此,我们便确定了汉语表示"存在"观念的"是""有""在"在英语中的对应译法:

在(存在): Being

有(形而上者):the Being(not the God)

是(形而下者):this being/the beings

与"有"相对的是"无",可以译为:the Nothingness。上文已经谈过,在中国上古的本真观念中,在即无,无即在。

14. 思:think/thinking/thought

不论是在原创儒学,还是在生活儒学中,"思"都是一个非常

① 《老子》第四十章、第一章。

重要的观念。例如孟子论"思"：

（1）形下之思：思的主体和对象都是形而下存在者。例如，"欲贵者，人之同心也。人人有贵于己者，弗思耳矣！"①这里"思"的主体是"人"、"人人"，即一种形而下的存在者，故其所思的对象也是形而下的存在者。又如："周公思兼三王，以施四事。"②周公、三王当然都是形而下者：圣人并不是神。

（2）形上之思：思的对象是形而上存在者。例如："仁义礼智，非由外铄我也，我固有之也，弗思耳矣。"③这里的"仁义礼智"说的是"德性"（四德），在儒家心学中指的是作为本体的人性，即是形而上者。此处之"思"，即是哲学本体论意义上的"反思"（reflexion）。孟子所说的"万物皆备于我矣，反身而诚，乐莫大焉"④，就是这种形上的反思，因为这里的"诚"所指的是"万物皆备于我"，即是作为形而上者的德性本体。孟子所说的"诚者天之道也，思诚者人之道也"⑤，其"思"也是形上之思。但儒家所谓"诚"并不一定指的是形而上者，有时也指作为存在显现的本源情感——本真的仁爱，上文谈到的《中庸》所说"诚"能"成己""成物"、"不诚无物"就是这种意义。

（3）本源之思：存在之思——思无。例如："耳目之官不思，而蔽于物；物交物，则引之而已矣。心之官则思；思则得之，不思则不得也。此天之所与我者。先立乎其大者，则其小者不能夺也。"⑥这里的关键在于"思则得之"，此"之"指代"天之所与我者"、"大者"，即指德性本体；但在孟子心目中，这个本体其实是被

① 《孟子·告子上》。
② 《孟子·离娄下》。
③ 《孟子·告子上》。
④ 《孟子·尽心上》。
⑤ 《孟子·离娄上》。
⑥ 《孟子·告子上》。

"立"起来的,而立的途径即"思";因此,"思"显然是先行于作为形而上者的本体的,故此"思"绝非存在者之思,而是存在之思、本源之思。

不过,这些不同观念层级的"思",都可以这样翻译:动词译为"think",动名词译为"thinking",名词译为"thought"。生活儒学的代表作《爱与思》,即可译为"*Love And Thought*"。

15. 本源:the Root-Source/the Source

生活儒学的宗旨,是要追溯万事万物的本源,然后由此出发,重新给出形而上者、形而下者,据此重建儒学——建构儒学的一种当代思想理论形态,以解决当代生活中的问题。而"原教旨"的儒学则不然,它不能回归生活、重建儒学,就是"无本之木,无源之水"。因此,"本源"是生活儒学的一个极为基本的观念。

尽管"本源"原是一种比喻的说法,却来自中国文化的深厚传统,例如《大学》的"物有本末",《老子》的"上善若水"①。中国哲人几乎都推崇水。水的特征是随物赋形,自己并无固定之形,故非"形"而上者、"形"而下者之喻,在这种意义上,水即是无。

不过,"本源"这个词语却有两种用法:

(1)如果"本"与"源"分开说、相对而言,则其意义大为不同:"本"说的是本体、形而上者,属于中国传统哲学的"本末"范畴,按"本"的本义,可译为"the Root";"源"说的是存在、即无,可译为"the Source"。这种意义的"本源",便可译为"the Root-Source"。

(2)但是,生活儒学通常所说的"本源",却是另外一种用法,指"本之源",也就是"源",故当译为"the Source"。在汉语中,"源"是今字,而"原"是其古字②。如孟子说:"君子深造之以道,欲其自得之也。自得之则居之安,居之安则资之深,资之深则取之

---

① 《老子》第八章。
② 参见《说文解字》。

左右逢其原。"①这种"本源",是说作为存在的生活、生活情感——仁爱情感。

须注意的是,孟子所说的"有本""无本",其所谓"本"其实是在说"源":

徐子曰:"仲尼亟称于水曰:'水哉!水哉!'何取于水也?"孟子曰:"源泉混混,不舍昼夜,盈科而后进,放乎四海。有本者如是,是之取尔。苟为无本,七、八月之间雨集,沟浍皆盈,其涸也可立而待也。"②

显而易见,这里的"本"是在说"源泉"。

所以,生活儒学所说的"生活本源"说的并不是"生活的本源",而是说生活即本源,故当译为"life as the Source"。

①　《孟子·离娄下》。
②　《孟子·离娄下》。

中国学术从"经学"到"国学"的时代转型 *

　　目前中国学界的状况,可谓经学热中无经学,国学热中无国学。本文重点讨论"国学"问题。尽管所谓"国学"研究已经进行了数十年,但真正的国学尚待建构,或者说,我们还仅仅处在这一建构过程的"初级阶段"。这是因为,真正的国学至少应有以下五大基本特征:第一,就其性质而论,国学既非西方的"汉学"(sinology),也非原教旨的"经学",而是一种现代性的中国学术;第二,就其方法而论,国学并非学术史(史学)那样的对象化或"客观"化的"科学研究",而是经典诠释;第三,就其形式而论,国学并非"文史哲"那样的多元的分科研究,而是传统经学那样的一元的统合学术;第四,就其地位而论,国学并非与"文史哲"等等相并列的一个学科,而是可以统摄诸学科的一门奠基性学术;第五,就其作用而论,国学作为一种学术,并非现代科学意义上的所谓"学科",而是一种具有"柔性国家意识形态"性质的理论或学说。然而这五大特征却都是现有的所谓"国学"研究尚未具备的。

　　一、就其性质而论,国学既非西方的"汉学",也非原教旨的"经学",而是一种现代性的中国学术

　　近年来学界掀起了"经学热"。有一部分学者试图在现代中

---

* 原载《中国哲学史》2012 年第 1 期;中国人民大学复印报刊资料《中国哲学》2012 年第 6 期全文转载;《当代儒学》第 2 辑,广西师范大学出版社2012 年版;收入拙著《时代与思想——儒学与哲学诸问题》,山东人民出版社2017 年版。

国社会中"重建经学"或建立一种所谓"新经学"。但这是不可能的。这涉及经学与社会生活之间的关系问题。一时代有一时代之学术,因为一个时代的学术乃是那个时代的社会生活方式的产物,并隶属于、顺应于、服务于那种生活方式。中国社会的历史时代及其学术形态,略如下表:

时　期	社　会	时　代	经　济	政　治	行　政	学术
夏商西周	宗族社会	王权时代	王土经济	贵族政治	封建制	古学
春秋战国	第一次大转型					子学
自秦至清	家族社会	皇权时代	地主经济	专制政治	郡县制	经学
近现当代	第二次大转型					新学
未　来	市民社会	民权时代	资本经济	公民政治	省市制	国学

我们不能不承认:经学是前现代的家族社会、皇权时代的意识形态,而绝不可能是现代性的市民社会、民权时代的东西。经学的时代确确实实已经过去了。也正因为如此,我们发现,现有的似乎红红火火的"重建经学"的两种路数,其实都是大成问题的:

一种路数其实是经学史的研究,而非真正的经学。这种研究,事实上是用那种属于现代西方"社会科学"模式的史学方法,来研究中国历史上曾经存在过的经学对象,颇有"人为刀俎,我为鱼肉"的意味。如今在学科分类上,"经学史"属于"思想史","思想史"属于史学,而史学通常属于西方现代学术范式的实证科学,这种实证科学试图模仿自然科学那样的没有价值立场的"客观"研究。我们读到的几部经学史,大致都属于这种路数。在中国,这种学术路数是由胡适、顾颉刚等人开创的。然而,这与经学何干? 这样研究的结果决然不是经学的重建,倒恰恰是经学更见彻底的瓦解。当然，也有一部分学者开始有意识地避免这种史学范式，力图从当下社会生活出发来重新诠释经典。然而在我看来，这种诠释的结果同样绝非原来意义的前现代形态的经学，而是本文将要阐明的现代性的国学。

另一种路数倒似乎是原汁原味的经学，即是"原教旨"的经学。这种经学并非"重建"，而是简单地"回归"，即是简单地保存经学的原有学术形态——狭义的汉代经学或者广义的自汉至清的古代经学。举例来说，如今四川大学、中国人民大学、北京大学三个大学同时在搞的"儒藏"就是这样的东西。但是，这样一来，这种"经学"就至少在三种意义上不再是经学了：其一，这种"经学"其实是文献学、古籍整理；其二，这种文献学、古籍整理事实上同样隶属于现代学术范式的史学，在这个意义上，它与上述第一种路数并没有什么实质的不同（我们这里并不是要否定文献学和古籍整理的重要意义，而仅仅是指出它并不是经学）；其三，这种"经学"显然是与现代社会、当下生活无关的东西，因为它并不是从当下的社会生活中生长出来而为之服务的，而这一点恰恰与传统经学的宗旨背道而驰。除非这种"经学"要求我们回到前现代的生活方式去，学界也确有极少数学者持有这样的立场，即人们所说的"原教旨主义儒家"，他们反对科学，反对民主，乃至于反对一切现代性的东西，有人甚至提出重建"三纲"、再立"皇上"之类的极端主张。但这不仅同样是不可能的，并且根本上就是不应该的。生活不是为儒学、经学而存在的，儒学、经学倒应该是为生活而存在的。

当然，这并不意味着现在的"经学研究"是毫无意义的。我只是想说明：今天的"经学研究"其实不是什么经学。真正的经学绝非什么"社会科学"，而是在家族社会、皇权时代的生活方式中生长起来的思想观念、价值观念的学术表达，不仅渗透在那种生活方式的方方面面中，而且成为国家意识形态。但须注意，这里的"国家"乃是前现代意义上的、皇权时代的、作为中华帝国的"中国"，

而非现代性意义上的"中国"（详下）。经学的社会基础是前现代
的社会生活方式，而国学的社会基础则是现代性的社会生活方式。

　　所以，我们今日的任务不是什么"重建经学"或"新经学"，而
是建构真正的国学。不过这里必须强调：真正的国学并非现今流
行的这种所谓"国学"。

　　首先，这里必须强调：国学不是汉学。汉学（sinology）或称为
"中国学"（China Studies），是指中国以外的学者研究中国的一门
学科。古代汉学主要是对中国古代文化的研究。近代以来的汉
学，尤其现代汉学，萌芽于 16—17 世纪来华传教士的著述，与西方
资本主义国家的殖民扩张之间存在着密切的关联。当今的汉学主
流是西方汉学，对当今中国学术界影响很大，然而无论就其目的还
是就其方法而论，都与我们所希望的国学毫无关系。

　　我们说国学并不是汉学，这绝不仅仅是所谓"研究方法"的问
题，而首先是一个文化立场问题。这本来并不是一个多么深奥的
秘密。例如，萨义德（Edward W. Said）的"后殖民理论"便已足以
惊醒我们：究其实质，西方汉学——西方世界关于东方"中国"的
话语，只不过是一种"东方主义"（Orientalism）而已；这种东方主义
的汉学不仅体现着西方的思维方式，而且渗透着西方的价值观念，
行使着西方的话语权力①。这样研究出来的"国学"绝不可能是真
正的国学，毋宁说只是南辕北辙的"葵花宝典"、"文化自宫"而已。
但令人遗憾的是，国内却有不少学者崇尚用这种汉学的"方法"来
研究所谓"国学"，且美其名曰"与国际接轨"。

　　当然，这并不意味着我们要拒斥任何西方的东西，包括汉学的
东西。然而问题在于思想方法，尤其文化立场。用西方的汉学方
法来研究中国的国学，那仍然是一种"人为刀俎，我为鱼肉"的境

---

　　①　萨义德：《东方学》，王宇根译，生活·读书·新知三联书店 1999
年版。

况。如果仍然坚持用汉学方法来研究国学,那就真是"国将不国"了,而何"国学"之有?

真正的国学应当指的是现代性意义上的中国学术;用我常讲的一种说法,这是当代中国的一种"现代性诉求的民族性表达"①。这里涉及"民族"、"国家"、"国学"的概念问题。西方有人将汉语的"国学"表达为"Chinese National Culture",这还是有一点道理的:他们意识到这是关乎"Nation",亦即现代性"国家"的学术②。现代汉语"国家"这个词语可有两种不同的意谓:一种是前现代意义的国家(state),如齐国、楚国等,或者帝国(imperial state/empire);一种是现代性意义的国家(nation),例如中国、美国等等。"nation"意谓现代"民族国家",如"League of Nations"(国联)、"United Nations"(联合国)。现代汉语"民族"这个词语也有两种不同的意谓:一是前现代意义的民族(ethnics),一是现代性意义的民族(nation)。在现代性意义上,民族和国家其实是一个词,即一回事,就是 nation。在前现代意义上,中国有 56 个民族;然而在现代性意义上,中国却只是一个单一的民族或者国家,就是 Chinese Nation——"中华民族"或曰"中国",这也就是国学之所谓"国"。"国学"这个词语的出现,乃是在中国开始现代化、走向现代性、建构现代民族国家过程中的产物,它是中国部分学人的现代民族观念或现代国家意识之觉醒的结果。

在这个问题上,西方有人强调:现代中国不是"民族国家"(nation-state),而不过是"文化国家"或者"文明国家"(civilization-

①　黄玉顺:《儒学复兴的两条路线及其超越——儒家当代主义的若干思考》,《西南民族大学学报》2009 年第 1 期。
②　当然,"国学"更为确切的翻译应为"National Theory"或者甚至"National Doctrine"。详见下文。

state)①。他们有意无意地将这两者对立起来，进而认为今天的中国只是"一个文明而佯装成一个国家"（A civilization pretending to be a state)②。这如果不是无知，那就是别有用心。说他们无知，是说他们竟然不懂得区分前现代的"民族""国家"概念和现代性的"民族""国家"概念；说他们别有用心，是说有人希望中国分裂成若干个"合格的"现代民族国家——所谓"单一民族国家"。令人痛心的是：国内学界却有不少人居然也在随声附和这种论调！

二、就其方法而论，国学并非学术史（史学）那样的对象化或"客观"化的"科学研究"，而是经典诠释

现代所谓"学术史"，本质上只是一种实证史学，而非国学。梁启超的《中国近三百年学术史》，实质上是对经学的一种解构，且并未给出建立国学的路径，原因在于它不过是实证史学的一种尝试③。比较而言，钱穆的《中国近三百年学术史》尽管仍然是"史"而非国学，但却更近于真正国学的精神，即其实质并非现代意义上的对象化、"客观"化的"学术史"，亦即并非纯粹的实证史学，而是在一定程度上有意识地传达出了现代性的"国"的精神④。其自序云："今日者，……言政则以西国为准绳，不问其与我国国情政俗相恰否也；捍格而难通，则激而主全盘西化，已尽变故常为快。……言学则仍守故纸丛碎为博实。……斯编初讲，正值九一八事变骤起，五载以来，身处故都，不啻边塞，大难目击，别有会心。"⑤

---

① 列文森：《儒教中国及其现代命运》，郑大华、任菁译，中国社会科学出版社 2000 年版。

② 甘阳：《从"民族-国家"走向"文明-国家"》，"思与文"网站（www.chinese-thought.org)。

③ 梁启超：《中国近三百年学术史》，1929 年上海民智书局本，1932 年中华书局版《饮冰室合集》本，1936 年中华书局单行本。

④ 钱穆：《中国近三百年学术史》，商务印书馆 1937 年初版。

⑤ 钱穆：《中国近三百年学术史》，自序，中华书局 1984 年影印版。

现代范式的史学，上文已有说明，其本质是一种西方科学实证主义，其立场是"客观"化，其特征是对象化，总之是不切己的，不是"为己"之学①。这与国学的性质相去甚远。国学之"国"意味着文化立场上的"中国性"（Chineseness），而不是什么客观性；所以，国学的内容绝不是研究者主体的自我存在之外的研究"对象"，而是这种主体的一种自我表达；因此，国学绝非"科学"、"史学"之类的东西。

胡适所倡导的"整理国故"，其所谓"国学"绝非国学。与全盘反传统和全盘西化的新文化运动具有深刻内在关系的"整理国故"运动，与新文化运动一样具有两面性：一方面应该承认，它使中国学术的现代转型具有了可能；但另一方面，它也使得我们"丧其故步"，使得现代中国学术变成了一具没有灵魂的躯壳。胡适在《〈国学季刊〉发刊宣言》中强调：

> "国学"在我们的心眼里，只是"国故学"的缩写。中国的一切过去的文化历史，都是我们的"国故"。研究这一切过去的历史文化的学问，就是"国故学"，省称为"国学"。"国故"这个名词，最为妥当；因为他是一个中立的名词，不含褒贬的意义。"国故"包含"国粹"，但它又包含"国渣"。我们若不了解"国渣"，如何懂得"国粹"？所以我们现在要扩充国学的领域，包括上下三四千年的过去文化，打破一切的门户成见：拿历史的眼光来整统一切，认清了"国故学"的使命是整理中国一切文化历史，便可以把一切狭陋的门户之见都扫空了。②

显而易见，胡适所说的"国学"其实就是"历史"学，而且是所谓"中立"的实证史学。他试图"拿历史的眼光来整统一切"，但这

---

① 《论语·宪问》。

② 胡适：《〈国学季刊〉发刊宣言》，1923年1月《国学季刊》第1卷第1号。

种"历史的眼光"其实是西方现代实证主义历史学的眼光,在这种眼光下,"历史"就是"国故",即是已经过去了的"故"纸,是与主体意识无关的"客观"的东西。实证史学在学理上的根本问题在于它必然遭遇"认识论困境":事实上,我们永远无法知道所谓"客观的"历史,我们只可能知道被历史学家叙述出来的历史;然而历史学家总是由当下的生活所生成的、具有不同主体性的人,结果我们看到的总是不同主体的不同的历史叙述。更为严重的问题在于,用实证史学的方法来研究"国学"的结果,这样的"国学"将会成为一种与中国人当下的生活、与中国人当下的"国"毫不相干的东西。

真正的国学的研究方法,应是经典诠释。不过,在国内近年来出现的"经典诠释热"中,其所谓"诠释学"应该加以重新审视。如今凡是以某种方式解释经典的做法,甚至传统的注释方法,都被冠之以时髦的"经典诠释",实在是对"诠释"的误解。不仅如此,甚至那种严格照搬伽达默尔哲学诠释学方法的做法,也都是值得商榷的。严格来说,经典诠释并不是现成既有的某种诠释者和某种被诠释经典之间的事情,既不是"我注六经",也不是"六经注我"①,恰恰相反,诠释者和被诠释经典都是在诠释活动之中生成的,我称之为"注生我经"——"注释"活动"生成"了"我"和"经典"②。这种注释活动或者诠释活动乃是当下生活的一种方式;而"我"作为诠释者、"经"作为被诠释经典,都是在"注"这种诠释活动之中被给出的,"注"之后的"我"已不是之前的"我","注"之后的"经"也不是之前的"经"了。简单来说,经典乃是被诠释出来的经典,而诠释乃是当下生活的事情。唯其如此,经典和主体才能在

① 《陆九渊集·语录上》。

② 黄玉顺:《注生我经:论文本的理解与解释的生活渊源——孟子"论世知人"思想阐释》,《中国社会科学院研究生院学报》2008 年第 3 期。

作为大本大源的生活之中不断地获得其新开展的可能性。真正的国学乃是在这样的经典诠释中生成的,从而不是前现代的经学,而是现代性或者说当代性的国学。

三、就其形式而论,国学并非"文史哲"那样的多元的分科研究,而是传统经学那样的一元的统合学术

胡适在《〈国学季刊〉发刊宣言》中列出了"国学"的一个系统:① 民族史;② 语言文字史;③ 经济史;④ 政治史;⑤ 国际交通史;⑥ 思想学术史;⑦ 宗教史;⑧ 文艺史;⑨ 风俗史;⑩ 制度史①。支离破碎,莫此为甚! 这正犹如《庄子·天下》所说:"后世之学者,不幸不见天地之纯、古人之大体,道术将为天下裂!"现今史学中的所谓"专门史"大致如此。这固然是史学,然而绝非国学。

今天还有一种最常见的划分,就是所谓"文史哲"的区分,即:中国文学史、中国历史以及中国史学史、中国哲学史。于是又有文学院系、史学院系、哲学院系的机构区分。这种划分当然不是毫无意义的,但同样绝不是国学。学者指出:这样分科的结果,"一些典籍在现代学术中没有安放的空间,例如《仪礼》《周礼》《春秋公羊传》《春秋穀梁传》这些在华夏历史上对华夏政制产生过根本性的塑造作用的经书,居然长期不受任何关注"!②岂非咄咄怪事!

这种分科研究具有两个基本的特征:其一,它是分析性的,而非综合性的。当然,中国思维方式并非没有分析,例如《周易·系辞传》就说过:"方以类聚,物以群分。"其二,这种分析乃是西方式的分析思维,而非中国式的分析思维,换句话说,这种分科是没有"中国性"的,由此建立中国的国学也就无从谈起。中国传统的学

---

① 胡适:《〈国学季刊〉发刊宣言》。

② 陈壁生:《国学与近代经学的解体》序,广西师范大学出版社 2010 年版,第5页。

术也有自己的分科,从"孔门四科"到"十家九流"、"七略"、"四库"莫不如此,但这种分科却自有其一以贯之的精神、立场、原则、方法,诸科从而构成一种具有系统结构的单一学说。

真正的国学也应当是这样一个具有一种系统结构的单一学说,即是传统经学那样的一元的统合学术。具体说来,这个学说以《诗》《书》以及《周易》为根本经典,而扩展到"六经"、儒家"十三经"、"儒、道、释"的经典系统。

当然,这种国学的经典诠释,尽管有时仍然可以采取传统注疏的形式,但其实已不是前现代的经传注疏,而是现代性的,或者应该说是当下性的诠释,作为这种诠释结果的思想观念不是前现代的,而是当代性的,即是作为一个现代民族国家的中国的思想观念。

也正因为如此,这个经典系统本身也需要当代化,未必还是传统"六经"、"十三经"、"四书"的模样。这是一个需要深入研究的课题。有学者已经意识到这个问题,提出"重构儒学核心经典系统",尽管其所提出的"五经七典"系统尚可商榷,但其所提出的问题却是一个真问题①。且以"六经"或者"五经"而论,在现存文献中,真正最为古老、堪为中华文化典籍源头的其实只有"三经":《诗经》《书经》《易经》(《周易》古经部分)。所以,我想在此特别强调提出"三经"这个概念。那么,此"三经"一以贯之的、作为华夏文化传统精髓的精神究竟是什么? 这是需要重新研究的。再以"四书"为例,它其实是宋儒的创造,即是前文所说"经典乃是被诠释出来的经典"的一个突出典型,那么,今天它们(例如为宋儒所特别标举的《大学》《中庸》)是否仍然足以担当今日国学之最核心经典的重任? 这也是值得研究的一个重大课题。

---

① 郭沂:《五经七典——儒家核心经典系统之重构》,《人民政协报》2006 年 12 月 18 日、2007 年 1 月 15 日连载。

四、就其地位而论,国学并非与"文史哲"等等相并列的一个学科,而是可以统摄诸学科的一门奠基性学术

中国现代自由主义崇尚所谓"学术平等",例如陈独秀《答程演生》说:"仆对于吾国国学及国文之主张,曰百家平等,不尚一尊,曰提倡通俗国民文学。誓将此二义遍播国中,不独主张于大学文科也。"①但事实上他们的做法却是典型的自相矛盾:一方面将西方学术捧上天,另一方面却将中国学术打入十八层地狱;只承认科学主义的、实证主义的学术,不承认此外的其他学术。例如胡适,因为他所崇尚的是科学实证的史学,就连哲学也欲置之死地而后快,宣称:"过去的哲学只是幼稚的、错误的,或失败了的科学。""问题可解决的,都解决了。一时不能解决的,如将来有解决的可能,还得靠科学实验的帮助与证实,科学不能解决的,哲学也休想解决。""故哲学自然消灭,变成普通思想的一部分。""将来只有一种知识:科学知识。将来只有一种知识思想的方法:科学实验的方法。将来只有思想家而无哲学家:他们的思想,已证实的便成为科学的一部分;未证实的叫做待证的假设。"②这难道是"百家平等,不尚一尊"的态度吗?

事实上,当今世界的西方国家,无不有其精神上的奠基性学术,这种学术不仅体现着西方共同的基本价值观念,而且体现着西方各民族国家的"国家性"(nationalness),从而对于其他学术具有某种统摄作用。这在美国学术中表现得尤为鲜明,从作为美国的国家哲学的实用主义哲学到美国的政治哲学,实际上在统摄着美国的各门社会科学研究,服务于"美国性"(Americanness)。我们如果不认识到这一点,那就是自欺欺人。

---

① 陈独秀:《答程演生(国文与国学)》,《新青年》1917年2月1日。

② 见胡适1929年6月3日的日记,《胡适日记全编》五,安徽教育出版社2001年版,第427—430页。

　　因此,现代中国也应有自己的精神上的奠基性学术,那就是真正的国学。最近几年,诸多学者、学术机构竭力呼吁将"国学"列为一级学科,尽管一时尚无结果,但这是值得继续努力的。不过,同时应该指出:这是目前不得已而为之的办法。其实,国学尽管可在国家学科分类目录上表现为诸多"一级学科"之一,但它不应该是一个与其他诸学科平起平坐、平分秋色的学科门类,而应拥有一种独特的地位。国学并不想包打天下,并不想取代其他的分类学科,但是,对于今天的"中国学术"来说,最能体现"中国性"的国学,理所当然地应当具有一种奠基性的地位。

　　当然,前面说过,现代学术分科并非毫无意义,只不过那不是国学。因此,一个值得研究的课题就是:国学与现行学术分科之间到底是一种怎样的关系? 更确切地说,这种"奠基"关系如何体现? 这里,至少有一点是应该清楚的:国学与现代学术各门学科之间并不是一一对应的关系;那种把"子部"归为哲学、"史部"归为史学、"集部"归为文学的粗鄙做法是极为可笑的。国学对于现代学术诸科的奠基作用,不可能是分类对应上的,而应该是精神上:任何一个国家的社会科学,更不用说人文学术,都不可能在"国家性"上是"中立"的。在国学奠基下的中国现代学术,一定要体现中国的"中国性"。

　　五、就其作用而论,国学作为一种学术,并非现代科学意义上的所谓"学科",而是一种具有"柔性国家意识形态"性质的理论或学说

　　胡适提出:"国学的目的是要做成中国文化史","国学的使命是要使大家懂得中国过去的文化"①。这种为历史而历史的说法,实属大谬不然,似乎国学是与我们当下的现代"中国"毫不相干的东西。试问:我们为什么"要做成中国文化史"? 为什么"要使大

────────────

　　①　胡适:《〈国学季刊〉发刊宣言》。

家懂得中国过去的文化"? 国学的目的,是为建构一个作为现代民族国家的中国服务,为之提供精神支撑。所以,严格说来,真正的国学不是现代科学或现代学术意义上的所谓"学科",而是一种具有"柔性国家意识形态"性质的理论或学说。

这里所说的"柔性国家意识形态",是笔者所提出的一个概念:

> 现代国家意识形态存在着两种表现形式,或者说是两种实现途径:一种是刚性的、政治化的国家意识形态,比如说宗教性的"国教"或者非宗教性的官方思想体系,成为国家政治生活的一个根本的规范性、指导性的部分;而另一种是柔性的、社会化的国家意识形态,这实际上就是一个民族国家的基本的价值观念体系,它渗透在社会生活的方方面面,在大众媒介中受到正面的倡导、宣传、传播。作为现代民族国家的"国家"远不等于"政治",更不等于"政府",而是指的一个社会生活共同体,这个共同体中既有"政治国家",也有"公民社会"。儒学作为现代中国的国家意识形态,恐怕不大可能成为一种刚性的政治国家的国家意识形态,但却应该、而且必将成为一种柔性的公民社会的国家意识形态。①

因此,正如前面谈到的,"国学"的更为确切的翻译应为"National Theory",甚或"National Doctrine"。这是因为:一方面,"Chinese"完全是一个累赘的限定语,因为其他国家并无"国学"的说法,故而"国学"自然是指的中国的学术;而另一方面,"国学"也非泛泛的所谓"文化",而是具有某种"国家意识形态"意味的东西,是一种理论、原理,甚至是一种主义、教义。"国学"的含义不应该是"关于中国传统文化的学术研究",而应该是"中国的国家学说"。

---

① 黄玉顺:《儒学与中国之命运——纪念五四运动 90 周年》,《学术界》2009 年第 3 期。

“本体”与“存在”
——与成中英先生商榷*

成中英先生的“本体诠释学”（onto-hermeneutics），希望在中西互释中，用中国的本体论来改造西方的存有论（ontology）（或译存在论、本体论）。围绕这个话题，我想提出三点，向成先生请教：

一、关于西方的“ontology”观念及其汉译

众所周知，西语“ontology”有不同的汉译，诸如“本体论”、“存在论”、“存有论”乃至“是论”等。这些不同的译法其实具有截然不同的意谓：

1. 本体论：这种译法与中国传统的本体论有关，下面再讨论。海德格尔称之为“传统存在论”，而称他自己的此在存在论为“基础存在论”（Fundamentalontologie），意味着超越传统“形上→形下”架构而追寻更为源始的视域的一种努力。

2. 存在论：海德格尔思想传入中国以来，人们逐渐将“存在论”与“本体论”区分开来，以“本体论”对应“传统存在论”，以“存在论”对应“基础存在论”。但当这种汉语叙述译为西语时，会遭遇困难，因为它们对应的将是同一个词语“ontology”。

＊ 此文是笔者于 2013 年 7 月 6 日出席中国人民大学国学院“本体、诠释、实践——成中英教授哲学思想学术研讨会”的发言提纲。

3. 存有论：港台及海外学者爱用"存有论"的译法，意味着并未区分以上两种意义。但按中国的传统语汇，与"存有论"更为相应的是汉语"本体论"而不是汉语"存在论"。如老子讲"天下万物生于有，有生于无"，则对应关系如下：

无—————————→有—————————→万物
存在论（基础存在论）→本体论（传统存在论）→形而下学

成先生的"本体诠释学"选择使用了"本体"这个词语，这是值得讨论的一个重大问题：这是否意味着"本体诠释学"是某种"传统存在论"而不是某种"基础存在论"？

二、关于中国传统的"本体"观念

众所周知，"本体"是中国宋明理学的一个基本概念，源自中国传统的"本→末"、"体→用"的架构，亦即"形上→形下"架构。这里有几点值得注意：

1. 宋明理学讨论的基本问题即"本体"与"工夫"的问题。

2. 他们所谓"本体"是儒学中的心性论的心体或者性体，属于传统存在论或传统形而上学。程朱理学与陆王心学的区别并不是"本体"上的区别，而是"工夫"上的区别，即：是通过"格物穷理"还是通过"先立其大"来重新确认心体或者性体（"复性"）？

3. 这种心体或者性体作为"形而上者"，按海德格尔的"存在论区分"（der ontologische Unterschied），所对应的是西方的传统存在论的那个唯一绝对的"存在者"而非"存在"。

成先生的"本体诠释学"尽管强调"体用相即"（犹如熊十力先生讲的"体用不二"），但似乎毕竟仍然在传统的"本→末"、"体→用"、"形上→形下"架构的话语之中？

三、关于中西互释问题

以上讨论表明，中西之间在"ontology"、"存在"、"存有"、"本体"的互释上存在着巨大的困窘。成先生的"本体诠释学"是否同样面临着这样的困窘？

"儒藏"三问

——四川大学古籍整理研究所三十华诞感言*

　　四川大学古籍整理研究所成立三十周年了。这不仅对于川大古籍所的同仁来说是值得纪念的,而且对于整个儒学界来说也是值得庆贺的。这是因为:该所三十年来的丰硕成果,加惠于儒林者实多。这些成果,众所周知,兹不枚举;本文仅就与我本人有一些直接关系的"川大《儒藏》"谈一些感想,题为"'儒藏'三问",以表贺忱。

一、为何需要编纂《儒藏》?

　　自上个世纪末以来,"儒藏"这个字眼愈益频繁地出现于各种传媒之中。至今共有三所重点大学在编纂《儒藏》:除四川大学舒大刚教授领衔的"川大《儒藏》"外,还有北京大学汤一介先生领衔的"北大《儒藏》"、中国人民大学张立文先生领衔的"人大《儒藏》"。据我所知,《儒藏》编纂最初是由川大古籍所于1997年率先提出的,当时列为国家"211工程"重点学科建设项目。至2003年初,川大校务会议决定全面启动《儒藏》编纂工作,将其列为国家"985工程"创新基地重大项目。我当时也参与了项目的论证工

　　* 原载《四川大学古籍整理研究所建所三十周年纪念文集》,四川大学出版社2013年版;收入拙著《时代与思想——儒学与哲学诸问题》,山东人民出版社2017年版。

作。至 2005 年初,中国孔子基金会将川大《儒藏》列为重大项目,给予数额可观的专项经费支持。四川大学于 2009 年成立国际儒学研究院,也与《儒藏》项目密切相关。本人忝位该研究院学术委员会副主任之职,实际工作贡献甚微,惭愧之至。三校《儒藏》编纂的成绩可谓各有千秋,但我个人感觉,到目前为止,川大《儒藏》应当说是最丰厚、最扎实的。

自从与"川大《儒藏》"发生上述关系以来,我经常会想到一个问题:我们今天为什么需要编纂《儒藏》?

说到《儒藏》,我们自然会联想到《佛藏》《道藏》。《佛藏》,仅就完整雕版而论,从宋代的《开宝藏》到明代的《洪武藏》《永乐藏》等,可谓历史悠久。《道藏》,从唐代的《开元道藏》到明代的《正统道藏》及《万历续道藏》,乃至今天的《中华道藏》,历史更为悠久。然而,直到 20 世纪,世间一直没有所谓《儒藏》。历史上虽然也有过类似《儒藏》的儒家经典汇编,如唐代的《五经正义》、宋代的《十三经》、明代的《四书大全》、清代的《皇清经解》及《十三经注疏》等,但它们与《儒藏》的性质其实是截然不同的,其宗旨并不在于儒家文献之"藏"。

藏(zàng)者,藏(cáng)也,存也,储也,所以防散佚也。犹如农民,"农夫春耕、夏耘、秋敛、冬藏"①。因而古有收藏之官,例如《周礼·天官·宰夫》所载:"掌百官府之征令,辨其八职:……五曰府,掌官契以治藏。"注:"治藏,藏文书及器物。"疏:"云'治藏,藏文书及器物'者,其名曰'府',府者,主以藏物,故藏当司文书及当司器物也。"古有藏书之官,清代周永年云:"守藏之吏,见于《周官》。老子为柱下守藏史,固周人藏书之官也。"②由此看来,之所

---

① 《墨子·三辩》。
② 周永年:《儒藏说》。王绍曾、沙嘉孙:《山东藏书家史略》,山东大学出版社 1992 年版。

以要编纂《儒藏》，是因为儒家文献有了一种迫切需要：收藏储存，以防散佚。

其实，众所周知，编纂《儒藏》的想法"古已有之"，如明末的曹学佺，清代的周永年、刘音等人都曾提出编纂《儒藏》的设想①。《明史·文苑传四·曹学佺》载："尝谓：'二氏有《藏》，吾儒何独无？'欲修《儒藏》与鼎立。"有感于曹氏之论，周永年作《儒藏说》；刘音继之又作《广儒藏说》，互为唱和。

周氏《儒藏说》之宗旨，正是收藏储存以防散佚，认为：

> 自汉以来，购书藏书，其说綦详，官私之藏，著录亦不为不多，然未有久而不散者。则以藏之一地，不能藏之天下；藏之一时，不能藏于万世也。明侯官曹氏学佺，欲仿二氏为《儒藏》，庶免二者之患矣。……务俾古人著述之可传者，自今日永无散佚，以与天下万世共读之。

周氏又引郑樵之语："有专门之书，则有专门之学。人守其学，学守其书。人有存殁，而学不息；世有变故，而书不亡。"鉴于"《尚书》《周官》，残于秦火；淹中古《礼》，竟亡于隋、唐之际"的历史教训，他还提出了具体措施，如"藏书宜择山林闲旷之地，或附近寺观有佛藏、道藏，亦可互相卫护"；并举例说："吾乡神通寺有藏经石室，乃明万历中释某所为，其室去寺半里许，以远火厄，且累石砌成，上为砖券，今将二百年，犹尚牢固，是可以为法也。"②凡此种种，皆不外乎"收藏储存以防散佚"之意。

然而问题在于：古代诸儒的《儒藏》建议何以曲高和寡，未能

---

① 舒大刚教授认为最早提出编纂《儒藏》设想的是早于曹学佺的明代孙羽侯，见舒大刚：《谁是中华〈儒藏〉编纂的第一人？——湖湘学人孙羽侯》，中国孔子网（www.chinakongzi.org）。

② 周永年：《儒藏说》。王绍曾、沙嘉孙：《山东藏书家史略》，山东大学出版社1992年版。

实现？究其基本原因,显然由于当时并无收藏储存以防散佚的迫切需要。中国古代社会自汉至清,儒术独尊,儒学乃是官学,天下学子无不孜孜以求其书、兀兀以诵其文,故而除非遭遇秦政之类,一般来说,儒家文献实无散失之虞、亡佚之忧。

反过来看,今天为什么要重提《儒藏》编纂？究其基本原因,显然由于今天确有收藏储存以防散佚的迫切需要。近代以来,尤其是五四"打倒孔家店"以来,岂止"儒门淡薄,收拾不住"①？儒学已经失去体制依附,成为"魂不附体"的"游魂"②,乃至几为人人喊打的过街之鼠。近年来虽然有复兴之象,亦至多不过是"一阳来复"而已。然而民族的复兴必定伴随着民族文化的复兴,这是众所周知的定律;而中华民族文化的复兴不可能没有儒学的复兴,亦是显而易见的定则。为此,当务之急就是儒学文本的收集整理,这是儒学复兴的文献基础。这就不难理解为什么今天一提出《儒藏》的编纂就能得到广泛的响应:这实在是中华民族伟大复兴的一种极为迫切的时代需要。换句话说,《儒藏》的编纂关乎中华民族的复兴。

二、编纂《儒藏》意义何在？

不仅如此,以上讨论实际上涉及一个更根本的问题:难道编纂《儒藏》的目的仅仅在于收藏储存以防散佚吗？当然远不仅止于此,周永年在《儒藏说》中就已提出了编纂《儒藏》的若干意义。

①　宋志磐《佛祖统纪》卷四十五:"荆公王安石问文定张方平曰:'孔子去世百年而生孟子,后绝无人,或有之而非醇儒。'方平曰:'岂为无人,亦有过孟子者。'安石曰:'何人？'方平曰:'马祖、汾阳、雪峰、岩头、丹霞、云门。'安石意未解。方平曰:'儒门淡薄,收拾不住,皆归释氏。'安石欣然叹服。"
②　余英时:《现代儒学的困境》,载余英时《现代儒学的回顾与展望》,生活·读书·新知三联书店 2004 年版。

不过,在我看来,周氏囿于时代局限,其所罗列的种种,尚未触及《儒藏》编纂的最为根本的意义,此处略为申说于下:

儒家文献从"无散失亡佚之虞"到"有收藏储存之急",有一个最大的历史背景,那就是中国社会转型。中国社会有两次大转型:第一次是春秋战国时期,从宗法王权封建社会转向家族皇权专制社会;第二次即我们身处其中的近、现、当代,从皇权帝国社会转向民权宪政社会。至于为什么会发生这种社会转型,这个历史哲学的宏大话题不是本文的论题。

这种社会转型之于儒学,有两点是需要注意的:其一,儒学的传统不是到孔子才确立起来的,而是周公确立起来的,所以当时儒学不叫"孔孟之道",而叫"周孔之道";其二,社会的转型要求儒学的转型,所以,须严格区分王权时代的原典儒学、皇权时代的帝国儒学和民权时代的现代儒学。例如,仅仅从政治哲学层面上来看,周公的原典儒学是主张封建的,董子以来的帝国儒学是主张专制的,而现代儒学则是主张宪政的。所以我说:"儒家没有新的,而儒学则是常新的。"

两次社会转型,都曾导致儒学的一度失势:第一次转型中,曾为官学(周公)、显学(孔孟荀等)的儒家之学,让位于秦代的法家之学、汉初的黄老之学;第二次转型中,曾为官学的儒学,让位于"西学东渐"而来的种种"新学"。然而儒学总是能够复兴而且更进一步繁荣壮大。

儒学之所以能复兴,在于儒学自己能够摒弃"原教旨"态度而"与时偕行"、"顺天应人"、"日新其德":从孔子到汉儒,儒学实行了创造性的时代转换;从康有为到当代儒学,儒学正在再一次实行创造性的时代转换。这是儒家固有的态度,也是我们今天进行儒家"文献整理"、编纂《儒藏》应有的态度。这就是说,《儒藏》编纂的意义远不止是什么"文献整理";其最大的意义应当是儒学又一次创造性的时代转换。

儒学的时代转换,最基础的工作首先是所谓"文献整理",其实乃是通过"辨章学术,考镜源流"(章学诚语),在思想学术上继往开来:总结过去的儒学,开创新型的儒学。所谓"辨章学术,考镜源流",今天往往仅仅被隶属于历史系或中文系的所谓"文献学"特别是所谓"目录学"提及,这是受到了现代西方实证主义学术观念及其学术分科的影响,这对于儒家学术、中国学术来说是颇为荒诞的,其结果是这样的咄咄怪事:像刘向、刘歆这样的通过"辨章学术,考镜源流"而实现了中国学术的时代转型乃至建构了"九流十家"宏大范式的大家,在思想史、哲学史上竟然毫无地位,根本不被提及。

在这个问题上,历史的经验值得重视,汉儒的经验值得借鉴。在之前百家争鸣的背景下,诸子都通过"辨章学术,考镜源流"来展开"判教"式的竞争,其中最著名的如《庄子·天下》、《荀子·非十二子》、司马谈《论六家要旨》等。至西汉中期以来,刘向的《别录》、刘歆的《七略》和班固的《艺文志》完成了这个历史使命。他们的工作可以分为两个层面来看:

第一,就整个中国学术而论,他们以儒学统百家。

通常以为董仲舒、汉武帝"罢黜百家,独尊儒术",这种理解其实是不确切的。

如《汉书·元帝纪》所载故事:

> 孝元皇帝,宣帝太子也。……壮大,柔仁好儒。见宣帝所用多文法吏,以刑名绳下,大臣杨恽、盖宽饶等坐刺讥辞语为罪而诛,尝侍燕从容言:"陛下持刑太深,宜用儒生。"宣帝作色曰:"汉家自有制度,本以霸王道杂之,奈何纯德教,用周政乎!且俗儒不达时宜,好是古非今,使人眩于名实,不知所守,何足委任!"乃叹曰:"乱我家者,太子也!"

所谓"以霸王道杂之",就是儒、法兼用,甚至被概括为"阳儒阴法"(这是可以商榷的),这其实是汉代诸帝的共同"家法",武帝亦然。

至于董仲舒,众所周知,其思想是整合儒、道、名、法、阴阳诸家思想而成的,尽管以儒为宗,但是并非单一的儒家思想,而其整合的结果就是一种新型的儒学。

这里的奥妙,就是"以儒学统百家"。刘向、刘歆、班固等人着重考辨了三点:(1)首先是确立儒家"于道最为高"的地位;(2)然后充分肯定了百家"各推所长",同时亦指出其偏颇,断言"若能修六艺之术而观此九家之言,舍短取长,则可以通万方之略矣";(3)最后指出,百家"合其要归,亦六经之支与流裔",即各执儒学之一端,皆归儒学①。此乃这样一种思想方法:以儒为本而百家为末,以儒为体而百家为用。

这种方法对于今天的"中学"复兴来说特别具有启示意义,例如对于"西学"、"西教",是采取全盘排斥的态度? 抑或是采取汉儒那样的统摄整合的态度? 这是值得思考的一个重大问题。

第二,就儒学而论,他们以易学统五经。

今观《汉书·艺文志·六艺略》"序六艺为九种",其实主要分为三个层次:

(1)以《易经》统"五经"。其曰:"六艺之文:乐以和神,仁之表也;诗以正言,义之用也;礼以明体,明者著见,故无训也;书以广听,知之术也;春秋以断事,信之符也。五者盖五常之道相须而备,而易为之原。"这是学术思想的极其重大的转变,乃是伴随着中国社会第一次大转型的观念转型的集中体现。本来,传世文献最古的其实只是《诗》《书》《周易》(古经部分)这么"三经"而已,战国中期以后始有"六经"之说②,至秦、汉设立制度化的五经博士,意味着后起的关于"礼"、"乐"的文献以及《春秋》被提升为元典,这

---

① 均见《汉书·艺文志·诸子略》。
② 《庄子·外篇·天运》。

是有待深究的课题,本文暂不展开;先秦动称"诗书",汉代《周易》被提升为群经之首,这同样是有待深究的课题,本文亦不展开。

(2)以《论语》《孝经》辅"六经"。

(3)以"小学"附群经。

上述汉儒关于儒家文献的整理,对于我们今天编纂《儒藏》的启示最为直接:汉儒作为伴随中国社会第一次大转型的观念转型的完成者,通过所谓"文献学"、"目录学"的"辨章学术,考镜源流",实际上是完成了儒学的创造性的时代转换,建构了一种新型的儒学——中华帝国时代的儒学;那么,今日身处伴随中国社会第二次大转型的观念转型之际的我们,该当如何进行《儒藏》编纂这样的所谓"文献整理"、"古籍整理"工作,才能完成儒学的又一次创造性的时代转换,建构又一种新型的儒学?

三、如何编纂《儒藏》?

这样一来,就涉及这样一个问题:究竟应当怎样编纂《儒藏》?这牵涉到许多值得讨论的问题,但最根本的是所谓"文献分类"问题,因为显而易见,这是"辨章学术"的要求。

上节讨论已经表明,《儒藏》的编纂决不应当仅仅是现今所谓"文献学"、"目录学"、"古籍整理",而应当是儒学的一种创造性的时代转换,即应当是一种新型儒学的建构。当然,这种转换建构乃是通过"辨章学术,考镜源流"进行的,即必然表现为"文献分类"的形式。但是,通常将《儒藏》的编纂仅仅理解为"古籍整理",甚至有人认为应当按照古代"四库"的体例进行分类,这就大可商榷了。在我看来,《儒藏》的文献分类应当突破"七略"、"四库"的传统格局,建构一种新型的文献分类框架,以体现儒学的创造性的时代转换。

舒大刚教授为"川大《儒藏》"制定的体例就是一种突破的尝

试,设计为"三藏二十四目"的格局,其中:"经部"收录以儒家经典原文及注解为核心的经学类著作;"论部"收录以儒学理论为内容的思想性著作;"史部"收录以儒学史为主题的历史类著作。即:

1. 经藏12目:(1) 元典(含唐石经和清石经)、(2) 周易、(3) 尚书、(4) 诗经、(5) 三礼(含三礼及总论)、(6) 春秋(含三传及总论)、(7) 孝经、(8) 四书(含大学、中庸、论语、孟子)、(9) 尔雅、(10) 群经、(11) 谶纬、(12) 出土文献(含简帛、石刻、敦煌遗书)

2. 论藏5目:(1) 儒家、(2) 性理、(3) 礼教、(4) 政治、(5) 杂论

3. 史藏7目:(1) 孔孟、(2) 学案、(3) 碑传、(4) 史传、(5) 年谱、(6) 别史、(7) 杂史

显然,"三藏"是对古代"四库"分类的突破,大致情况是:保留"四部"中的"经"、"史"两部,而对"子部·儒家类"和"集部"有关儒学的文献进行了重新安排处理。比如"集部"的儒者别集,采取分类辑录的方式,经解、经论的篇什编入"经藏",儒学史或儒学人物的篇什编入"史藏",儒家理论的篇什编入"论藏"。

至于这个分类体例是否体现了通过"辨章学术,考镜源流"来实现"儒学的创造性的时代转换、建构一种新型儒学",这当然是可以讨论的。但无论如何,"三藏二十四目"体例对"四库"的突破,体现了创造转换的意识,敞开了创造转换的可能,可谓难能。

在此,我也谈谈自己对于这个问题的点滴想法,以就教于海内同仁。鉴于篇幅所限,这里仅仅讨论一下关于"经部"的问题。我想提出的一个问题是:今天的儒学文献是否还需要独立一个"经部"?

这个问题颇为复杂,它与"经学"问题密切相关。古代"四库"之中"经部"的独立首列,以及"七略"之中"六艺"(实质也是经

部)的独立首列,乃是基于"经学"这个时代学术背景的:经学乃是
整个皇权帝国时代的国家意识形态。但是今天,这个时代已经过
去了,经学的时代也已过去了。尽管学界近年来有所谓"经学
热",但我已曾撰文《中国学术从"经学"到"国学"的时代转型》指
出"经学热中无经学"①,大意如下:

　　有一部分学者试图在现代中国社会中"重建经学"或建
立一种所谓"新经学"。但这是不可能的。这涉及经学与社
会生活之间的关系问题。一时代有一时代之学术,因为一个
时代的学术乃是那个时代的社会生活方式的产物,并隶属于、
顺应于、服务于那种生活方式。……

　　我们不能不承认:经学是前现代的家族社会、皇权时代
的意识形态,而决不可能是现代性的市民社会、民权时代的东
西。经学的时代确确实实已经过去了。也正因为如此,我们
发现,现有的似乎红红火火的"重建经学"的两种路数,其实
都是大成问题的:

　　一种路数其实是经学史的研究,而非真正的经学。这种
研究,事实上是用那种属于现代西方"社会科学"模式的史学
方法,来研究中国历史上曾经存在过的经学对象,颇有"人为
刀俎,我为鱼肉"的意味。如今在学科分类上,"经学史"属于
"思想史","思想史"属于史学,而史学通常属于西方现代学
术范式的实证科学,这种实证科学试图模仿自然科学那样的
没有价值立场的"客观"研究。我们读到的几部经学史,大致
都属于这种路数。在中国,这种学术路数是由胡适、顾颉刚等
人开创的。然而,这与经学何干? 这样研究的结果决然不是
经学的重建,倒恰恰是经学更见彻底的瓦解。……

_____

　　①　黄玉顺:《中国学术从"经学"到"国学"的时代转型》,《中国哲学
史》2012年第1期;人大复印资料《中国哲学》2012年第6期全文转载。

另一种路数倒似乎是原汁原味的经学,即是"原教旨"的经学。这种经学并非"重建",而是简单地"回归",即是简单地保存经学的原有学术形态——狭义的汉代经学或者广义的自汉至清的古代经学。……但是,这样一来,这种"经学"就至少在三种意义上不再是经学了:其一,这种"经学"其实是文献学、古籍整理;其二,这种文献学、古籍整理事实上同样隶属于现代学术范式的史学,在这个意义上,它与上述第一种路数并没有什么实质的不同(我们这里并不是要否定文献学和古籍整理的重要意义,而仅仅是指出它并不是经学);其三,这种"经学"显然是与现代社会、当下生活无关的东西,因为它并不是从当下的社会生活中生长出来而为之服务的,而这一点恰恰与传统经学的宗旨背道而驰。除非这种"经学"要求我们回到前现代的生活方式去,学界也确有极少数学者持有这样的立场,即人们所说的"原教旨主义儒家",他们反对科学,反对民主,乃至于反对一切现代性的东西,有人甚至提出重建"三纲"、再立"皇上"之类的极端主张。但这不仅同样是不可能的,并且根本上就是不应该的。生活不是为儒学、经学而存在的,儒学、经学倒应当是为生活而存在的。

当然,这并不意味着现在的"经学研究"是毫无意义的。我只是想说明:今天的"经学研究"其实不是什么经学。真正的经学绝非什么"社会科学",而是在家族社会、皇权时代的生活方式中生长起来的思想观念、价值观念的学术表达,不仅渗透在那种生活方式的方方面面中,而且成为国家意识形态。但须注意,这里的"国家"乃是前现代意义上的、皇权时代的、作为中华帝国的"中国",而非现代性意义上的"中国"。经学的社会基础是前现代的社会生活方式,而国学的社会基础则是现代性的社会生活方式。所以,我们今日的任务不是什么

"重建经学"或"新经学",而是建构真正的国学。①

于是就引出一个问题:经学的消亡,是否意味着应当取消独立的"经部"? 我觉得,这个问题需要从两个方面来看:

一方面,必须承认,对"经"的尊尚,确实是儒学的一个基本特征,儒学发展的历史表现为对"经"的不断重新理解与诠释的历程,即往往表现为历代对"经"的"传、笺、注、疏"的积累过程,因此,"经"在儒学文献中始终占有一个独立而优先的地位。在这个意义上,独立的"经部"还是应当保留的。

但另一方面,从历史情况看,"经"本身也在不断地积累和叠加,乃至于从"五经"一直扩展到"十三经"。这固然有其历史情境的缘由,是"情有可原"的,但毕竟也不是毫无问题的。例如,把《春秋》的所谓三"传"列入十三"经",哪怕仅仅从名目上来看也是自相悖谬的。事实上,《庄子·内篇·天运》最早提出"六经"之说,指的乃是孔子创立儒家之前的东西:

> 孔子谓老聃曰:"丘治诗、书、礼、乐、易、春秋六经,自以为久矣,孰知其故矣。以奸者七十二君,论先王之道而明周召之迹,一君无所钩用。……"老子曰:"……夫六经,先王之陈迹也,岂其所以迹哉! ……"

所谓"先王之道"、"周召之迹"、"先王之陈迹"等,显然都说的是孔子之前已经存在的东西。因此,我们可以说:文本意义上的所谓"经",最初指的是孔子创立儒家学派之前就已经存在的经典。这些经典文本确实具有非常特别的意义:它们不仅仅是儒家思想的最初的文本来源,也是诸子百家思想最初的文本来源,即是春秋战国时期以来的整个中华文化的最初文本来源。

进一步说,《庄子》所谓"六经",其实未必全都是指文本性质

---

① 黄玉顺:《中国学术从"经学"到"国学"的时代转型》。此文详述了何谓"真正的国学"的问题。

的东西。唯其如此,对于上引《庄子》所说的"六经",在标点符号上很难确切地统统加上书名号:"诗、书、易、春秋"。加上书名号固然是没有问题的,但"礼、乐"加书名号《礼》《乐》就可能引起异议。众所周知,孔子之前的所谓《礼经》《乐经》是否真正有过文本存在,至今还是一个无定论的疑案;今本"三礼",并非孔子之前的文本①。因此,按照"'经'最初指孔子创立儒家学派之前就已存在的、作为儒家思想最初文本来源的经典"这个标准,真正的"经"不过是这么"三经"而已:《诗经》《书经》《易经》(不含《易传》)。非文本性的"礼"、"乐"之所以称为"经",这涉及"经"的另外一种含义:指的不是经典文本,而是指的一个社会共同体所秉持的根本原则(义)、基本规范(礼)。例如《左传·昭公二十五年》所说:"夫礼,天之经也,地之义也,民之行也。"

因此,我的看法是:"经部"仍然可以独立首列,但其文献应当大大缩减,具体来说也就是上述《诗》《书》《易》"三经";除此而外的文献,都是在中国社会第一次大转型的过程当中逐渐形成的,应当归入其他部类,因为我们处在中国社会第二次大转型之际,必须重建经典系统,才能顺应时代的需要。

以上略陈陋见,适足贻笑大方。

---

① 关于《周礼》,可以参见黄玉顺:《"周礼"现代价值究竟何在——〈周礼〉社会正义观念诠释》,《学术界》2011 年第 6 期。

前主体性对话：对话与人的解放问题
——评哈贝马斯"对话伦理学"*

当代哲学家哈贝马斯（Jürgen Habermas）所倡导的"对话伦理学"（ethics of discussion）（或译"商谈伦理学"）在学界颇具影响力。本文所根据的文本主要是《对话伦理学与真理的问题》一书,此书汇编了哈贝马斯于2001年2月在巴黎与几位法国哲学家的一场对话和他的两场讲座,收入法国格拉塞出版社的"新哲学书院"丛书①。

本文笔者与哈贝马斯一致,所关心的对话效应并不是"不同文化传统共存"的问题,而是"人的解放"问题,即:怎样在对话中生成"被解放了的人",犹如被解放了的普罗米修斯（unbound Prometheus）?为此,需要怎样的对话? 或者说,应当怎样理解对话? 换言之,对话仅仅具有伦理学层面的意义还是更具有存在论（theory of Being）层面的意义? 笔者的最终目的是要探讨这个问题:为了人的解放,我们应当怎样对话?

一、对话与主体性问题

哈贝马斯所关注之问题的核心,是如何兑现"现代性与启蒙"

---

* 原载《江苏行政学院学报》2014年第5期;收入拙著《时代与思想——儒学与哲学诸问题》,山东人民出版社2017年版。

① 哈贝马斯:《对话伦理学与真理的问题》,沈清楷译,中国人民大学出版社2005年版。(*L' Éthique de la Discussion et la Question de la Vérité.* Éditions Grasset & Fasquelle, 2003.)

计划所许诺的"解放的理想"（ideal of emancipation）。这也是笔者所赞同的立场，即：后现代主义对于现代性的反思，并不意味着对启蒙与现代性的否定，恰恰相反，这意味着迄今为止的现代化过程未能兑现"人的解放"的承诺。

有鉴于此，哈贝马斯认为：必须实行"范式的转换"（change of paradigm），即从"主体性"范式转变为"交互主体性"（inter-subjectivity）（或译"主体间性"）范式。这意味着，在哈贝马斯看来，迄今为止的现代性的意识范式都是主体性的范式，结果导致人之解放的启蒙理想无法兑现。这当然是不无道理的，例如海德格尔早已指出：迄今为止，"什么是哲学研究的事情呢？……这个事情就是意识的主体性"；"作为形而上学的哲学之事情乃是存在者之存在，乃是以实体性和主体性为形态的存在者之在场状态"①。按照这种理路，阻碍人之解放的罪魁祸首就是主体性；相应地，人之解放的出路也就在于摈弃主体性。正是在这个意义上，哈贝马斯属于后现代主义。

但在笔者看来，拒绝主体性是不可能的，而且也是不应该的。事实上，只要我们仍然要过一种伦理性的生活，那就意味着我们要过一种主体性的生活，因为伦理不外乎就是作为主体的人的一种存在方式。这就是说，哈贝马斯对话伦理学的伦理诉求本身就已经蕴涵着主体性诉求。其实，"人的解放"这个命题本身就已经蕴涵着主体性，因为所谓"人"不外乎就是某种主体性。因此，如果在寻求人之解放的同时却拒绝主体性，那就会陷入自相矛盾的悖谬境地。所以，问题并不在于有没有主体性，而在于那是怎样一种主体性。

这就切入了本文的论题。今天之所以仍然需要提出"人的解

---

① 海德格尔：《哲学的终结和思的任务》，见《面向思的事情》，陈小文、孙周兴译，商务印书馆 1999 年第 2 版，第 76 页。

放"这个启蒙命题,是因为迄今为止,现代化并没有导致真正的"人"的诞生。前现代的"臣民"(subject)尽管变成了现代化的"公民"(citizen),但是,这种"人民"(people)其实并未成为真正的"人"(person),而是成为"大众"(mass),即成为被某种或某些社会势力所控制的"大众传媒"(mass media)的奴隶,换言之,成为奴隶的奴隶。仿照一句常言"上帝面前人人平等",也可以说:大众传媒面前人人平等。但这种"人人平等"意味着:人人都等于零。只要某种或某些社会势力成为至高无上的上帝,那就人人都等于零。真正的人尚未诞生。因此,人之解放的出路并不是摈弃主体性,而是建构一种新的主体性。

在对话中生成一种新的主体性,这其实是哈贝马斯的一个盲点。他的对话范式实际上仍然基于某种既有的主体性。例如,他说:"个体只有在社会化过程中才能成为个体化的人。"①这似乎是没错的,但所谓"社会化"是什么意思呢? 他说:

> 当我们意识到历史与文化构成丰富象征形式以及个体和集体的同一性的特点的时候,我们也由此同时意识到认识的多元主义的挑战之所在,以至可以说,文化多元主义意味着,作为整体的世界,是根据不同的个人和团体所接受的不同观点被打开并得到不同的解释的——至少在最初时间。我们因此可以判断说,一种解释性的多元主义参与了对世界观和自我理解、价值的感知以及人们的不同兴趣的规定,他们的个人历史被置入规定他们个人历史的特定生活的传统和形式之中。②

这样一来,对话的前提就已经是人的某种固有的主体性,这种主体性是由多元文化各自的历史文化传统所铸造的。这有悖于哈

---

① 哈贝马斯:《对话伦理学与真理的问题》,第9页。
② 哈贝马斯:《对话伦理学与真理的问题》,第6—7页。

贝马斯的初衷,因为由历史文化传统所造就的主体之间的对话是不可能导向启蒙和人的解放的。启蒙和人的解放所要求的恰恰是超越这种旧的主体性,超越既有的历史文化传统。

说到历史文化传统,这里尤其想指出的是:具有不同文化传统的民族国家之间的对话模式,例如近年来所倡导的"和而不同"的对话模式,仍然是传统的主体性对话模式,并不能导向人的解放。在这种对话方式下,即便我们采取"和"的态度,但这种"不同"恰恰意味着各自持守自己的旧的主体性。哈贝马斯在谈到"公民性"这种主体性的时候,正确地指出了这里的危险性:

> 公民同样是其个人身份在某些传统的语境中、在某些特定的文化圈子中发展起来的。……显而易见,这种模式本身就带有一种社会分裂的实际危险。……一个政治共同体的亚文化的多元性,不应该引发这个政治共同体的解体。我认为唯一避免这样危险的方式,是确保所有的公民能够超越分离他们的不同文化归属的种种界限,在同样而独一的政治文化中互相承认。这至少要求政治文化和这些不同次文化之间的某种分离。①

这就是说,假如在一个共同体中,比如在一个民族国家里,每一个人在公共生活中都坚持自己的历史文化传统,那就必然导致这个共同体的分裂和解体。这样的危险同样存在于具有不同文化传统的民族国家之间,使得我们无法寻找到"全球伦理"或"人类共同伦理"②。因此,不论对于一个民族国家还是对于整个人类世界来说,共同体的公共生活所要求的恰恰是超越不同的历史文化传统,超越既有的旧的主体性,而在对话和交往中获得新的主体性。

---

① 哈贝马斯:《对话伦理学与真理的问题》,第 32—33 页。

② 黄玉顺:《"全球伦理"何以可能?——〈全球伦理宣言〉若干问题与儒家伦理学》,《云南大学学报》2012 年第 4 期。

二、对话与存在论问题

当然,哈贝马斯有其不同于通常的后现代主义者的独特之处:他并不是简单地拒绝主体性,而是希望超越主体性,即以交互主体性范式替代传统主体性范式。但我们知道,"交互主体性"乃是胡塞尔后期提出的一个概念。由此可见现象学对哈贝马斯的影响。然而,胡塞尔"交互主体性"概念的根基其实仍然是传统的先验主体性,换句话说,他提出"交互主体性"并不意味着他放弃了自己的先验意识现象学;而我们知道,这种现象学植根于德国先验理性主义传统,正属于海德格尔所批评的主体性哲学。其实,这个道理是很简单的:对话,尽管是"交互主体性"范式的对话,仍然是主体间的对话;换言之,某种主体性总是先行存在的。这就是说,摆脱了独白主义(monologism)并不意味着摆脱了主体主义(subjectivism)。

所以,海德格尔并不采取"交互主体性"进路,而是采取"以此在(Dasein)为专题的存在论"进路,即"先行对主体之主体性进行存在论分析(ontological analysis)"[①];这就是他的"基础存在论"(fundamental ontology),是为主体性,包括交互主体性奠基的。所谓"先行对主体之主体性进行存在论分析"意味着这样一种发问:主体性是何以可能的? 如果对话总是主体间的对话,那么,这种主体本身是何以可能的? 这样一来,就把我们带向了一种崭新的视域:"生存"(existence)或"存在"(Sein)[②]。

①　海德格尔:《存在与时间》:陈嘉映、王庆节译,生活·读书·新知三联书店 1999 年第 2 版,第 28 页。
②　笔者在汉语中谈到的"存在",指西语中两种不同的观念:一是指海德格尔意义上的 Sein,这是笔者多次加以批评的概念;一是指一般　（转下页）

但遗憾的是,海德格尔所谓"生存"乃是"此在"(Dasein)的生存,这里,此在乃是先行的,然而所谓"此在"作为对"人"的一种称谓,尽管强调了"人是可能性"的意味,但其实仍然还是一种主体性存在者①。在海德格尔的存在论里,原初自身所予的(the primordial self-given)并不是存在(Sein),甚至也不是生存(existence),而是此在(Dasein),即一种"特殊的存在者"——极端个体化、单子化的主体性。换言之,他的"生存"概念并没有真正通达存在(Being),他的"基础存在论"并不是真正透彻的存在论(theory of Being)。在这个意义上,海德格尔的"此在"概念并没有真正超越胡塞尔的"交互主体性"概念。

而哈贝马斯则是对"交互主体性"概念加以修正,"旨在把主体性概念化为认知和实践的自我关系的实现,这些关系被置于与他人的关系中并且在其中形成"②。但是,他是用康德的"自律"概念来修正胡塞尔的"交互主体性"概念。他说:

> 从根本上来看,康德的"自律"的概念,不同于我们从经验主义承袭下来的主体自由。……一个人的意志,是由应该对其他人同样有价值的理性所规定(当其他人被视做同一道德共同体的成员时)的。对自由意志与实践理性的这种解释,使我们得以在一个道德共同体中看到这样的共同体:一种由自由和平等的个体所组成的包容的并自我立法的共同体,这些个体都应该互相以他人为自我目的。……自律不是一个分

(接上页)意义上的 Being,但不同于作为某种形而上存在者的 the Being,而指的是先于任何存在者,也先于任何主体性(包括此在)的纯粹存在。参见拙文:《生活儒学关键词语之诠释与翻译》,《现代哲学》2012 年第 1 期。

① 黄玉顺:《形而上学的奠基问题:儒学视域中的海德格尔及其所解释的康德哲学》,《四川大学学报》2004 年第 2 期;人大复印资料《外国哲学》2004 年第 5 期全文转载。

② 哈贝马斯:《对话伦理学与真理的问题》,第 9 页。

配的概念，而且无法个体地实现。用夸张的方式，我们可以肯
定，只有属于这个团体的所有成员都同样自由，一个人才能够
是自由的。我要强调以下一点。康德用自律概念，自己已经
引出了一个只有在交互主体的框架下才能完全展开的
概念。①

关于康德是否具有交互主体性观念的问题，我们这里不去讨
论它。笔者只想指出：哈贝马斯在这里描绘的"自由人联合体"
（马克思语），其实已经是实现了启蒙理想的、被解放了的人的共
同体；也就是说，这样的"交互主体性"并不是对话的前提，而是对
话的结果。换句话说，即便是康德式的"交互主体"也无法为我们
提供"对话伦理"（ethics of discussion）的基础。康德式的自律的自
由，即作为实践理性的公设之一的意志自由，尽管"互相以他人为
自我目的"，然而其前提恰恰仍然是某种既有的主体性，这与胡塞
尔的交互主体性并无二致。这仍然是某种主体性形而上学，而不
是一种本源存在论（theory of Being as the source）的观念。

哈贝马斯的意图本身是好的，他的最终结论是：

> 商谈伦理正是要证明，建立在接受相互观点的努力上面
> 的动力论（la dynamique requise），被整合于商谈实践本身的实
> 用主义的假设之中。②

然而问题在于：对话各方如何才能具有"接受相互观点的努
力"呢？上文的分析表明，不论"主体性"还是"交互主体性"都不
能保证这一点。这类似于胡塞尔意识现象学的进路：一切皆从摒
弃"自然主义态度"（naturalistic standpoint），采取"现象学态度"
（phenomenological standpoint）开始。然而，一个人是如何先知先觉
地获得这种态度的呢？这是所有先验哲学的一个困境。

---

① 哈贝马斯：《对话伦理学与真理的问题》，第9—10页。
② 哈贝马斯：《对话伦理学与真理的问题》，第57—58页。

三、对话与人的解放

以上讨论表明,要使对话能够导向启蒙承诺的兑现和人的解放,就不能将对话理解为主体性,包括交互主体性的事情,而只能将对话理解为前主体性(pre-subjectivity)、存在论层级上的(at the gradation of theory of Being)事情。惟有在这样的对话中,才有可能超越旧的主体性,获得新的主体性,也才有可能导向人的解放。

笔者尤其想指出的一点是:"主体"与"臣民"乃是同一个词:subject。在这个意义上,主体毕竟总是一种奴隶。这也正如笔者经常讲的一句话:人是观念的奴隶。所以,人需要不断地超越自己的旧的主体性,赢获新的主体性。这也正是孔子所讲的"君子不器"的意思①。因此,问题仅仅在于:人是君主或某种变相君主的臣民,抑或是某种先验理性的臣民?在笔者看来,哈贝马斯应属于后者,其观念建立在基于"交互主体性"的"理性"的基础上,这种"理性"不仅来自康德,而且来自黑格尔。哈贝马斯自己说:

> 关于交往行为理论的类型,的确,为了展开我的社会理论,我选择了黑格尔的模式。……我要说的是,我所要求的完全不是后理论,而是古典社会学理论的延续。②

这其实是难以让人理解的:交互主体性范式与黑格尔模式之间是如何勾连起来的?但有一点是确定无疑的:这是一种先验主体的模式,即仍然一种主体性范式。人依然是观念的奴隶:先验主体观念的奴隶。

在人类社会中,存在着各种不同的对话模式。哈贝马斯区分了两类对话,即主体性对话和交互主体性对话,然而根据上文的讨

---

① 《论语·为政》,《十三经注疏》本,中华书局 1980 年影印本。
② 哈贝马斯:《对话伦理学与真理的问题》,第 26 页。

论,两者并没有实质区别,仍然是一种主体性的对话模式。按照本文的分析,我们可以将各种各样的对话模式分为两大类:主体间性对话(inter-subjective dialogue);前主体性对话(pre-subjective dialogue)。

（一）主体间性对话

哈贝马斯的交互主体性对话范式,作为一种主体间的对话,并不能解决"人的解放"问题,因为这种对话既然以某种既有的主体性为前提,那就不可能导向旧主体性的超越、新主体性的诞生。

哈贝马斯谈到对话或商谈的前提条件或"预设":

> 商谈实践的预设指出,同时满足这两种要求是可能的。商谈的确符合下面两个条件:
>
> 第一个条件:每一个别的参与者都是自由的。这是从他以第一人称使用知识权力的意义上讲的,这种权力使他能够采取立场。
>
> 第二个条件:这种知识权力,依据寻求经过深思熟虑的赞同的过程而得到实施,它于是选择对所有相关涉及的人都可合理接受的出路。
>
> 第一个条件是交往的自由,既不能离开第二个条件,也不在对第二个条件——即对赞同的寻求——的优先关系中确立,后者的趋向反映了社会关系的升华:一旦我们投入论证实践,甚至当我们接触到那些竞相寻找最佳论证的人时,可以说,我们就被社会关系所束缚,即便是在我们为了寻找最好的论证与另一些个体打交道的时候。①

对此,我们可以讨论以下几点:

1. 这里的关键就是使用知识权力的自由。毫无疑问,自由对

---

① 哈贝马斯:《对话伦理学与真理的问题》,第12页。

于健康的对话来说是很重要的条件；但是无论如何，"自由"恰恰是一个主体性概念。抛开康德那样的将自由设置为理性之公设的先验论观念，抛开关于自由的任何形而上学的企图，我们可以肯定：自由是一个政治、社会层面上的概念，而且是一个主体性存在者的概念，还是一个个体主体性的概念。这是无须论证的。

2. 因此，在这种个体自由权力基础上的互相赞同，绝非主体间性对话的必然结果。坚持自己的主体性并不能够逻辑地导向赞同他人的主体性；其实，我们在现实生活中看到的情况往往恰好与此相反。况且，在这种预设条件下，即便你赞同我，也意味着我的主体性被持守；反之，即便我赞同你，也意味着你的主体性被持守。

苏格拉底的对话是人们所津津乐道的，然而在我看来，那仍然是一种主体间性对话模式。在这种被称作"精神助产术"（spiritual midwifery）的对话中，苏格拉底通过他那种"辩证法"，诱导他人改变其既有的观念，改变其既有的主体性，然而苏格拉底自己的主体性并无任何改变。这其实是一种传教的模式，类似下文将讨论的角色性对话——师生对话模式。任何形式的"传教"都是这种师生对话模式。今天的某些"儒学传播"其实也是这种模式。

3. 进一步说，在这种对话中，"我们被社会关系所束缚"。换言之，我们的主体性、"自由"已被这种社会关系所规定。这就引出一个问题：这是怎样一种社会关系？是现代性的社会关系？抑或是前现代的社会关系？是启蒙思想家所批判的那种社会关系？抑或是后现代主义思想家所反思的那种社会关系？我们知道，这些社会关系所造就的主体性就是臣民或大众（mass）。

这种范式观念的盲点在于：任何社会关系本身都是历史地存在的，可以超越的。这也就是孔子"礼有损益"的思想①。在

---

① 《论语·为政》。

社会关系的变革中，主体性也随之改变。然而社会关系的改变显然依赖于某种超越既有社会关系的新的主体性。问题在于：怎样获得这种新的主体性？怎样的对话才能导向既有的社会关系的变革？合乎逻辑的结论是：这种对话不能是为既有社会关系所规定的主体间性的对话，而只能是超越既有社会关系的前主体性的对话。

（二）前主体性对话

如果说，作为一种新的主体性的"被解放了的人"乃是在某种对话中生成的，那么，这种对话显然不是"主体间的"活动，而是一种"前主体性的"活动。这就是前主体性对话范式。

在笔者看来，这种前主体性对话的观念，既不是单纯的经验主义、先验理性主义、实用主义等哲学可以提供的，也不是哈贝马斯那样"对许多经典理论家的研究作出了极其出色的综合"所能提供的，而需要另一种崭新的思想视域：存在——生活。但须注意：这里所说的"存在"不是说的某种固有的存在者的存在；这里所说的"生活"不是说的某种既定的人的生活。这里所说的"存在"、"生活"乃是前存在者、前主体性的事情①。

有意思的是，哈贝马斯也经常谈到"生活"：

> 即便是伦理问题也不需要与自我中心论的视角彻底决裂，因为伦理问题与我的生活目的联系在一起。由此看来，其他的人，其他的生活历史，其他的利益格局，只有当它们在我们的主体间所分享的生活方式范围内与我的认同、我的生活历史以及我的利益格局交织在一起的时候，才具有意义。②

---

① 参见黄玉顺：《面向生活本身的儒学——黄玉顺"生活儒学"自选集》《爱与思——生活儒学的观念》，四川大学出版社 2006 年版。

② 哈贝马斯：《对话伦理学与真理的问题》，第 71 页。

显然,哈贝马斯所说的"生活"并不具有那种先在于任何存在者的"存在"的意义,而说的是伦理学层面上的、"与我的生活目的联系在一起"的生活,即"自我中心论"的生活,简言之,这是某种主体性的存在。这种生活是由"我"的生活方式、"我"的历史文化传统背景规定的:

> 我是在一种与他人共享的传统语境中完成自己的成长过程的,我的认同也打上了集体认同的烙印,我的生活历史融入了悠久的生活关系历史当中。就此而言,在我看来是善的生活,与我们共同的生活方式是息息相关的。①

这种既有的生活方式、生活关系及其历史、传统、集体认同,规定了我的主体性。这固然是事实。然而这样一来,我们怎么可能获得一种新的主体性,进而改变既有的社会关系呢? 这仍然是哈贝马斯的盲点。当然,哈贝马斯也曾谈到要与这种"生活"保持距离:

> 道德-实践话语则要求打破一切已经习以为常的德行的自我理解,要求与自身认同紧密相关的生活语境保持距离。②

但是,在交互主体性范式,亦即某种主体性范式下,我们怎么可能做到这种"打破"、"保持距离"? 这在哈贝马斯的"生活"观念、思维方式中是无法解决的问题。他没有意识到:当我们说"生活规定了主体性"、"生活造就了我"的时候,这里的"生活"已经不是一个主体性、交互主体性的观念,而是一个真正具有存在意义的、前主体性的观念。唯有在这样的生活或存在的思想视域中,对话才能生成一种新的主体性,才能超越既有的社会关系,也才能兑现启蒙承诺——人的解放。此时,对话才获得了一种真正的存在论意义。

---

① 哈贝马斯:《对话伦理学与真理的问题》,第71—72页。
② 哈贝马斯:《对话伦理学与真理的问题》,第85页。

四、儒家的对话范式

关于儒家的对话范式,我们可以将对话体的《论语》中所记载的孔子与其弟子的对话作为典范。人们似乎很容易将它们概括为一种非常典型的对话范式,可以称之为"师生对话模式",即一种角色性的对话①。但这其实并不是《论语》唯一的对话模式,更不是其最重要的对话模式。事实上,《论语》对话模式可分为两种:主体间性对话——角色性对话(the dialogue of roles);前主体性对话——非角色对话(the dialogue of non-role)。

（一）主体间性对话：角色性对话

在《论语》中,师生对话模式的典型,是孔子与颜回的对话。这是主体间性的对话——角色性对话,孔子是老师的角色,颜回是弟子的角色。颜回从来不质疑孔子的话,孔子曾说:"吾与回言终日,不违如愚。"②尽管颜回在孔门弟子中最得孔子赞赏,但孔子对他也有所不满:

> 子曰:"回也,非助我者也,于吾言无所不说。"③

何晏注:"助,益也。言回闻言即解,无发起、增益于己。"邢昺疏:"助,益也。说,解也。凡师资问答,以相发起。若与子夏论《诗》,子曰:'起予者,商也。'如此是有益于己也。今回也,非增益于己者也,以其于吾之所言,皆默而识之,无所不解。言回闻言即解,无所发起、增益于己也。"

---

① 关于角色问题,参见黄玉顺:《"角色"意识:〈易传〉之"定位"观念与正义问题——角色伦理学与生活儒学比较》,《齐鲁学刊》2014年第2期。

② 《论语·为政》。

③ 《论语·先进》。

这里的关键在于：学生对于老师，应当有所"发起、增益于己"——激发甚至启发老师，而对老师有所助益。显然，当学生激发、启发老师之际，他已经不是学生的角色了，老师也就不是老师的角色了，因此，这并不是作为角色性对话的师生对话模式，而是下文要谈的非角色对话模式。孔子对颜回的不满，就是认为颜回对自己"无所发起、增益于己"。

如果师生双方都能激发和启发对方，那么，这就是儒家的"教学相长"原则：

> 学，然后知不足；教，然后知困。知不足，然后能自反也；知困，然后自强也。故曰：教学相长也。①

显然，这里的"教-学"双方可以说是互为师生的关系，但实质上已不是"师-生"关系了。在这种对话中，双方都"知不足"、"知困"，进而"自反"、"自强"，从而"相长"——互相促进对方的成长，即双方都获得新的主体性。相反，作为一种角色性对话的师生对话模式则没有这种效果，而是一种单向授受的关系。前面提到的苏格拉底的对话，其实质也属于这种师生对话模式。

（二）前主体性对话：非角色对话

在《论语》所载的孔子与其弟子的对话中，如果说与颜渊的对话是作为一种角色性对话的师生对话的典型，那么与宰予的对话则是作为前主体性对话的非角色对话的典型。宰予在孔门中是最有思想独立性的。孔子与宰予有一段著名的对话：

> 宰我问："三年之丧，期已久矣。君子三年不为礼，礼必坏；三年不为乐，乐必崩。旧谷既没，新谷既升，钻燧改火，期可已矣。"子曰："食夫稻，衣夫锦，于女安乎？"曰："安。""女安则为之！夫君子之居丧，食旨不甘，闻乐不乐，居处不安，故不

---

① 《礼记·学记》，《十三经注疏》本，中华书局 1980 年影印本。

为也。今女安,则为之!"宰我出。子曰:"予之不仁也! 子生三年,然后免于父母之怀。夫三年之丧,天下之通丧也。予也有三年之爱于其父母乎?"①

表面看来,在这段对话中,孔子是在批评宰予,而他自己的观念并无改变。其实不然,正是宰予对于"三年之丧"的质疑,激发了孔子关于丧礼以至一般的"礼"的一种本源性思想:礼作为一套社会规范,并不是外在强加的规定,而是人们在特定生活方式下的本真情感的一种表达形式;"三年之丧"的礼制并非毫无来由,而是在当时的生活方式下人们对父母之"爱"或"仁"的情感、对父母之丧的"不乐"和"不安"情感的表达方式。或许孔子早已具有这种思想,但至少没有如此明白地阐发过。这种思想观念的阐发,是在孔子与宰予的这种非角色性对话的生活情境中激发的,这也就是上文所说的学生对于老师有所"发起、增益于己"。另一方面,宰予也在与孔子的经常对话中改变自身,所以才成为以"言语"著称而与子贡齐名的孔门高足②。

在这种非角色性对话中,孔子自身得以提升。子曰:"三人行,必有我师焉。择其善者而从之,其不善者而改之。"③很难设想,孔子一生思想观念没有改变。事实上,孔子的思想观念一直在变化或提升,这里有一部个体思想史,正如他自己所说:"吾十有五而志于学,三十而立,四十而不惑,五十而知天命,六十而耳顺,七十而从心所欲,不逾矩。"④孔子讲"君子不器"⑤,也包含这层意思。那么,孔子的这种自我改变是怎样发生的呢? 当然是在他的生活之

① 《论语·阳货》。
② 《论语·先进》。
③ 《论语·述而》。
④ 《论语·为政》。
⑤ 《论语·为政》。

中,如其"入太庙,每事问"①。这也包括他与弟子们在一起的生活、对话。可以说,对话是孔子的一种基本的生活方式;换句话说,对于孔子来说,对话是一个"生存论"或"存在论"问题。这些对话当然大量地是角色性的师生对话,但也有很多非角色对话,促使孔子自我改变的不是前者,而是后者。

因此,孔子"敏而好学,不耻下问"②,坦率地承认学生能够启发自己。例如:

> 子夏问曰:"'巧笑倩兮,美目盼兮,素以为绚兮',何谓也?"子曰:"绘事后素。"曰:"礼后乎?"子曰:"起予者商也,始可与言《诗》已矣!"③

这里的"起予",注疏解释为"子夏能发明我意""能发明我意者,是子夏也"。这是不对的。朱熹的解释更为确切:"起,犹发也。起予,言能起发我之志意。……所谓'起予',则亦'相长'之义也。"④按朱熹的意思,这段对话体现了"教学相长"的精神,而上文说过,"相长"的双方其实已经不再是"师-生"的角色了。

再看一个例子。一次,弟子子路、冉有、公西华和曾点"各言其志"。对前面三人之言,孔子逐一评点乃至"哂之",均属角色性的师生对话模式。至于曾点:

> "点,尔何如?"鼓瑟希,铿尔,舍瑟而作。对曰:"异乎三子者之撰!"子曰:"何伤乎? 亦各言其志也。"曰:"莫春者,春服既成,冠者五六人,童子六七人,浴乎沂,风乎舞雩,咏而归。"夫子喟然叹曰:"吾与点也!"⑤

---

①　《论语·乡党》。

②　《论语·公冶长》。

③　《论语·八佾》。

④　朱熹:《四书章句集注·论语集注·八佾》,中华书局 1983 年版。

⑤　《论语·先进》。

　　显然,此时的对话已从师生角色的模式转入了非角色性模式,孔子放下了老师的身段,对曾点所描绘的情境心向往之。

　　再看两个例子:

　　　　仲弓(冉雍)问子桑伯子。子曰:"可也,简。"仲弓曰:"居敬而行简,以临其民,不亦可乎? 居简而行简,无乃大简乎?"子曰:"雍之言然。"①

　　　　子之武城,闻弦歌之声。夫子莞尔而笑曰:"割鸡焉用牛刀?"子游对曰:"昔者偃也闻诸夫子曰:'君子学道则爱人,小人学道则易使也。'"子曰:"二三子! 偃之言是也。前言戏之耳!"②

　　在这些对话中,双方都改变了自身;换句话说,通过这些对话,双方都获得了某种新的主体性。

　　综上所述,哈贝马斯所关注的是如何兑现启蒙承诺——人的解放,这在今天仍然是值得人类坚持的诉求,因为时至今日,作为某种主体的"人民"依然要么是前现代的"臣民",要么是现代化的"大众",而真正的"人"尚未诞生。哈贝马斯寄希望于对话范式的转换,即从主体性范式转换为主体间范式,为此而建构了"对话伦理学"。然而这是行不通的,因为主体间性的前提仍然是主体性,而任何主体性对话(包括"和而不同"的对话)都不可能导向新的主体性的诞生,因而不可能导向人的解放。因此,兑现启蒙承诺的途径不是伦理学层级上的主体间性的对话,而是存在论层级上的前主体性对话。

---

①　《论语·雍也》。
②　《论语·阳货》。

中国学术"传统"的"现代性"阐释何以可能?[*]

有学者曾向我提出这样一个问题:所谓"中国正义论",究竟是说中国历史上已有的即"传统的"正义论,还是说我们现在才开始着手进行建构的即"现代的"或"现代性的"正义论?

这个问题之所以能提出,乃是基于对所谓"传统"的某种理解,特别是基于对"传统"与"现代"之关系的某种理解;这种理解的背后,隐含着一种时间观念,而这种时间观念对于当今思想前沿来说是一种已经过时了的观念。本节通过阐释"时间"问题,意在阐明:所谓"传统"并不是那种与"现代性"相对立的、前现代的东西;传统就在当下。在这个意义上,中国正义论既是一种"传统的"理论,同时也是一种"现代的"理论。这就是本课题"(中国正义论)传统的现代性(研究)"所要传达的信息。

这个话题显然已经超出了本书的论题范围,具有更一般的方法论意义;然而唯其如此,它也是本书论题的方法论前提。

一、现有时间观念导致的"传统"观念困境

这个问题涉及当代哲学中的一个最前沿的课题,亦即所谓"时间意识"问题。通常说到"传统",比如说到"文化传统"、"儒家传

---

　　* 本文原为拙著《中国正义论的形成——周孔孟荀的制度伦理学传统》的导论的第二节"中国正义论的方法论问题:中国学术'传统'的'现代性'阐释何以可能",东方出版社 2015 年版。

统"，人们脑海中所浮现的意象就是前现代的东西，亦即是在现代
性之外、之前的东西。这里的时间意识是过去与现在的区分。基
于这种时间区分，有人认为，现在是由过去决定的，所以应该继承
传统；有人认为，现在是对过去的超越，所以应该"同传统观念实行
最彻底的决裂"①。两种对立的立场，其实基于相同的时间观念、
"传统"观念。

按照这种时间观念，人们可能产生两种截然不同的态度：

一种态度认为，现在与过去是截然分离的，即僧肇所谓"昔物
不至今"②，因此，对过去的"传统"进行现在的"现代性"阐释其实
是不可能的。"五四"以来的激进派通常是持这种态度的，所以他
们全盘地反传统。但事实上我们知道，过去的东西总是或多或少
地延续到现在并延续到未来。事实正是如此：激进的"五四"、"文
革"未能也不可能彻底干净地抹掉传统，例如儒家传统就仍然在当
今中国延续着。这说明现有的时间观念是有问题的。

另一种态度同样基于现在与过去之截然分离，但认为，现在是
由过去决定的，因此，我们可以并且应当通过对"传统"进行"现代
性"阐释而"继承"传统。"五四"以来的保守派、今所谓"原教旨"

———————————

① 这是"文革"时期的著名口号。此语虽然出自《共产党宣言》，但其
原话是："共产主义革命就是同传统的所有制关系实行最彻底的决裂；毫不奇
怪，它在自己的发展进程中要同传统的观念实行最彻底的决裂。"显然，马克
思、恩格斯在这里所说的"传统的观念"，具体所指的是与"传统的所有制关
系"相适应的那种观念，而不是泛指所有一切过去的观念。马克思和恩格斯
显然并非历史虚无主义者。再者，《共产党宣言》德文原文的"uberliefert"（今
本汉译为"传统的"）和对应于英语"传统的"（traditional）的德文"traditionell"
是有所不同的。

② 僧肇：《肇论·物不迁论》。僧肇认为："夫人之所谓动者，以昔物不
至今，故曰动而非静；我之所谓静者，亦以昔物不至今，故曰静而非动夫人之
所谓动者，以昔物不至今，故曰动而非静；我之所谓静者，亦以昔物不至今，故
曰静而非动"；"昔物自在昔，不从今以至昔；今物自在今，不从昔以至今"。

派别之类通常是持这种态度的。然而,这种观念在理论上存在着巨大困难,既难以透彻地说明"昔物何以能够至今"的问题,因为"现在"与"过去"已经被区隔开来;也难以透彻地说明"现在何以能够超越过去"的问题,因为现在既然是由过去所决定的,那么现在就不可能具有比过去更多的新内容,但事实上众所周知,现在总有超出过去的新内容,未来也总会有超出现在的新内容。这是何以可能的? 这同样说明现有的时间观念是有问题的。

这些都是迄今为止的哲学及其时间观念无法透彻解答的疑难问题。已有学者注意到这个问题,提出了"文化传统"与"传统文化"的区分问题,指出:

> 经过了一个多世纪的代价巨大的社会实验,中国人终于懂得了一个真理:未来的陷阱原来不是过去,倒是对过去的不屑一顾。就是说,为了走向未来,需要的不是同过去的一切彻底绝裂,甚至将过去彻底砸烂;而应该妥善地利用过去,在过去这块既定的地基上构筑未来大厦。①

这无疑是一种非常重要的、极富创见的区分。不过,论者的时间意识仍然是过去、现在和未来的区分,所以他说:

> 在社会、文化的意义上,过去主要指的是传统,即那个在已往的历史中形成的、铸造了过去、诞生了现在、孕育着未来的民族精神及其表现。②

论者的意思,尽管"传统文化""铸造了过去",但是这个"文化传统""诞生了现在、孕育着未来"。应指出的是:在论者心目中,仍然还是一种海德格尔所说的"流俗的时间概念":基于过去、现在、未来的区分,过去决定了现在,现在决定了未来。这是人们通常的时间观念:

---

① 庞朴:《文化传统与传统文化》。
② 庞朴:《文化传统与传统文化》。

过去→现在→未来

今天,这种时间观念已经受到了挑战。这里尤其值得强调的是：这种挑战并不是用另外一种既有的时间观念来代替现有这种时间观念,例如不是用古代的"循环"时间观念来代替现代的"过去→现在→未来"的线性时间观念,而是对古今中外所有一切时间观念都加以追问,即：时间何以可能？或换一种问法："时间"观念何以可能？

二、现象学的时间观念

当今世界对于时间观念之阐发,最深刻的无疑是现象学。胡塞尔(Edmund Husserl)创立的意识现象学,继而海德格尔(Martin Heidegger)的此在现象学,开始颠覆"流俗的时间概念"。不过,这个任务迄今为止还不能说已经完成了。

（一）胡塞尔的时间观念

胡塞尔首先对那种所谓不以人们的主观意识为转移的、作为客观实在的过去加以"悬置"(epoche)、"终止判断"、存而不论,因为它们都不过是某种"心理体验"而已：

> 认识在其所有展开的形态中都是一个心理的体验,即都是认识主体的认识。它的对立面是被认识的客体。但现在认识如何能够确定它与被认识的客体相一致,它如何能够超越自身去准确地切中它的客体？……直觉仅仅是我这个直觉主体的体验。回忆、期待也是如此,一切以此为基础并导致对实体存在的间接设定以及对关于存在的任何真实性的确定的思维行为都是如此,它们都是主观的体验。我这个认识者从何知道,并且如何能够确切地知道,不仅我的体验、这些认识行

为存在，而且它们所认识的东西也存在，甚至存在着某种可以设定为与认识相对立的客体的东西呢？①

这就是说，所有一切我们以为客观实在的东西，其存在都是无法确证的，因为我们所拥有的只是知觉、回忆等等，它们都是主体的心理体验。这就是所谓"认识论困境"。作为客观时间的"过去"也是如此。例如历史，确实，我们谁也没有见过客观的历史，我们只能"读"到被"写"出来的历史，而且它们被"写"得如此之不同，以至于我们常常难以判定其是非真伪；即便"见"过历史，其所谓"见"也仍然是只一种作为心理体验的知觉，亦即并不是"不以人的主观意识为转移的"。作为客观时间的"未来"更是如此，它不过是作为我们的心理体验的"期待"。属于"过去"的"传统"亦然，它不过是某种被我们所知觉、回忆、期待的东西，而这个"我们"是属于当下的。

于是，胡塞尔便通过这种"解构-还原"而回到了"内在"意识。但这种"内在"指的不是任何作为经验个体意识的内在，例如不是胡塞尔这个人的个体意识（胡塞尔认为这一点恰恰是笛卡儿不彻底的地方，即他那里还有作为"心理主义残余"的"内在的实在"或者"实在的内在"②），而是作为纯粹意识的内在：

> 这种认识的内在使它能够作为认识批判的第一出发点；此外，它借助这种内在摆脱了那种神秘性，这种神秘性是产生所有怀疑主义窘境的根源；最后，内在是所有认识论的认识必不可少的特征，不仅仅是在开端上，而且任何时候向超越的领域的借贷……③

那种在纯粹内在意识之外的客观实在，胡塞尔称之为"超越

① 胡塞尔：《现象学的观念》，第 21—22 页。
② 胡塞尔：《现象学的观念》，第 33—34 页。
③ 胡塞尔：《现象学的观念》，第 32 页。

物"（transcendence），对于纯粹意识来说，那是外在的而非内在的东西，应该加以"悬置"，存而不论。存在着两种应该加以悬置的超越物：一种是作为外在实在的超越物，另一种是作为内在实在的超越物①。客观时间同样是这样的超越物。

回到作为纯粹意识的内在，这就是现象学所说的"现象"（phenomena）。在胡塞尔看来，这种纯粹意识，"思维的在，确切些说，认识现象本身，是无疑的，并且它不具有超越之谜"；在这种纯粹意识中，"在对纯粹现象的直观中，对象不在认识之外，不在'意识'之外，并且同时是在一个纯粹被直观之物的绝对自身被给予性意义上被给予"②。这种"纯粹现象"乃是由"本质直观"（而非经验直观）所给予的：

> 如果直观、对自身被给予之物的把握是在最严格意义上的真实的直观和真实的自身被给予性，而不是另一种实际上是指一个非给予之物的被给予性，那么直观和对自身被给予之物的把握就是最后的根据。这是绝对的自明性。③

但事实上这里存在着困难：本质直观的具体操作总是由一个经验的个体来进行的（例如通过某人观察"这"一张红纸来直观一般的"红"本身），那么，这种经验性的个别行为如何能够通达先验性的一般观念呢？然而胡塞尔坚持说：在这种本质直观中，"不仅个别性，而且一般性、一般对象和一般事态都能够达到绝对的自身被给予性"④。这其实是值得怀疑的。

这种不依赖于任何既有知识的亦即作为绝对的自身被给予性的纯粹意识，就是现象学意义上的"纯粹现象"。而通常的时间观

---

① 胡塞尔：《现象学的观念》，第 34 页。
② 胡塞尔：《现象学的观念》，第 39 页。
③ 胡塞尔：《现象学的观念》，第 45 页。
④ 胡塞尔：《现象学的观念》，第 47 页。

念则不是这种现象学意义上的"纯粹现象",而只是一种心理学意义上的现象;"作为日期被统摄在客观时间中,这属于体验着的自我,这个自我在时间之中并且延续着它的时间(一种通过经验的时间测量学方法得以测量的时间)"①。

通过对传统的或"流俗的"时间观念的解构,胡塞尔在其《内在时间意识现象学》中所传达的原初时间观,可以概括为以下公式:

$$持存(Retention) \leftarrow 意向(Intention) \rightarrow 预存(Protention)②$$

"持存"、"意向"、"预存"是胡塞尔《内在时间意识现象学》中文版译者杨富斌对"Retention"、"Intention"、"Protention"③的译法;倪梁康则分别译为"保留"、"意向"、"前展";台湾邬昆如分别译为"回顾"、"意向"、"前瞻"④。这些译法表明了译者对胡塞尔时间观的理解:原初的时间源于"意向"对于过去的一种"保留"或者"回顾",对于未来的一种"前瞻"亦即期望。这些汉语词语很难准确表达胡塞尔时间观的本意,倒很容易导致经验主义性质的误解。而胡塞尔的意思,首先就是把通常经验主义性质的"客观时间"视为超越物而加以排除;于是,他所谈到的"知觉"、"记忆"、"期望"、"回顾"、"前瞻"及其对象等等,都与经验主义性质的对象及其"客观时间"无关;他所谈的是"时间意识","这种时间并不是经验世界的时间,而是意识流的内在时间",即是"时间的起源"——"时

---

① 胡塞尔:《现象学的观念》,第40页。

② 这是本书作者的概括,胡塞尔本人并没有得出这个公式。

③ "protention"在英文中是极为冷僻的,它实际上是"protension"的异体,本义指的是(在时间上)持续、延续、延伸。

④ 杨富斌主要采用的是李幼蒸在胡塞尔《纯粹现象学通论》中文版中的译法。参见胡塞尔:《内在时间意识现象学》,杨富斌的译者前言《一部具有穿越时空、历久不衰生命力的巨制》,第10页。

间意识的原始形式"①。严格说来，"持存←意向→预存"乃是内在的"意识流"或"绵延"的基本形式②。

这里的关键词是"Intention"，汉译通常译作"意向"。这是胡塞尔现象学的一个核心概念，他有时用"Intention"，有时则用"Noesis"表达。胡塞尔《内在时间意识现象学》一书的编纂者海德格尔指出："一般地说，对时间意识的意向特征所做的说明和对意向性的本质所作的不断发展的阐述，对于这种研究来说是最基本的"；然而"甚至在今天，'意向性'这一术语仍然不是一个无须解释、没有争议的术语，而是一个代表某种争论的中心问题的概念"③。

鉴于上述，《内在时间意识现象学》的中文译者杨富斌提出质疑："仅仅凭借记忆、感知、期望等这些主观的东西就能构成时间意识吗？换言之，离开客观的运动着的物体，我们能不能真正构成时间意识呢？进而言之，根据胡塞尔的内在时间意识现象学，意识是不是在时间中构成时间意识的？这些都是需要我们认真思考和研究的问题，也是现象学所面临的困难问题。"④这种质疑本身显然已经带有强烈的经验主义观念背景，因此胡塞尔也可以反过来对这种质疑加以质疑。胡塞尔内在时间意识现象学所存在的问题不在这里，而在其现象学的根本立场、根本方法。

（二）海德格尔的时间性观念

海德格尔的此在现象学不同于胡塞尔的意识现象学，故而其

---

① 胡塞尔：《内在时间意识现象学》，第6—7、11页。
② 美国实用主义哲学创始人、心理学家詹姆斯（William James，1842—1910）创造了"意识流"（stream of consciousness）之说。法国生命哲学家柏格森（Henri Bergson，1859—1941）创造了"绵延"（la durée）之说。
③ 胡塞尔：《内在时间意识现象学》，海德格尔《编者前言》，第2页。
④ 胡塞尔：《内在时间意识现象学》，译者前言，第11页。

时间观念也不同于胡塞尔的时间观念。他区分"时间"（Zeit）与
"时间性"（Zeitlichkeit），指出："时间性是源始的、自在自为的'出
离自身'本身。"①在海德格尔那里，"时间"就是所谓"流俗的时间
概念"，即是需要被解构而还原的东西；而作为还原结果的"时间
性"则属于源始性（Ursprünglichkeit），即是属于此在（Dasein）的生
存的事情，此乃流俗"时间"概念的渊源所在。

　　然而海德格尔"时间性"的三维结构是"曾在缘自将来，其情
况是：曾在的（更好的说法是：曾在着的）将来从自身放出当
前"②，此即："此在"在其向死而在的先行决断中来到自身，承担起
作为被抛根据的罪责存在，并在当下化的意义上作为当下将自身
打开。这实际上可能导致对于海德格尔的时间性结构的两种不同
的理解。

　　一种可能的理解是：现在与过去都是由将来决定的。在海德
格尔看来，此在超越被抛的所是，向死而在，即谋划其本真的能在，
这表明一切皆出于此在对于未来的谋划，亦即：

过去←当下←未来

　　但是，这样一来，也就导向另一种可能的理解：

过去←当下→未来

　　这就是说，过去与未来都是当下所绽放出来的。这是因为：
对于未来的谋划，其实乃是此在的当下行为。这种理解与胡塞尔
的内在时间意识在结构上是一致的，尽管两者对"事情本身"的看
法不同：胡塞尔认为是纯粹先验意识，而海德格尔认为是此在的
生存。

　　我们比较认同这样的结构：一切皆由当下生成，时间结构亦

---

① 海德格尔：《存在与时间》修订译本，第375页。
② 海德格尔：《存在与时间》修订译本，第372页。

然。但是,我们既不能同意胡塞尔的基本思想视域"纯粹意识",也不能同意海德格尔的基本思想视域"此在的生存"①。因此,我们对于作为"事情本身"的"当下"的理解也不同于胡塞尔和海德格尔(详下)。

三、儒道佛的时间观念

(一) 佛家

汉语"时间"这个概念②出自传入中国的佛学③。在佛陀之前的古代印度,有两种时间观念:一种观念是将时间视为最原初的形而上者,例如《阿闼婆吠陀》(Atharva-veda)将时间视为作为造物主的"生主"(Prajāpati)。这与近代西方科学的抽象客观时间概念颇有一致之处,就是设定时间的实在性、绝对性。另一种观念则将时间视为形而上者的显相形态,例如《弥勒奥义书》(Maitrāyana Upanisad)视时间为大梵的两种形态之一:既是非时间性的即永恒的形态,即其作为超越时间的绝对本原;同时也具有时间性的形态,即正是由于时间的力量,万物才创生并消亡。这是两种不同的但都属于视时间为实有的形而上学时间观念。佛陀创立佛教的时

---

① 参见黄玉顺:《形而上学的奠基问题:儒学视域中的海德格尔及其所解释的康德哲学》,《四川大学学报》2004 年第 2 期;人大复印资料《外国哲学》2004 年第 5 期全文转载。

② "'时间'概念"不同于"'时间'观念","概念"意味着某种观念与某个特定词语的结合,例如这里所说的时间观念与汉语"时间"这个词语的结合。

③ 这并不是说在佛教传入之前中国没有时间观念,而是说"时间"这个特定词语是来自对于佛教时间观念的译介。不仅如此,佛教传入之前,中国时间观念的主流并非"过去→现在→未来",而是一种循环观念。这个问题,另文讨论。

间观念与之不同,时间只是"十二缘起"所幻现出的前后相续相,而假立为时间①。

汉语"时间"这个词语的关键就在于"间"。这个词语可大致对应于英语的"interval"(时间上或者空间上的间隔、差别),乃源于拉丁语"*intervallum*"(两者之间的间隔),拉丁语词根是"*inter*",意思是"在……之间",英语又引申出"相互"的相对之意。

这就是说,如果要对时间加以解构和还原,那显然就意味着:要找到先在于"有间性"的某种"无间性"存在。这是通向关于"时间何以可能"问题的各种各样答案的一条共同路径。显然,任何一种形而上学,只要它不像《阿閦婆吠陀》那样把时间本身看作是造物主或形而上者,那么,形而上者或造物主本身就是这种前时间性的无间性存在者。佛陀佛教也是解构时间的,时间不过是"十二支"之间流转的必然性,亦即是"空",佛教的宗旨就是要解脱时间性的轮回流转;但他似乎并不是为时间寻找一个无间性存在者作为基础,因为在他看来,任何存在者本身都是"无自性"的。但是,这样就会导出一个问题:

> 这里很容易发生的一个问题是,在念念生灭的缘起之流中,我们可以说每一刹那都是与前后刹那无关的独立存在,用佛教的话来说,它是"前后际断"的,而"业"与"报"既然涉及的是两个不同的刹那,那么它们之间必然的关联性又是如何可能的呢? 有部建立"三世实有"的基本论义,很大程度上就是为了要解决这一业报的难题。②

然而不论我们如何理解佛教的"三世实有"观念,它都已经进入了"过去→现在→未来"的流俗时间概念的范畴:

> 问:何故名世,世是何义? 答:行义是世义。……以作用

---

① 傅新毅:《佛教中的时间观念》。
② 傅新毅:《佛教中的时间观念》。

故立三世别,即依此理说有行义。谓有为法未有作用名未来,
正有作用名现在,作用已灭名过去。①

对此,论者指出:"有部的基本思路,是以一种类似于柏拉图主
义的方式来区分本质的存在(法体)与现实的存在(法体的作
用)";"有部超出了纯粹现象的范围,进一步为时间性的存在设定
了非时间性的根据,此即所谓'三世实有'的'法体'";这样一来,
鉴于"'业'与'果'不可能是同时性的,它们必然有时间上的间隔,
然则在刹那生灭的缘起之流中,过去的业既然已归谢灭,它又如何
能在现在感果呢? 在有部论师看来,这只能是设定已落入过去的
乃是业之当下性行为而非其法体,后者因由'不相应行法''得'
(prāpti)这一法体的作用,依然系属于现在的有情"②。

但在笔者看来,这并没有解决问题,反倒陷入了自相矛盾:作
为形而上者的"法体"被解构了,时间被解构而还原到"当下"。

将"有间"的时间还原到"无间"的当下,这正是时间观念之当
代突破的关键所在。问题在于如何理解所谓"当下"。佛教唯识
学者早已经有一种极具当代性的时间观:"谓现在世是能施设去、
来世相。"③意思是说,过去和未来都只是现在的"施设"。

但这样一来,佛教的"因果"观念就受到了破坏。为此,唯识
学者又发明出了"种子熏习"说,意谓过去之业能够在谢灭的刹那
熏习成感果的功能性"种子"(bīja),依于迁流诸行的"相续"
(samtati)、"转变"(parināma)而冥传不已并展转成熟,最终感得果
报④。然而这样一来,上述难能可贵的"当下"观念又被解构了。

---

① 《大毗婆沙论》卷七六,《大正藏》第27册,第393页c。
② 傅新毅:《佛教中的时间观念》。
③ 《大乘阿毗达磨杂集论》卷三,《大正藏》第31册,第708页c。
④ 参见《俱舍论》卷四,《大正藏》第29册,第22页c;《俱舍论》卷三
〇,《大正藏》第29册,第159页a。

与此问题密切相关的是佛教的"刹那"（ksana）概念。"刹那"被理解为"an instant in time"，即是时间中的最小段。佛教经典关于"刹那"的说法很多，但往往都诉诸某种时值计算。例如《俱舍论》卷十二所载，一百二十刹那为一怛刹那（tat-ks！an！a），六十怛刹那为一腊缚（lava），三十腊缚为一牟呼栗多（muhu^rta）（亦译"须臾"），三十牟呼栗多为一昼夜。《仁王经》说："一弹指六十刹那，一刹那九百生灭。"这些说法都表明，"刹那"仍然是一个"有间"的时间概念，所以才会有"刹那间"的说法。

也有佛教界人士认为，这些说法只是释迦牟尼的"方便说"而非"真实说"。有学者说："'刹那'无疑是指时间的微分，即一种不能再分割的时间之点"，"刹那的实在性必然导致时间的构造性，即，时间是刹那的集合"；但他又引入柏格森（Henri Bergson）的"绵延"（duration）概念，认为"并非是由刹那来构成绵延，而是必须在一个刹那与绵延的解释学循环（hermeneutic circle）中来理解时间，也就是说，当我们企图将绵延分解为刹那时，绵延本来就是先在的语境，因此刹那并不具有始基的意义，它只是绵延中的刹那"[1]。但这其实已经背离了佛教关于"刹那"具有奠基意义的观念。

（二）道家

其实，汉语有一个比"刹那"更具"无间性"的词语，谓之"倏忽"。

通常认为这是形容"极短的时间"，故有"倏忽之间"的说法。然而这就与"刹那"的意思差不多了。例如《战国策·楚策四》："（黄雀）昼游乎茂树，夕调乎酸咸，倏忽之间，坠于公子之手。"《淮南子·脩务训》："且夫精神滑淖纤微，倏忽变化，与物推移。"其实，"倏忽之间"这个说法是有问题的，是"有间性"的观念。

---

① 傅新毅：《佛教中的时间观念》。

　　事实上，"倏忽"这个词语出自《庄子》。"倏忽"原作"儵忽"。例如《吕氏春秋·决胜》："儵忽往来，而莫知其方。"《楚辞·远游》："视儵忽而无见兮，听惝怳而无闻。"郭璞《山海经图赞下·驺虞》："怪兽五彩，尾参于身，矫足千里，儵忽若神。"《南齐书·高帝纪下》："机变儵忽，终古莫二。"这些也都是有间性的观念。

　　然而《庄子》所谓"儵忽"表示的不是"有间"的时间，而是前时间性的"无间"。《应帝王》说：

　　　南海之帝为儵，北海之帝为忽，中央之帝为浑沌。儵与忽
　　时相与遇于浑沌之地，浑沌待之甚善。儵与忽谋报浑沌之德，
　　曰："人皆有七窍，以视听食息，此独无有，尝试凿之。"日凿一
　　窍，七日而浑沌死。

　　这篇寓言的寄意非常深刻，然而迄今缺乏足够深入的解读。

　　其实"儵忽"与"倏忽"是同一个词，意思与"浑沌"差不多。然而古来总是有人分别用"儵"或"倏"和"忽"来解释"儵忽"，又分别用"浑"和"沌"来解释"浑沌"。这是不对的。为此，我们不妨来看看这些字的含义。《说文解字》："儵：青黑缯发白色也。从黑，攸声。""倏：走也。从犬，攸声。""忽：忘也。从心，勿声。""浑：混流声也。从水，军声。"（《说文》未收"沌"字。）结果是讲不通的："儵忽"与"黑"并没有关系；"倏忽"与"犬"也没有关系；两者与"忘"同样没有关系；"浑沌"与"混流声"也是没有关系的。这是因为，"儵忽"、"倏忽"、"浑沌"都属于"叠韵联绵词"。

　　联绵词的特点是：两个音节构成一个单词，而其词义并不是由两个词语的词义构成的，而是只有一个义素；换句话说，联绵词的词义与代表这两个音节的字的含义无关，文字只代表声音，不表示含义，因此不能"望文生义"地把两个字分开来从字面上讲。叠韵（两个字的韵部是相同的）是联绵词的一种常见形式；此外还有"双声"联绵词（两个字的声母是相同的）、"叠音"联绵词（两个字的声母和韵母都是相同的）等等。我们来看这几个字的上古韵部：

"儵"是入声屋部（uk），"倏"也是入声屋部，这是两个同音字；"忽"是入声物部（ut）。因此，"忽"与"儵""倏"韵部是相近的，可以构成叠韵。浑：文部（un）；沌：文部。这是标准的叠韵。

由此可见，庄子的意思乃是："儵忽"是不可分的，犹如"中央"的"浑沌"是不可分的；当我们把无间性的"儵忽"分割为"南"方的"儵"与"北"方的"忽"之后，它们就不再是无间性的"浑沌"了。"儵"与"忽"的区分犹如"南"与"北"的空间区分；而且，这种空间区分同时意味着时间区分，"儵与忽时相与遇于浑沌之地"这句话，尤其是"时"这个字，是颇有深意的："儵"与"忽"的区分是以"时"为前提的，而与之相对的"浑沌"自然也就意味着非时间性了。"浑沌待之甚善"是对浑沌的褒扬，这是庄子"齐物"亦即崇尚"自然"之"无"的观念体现。更有意思的是，"人皆有七窍"是主体性的观念，而"此（浑沌）独无有"正是"非主体性"、"前主体性"的观念。

因此，有分别的"儵"和"忽"与无分别的"浑沌"之间的区别，就是"有间性"与"无间性"的区别，也就是"有"（人为）与"无"（自然）的区别。

我们再来看著名的"庖丁解牛"故事：

> 庖丁为文惠君解牛，手之所触，肩之所倚，足之所履，膝之所踦，砉然向然，奏刀騞然，莫不中音，合于桑林之舞，乃中经首之会。文惠君曰："嘻，善哉！技盖至此乎？"庖丁释刀对曰："臣之所好者，道也，进乎技矣。始臣之解牛之时，所见无非全牛者。三年之后，未尝见全牛也。方今之时，臣以神遇而不以目视，官知止而神欲行。……彼节者有间，而刀刃者无厚。以无厚入有间，恢恢乎其于游刃必有余地矣。……"[①]

"牛"在这里是代表"物"。《说文解字·牛部》："物：万物也。牛为大物，天地之数起于牵牛，故从牛。"《荀子·正名》："万物虽

---

① 《庄子·养生主》。

众,有时而欲遍举之,故谓之'物'。"万物的划分,其特征是"有间"。《说文解字》:"閒("间"的古字),隙也。"段玉裁注:"隙者,壁际也";"閒者,门开则中为际"。相反,"无厚"比喻"道"的特征,与"有间"相对,即是"无间"。所以,庄子认为,得道、养生的要领,就是"以无厚(无间)入有间"。在时间问题上也是如此,要理解时间的"有间性",必须进入"道"的"无间性"。

我们发现,《庄子》所谓"有间"之"间",统统是指的一段时间,例如:"莫然有间而子桑户死,未葬。"①"有间,为圃者曰:'子奚为者邪?'"②"孔子伏轼而叹曰:'甚矣,由之难化也!湛于礼义有间矣,而朴鄙之心至今未去。'"③"伯昏瞀人北面而立,敦杖蹙之乎颐,立有间,不言而出。"④

相反则是"无间",例如:

> 泰初有无,无有无名,一之所起,有一而未形。物得以生,谓之德;未形者有分,且然无间,谓之命;留动而生物,物成生理,谓之形;形体保神,各有仪则,谓之性。⑤

在"命"这个原初阶段,虽然"有分",但由于"未形"(无物),故"无间"。"无间"意味着"目无全牛"——"无物"。所以,时间作为一种"有间"状态,源于"无间"。

总之,庄子关于时间观念的生成的基本观点,可一言以蔽之:以无间入有间。

(三) 儒家

无独有偶,孔子也曾谈到"无间":

① 《庄子·大宗师》。
② 《庄子·天地》。
③ 《庄子·渔父》。
④ 《庄子·列御寇》。
⑤ 《庄子·天地》。

　　子曰："禹,吾无间然矣。菲饮食,而致孝乎鬼神;恶衣服,而致美乎黻冕;卑宫室,而尽力乎沟洫。禹,吾无间然矣!"①

　　关于这个"无间",《论语注疏》注云:"孔子推禹功德之盛美,言己不能复间其间";对第一个"间"字,疏云:"间谓间厕";"孔子推禹功德之盛美,言己不能复间其间也"。意思是说,对于大禹的功德,孔子自谦:自己不能厕身其间——不能参与其中。这种解释显然漏掉了"无间然"这个形容词的词尾"然",语法上讲不通。

　　朱熹《论语集注》则是另外一种解释:"间,罅隙也。谓指其罅隙而非议之也。……(大禹功德)所以无罅隙之可议也。"并引杨氏之说:"(大禹功德)所谓有天下而不与也,夫何间然之有!"这里解释了形容词词尾"然","间然"就是"是有罅隙的"。

　　纯粹从字面、语法上来讲,朱熹的解释显然更为恰当。但是,这里仍然有讲不通的地方,特别是"吾"这个主语难以落实:"禹,吾无间然矣。"这句话的直译应该是:"禹,我是没有罅隙的。"这似乎并不是朱熹所说的意思。

　　其实,"罅隙"就是缝隙、分隔的意思,这也是"间"的基本含义。"间"字《说文解字》作"閒",释曰:"閒:隙也。从门,从月。会意。"谓月光从门户两扇之间透入。可见从"日"的"间"是后起字。徐锴注:"夫门夜闭,闭而见月光,是有间隙也。"可见"间"字的含义是指的门缝、缝隙、间隙②。段玉裁《说文解字注》解释其本义:"门开而月入,门有缝而月光可入,皆其意也。"又解释其引申义:"凡罅缝皆曰'閒',其为有两、有中一也。"这就产生了"间"字的另一个引申义:隔阂。

---

　　① 《论语·泰伯》。
　　② "閒"用作闲暇之"闲",属引伸义。段玉裁说:"閒者,稍暇也,故曰'閒暇'。"而此义之"闲"则是假借义,本义闲阑、防护,《说文》:"闲:阑也。从门中有木。"此属许慎所谓"本无其字,依声托事"的假借。

我们认为,孔子的意思是说:"对于大禹,我是没有任何隔阂的。"这类似于我们今天所说的"亲密无间"。

这涉及儒家的一个重要观念"尚友古人"。孟子对万章说:

> 一乡之善士,斯友一乡之善士;一国之善士,斯友一国之善士;天下之善士,斯友天下之善士。以友天下之善士为未足,又尚论古之人。颂其诗,读其书,不知其人,可乎? 是以论其世也。是尚友也。①

我曾对这段话中所蕴涵的诠释学思想进行过深入阐发②,但当时还没有论及"尚友古人"的问题。这与时间问题是有密切关系的。按照流俗的时间概念,我们与古人之间是存在着巨大的时间"罅隙"的,即是"有间"的,如此,我们怎么可能"无间然"地"友古人"呢? 除非我们与古人之间能心心相印、息息相通。这也就是孔子对于大禹"无间然"的情感体验。孟子认为:这就需要"知其人"——理解其主体性;为此则又需要"论其世"——理解其生活之存在,因为主体性乃是由生活之存在给出的。如此,我们就能"设身处地",从而"尚友古人",进而能"颂其诗",能"读其书"。

总之,孔、孟关于时间的本源观念与庄子的观念是一致的,亦即:有"间"的时间概念源于前时间性的无"间"。

四、时间观念的生活渊源

上文谈到汉字"閒"("间"的古字)意谓"门有缝而月光可入"、"凡罅缝皆曰'閒',其为有两、有中一也"。其中"门有缝而月光可入"令人想起海德格尔的著名意象"林中路"(Holzwege);而

---

① 《孟子·万章下》。

② 黄玉顺:《注生我经:论文本的理解与解释的生活渊源——孟子"论世知人"思想阐释》。

"有两、有中一"则令人想起《中庸》所说的"执两用中"。

由"间"可知,海德格尔后期思想的"林中路"(Holzwege)其实仍然不是一种透彻的观念,即不是"无间"的本源情境,而是一种"有间"的主体性。海德格尔在其《林中路》的扉页上题辞道:

> 林乃树林的古名。林中有路。这些路多半突然断绝在杳无迹处。这些路叫做林中路。每人各奔前程,但却在同一林中。常常看来仿佛彼此相类。然而只是看来仿佛如此而已。林业工和护林人识得这些路。他们懂得什么叫做在林中路上。①

这里有许多人和许多路,显然都是一些形而下的相对存在者。人走路,犹如手使锤,无论是"在手状态"(Vorhandenheit)还是"上手状态"(Zuhandenheit),毕竟意味着主体与对象的划分,即"有间"状态,尽管后者并没有意识到主客关系。如果说这些路所通往的"杳无迹处"才真正是"无间"之境,那么,"在林中路上"恰恰意味着还没有达到这种"无间"之境,而仅仅是"在路上"而已。谁在路上?在海德格尔思想的前期是"此在",即一种"特殊存在者",实即是人——尽管是敞开着可能性的人;后期是"林业工和护林人"这些"人"——主体。

海德格尔所谓"林中路"也可以与他所谓"林中空地"(Waldlichtung)的意象关联起来。"Waldlichtung"应当更为准确地译为"林中之澄明";其中心词是"澄明"(Lichtung),意指疏朗之处、明敞之处,这或许可以意指"无间"情境。然而无论如何,任何比喻都是蹩脚的:既然此"澄明"乃是在"林中",这就已经是一种"有间"状态,而非"无间"情境。这与"月光透入门缝之中"所说的"间"殊无异致。

再看《中庸》的"执两用中",也正是一种"有间"的主体性的行

---

① 海德格尔:《林中路》,扉页题记。

为。其原文说:

> 舜,其大知也与! 舜好问而好察迩言,隐恶而扬善,执其
> 两端,用其中于民,其斯以为舜乎!

显然,这里的舜是一个"形而下者",他是与其他主体和客体相对地、有分别地存在着;换句话说,这是一种"有间"的状态,而非"无间"之境。

这种相对的"有间"的存在者状态,是自胡塞尔以来就被解构的。我们记得,在胡塞尔看来,在"我"这个主体意识之外的任何客观实在的东西,都是应该被悬搁的"超越物",因为我们的意识无法确证它们或者它们的客观实在性,我们会陷入"认识论困境"。但是,事实上,为了现实地生存,我们无法回避这些"超越物",我们无法否定自我意识之外的其他主体以及对象的客观实在性。这正如胡塞尔自己所谈到的:"任何有理智的人都不会怀疑世界的存在,(否则)怀疑论者的谎言受到他的实践的惩罚";所以,"我完全可以肯定,有超越的世界存在,可以把所有自然科学的全部内容看作有效的"①。这表明胡塞尔的现象学并不能解决我们面临的问题。

然而这种关于"认识论困境"的思想方法毕竟并非一无是处。它有助于我们发现:对于我们的意识或者观念来说,那种处于当下之外的过去、未来,其实是不可知的;我们仅仅拥有当下(the immediateness)。这种当下并非与过去和未来相对的一段时间,而是一种非时间性的存在;过去和未来都是由当下绽放出来的。如果加以图示,那么,与旧的时间观念相比较,这种新的时间观念是这样的:

旧时间观: 过去→现在→未来

新时间观: 过去←当下→未来

① 胡塞尔:《现象学的观念》,第35、37页。

关于新时间观的这个图示其实还不够确切,更确切的图示应为:

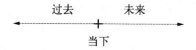

这就是说,过去和未来都是由当下决定的;而"当下"并不是指的"一段时间",而是一个非时间性和前时间性的"点"(须知几何学意义上的"点"是并不占有任何空间和时间的一个"无间")。

当然,这里所谓"点"的比喻是相对于过去和未来的"线"而言的;而实际上,当下并不是一个"点",而更像是一个"域"(field),所有一切都是在当下域中存在的。《老子》说过:

> 有物混成,先天地生,寂兮寥兮,独立不改,周行而不殆,可以为天下母。吾不知其名,强字之曰道,强为之名曰大。……故道大,天大,地大,王亦大。域中有四大,而王居其一焉。人法地,地法天,天法道,道法自然。①

这"四大"——人或王、地、天、道——都是存在者,而不是存在、"域"②;唯有"自然"才是所谓"域"。"四大"皆在"域中"。同理,就时间问题而论,过去与未来都是存在者,唯有当下才是存在、"域"。我们可以这样加以图示:

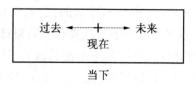

---

① 《老子》第二十五章。

② 《老子》所谓"道"有两种用法,应当严格区分:一种是指的"天下万物生于有"之"有",即形而上的存在者,故称之为"有物"、"道之为物"、"母";另一种则是指的"有生于无"之"无",即存在,故称之为"自然"、"始"(《说文》所谓"女之初")。

　　这就是说,过去和现在并不在当下之外,而在当下之中;当下不仅给出了未来,而且给出了过去。时间的观念由此生成。

　　那么,所谓"当下"究竟说的是怎样的事情呢? 其实,这就是生活儒学所说的"生活"或"存在"之谓。任何存在者都是"有间"的：形而上存在者相对于形而下存在者;所有形而下存在者之间都是相对而存在的。然而生活或存在不是存在者;一切存在者皆源于存在或生活。这就犹如《老子》所说："天下万物生于有,有生于无。"①这些观念之间的对应关系如下：

　　　　无············→有················→万物
　　　　存在或生活→形而上存在者→形而下存在者

　　存在或生活之为无,说的是无物存在的境域,即说的是无间性。

五、作为当下之涵摄与开示的传统

　　根据上述的新时间观,显然,传统并不是在当下之外、之前的东西,而是就在当下之中。传统乃在"域中"。而且,这并不是说我们把过去的传统收摄于当下之中,而是说根本就不存在所谓"过去的传统"。换句话说,传统其实只是当下的一种内蕴;或者说,我们在某种特定的活动方式中将当下域中的某种内蕴开示为过去的传统,这与过去从当下中绽放出来是同一过程。

　　假如我们试图设定一种存在于当下之前、之外的所谓"传统",我们就会陷入"认识论困境"：如果这样的"传统"是所谓"不以人的意识为转移"的东西,即是不以当下的主体意识为转移的客观实在,亦即是存在于当下的主体之外的东西,那么,我们作为当

――――――――

　　① 《老子》第四十章。

下的主体,根本无法确证、无法认知这种作为对象的"传统"。这是因为:我们永远无法穿越当下之域的边界,犹如我们无法走出自己的皮肤。

例如我们"回顾""过去的传统",然而这种"回顾"本身就是当下的一种行为,这种行为的主体仍然是当下的我们,因而,被"回顾"的这个"传统"其实仍然还是在当下之中。即便我们通过阅读历史文献来认知那个"传统",然而这种"阅读"行为本身仍然是一种当下的行为,而被阅读的文本仍然还是在当下之中①。由此可见,所谓"过去的传统"是不存在的。

"过去的传统"并不存在,或者我们根本无从知晓,但是我们——当下的我们——分明感知着传统的存在。"当下感知传统"表明,这种传统必定就在当下之中。这就意味着:我们是把当下之中的某些东西视为传统。或者更确切地说,我们是在当下之中建构着传统,正如我们是在当下之中构造着过去。

总之,传统乃是当下之涵摄与开示。

具体到儒家文化传统、中国正义论传统,事情都是如此。儒家文化传统并不是某种过去的东西,而只是当下的一种建构。儒家文化传统一直在被不断地当下重建着。一个明显的典型例证,就是儒家的"道统",从孟子到牟宗三,这个"道统"一直在被人们当下扩建着、重建着。即便是今天的所谓"原教旨主义儒学"亦如此,他们自以为是在恪守过去的儒家传统,殊不知他们其实也是在当下构造着某种儒家传统。

同理,中国正义论是一种正在当下建构着的传统。提出"所谓'中国正义论'究竟是过去已有的传统还是今天正在建构的理论"这样的问题,是把过去和现在对立起来,把传统和当下对立起来的

---

①　参见黄玉顺:《注生我经:论文本的理解与解释的生活渊源——孟子"论世知人"思想阐释》。

结果,这种思维方式基于很不透彻的时间观念,本身就是一种"传统观念"。

按照这种"传统的"思维方式,我们是在对"过去的"传统进行一种"现在的"阐释。但事实上,假如没有"现在的"阐释,根本就不存在"过去的"传统。作为"过去的传统"的中国正义论,乃是在当下的现代性阐释中确立起来的。

关于我们对"传统"所进行的"现代性"阐释,事情的真相也是如此。所谓"现代性"并不是一个基于流俗时间概念的历史学概念;严格地说,"现代性"乃是对一种生活方式的概括,这种生活方式就是我们当下的生活方式。这种生活方式不同于"前现代"的生活方式;然而所谓"前现代"也是在当下的"现代性"生活中的一种建构,因为那个客观的前现代是一个胡塞尔所谓"超越物"——超出了我们的意识的边界。同理,客观的传统,包括中国正义论传统,也是一个超出了我们的意识边界的"超越物",我们所知道的只是"现代性的传统"(modernistic tradition)——被现代性地阐释的传统(modernly interpreted tradition)。

比较：作为存在
　　——关于"中西比较"的反思*

　　比较是学术界基本的研究方法之一，以至世界学界相继出现了诸如历史比较语言学、比较文学、比较哲学、比较宗教学、比较文化学或文化比较等学科。而在中国，近代"西学东渐"以来，"中西比较"成为哲学、人文学术和社会科学领域的一种基本的思维模式。尽管如此，"何谓比较"这个问题仍在晦暗之中，"比较"的观念仍然模糊不清。本文以梁漱溟《东西文化及其哲学》为例，通过对百年来的中西比较的反思，揭示流俗的"比较"观念的困境，提出一种真切的"比较"观念——"前主体性比较"的观念。

一、流俗的比较观念

　　所谓"流俗的比较观念"（common concept of comparison），指人们关于"比较"的一种常识性观念。一谈到"比较"，人们脑子里就会浮现出一个基本图式：有一个比较者（主体 Subject）在对两个或若干个对象（客体 Objects）进行比较。如图：

　　* 原载《社会科学战线》2015 年第 12 期；中国人民大学复印报刊资料《中国哲学》2016 年第 3 期全文转载；收入拙著《时代与思想——儒学与哲学诸问题》，山东人民出版社 2017 年版。

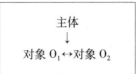

图示 1：流俗的比较观念

这个图式表明：流俗的比较观念基于"S－O"（主体-客体）观念架构以及"O_1－O_2"（对象$_1$-对象$_2$）观念架构，即"主体性比较"的观念。

这种比较模式不仅是学术界的现象，日常生活中也比比皆是。比较的目的是区别对象，找出对象之间的相同点、特别是相异点。所谓"有比较才有鉴别"就是这个意思。比较的进一步的目的是判别对象的高下优劣，以便做出非此即彼的选择。所谓"货比三家"就是这个意思。这种比较经常带有主体的情感，进而造成强烈的情绪。俗话所谓"人比人，气死人"就是这个意思。

近代以来成为中国学界普遍思维模式的"中西比较"就是如此：有一个比较者，他对中国的情况和西方的情况进行比较；比较的结果是找出中西之间的若干相同点或相通点和若干相异点，尤其是相异点，成为做出选择的依据。

举个著名的例子，胡适当年就是这样进行中西比较的：

我们必须承认我们自己百事不如人，不但物质机械上不如人，不但政治制度不如人，并且道德不如人，知识不如人，文学不如人，音乐不如人，艺术不如人，身体不如人。[1]

中国需要西方拯救！这是"西学东渐"以来特别是新文化运动以来的普遍心态。胡适这种比较的结果，众所周知，就是"全盘

---

[1]　胡适：《介绍我自己的思想》，《胡适论学近著》第一集，商务印书馆1935 年版，第 639—640 页。

西化"的选择①。另一个全盘西化论者陈序经,也是这样进行中西比较的:"我们若和西洋比较科学吗? 交通吗? 出版物吗? 哲学吗? 其实连了所谓礼教之邦的中国道德,一和西洋道德比较起来,也只有愧色。"②

而另一个著名的例子,其结论与胡适、陈序经的结论正好相反,然而比较模式却是一致的,那就是梁启超当年进行的一种中西比较:

说什么西学都是中国所固有,诚然可笑;那沈醉西风的,把中国什么东西,都说得一钱不值,岂不更可笑吗? ……我的可爱的青年啊,立正,开步走! 大海那边有好几万万人,愁着物质文明破产,哀哀欲绝的喊救命,等着你来超拔他哩。③

西方需要中国拯救! 那是在 1919 年,梁启超等人赴欧洲考察,所见的乃是大战之后的西方情景,可谓一片凋敝。这种比较的结果,中国人的自信心陡增,以至于高度膨胀,乃至摩拳擦掌地要去拯救西方世界。这标志着中国文化主体性的复苏,接下来就是梁漱溟《东西文化及其哲学》的出版(1921 年)④、张君劢《人生观》的发表(1923 年)⑤,现代新儒家出场了。

――――――――

① 胡适:《充分世界化与全盘西化》,原载 1935 年 6 月 21 日天津《大公报》,收入《胡适论学近著》第一集卷四,商务印书馆 1935 年版。

② 陈序经:《中国文化的出路》,商务印书馆 1934 年版,第 101 页。

③ 梁启超:《欧游心影录》,《饮冰室合集·专集》之二十三,中华书局 1989 年影印本,第 38 页。

④ 梁漱溟:《东西文化及其哲学》,商务印书馆 1999 年 7 月第 2 版。此书最初于 1921 年 10 月由北京财政部印刷局出版,1922 年 1 月改由上海商务印书馆出版。

⑤ 张君劢:《人生观》,见《人生观之论战》,郭梦良辑,上海泰东图书局 1923 年版。参见黄玉顺:《超越知识与价值的紧张——"科学与玄学论战"的哲学问题》,四川人民出版社 2002 年版,第 114 页。

上述两种极端的比较,都是当年时髦的"中西文化比较"的表现。这种比较模式至今仍然很流行。结果,我们经常看到许多似是而非的说法,诸如:"东洋文明主静,西洋文明主动"①;西方是物质文明,中国是精神文明;西方重科学,中国重伦理;西方是个人本位,中国是家庭本位;等等。这些比较,其实都是简单化的,经不起推敲,经不住追问,故站不住脚。

更根本的问题是:这样比较的结果,胡适还是那个胡适,梁启超还是那个梁启超;中国还是那个中国,西方还是那个西方。换言之,这种比较的结果是:一方面,对象的既有差异被固化、强化了,以至造成了"中西对立"的思维定势;另一方面,主体的既有特性也被固化、强化了,以至造成了诸如"中国特色"之类的思维定势。这种中西比较的要害在于:主体与对象,例如中国与西方,都被剥夺了"去存在",即获得新的特性的可能性:主体丧失了获得新的主体性的可能,对象也丧失了获得新的规定性的可能。这就是流俗的"比较"观念——"主体性比较模式"的结果。

二、流俗比较观念中的对象困境

近代以来的中西比较,基本上都是上述流俗的比较观念——主体性比较模式。这种中西比较的一种典型,就是现代新儒家所进行的中西比较;奠定这种比较模式的代表作,就是上文提到的梁漱溟《东西文化及其哲学》。该书所比较的虽然是中、西、印三方,但其重心显然是中西文化之间的比较,印度文化只是陪衬,即通过印度"意欲向后"态度和西方"意欲向前"态度这两个极端,来映衬中国的"意欲调和持中"态度。

---

① 李大钊:《东西文明根本之异点》,原载1918年7月《言治》季刊第3册,见《李大钊全集》,人民出版社1999年版。

既有的中西比较的对象,是中国与西方,即是"中-西"思维模式,属于"O_1-O_2"(对象$_1$-对象$_2$)的观念架构。这种模式的要害在于:比较的对象都是既成而固化的存在者,没有"去存在"、自我更新的可能性。

梁漱溟所进行的就是这样的中西文化比较。而出人意料的是,作为儒家的梁漱溟,比较的结果无异于作为"全盘西化"代表人物的胡适的判断——中国"百事不如人":

> 第一,精神生活方面……我们实在不能否认,中国人比较起来,明明还在未进状态的。第二,社会生活方面,西洋比中国进步更为显然。东方所有的政治制度也是西方古代所有的制度,而西方却早已改变了;至于家庭、社会,中国也的确是古代文化未进的样子,比西洋少走了一步! 第三,物质生活方面,东方之不及西方尤不待言。①

梁漱溟实际上是接着新文化运动的宗旨"科学与民主"来讲的,并对这个宗旨给予了充分肯定(《东西文化及其哲学》整个第二章就专讲科学与民主);只是他觉得不满足,还要追问更为根本的原因:"这样东西——赛恩斯与德谟克拉西——是怎么被他得到的? 我们何以竟不是这个样子? 这样东西为什么中国不能产出来?"②

但是,"这样东西为什么中国不能产出来"这样的问法,已经蕴涵了一种预设,那就是:科学与民主"中国不能产出来"。换句话说,科学与民主只能是西方文化的产物。

然而按梁漱溟的意思,中国当下亟需科学与民主。那该怎么办呢? 为此,梁漱溟提出了一种无异于"全盘西化"的"全盘承受"之说:

---

① 梁漱溟:《东西文化及其哲学》,第 19—20 页。
② 梁漱溟:《东西文化及其哲学》,第 50 页。

德谟克拉西精神、科学精神……这两种精神完全是对的；只能为无批评无条件的承认；即我所谓对西方化要"全盘承受"。①

这样的"全盘承受"，他又称之为"通盘受用西方化"②。就此而论，梁漱溟与后来的现代新儒家"内圣开出新外王"的路数截然不同：后者的全盘西化仅限于"外王"方面，即形而下的层级；而其"内圣"方面，即形而上的层级，则是恪守中国固有的"道统"。

更确切地说，梁漱溟提出的方案是：中国应当先全盘西化，然后再重回老路。这是一种"补课"的方案，基于他的"中国文化早熟"论。所以，全盘西化只是针对当下情势的权宜之计：中国要现代化。这不禁让人想起孔子的话："齐一变，至于鲁。"③先成为"齐"（霸道），再成为"鲁"（王道）。长远来看，梁漱溟提出了一种类似于人类社会发展规律的历史观：

首先，梁漱溟说，文化的不同只是不同民族"生活样法"——生活方式的不同，其实就是他们解决生活问题的方法不同，而最终归结为他们的"意欲"不同。于是，他提出了"人生的三路向"，即人类文化的三种"意欲之所向"："西方化是以意欲向前要求为根本精神的"④，"印度文化是以意欲反身向后要求为其根本精神的"；而"中国文化是以意欲自为调和、持中为其根本精神的"⑤。科学与民主，就是西方的那种意欲向前奋斗精神的结果；而中国之所以缺乏科学与民主，也是由于中国文化缺乏这种意欲向前的态度。

---

① 梁漱溟：《东西文化及其哲学》，第209页。
② 梁漱溟：《东西文化及其哲学》，第17页。
③ 《论语》，《十三经注疏》本，中华书局1980年版。
④ 梁漱溟：《东西文化及其哲学》，第62页。
⑤ 梁漱溟：《东西文化及其哲学》，第63页。

据此,他把人类历史分为三大阶段:第一段是西方路向:"人类文化之初,都不能不走第一路";第二段是中国路向:"世界未来文化就是中国文化的复兴"①;第三段是印度路向:"中国化复兴之后将继之以印度化复兴"②。细看梁漱溟关于未来社会的分析论证,其实颇类似于当时流行的"共产主义"及"无政府主义"的乌托邦。

但是,梁漱溟这里有一个矛盾。他说:

> 譬如西洋人那样,他可以沿着第一路走去,自然就转入第二路;再走去,转入第三路;即无中国文明或印度文明的输入,他自己也能开辟他们出来。若中国则绝不能,因为他态度殆无由生变动,别样文化即无由发生也。③

按梁漱溟的逻辑,一种文化是不可能自行生长出另一种文化来的;所以,中国目前只能全盘西化。然而照此逻辑,西方理当同样如此,即应当首先"全盘中国化"才是,怎么可能自我更新,由第一路顺转到第二路、第三路呢?

顺便说说,梁漱溟那里还存在着另外一种矛盾。当其进行中西文化优劣的比较时,他所采取的是共时性的维度,而掩盖了历时性的问题,即实际上是将前现代的中国文化与现代性的西方文化拿来对比(这其实是迄今为止的中西比较的一种常见的通病);而当其构想人类社会发展规律时,他所采取的却是历时性的维度,即将西方文化和中国文化、印度文化视为人类历史的不同阶段。

不仅如此,按梁漱溟的说法,西方文化那样的态度才是"生活的本性""本来的路向"④。如此说来,中国文化的态度、印度文化

---

① 梁漱溟:《东西文化及其哲学》,第 202 页。
② 梁漱溟:《东西文化及其哲学》,第 203 页。
③ 梁漱溟:《东西文化及其哲学》,第 205—206 页。
④ 梁漱溟:《东西文化及其哲学》,第 61 页。

的态度都是违背生活的本性的,唯有西方的态度才是符合生活本性的。

总之,在梁漱溟看来,中国文化是不可能自己改变、自我更新的,因此,目前的中国要现代化,必须全盘西化;那么,同样的道理,西方文化也不可能自己改变、自我更新,因此,目前的西方要解决自己的问题,就必须中国化。(这与前引梁启超的看法一致,即大战之后的西方需要中国文化来拯救。)

简言之,这种中西文化比较的结果是:中国文化还是那样的中国文化,西方文化还是那样的西方文化;O_1还是O_1,O_2还是O_2。这就犹如一句歌词:"太阳还是那个太阳,月亮还是那个月亮。"①如果要想有所改变,就只能像《红楼梦》里林黛玉那句话:"不是东风压了西风,就是西方压了东风。"

但这样的观念并不符合中西文化的实际;事实上,不论西方文化还是中国文化,都不是一成不变的,而是在不断的演变更新之中。例如,人们说中国传统文化是"儒道释",佛教在唐代甚至几乎成了"国教",难道这样的佛教不是中国文化吗? 而那以后的中国文化,例如宋明理学,难道不是中国文化,而是"佛化"或"印度化"的文化吗? 同样的道理,新文化运动以来的"新文化",难道不是中国文化吗?

三、流俗比较观念中的主体困境

以上讨论的是比较中的对象方面的问题,现在讨论主体方面的问题。既有的中西比较,是一个主体(比较者)对两个对象(中国文化和西方文化)进行比较,即是基于"S－O"(主体-客体)观念架构的比较模式;在这种比较中,主体 S 是凝固不变的。这就是

---

① 电视剧《篱笆、女人和狗》的主题曲。

"主体性比较模式"。

在既有的中西比较中,有两种截然对峙的比较主体,即:基于中国立场的比较者;基于西方立场的比较者。前者的典型,如作为"文化保守主义"(cultural conservatism)的现代新儒家;后者的典型,如作为"东方主义"(Orientalism)的一种表现形式的所谓"汉学"(sinology)。无论哪种立场,都是某种"主-客"观念架构的思维模式,即"主体性比较模式"。

(一)基于中国立场的中西比较

梁漱溟的中西比较是基于中国立场的。在谈到全盘西化的方案时,他强调说:

> 第一,要排斥印度的态度,丝毫不能容留;第二,对于西方文化是全盘承受,而根本改过,就是对其态度要改一改;第三,批评的把中国原来态度重新拿出来。①

这就是说,尽管中国目前需要全盘西化,但这种"全盘"其实是要打折扣的:必须坚持中国原来的态度,用中国态度来看待西方文化。事实上,这种"中国态度"不仅是梁漱溟的个人态度,也是整个现代新儒家的集体态度。

然而,梁漱溟没有意识到,他在这里再次陷入了自相矛盾:按他自己的观点,文化的不同,恰恰在于根本态度的不同。西方文化作为人类"本来的路向:就是奋力取得所要求的东西,设法满足他的要求;换一句话说就是奋斗的态度"②。他接下来论述西方文化的几大特征,都归结为"态度"问题:

> (一)征服自然之异采　西方文化之物质生活方面现出征服自然之采色,不就是对于自然向前奋斗的态度吗?……

---

① 梁漱溟:《东西文化及其哲学》,第 204 页。
② 梁漱溟:《东西文化及其哲学》,第 61 页。

（二）科学方法的异采　科学方法要变更现状，打碎、分析来观察；不又是向前面下手克服对面的东西的态度吗？……

（三）德谟克拉西的异采　德谟克拉西……这不是由人们对人们持向前要求的态度吗？

……我们至此算是……点明西方化各种异采之一本源泉是在"向前要求"的态度了。①

这不是自相矛盾吗？在"全盘承受"西方文化的时候，却采取"中国态度"，这样的承受还是"全盘"的吗？这样承受的还是"西方文化"吗？

其实，按梁漱溟自己关于文化与态度之内在关系的逻辑，既然要"全盘承受"西方文化，那就得至少暂时放下"中国态度"、"中国文化"立场；反之，如果拿出"中国态度"，那就不可能"全盘承受"西方文化，也就不能解决中国问题。

其实，梁漱溟自己就说过：中国目前的种种问题之所以无法解决，恰恰就是"因为中国人民在此种西方化政治制度之下仍旧保持在东方化的政治制度底下所抱的态度"；"此种态度不改，西方化的政治制度绝对不会安设上去！"②唯其如此，中国当务之急的问题恰恰是："怎样可以使根本态度上有采用西方化的精神，能通盘受用西方化？"③

所谓"中国态度"，其实就是中国文化的主体性、中国人的主体性。这里的问题，还是出在凝固化的思维方式上：中国文化的主体性、中国人的主体性是一成不变的，即不可能自己改变、自我更新。但这也不符合中国历史、中国人的实际。中国人曾经是宗

---

①　梁漱溟：《东西文化及其哲学》，第62页。

②　梁漱溟：《东西文化及其哲学》，第17页。

③　梁漱溟：《东西文化及其哲学》，第17页。

族社会、王权社会中的贵族、百姓和奴隶,曾经是家族社会、皇权社会中的臣民,而如今则是或正在成为现代社会、民权社会中的个人、公民,怎么能说中国人的主体性一成不变呢? 反过来说,现代性的中国人,难道因为成为独立自主的公民个体,就不再是中国人了吗? 就不再具有中国人的主体性了吗?

所以,在我看来,面对中国当前的种种问题,国人亟需的决不是强化什么"民族文化主体性",而是"文化反省",在反省中自我更新,获得新的主体性。

(二) 基于西方立场的中西比较

基于西方立场的中西比较,最典型的就是所谓"汉学"(sinology),它其实是"东方主义"(Orientalism)的一种表现形式。所谓"东方主义"就是西方世界关于东方的言说,萨义德(Edward W. Said)谓之"后殖民理论"①,即是站在西方立场上来描绘的东方形象,其间体现着西方思维方式,渗透着西方价值观念,行使着西方话语权力。而"汉学"或"中国学"(China Studies),包括西方汉学家的汉学研究,乃至一些海外华人学者,甚至一部分中国学者的汉学研究,实质上都是某种东方主义。东方主义、汉学实质上都是主体性思维,只不过那是西方的主体性。

当然,无可否认,有些学者包括一些西方学者,在主观上试图避免西方立场,采取客观中立的立场乃至中国立场,但实际上他们的做法还是汉学的方法。这里举一个西方学者的例子,那就是美国著名汉学家安乐哲(Roger Ames)的儒学研究。美国哲学家安靖如(Stephen Angle)准确地指出了安乐哲儒学的西方立场:

我用"综合儒家"(Synthetic Confucians)来标识这些儒家

---

① 萨义德:《东方学》,王宇根译,生活・读书・新知三联书店1999年版。

哲学家,他们主要借鉴的是非儒家的哲学传统。这些人能够同情多重传统,从多维视野中领会价值与意义,并设法将其整合于儒学的一个综合形式之中。这种综合方法超出了我曾提到的"有根的全球性"(rooted global)方法,因为它明确地植根于不止一个传统。这群人中最突出的一组包括夏威夷大学的安乐哲、波士顿大学的南乐山(Robert Neville)(他也是一名基督徒)和新加坡国立大学的陈素芬(Sor-hoon Tan),他们强调美国实用主义与儒学之间的共鸣,寻求在发展儒学时关注杜威(John Dewey)和皮尔士(Charles Peirce)的洞见。山东大学的黄玉顺则提供了一种不同的综合,他从海德格尔(Heidegger)那里汲取灵感,从而发展出他称之为"生活儒学"(Life Confucianism)的理论。① 贝淡宁(Daniel Bell)最近探讨了"左派儒学"的观念,推动儒学与社会主义的互相学习。而另一个例子是历史学家和政治理论家墨子刻(Thomas Metzger),他(特别是在其权威性的《跨太平洋之云——今日中西政治理论冲突》中)寻求让儒学与密尔(John Mill)的自由主义展开建设性的和综合性的对话。②

这样的"综合",实际上也是一种中西比较,或者说是中西比较的一种结果;此所谓"中",便是中国的儒学。安靖如尽管提到这些哲学家"能够同情多重传统",但仍明确地指出了他们"主要借鉴的是非儒家的哲学传统",即非中国的传统,而是西方的传统。安靖如准确地指出了这些西方学者的西方立场:

----

① 对于安靖如对我本人的思想的评论——将我的"生活儒学"归为海德格尔那样的"西方立场",我已经做出回应,见黄玉顺:《儒学之"根"与"源"——评安靖如"进步儒学"的思想方法》,《烟台大学学报》2014年第1期。

② Stephen Angle: *Contemporary Confucian Political Philosophy Toward Progressive Confucianism*, Polity Press, 2012, p. 16.

　　大致说来,在这种综合性的哲学思维中,我们或许可以分辨出两种不同的动因。在某些情况下,一个人能够积极接受儒学的综合版,仅限于这个人已有了对某种更先行而独立自主的其他教义的承诺,而儒学正在被它综合。……①

　　按照安靖如的这个判断,我们可以说:安乐哲之所以"能够积极接受儒学的综合版",是因为他"已有了对某种更先行而独立自主的其他教义的承诺",那就是"杜威和皮尔士的洞见",亦即美国的实用主义哲学;而"儒学正在被它综合",即是一种"美国实用主义儒学"。在我看来,安乐哲的"儒家的角色伦理学"(Confucian Role Ethics)②,实质上是美国实用主义伦理学的一种发展③。

　　这种"综合儒学"作为一种"儒学",却坚持"非儒家的哲学传统",即西方哲学传统,自觉或不自觉地认定这样才是"有根的"(rooted),乃是由于这些比较者(主体)的西方文化主体性。照安靖如的判断,这样的比较、"综合",并没有改变他们的文化主体性。

　　然而在我看来,真正的"综合儒学"不能再以那种非此即彼、"非中即西"的方式看待问题,而应在全球化语境中获得一种新的主体性,这种新的主体性应当超越"中-西"对峙模式,即超越"S－O"、"O_1-O_2"模式,即应当是"前主体性"思维的结果;而这样的全球化语境,就是中西"共在"——共同生活。

---

　　①　Stephen Angle: *Contemporary Confucian Political Philosophy Toward Progressive Confucianism*, p. 16.

　　②　Roger T. Ames: *Confucian Role Ethics: A Vocabulary*. Hong Kong: Chinese University Press, Chinese University of Hong Kong, 2011.

　　③　我对安乐哲的"角色伦理学"有所评论,参见黄玉顺:《"角色"意识:〈易传〉之"定位"观念与正义问题——角色伦理学与生活儒学比较》,《齐鲁学刊》2014年第2期。

四、真切的比较观念

所谓"真切的比较观念"（real concept of comparison）指的是这样一种比较活动，这种活动生成了新的主体、新的对象，亦即给予了比较主体以新的主体性、比较对象以新的客观性意义。如图：

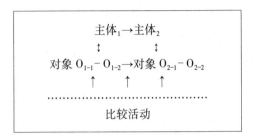

图示 2：真切的比较观念

图中的主体$_1$指比较者在比较活动之前的主体性，主体$_2$则指比较者在比较活动之后所获得的新的主体性；对象 O_{1-1} - O_{1-2} 是指的比较对象在比较活动之前的客观性意义；对象 O_{2-1} - O_{2-2} 则指的比较对象在比较活动之后所获得的新的客观性意义。

这种真切的比较观念意味着：通过比较，我们可以超越旧的主体性，获得新的主体性；同理，不论中国文化还是西方文化，都是可以自我更新的，这种自我更新并不意味着西风压倒了东风或者东风压倒了西风，并不意味着中国的西方化或者西方的中国化。

于是，比较活动获得了存在——先行于存在者（包括主体性存在者）的存在——的意义。这并不是什么"存在论意义上的"比较（the comparison in the sense of ontology），而是作为存在的比较（the comparison as Being）。这是因为："存在论"（ontology）（旧译"本体论"）所关涉的是存在者（beings），而不是存在（Being）①；存在乃是先行于任何存在者的事情，即是我们当下共在的生活情境。新的存在者、新的主体性正是在这共同生活情境之中生成的。此即真切的比较的意义。

其实，梁漱溟有一段话，已接近"超越旧主体性，获得新主体性"这个意思：

> 这个差不多成定局的宇宙——真异熟果——是由我们前此的自己而成功这样的；这个东西可以叫做"前此的我"或"已成的我"，而现在的意欲就是"现在的我"。所以我们所说小范围生活的解释即是"现在的我"对于"前此的我"之一种奋斗努力。所谓"前此的我"或"已成的我"就是物质世界能为我们所得到的，如白色、声响、坚硬等皆感觉对他现出来的影子呈露我们之前者；而这时有一种看不见，听不到，摸不着的非物质的东西，就是所谓"现在的我"，这个"现在的我"大家或谓之"心"或"精神"，就是当下向前的一活动，是与"已成的我"——物质——相对待的。②

这个意思，可以讲得很通俗："已成的我"就是旧的主体性，而"现在的我"即是新的主体性。这就是说，按梁漱溟在这里所表达的思想，我们可以超越旧的主体性，获得新的主体性。这也同样适用于他本人，他说："假使有一个人对于我所做的生活不以为然，我即不能放松，一定要参考对面人的意见，如果他的见解对，我就自己改变。"③

问题在于：为什么会出现"现在的我"这样一种新的主体性、

---

① 这里的"Being"不能写做"the Being"。"the Being"是指的形而上者，例如上帝，但仍是一种存在者；而"Being"则是指的存在（Being per se）。
② 梁漱溟：《东西文化及其哲学》，第57页。
③ 梁漱溟：《东西文化及其哲学》，第23页。

新的"'心'或'精神'"或新的"意欲"？梁漱溟将一切都归之于
"意欲"。他将中西文化的差异归结为"生活样法"（生活方式）的
不同，这本来是没错的；但他又把生活方式的差异归结为主体"意
欲"的不同，而"此所谓'意欲'与叔本华所谓'意欲'略相近"①，
这就本末倒置，很成问题了②。究其原因，这是梁漱溟的"唯心"哲
学的必然结果，他自称是"释迦慈氏之徒，不认客观"③，"只是本着
一点佛家的意思裁量一切"④："我们的意思只认主观的因，其余都
是缘"⑤。

然而试问：这种主体"意欲"的产生何以可能？我们显然不能
像梁漱溟那样，用"意欲"来解释"意欲"。我的想法正相反：一切
源于生活。特定的生活方式，产生特定的人、特定的主体性，进而
产生特定主体的意欲。

而所谓"比较"，在真切的意义上，本质上就是一种生活方式，
或者说，是某种生活方式的一种特定表现形式。换句话说，比较尽
管确实就是一个既有的主体在对若干既有的对象进行对比，然而
这种活动的结果却让这个主体获得了新的主体性，同时也让这些
对象获得了新的对象性。中西比较亦然，中西双方都应当通过比
较活动而成为新的存在者，即成为"新中国"和"新西方"。

我曾在讨论理解与解释的观念时涉及过这个问题，因为比较
活动实质上也是一种诠释活动。我把诠释活动概括为"注生我
经"，意思是：既非"我注六经"，也非"六经注我"，而是"注"这种

① 梁漱溟：《东西文化及其哲学》，第 32 页。
② 参见黄玉顺：《当代儒学"生活论转向"的先声——梁漱溟的"生活"
观念》，《河北大学学报》2008 年第 4 期。
③ 梁漱溟：《东西文化及其哲学》，第 52 页。
④ 梁漱溟：《东西文化及其哲学》，第 55 页。
⑤ 梁漱溟：《东西文化及其哲学》，第 52 页。

活动生成了"我"(主体,即注释者)和"经"(对象,即被注释文本)①。在诠释活动中,解释者获得了新的主体性,经典也获得了新的客观性意义。比较活动亦然:这种活动给出了新的比较主体,即赋予了比较主体以新的主体性;同时给出了新的比较对象,即赋予了比较对象以新的客观性意义。

我也曾在讨论"失语"问题的时候涉及过这个问题,因为所谓"失语"(aphasia)是比喻丧失了本民族国家的话语能力(这种话语蕴涵着该民族国家的主体性及其价值观)②,这种说法实际上基于两种"语"之间的某种比较。"失语"论者认为,西学东渐以来,中国人尽管还是操汉语,但已逐渐丧失了中国话语的能力,即已无法凭自己的民族主体性来表达自己的本土价值观。而我的看法与之相反:"失语"其实是不可能的事情,因为"失语"说的观念前提是存在着不变的主体性及其不变的话语、价值观,但这个前提本身就是不存在的。不论中国的还是西方的话语及价值观,都会在交流、对话、比较中获得新的主体性和新的客观性意义。

总之,真切的"中西比较"实质上是我们的一种生活方式,而属于现代性的生活方式。因此,这种比较具有生活——作为存在的生活——的意义。比较绝不仅仅是一种"学术"活动,而是一种生活方式、"去存在"的方式,而归属于生活、存在。比较的意义属于存在的意义。

---

① 黄玉顺:《注生我经:论文本的理解与解释的生活渊源——孟子"论世知人"思想阐释》,《中国社会科学院研究生院学报》2008 年第 3 期。

② 黄玉顺:《我们的语言与我们的生存——驳所谓"现代中国人'失语'"说》,《南京师范大学文学院学报》2004 年第 4 期;收入《面向生活本身的儒学——黄玉顺"生活儒学"自选集》,四川大学出版社 2006 年版。

自如境界与诠释学问题[*]

　　冯友兰先生讲到这里为止；而孔子下面还有三句话："五十而知天命，六十而耳顺，七十而从心所欲不逾矩。"这是什么意思呢？显然，这是更高的境界，比那个自发境界、自为境界更高的境界，我把它概括为"自如的境界"，达到了一个挥洒自如、收放自如的状态，不假思索的状态。

　　"五十而知天命"，什么叫"天命"啊？大家千万注意，孔子不是算命先生，他所讲的"天命"不是我们今天很多人算命所理解的那个"命"，不是我们说的命运的那个"命"。我们先来看这个"命"字是怎么写的。

　　"命"是由两个字构成的：口、令。命就是口令，就是发号施令。谁在发号施令呢？天命：天在发号施令。但是，"天"是什么呢？孔子讲的"天"，你千万不要把它理解成老天爷、上帝。孔子讲："天何言哉？四时行焉，百物生焉，天何言哉！"^①天什么时候说过话呀？但恰恰是在天的无声的运行当中，"四时行焉，百物生焉"，春夏秋冬，万物生长，世界万物这么生成了。这个自然的状态，就是天："无为为之之谓天"^②，自然而然。这样的天的运行，使

　　* 节选自《生活儒学：只有爱能拯救我们》（10 集），山东教育电视台于2016 年 1 月中下旬播出；收入拙著《从"生活儒学"到"中国正义论"》，第158—161 页。
　　① 《论语·阳货》。
　　② 《庄子·外篇·天地》。

我们感觉到,它仿佛在告诉我们什么道理。它没说话——"天何言哉",但我们似乎听见它在告诉我们什么,这就叫"天命"。所以,天命是天道的无声的言说,天道的自然的显现。

你听到了这个声音,并且把这个声音说出来。"朝闻道,夕死可矣。"①你闻道,并且言道传道,你就是圣人。我们再来看这个圣人的"圣"字是怎么写的。繁体字的"聖"字,左边一只耳朵,右边一张嘴巴:耳、口。大家注意,这恰好就是我刚才讲的:耳朵倾听天命,倾听大道的、天道的无声的言说;嘴巴将此大道传播出来,讲出来,这就是圣。两者缺一不可。

这让我们想起西方的一门学问。西方有一门学问,叫作"诠释学"。诠释学,英文叫 hermeneutics。Hermeneutics 讲什么呢? hermeneutic 这个词的词根是 Hermes——赫尔墨斯。赫尔墨斯是希腊神话的一个神。这个神是什么角色呢? 是干什么的呢? 他是为宙斯传达消息的信使。宙斯,我们知道,是奥林匹亚的至上神。那么,赫尔墨斯就像他的传令官一样的,他把宙斯的信息传达给诸神,甚至传达给人间。于是,他就成为一个枢纽:他一边用耳朵倾听宙斯的声音,一边用嘴巴将此传达出来,向人、向神传达。

这和我们说的"聖"字是一样的结构,但是有一个区别:赫尔墨斯所倾听的是宙斯的声音;而孔子说的圣人所倾听的不是宙斯的声音,也不是老天爷的声音,"天何言哉",他倾听的是"天命"——天道的无声的言说。

所以,孔子也讲"君子有三畏"。畏即敬畏,有敬畏感。"君子有三畏:畏天命,畏大人,畏圣人之言。"②"大人"就是圣人。我们对天命有敬畏,所以我们才对圣人之言有敬畏,因为圣人之言所传达的就是天命。

---

① 《论语·里仁》。
② 《论语·季氏》。

那么,进一步讲,这个天命——天道的无声的言说,还是比较玄乎,我们再进一步分析:耳朵-嘴巴、耳-口这个"聖",这两个方面所指的实际上是什么? 孟子在他的书中,有一次解释什么叫"圣",他说了两个关键词:"仁且智。"①仁爱的"仁",智慧的"智"。"仁"是这样的爱的情感——本真的、真诚的爱的情感;"智"是智慧的智。这个智慧的"智",大家注意,先秦的时候不是这样写的;它就是写的"知"——知道的"知"。这个"知"字,里面有一个构件"口",正好和圣人的"聖"这个"口"相应。你把天命说出来,用嘴巴说出来,这就是圣。但是,你说出来的这个天命到底是什么呢?"仁且智"的"仁"。

我们结合刚才的分析,综合起来,就会意识到:孔子讲的这个"圣"的境界,所倾听的天道的无声的言说,就是仁爱,就是爱的呼唤,就是良知的呼唤。这个呼唤,不是老天爷在那儿发号施令,而是你本身的本真的情感的显现。

所以,孔子讲的自如境界的第一层"五十而知天命",就是他知道了:真正的天道就是仁爱,它存在在那里,存在在宇宙当中,存在在我们每一个人的心中。"五十而知天命"真正找到了一切的大本大源。

孔子接下来又说"六十而耳顺"。大家注意,"耳顺"也就是刚才讲的那个耳朵非常顺畅。什么意思呢? 是他此刻真正听到了天命。前面讲"五十而知天命",他知道了天命的存在,但不一定就已经听到了天命的声音;现在"耳顺",他时时刻刻都能听到天命的声音,都能听到仁爱的呼唤。"五十而知天命,六十而耳顺",这是一种更高的境界。

那么,达到了这样的境界之后,就会有一个效果,或者说就会自然地带出另外一种境界,就是自如境界的第三层——最高境界:

---

① 见《孟子》之《公孙丑上》及《公孙丑下》。

"从心所欲不逾矩。"

"从心所欲不逾矩"这句话很容易被误解,似乎是说,我们对一套规矩,对一套社会规范,对一套社会规则,因为太熟悉了,就意识不到它的存在,自然而然就顺着它去做。孔子讲的不是这个意思。我们前边已经分析过了:社会规范——既有的、现行的社会规范,并不意味着它就是正义的,就是正当的;还有"损益"的问题。所以,孔子讲的这个"不逾矩"绝不是这么消极的。他实际是在讲:我们达到这样的境界,那些形而下的社会规范及其制度这样的东西,对于我们来讲,都是已经被超越了的东西。

换句话说,前面我们讲儒家伦理原理的时候,我们讲:我们要遵守社会规范——"克己复礼",我们甚至要建构新的社会规范——"礼有损益",这些都还是不够的,都是形而下者的事情;我们要问的是:你为什么、你何以能够做到"克己复礼"、"礼有损益"? 你何以能够做到,而且很自如地做到建构新的社会规范、新的社会制度? 说到底,我们刚才也谈到了:是因为仁爱。这就是孔子讲的:我们倾听到了天命的声音,倾听到了爱的呼唤,你才能够"不逾矩"。这真正追溯到了本源上去。这个时候,在这个境界上,我们说"从心所欲":你心里怎么想,就自然而然怎么做,总是正确的。

大家注意这个"心"——"从心所欲"这个"心",恰恰是讲的这么一种自如的状态:此时无心胜有心。这个"有心"其实就是"无心",完全是一种挥洒自如的状态,一切皆自然而然。

简单来讲,这样的境界,我把它总结为:只要你有真诚的、本真的仁爱的情感,只要你倾听到了爱的呼唤,你真正按爱的精神去行事,就一切都不是问题。比如说,我们谈教育——谈法制教育,谈什么、什么教育,其实最根本的就应该是爱的教育。如果一个人,他充满着爱心,他自然而然就不会作奸犯科。

圣人之言与诠释学问题*

　　"圣人"又是什么意思呢？我们回到"圣"字最早的用法上去，这也是非常有意思的。繁体的"聖"字，你们看甲骨文的话，它下面画的是一个很小的人形，我们不管它；上面画的是一个大大的耳朵，另外还有一张嘴巴。耳朵是用来听事儿的，嘴巴是用来说事儿的。显然，孔子讲的这个"圣"是说：他听到了什么，然后把他所听到的说出来，传达出来，告诉大家。这就是"圣"。那么，他听到的是什么呢？

　　我先讲一个西方的情况，来做一个对比。不知道在座的同学有没有学哲学的？哲学领域里有一门分支学科，叫做"Hermeneutics"——诠释学，相当于我们中国的训诂学。Hermeneutics 这个词语，它的词根词源是 Hermes，那是希腊神话里的一个神——赫尔墨斯。赫尔墨斯是干什么的呢？他是宙斯的信使，为宙斯传送消息；也是宙斯和诸神的使者和传译，向人间传达神的信息。他是一个中介。显然，他的基本的角色，就是靠一双耳朵，一张嘴巴，对不对？他首先得用耳朵听神讲，然后再讲出来，讲给其他的神或人听。这就是诠释学的来历，它是有西方古代文化的来源的。举个例子来讲，一个神学家，他在诠释《圣经》，基本上也是这个角色：《圣经》是神的声音，他把它诠释出来，告诉那些信众，就起了一个中介的作用。

　　我刚才讲，相当于西方的 Hermeneutics——诠释学的，我们中

＊　节选自拙文《君子三畏》，《宜宾学院学报》2016 年第 2 期。

国的是训诂学。训诂学是我们古代的儒家学者理解圣人之言,然后加以解释,把它告诉给其他人,这在功能上是和 Hermeneutics 具有同构性的。当然,实际上,"圣"指的不是普通的诠释者,而说的是圣人,他和赫尔墨斯一样,听到了某种声音,并且向人间传达。但是,孔子所说的"圣人",他听到的肯定不是神的声音,这是跟西方文化不同的地方。孔子,我们都知道,他"敬鬼神而远之"①"不语怪、力、乱、神"②,即使去参加祭祀,他也只说"祭神如神在"③,而不是肯定"神在"。他是不信神的,至少是采取一种敬而远之的态度,他当然不会去倾听神的旨意,传达神的信息。但他和圣人也在倾听。

所以,我们就会想到,孔子讲过大家很熟悉的一段话。他从"吾十有五而志于学",一直讲到"五十而知天命";我们这里讲"三畏",其中也有"天命"。孔子说他"五十而知天命,六十而耳顺,七十而从心所欲不逾矩"④。"不逾矩"是真正的自由,真正的大自在、大自由。他是怎么做到的呢? 中间有一个环节:他倾听到了什么。这就是他所说的"耳顺"的意思。倾听到了什么呢? 倾听到了"天命"。

那么,"天命"是什么东西啊? 按照一般人的理解,很容易将它理解为一个"命运"那样的东西——destiny,好像我们生来就被命运注定了,甚至说有一个老天爷在那里发号施令,因为汉字的"命"字、天命的"命"字是由两个部分组成的:"口"、"令"。这很容易让人想到,有一个老天爷在那里发号施令,然后圣人听他发号施令,听老天爷的。这么讲,就讲成了基督教了,或者讲成了古希

① 《论语·雍也》。
② 《论语·述而》。
③ 《论语·八佾》。
④ 《论语·为政》。

腊神话了,那还是儒学吗? 还是中国文化吗?"天命"不是这个
意思。

　　关于"天命",说起来是比较"神秘"的。"命"这个字,是表示
有某种口令、某种声音,但是,大家知道,孔子还有一段话说:"天何
言哉? 四时行焉,百物生焉,天何言哉!"[1]天其实不说话,而是无
声的;但是,尽管天不说话,我们中国的先民却把这种事情领悟为
一种声音,称之为"命"——发号施令,这是相当深刻的,也可以说
是相当"玄乎"的。到底怎么回事呢? 圣人究竟听到了什么,然后
把它讲出来,告诉我们? 要理解这一点,你必须理解儒家对自己的
角色功能的一个最基本的定位。

　　孟子有一次谈到,子贡说,儒者之"圣"到底是怎么回事呢?
就两方面:"仁且智"[2]。仁爱的"仁",智慧的"智"。这就是说,所
谓"圣人",或者说"圣"这种境界,就是"仁爱"与"智慧"这两个方
面,缺一不可。"仁爱"这个方面,我们先放下,我们先看"智"是什
么意思。

　　我们今天写的这个智慧的"智",在汉代以前不是这么写的,
而是写做"知"——知道的"知",读"智"。这个"知"字是一个形
声字,左边的"矢"是没有意义的,是它的读音;它的意义在哪里
呢? 就是那个"口"字——说话。于是你就能想到,它所对应的正
好是"聖"字的"口"那边;也就是说,"聖"这个境界的一个方面,就
是能够向人间传达什么事情,这就是智慧。然后,我们再回到
"聖"字的另外一个方面"耳",耳朵倾听什么呢? 它所对应的,显
然就是"仁且智"当中的"仁";也就是说,圣人所倾听的是仁爱。
圣人倾听的不是老天爷的发号施令,不是上帝的声音,也不是奥林
匹斯山上的诸神的声音;圣人倾听的是仁爱的声音。这种仁爱的

----

① 《论语·阳货》。
② 《孟子·公孙丑上》。原文:"仁且智,夫子既圣矣。"

声音,我们把它理解成"天命",把它说成是一种"发号施令",这有点像一种比喻的说法,就是说,它本身"天何言哉",是没有声音的,但我们似乎确实听到一些什么。

正因为听到了仁爱的声音,我们才能把它说出来,才能说话,才有智慧。现代哲学界有一个说法,是两个哲学家,索绪尔(F. Saussure)和海德格尔(Martin Heidegger),他们不约而同地有一个说法:不是人在说话,而是话在说人。意思是说:语言、说话,有两种。一种是"人言"——人在说话,比如孔子这三句话里面的"圣人之言",圣人也是人,圣人之言就是"人言",就是人在说话。但是,当圣人用耳朵去听的时候,他所听到的可不是"人言",而是"道言"——"道"在说话,这也就是所谓"天命"。正因为你倾听到了"道言"的声音——这种无声的声音,然后你才能把它说出来,你才能说话,才能说"人言"。所以,表面上看起来,是圣人在说话,实际上他是在传达某种声音。这个时候,你就会发现:确实不是人在说话,而是话在说人。"话在说人"中的"话"指的是什么呢? 不是人言,是道言。这也是我们儒学、中国哲学的一个很突出的特征:我们把那种本体性或者说本源性的存在,那种最本源的事情,决定了一切事物的那种事情,理解成一种"说话"——"道"。这样的"道",其实就是仁爱之道。圣人所倾听的,所言说的,其实就是仁爱的声音、仁爱的呼唤。这就是"天命",就是"道"。

我们中国哲学最喜欢讲"道"。"道"是什么意思呢? 所谓"能说会道","道"就是"说话"的意思。当然,"道"还有"走路"的意思;在我们先民的意识中,走路和说话是一回事,但不是人在走路,人在说话,而是道在走路,道在说话。所以,我们说,圣人所听到的,你可以把它叫做"天命",也可以把它叫做"道言"。所谓"道言",就是大道的自己显现,自己"走路"——自己开辟道路。比如我刚才提到的"四书",其中之一的《中庸》,把"道"这样的本源性的存在,叫做"诚",因为"诚"字也有一个"言"字旁,也是"说话"

的意思。《中庸》里面有一句话，"诚者自成也，而道自道也"，那就是说："诚"就是"道"自己在说话，在这种"自道"中"自成"。

我们回到"圣人之言"这个"圣"字上来。孔子讲的"大人"和"圣人"，指的是倾听到了仁爱之道、大道之言的人；他听到了大道之言，并且能够把它说出来，告诉我们，具有这样的智慧的人，叫做"圣人"。这跟我们刚才讲到的"圣人"、"大人"最早的用法，比如社会地位什么的，毫无关系；他甚至超越了功利、道德这样的境界，他倾听的是"道言"、"天命"。进一步讲，究竟什么叫做"天命"？我刚才讲了，"命"后来被理解为或者可以说是误解为一种冥冥之中决定着我们每一个人命运的东西，甚至于把它人格化，诸如老天爷那样的东西，像基督教的上帝一样，这其实不是"命"本来的意思。"命"是什么意思呢？就是一种无声的声音，像是某种说话的声音一样，它在告诉我们一些消息。什么消息呢？我刚才讲"仁且智"，"命"就是仁爱的消息。这就是儒家的根本的思想，根本的精神，即：所谓的"圣"，他所倾听的，他所言说的，说一千道一万，归根结底就是仁爱。

现在，我们回过头来看孔子讲的"三畏"之间的关系。孔子这三句话是连贯起来的，不能分开讲。这种敬畏，并不是敬畏现实中的任何一个对象性的东西，也不是敬畏任何人。那么，我们为什么要敬畏大人、圣人？并不是因为他是大人，并不是因为他的地位有多高，并不是因为他是天子、诸侯、贵族，而是因为"圣人之言"，即是因为他传达着一种非常本真的消息；这种消息，在儒家这里，很简单，那就是仁爱的精神。所以，我们要敬畏的是仁爱，我们要敬畏的是我们的一种本真的情感。这一点是儒学和其他宗教比如基督教之间的一个根本的区别。比如基督徒，他要敬畏的是上帝那个人格神；而儒家让我们敬畏的是什么呢？很简单，就是你的本真的情感、本真的仁爱。

"直"与"法"：情感与正义
——与王庆节教授商榷"父子相隐"问题[*]

对于中国社会的现代转型来说，儒学的命运是一个大问题，而这个问题的答案则取决于儒学被如何诠释。王庆节教授的论文《亲亲相隐、正义与儒家伦理中的道德两难》①（以下简称"王文"）讨论孔子的著名命题"父为子隐，子为父隐，直在其中"，即属这样的诠释问题。这个命题出自《论语》，原文如下：

> 叶公语孔子曰："吾党有直躬者，其父攘羊，而子证之。"孔子曰："吾党之直者异于是。父为子隐，子为父隐，直在其中矣。"②

关于这个问题，我曾撰文《"刑"与"直"：礼法与情感——孔子究竟如何看待"证父攘羊"》③。那是缘于当时儒家学者与反儒学者在这个问题上的一场论战④；而我发现，双方都基于一个共同

---

* 原载《社会科学研究》2017 年第 6 期。此文是笔者向浙江大学人文高等研究院"比较视域中的伦理与法理"学术研讨会（2017 年 5 月 26 日）提交的论文，是对王庆节教授论文《亲亲相隐、正义与儒家伦理中的道德两难》的评议。

① 王庆节：《亲亲相隐、正义与儒家伦理中的道德两难》，未刊。以下凡引用王文而未注明出处者，皆引自此文。

② 《论语·子路》，《十三经注疏》本，中华书局 1980 年影印本。

③ 黄玉顺：《"刑"与"直"：礼法与情感——孔子究竟如何看待"证父攘羊"》，《哲学动态》2007 年第 11 期；收入黄玉顺《儒学与生活——"生活儒学"论稿》，四川大学出版社 2009 年版，第 196—210 页。

④ 参见郭齐勇主编：《儒家伦理争鸣集》，湖北教育出版社 2004 年版。

的误解，即以为孔子与叶公是在讨论伦理、道德、法律层面的问题；但实际上并非如此，他们讨论的是"何谓'直'"的问题。这两个问题并不在同一个观念层级上，"父攘子证"或"子为父隐"属于形而下存在者层级的礼法范畴，而"直"则属于存在层级的本真情感显现。由于论战双方的这种"观念错位"，他们实际上都将孔子置于了一种抗拒法治、拒斥正义的境地。那篇拙文，言不尽意。今天与王庆节教授的对话给我提供了一个机会，使我得以更进一步讨论这个问题。

王庆节教授这些年所阐发的"示范伦理"，我认为是儒家伦理学的一种独创性的当代建构①。眼下这篇文章围绕"父子相隐"所展开的分析与论述，也是相当精湛的；不过，仍然有一些问题激发了我与王教授进行讨论的兴趣。

一、赖以理解"父子相隐"现象的思想方法

这里有一个问题必须预先说明：我和他的思想视域或思想方法是不同的。王文的思想方法无疑是海德格尔、伽达默尔的"哲学诠释学"；而我的思想方法则是我所理解的儒学原理，即"生活儒学"②。学界许多朋友都知道，生活儒学与海德格尔思想之间有颇深的关系；但同时，生活儒学毋宁是对海德格尔的基础存在论及其

① 参见王庆节：《道德感动与儒家的德性示范伦理学》，《学术月刊》2016 年第 8 期。

② 关于"生活儒学"，参见黄玉顺：《面向生活本身的儒学——黄玉顺"生活儒学"自选集》，四川大学出版社 2006 年版；《爱与思——生活儒学的观念》，四川大学出版社 2006 年版；《儒家思想与当代生活——"生活儒学"论集》，光明日报出版社 2009 年版；《儒学与生活——"生活儒学"论稿》，四川大学出版社 2009 年版；《生活儒学讲录》，安徽人民出版社 2012 年版。

诠释学思想的一种批判。这就注定了我和王文对"父子相隐"现象的理解是不同的。但这并不意味着本文试图判定我的理解比王文的理解更正确，而是意在展示关于"父子相隐"现象存在着不同的诠释可能。

（一）王文的思想方法

王文将诠释活动理解为一种存在论现象，将"此在的有限性"视为诠释活动的存在论基础，也就是将此在的某种"先结构"、"先判断"或"先见"视为诠释的基础。他说：

> 哲学解释学坚持认为，在我们人类的认知、解释乃至全部生存实践活动中，先见以及先见赖以发生的"先结构"有着某种积极的存在论或本体论上的哲学意义。这也就是说，任何认知和解释，作为人的生命和生活活动，必然不可避免地带有这样或那样的偏见，以及"被抛地"带有上述偏见或先见所从之而出的"先结构"。所以，任何所谓偏见实质上都是一种"先见"或"前判断"，无论我们喜欢还是不喜欢，这都是我们一切认知和解释活动的存在论基础。

这里，"我们人类的全部生存实践活动"或"人的生命和生活活动"，其实也就是海德格尔所说的"此在的生存"，即人的存在，这是一种存在论现象；此在的这种生存活动带有一种"先结构"，它使"此在"即人的诠释活动带有一种"前判断"或者"先见"、"偏见"，这就意味着"此在的有限性"，乃是诠释活动的存在论基础。看来，这里展示了这样一个线性的奠基序列：此在的生存→前结构→前判断→诠释及其结果。

至此，哲学诠释学似乎是消极的，但实际上哲学诠释学是积极的。王文指出：

> 如何才能让我们意识不到而又必然存在的偏见、先见显现出来呢？解释学哲学提出"折断"或"不合手"的说法，即一

个观念或一个行为在施行过程中的"挫折"导致和迫使我们
对此观念或行为赖以为基的基础先结构以及系统理论整体进
行某种反思性的批判与考察。所以，伦理学以及儒家伦理思
想的讨论中出现的"道德两难"的辩争恰恰就是这种"折断"
和"挫折"的生动体现。正是通过这种"两难性的""辩争"，我
们得以觉察各自理解和解释之先见的界限范围，从而进入某
种"解释学的"对话情境，"返回"到作为先见的在先概念系统
以及此种在先结构得以生成的、以"先有"、"先见"、"先把握"
为基本特征的生存论解释视野或视域，最终达成某种程度上
的解释学的"视域融合"。

更通俗地说，"前结构"或"先见"、"偏见"会在诠释活动中被
暴露出来而被反思，使我们意识到其局限性，进而使之与实际生活
境况相调适，最终达至"视域融合"而生成一种作为诠释结果的新
的意义。因此，诠释活动并非一个单向的线性序列，而是一个双向
的调适过程。这样的诠释观念不仅在认识论的层面上解释了作为
诠释结果的意义生成何以可能，而且在存在论的层面上解释了作
为"能在"的此在"去存在"的可能性何以可能。

确实，海德格尔那里蕴含着一种深刻的思想：此在既是一种
"被抛"的既定的"所是"，即一种有限的存在者，又是一种"能在"，
即一种敞开着其可能性的存在者（但不能说是"无限的"存在者。
因为"向死而在"意味着死亡就是此在之可能性的"大限"，在这个
意义上，人始终只是有限的存在者）。这就意味着：人的主体性是
被此在的生存结构即生存的"前结构"决定的；然而同时，此在既
有的生存结构或"前结构"又可以被超越，从而生成一种新的主
体性。

但是，在我看来，海德格尔无法回答一个问题：此在的可能性
之展开，意味着已经"溢出"了、"超越"了原来既定的那种"被抛"
的"所是"，也就意味着不仅已经超出了此在原来的那个"前判

断",而且已经超出了此在原来的生存及其"前结构",即已经超出了诠释活动的生存论基础；那么，这一切是何以可能的？换言之，这个"溢出"的部分是从哪里来的？哲学诠释学将此解释为"视域融合"，即理解为此在的生存(existence)与生存之外的存在(Sein)之间的一种融合。正因为如此，海德格尔才严格区分"生存"与"存在"。然而这样一来，存在是在生存之外的事情，犹如天堂是在生活世界的彼岸，那么，此在又如何能超出自己的生存而去追寻存在？

其实，我对海德格尔的更彻底的批评，是指出这样一个矛盾：

海德格尔在这个基本问题上其实是自相矛盾的：一方面，存在是先行于任何存在者的，"存在与存在的结构超出一切存在者之外，超出存在者的一切存在者状态上的可能规定性之外"①，那么，存在当然也是先行于此在的，因为"此在是一种存在者"②；但另一方面，探索存在却必须通过此在这种特殊存在者，即惟有"通过对某种存在者即此在特加阐释这样一条途径突入存在概念"，"我们在此在中将能赢获领会存在和可能解释存在的视野"③。如果这仅仅是在区分"存在概念的普遍性"和我们"探索""领会""解释"存在概念的"特殊性"④，那还谈不上自相矛盾；但当他说"存在总是某种存在者的存在"⑤，那就是十足的自相矛盾了，因为此时存在已不再

---

① 海德格尔：《存在与时间》，陈嘉映、王庆节译，生活·读书·新知三联书店 1999 年版，第 44 页。

② 海德格尔：《存在与时间》，第 14 页。

③ 海德格尔：《存在与时间》，第 46 页。

④ 海德格尔：《存在与时间》，第 46 页。

⑤ 海德格尔：《存在与时间》，第 11 页。

是先行于任何存在者的了。①

对于诠释活动来说，海德格尔是把诠释的结果即新的意义的产生归结为两个方面——此在的生存与一般的存在——之间的交融，这实际上是把这两个方面都存在者化了，于是存在便再次被遮蔽了。

（二）本文的思想方法

我的做法很简单，就是将"此在的生存"前面的"此在"去掉，我谑称为"斩首行动"②。于是，"生存"与"存在"就不再是两个东西，而是一回事，即：生存即存在，存在即生存。这样一来，任何存在者，包括此在那样的特殊存在者，都是由存在给出的。这样的存在观念，为了区别于海德格尔的"存在"和"生存"概念，我称之为"生活"。这就是"生活儒学"的最根本的观念：生活即是存在，生活之外别无存在；一切存在者源于生活而归于生活。在我看来，这是孔孟的原始儒学那里固有的而被孔孟之后的传统儒学遮蔽了的本源观念③。

至于文本的诠释，在我看来，意义的产生并非什么"视域融合"，即并非诠释主体与生活存在之间的融合（否则生活存在就已经被对象化即存在者化），而是诠释主体和文本客体之间的融合；然而主体与客体皆源于生活而归于生活，诠释活动本来就是生活存在的一种显现样式。因此，我所理解的文本诠释，既非经验论的

---

① 黄玉顺：《生活儒学关键词语之诠释与翻译》，《现代哲学》2012 年第 1 期。

② 黄玉顺：《"儒学"与"仁学"及"生活儒学"问题——与李幼蒸先生商榷》，《四川大学学报》2008 年第 1 期。

③ 参见黄玉顺：《面向生活本身的儒学——"生活儒学"问答》，见《面向生活本身的儒学——黄玉顺"生活儒学"自选集》，四川大学出版社 2006 年版，第 53—91 页。

"我注六经",也非先验论的"六经注我"①,而是"注生我经",即"注"这种诠释活动作为一种生活样式,生成了新的"我"(主体)和新的"经"(文本对象及其意义)②。

不仅如此,如果超出文本诠释,而将生活或者存在视为诠释活动,即所谓"存在论"层级的诠释(这里的"存在论"不是传统的关于形而上存在者的理论,而是关于存在的理论,在层级上大略对应于海德格尔所谓"基础存在论"),那么,上述关于文本诠释的观念依然成立,只不过此时诠释主体和文本客体已合而为一:生活中的人便是诠释主体,他的一套既有的观念便是文本客体,然后后者其实就是他的既有的主体性,因此,这两者其实是一个东西;生活情境与该主体的主体性之间的关系,便是存在与存在者的关系。生活的流变即新的生活情境生成新的主体性,这并不是两个存在者之间的"视域融合",而是存在给出存在者的过程。这里的存在之所以可以视为诠释,是因为新的主体性的生成过程就是该主体在生活情境中自我理解和自我解释的过程,新的主体性就诞生在这种理解和解释之中。人就是这样"去存在"或"去生活"的。

具体到"父子相隐"这个案例,儿子发现"其父攘羊",这就是一种生活情境,犹如"今人乍见孺子将入于井"③,也是一种生活情境。生活情境往往解构旧的主体性(旧的思想观念),催生新的主体性(新的思想观念)。对于新的主体性的生成来说,生活情境乃是前主体性的事情,即是存在。我们不妨将这两个案例比较一番:

---

① 陆九渊:《陆九渊集·语录上》,钟哲点校,中华书局1980年版。

② 关于生活儒学的诠释观念,参见黄玉顺:《注生我经:论文本的理解与解释的生活渊源——孟子"论世知人"思想阐释》,《中国社会科学院研究生院学报》2008年第3期;收入《儒家思想与当代生活——"生活儒学"论集》,光明日报出版社2009年版,第107—133页。

③ 《孟子·公孙丑上》,《十三经注疏》本,中华书局1980年影印本。

观念层级	子为父隐案例	孺子入井案例
旧主体性（存在者）	其子具有旧的礼法观念	某人（无论善恶）
前主体性（存在）（生活情境）	其子发现了其父攘羊	某人忽见小孩将堕于井
	子为父隐的情感显现（即"直"的情感表现）	怵惕恻隐不忍之情显现
新主体性（存在者）	其子获得新的礼法观念	一个仁者诞生

　　这里需要讨论的是"其子获得新的礼法观念"这个问题。

　　然而事实上，孔子和叶公的对话压根没有涉及这个问题；他们讨论的话题是"何谓'直'"的问题。所谓"直"，是指的当下性的不加思索的本真情感显现，譬如孟子所说的"非所以内交于孺子之父母也，非所以要誉于乡党朋友也，非恶其声而然也"①，即没有任何主体性层级的考量。叶公所说的"其子证之"显然不是这种本真情感，除非其子不爱其父；孔子所说的"子为父隐"才是当下本真的直接情绪反应，即所谓"直"。一个深爱自己父亲的儿子，一旦发现父亲犯错或者犯罪，其当下直接的情感反应必定是为之隐瞒。孔子坦承这种"人之常情"。

　　但这并不意味着孔子反对"其子证之"，当然也不意味着孔子赞同"其子证之"，因为孔子在这里并非在谈论礼法问题；孔子对于礼法的态度，应当在另外的场合去讨论。事实上，从古到今，即便在儒家内部，关于亲属间的"容隐制"的立法问题也并不是没有争议的，有的主张"亲亲相隐"，有的主张"大义灭亲"；特别是在所

---

　　① 《孟子·公孙丑上》。

谓"忠孝不能两全"的情境之中,更是常见王文所说的"道德两难"。但事实上,在这个问题上,儒家是有明确的主张的,本文将在最后一节讨论。

二、"伦理""道德""正义"的概念

为了更精确地讨论问题,还有必要预先澄清王文所使用的一些基本概念。这里涉及的是王文的一种理论意图,即"如何定位儒家伦理的现代本性",亦即如何从古代儒家的伦理中"开出"现代性的伦理、道德、正义的观念,这个问题"关涉传统的儒家伦理在现代中国乃至未来中国究竟应当如何定位自身的问题"。王文的问题意识是:

> 儒家"亲亲相隐"的道德政治立场在现代社会生活中是否还能在道德形而上学层面上获得重新的奠基?如果可以,那么这种在新时代的奠基,如何可以做到在传统儒学和现代自由主义视域的解释冲突中,既和过去传统中的优良成分衔接上,又契合以自由与公平正义为社会政治生活之价值基调的现代语境和情境,从而展开和实现解释学哲学家伽达默尔所言的"视域融合"或儒家传统所言的"中和"的境界?

这里,王文试图用某种"道德形而上学"为形而下的现代性"道德政治立场"奠基,这种"形上→形下"的奠基关系不同于生活儒学的"生活存在→形而上存在者→形而下存在者"的奠基关系。不过,在质疑关于"父子相隐"的古今各种立场时,王文不断引证现代价值立场,我是赞同这一理论意图的,因为我们所面对的正是现代性的生活方式。但在"如何开出"的问题上,我与王文的思考不同。"如何开出"的问题,其实也是现代新儒家所面临的问题:他们曾经努力"返本开新"、"内圣开出新外王",但如今却遭到许多学者质疑,指之为"内圣开不出新外王"。王文超越了现代新儒

家的视域，采取了现象学的哲学诠释学的视域，以便儒家传统与现代价值之间达成"视域融合"。而我所依据的则是在生活儒学的视域下开展出来的儒家伦理学及其政治哲学，这就是"中国正义论"①，即儒家的制度伦理学原理。

（一）"伦理""道德"的概念

1. "伦理"的概念

在儒家文献中，"伦理"这个词语至迟在汉代即已出现，字面意思是"人伦的条理"，实质是社会规范及其制度的概念。社会规范及其制度，儒家称之为"礼"。当然，最狭义的"礼"仅指祭祀的礼仪，如《说文解字》所谓"事神致福"②；然而最广义的"礼"即泛指社会规范及其制度，如儒家经典《周礼》就是一整套规范建构及其制度安排。在这种广义上，"礼"或"伦理"涵盖了一切社会规范及其制度，包括法律的规范及其制度。因此，伦理绝非什么形而上的东西，而是形而下的东西。

2. "道德"的概念

王文的关键词之一是"道德"，要讨论的是"儒家伦理思想的讨论中出现的'道德两难'的辩争"，也就是说：如果选择儒家伦理，就是道德的，但会违背外在的生活常识；如果选择生活常识，就会违背儒家伦理，也就是不道德的。具体到"父子相隐"的案例，即是说：如果坚持"父子相隐"的儒家伦理，就是道德的，但会违背社会的法律规范；如果坚持社会的法律规范，就会违背"父子相

①　关于作为儒家制度伦理学的"中国正义论"，参见黄玉顺：《中国正义论的重建——儒家制度伦理学的当代阐释》，安徽人民出版社 2013 年版（英文版 *Voice From The East: The Chinese Theory of Justice*，英国 Paths International Ltd，2016 年 1 月）；《中国正义论的形成——周孔孟荀的制度伦理学传统》，东方出版社 2015 年版。

②　许慎：《说文解字·示部》，大徐本，中华书局 1963 年版。

隐"的儒家伦理,也就是不道德的。这里并不严格区分"伦理"与
"道德"的概念。

实际上,现代汉语的哲学文本中所谓的"道德",并非汉语古
典意义上的"道→德",而是西语"moral"或"morality"的概念。那
么,这种涵义的"道德"究竟是何意谓? 如果撇开中西哲学家们的
那种寻求道德的人性论基础、形上学根据的企图,那么,"道德"作
为对人之行为的价值判断词,不外乎是说一个人不仅遵守,而且发
自内心地认同既有的一套社会规范及其制度;换言之,所谓"道
德"就是对现行的"伦理"或"礼"的认同并恪守。这就是"道德"
与"伦理"的关系。

但这样一来,就出现一个问题:如何评价既有的"伦理"或
"礼",即现行的社会规范及其制度本身? 如果它们本身就是有问
题的,那么,对它们的认同与遵守是不是道德的? 这就涉及下文将
要讨论的"正义"概念了①。王文谈到:

> 李泽厚先生曾经将"孔子之直"解释为"率直"、"直接"、
> "质朴"的情感,黄玉顺教授在讨论孔子的"直"时,也曾指出
> "直"是一种"本原性的情感"②,这都是极有见地的见解。我
> 的立场稍稍有点不同。"隐直"作为"本原性的情感",并不就
> 是道德本身。或者说,并不因为我们在不得已"隐藏"父亲错
> 行的同时内心隐痛,我们就是道德的。而是说,这个"隐痛",
> 像一道"闪电"或一声"惊雷",在本体论存在论层面上照亮或
> 唤醒了我们的"道德之为道德"的本原意识并作为"启端"开
> 始驱动我们向善而行。这和孟子后来所说的"恻隐之心,仁之

---

　　① 参见黄玉顺:《孔子怎样解构道德——儒家道德哲学纲要》,《学术
界》2015 年第 11 期。
　　② 黄玉顺:《"刑"与"直":礼法与情感——孔子究竟如何看待"证父
攘羊"》,《哲学动态》2007 年第 11 期。"本原性",我的原文作"本源性"。

端也"是一个道理。所以，孔子的"直在其中"是说"正直"的道德德性和价值真相通过我们深层的"隐痛"情感"率直"地实现和表达出来，这一方面说明在真实、复杂的现实生活的践行中，我们人类本身在存在论上的有限与无奈，另一方面则又通过这种心灵深处的"隐痛"，时时提醒我们人之为人的道德本性和本质。

王文提到我的观点："直""并不就是道德本身"，而是一种"本源性的情感"。我是基于生活儒学的三级观念划分：如果说道德并不是形而上存在者的事情，而是形而下存在者的事情，那么，本源性的情感则是存在的事情。但王文却说"孔子的'直在其中'是说'正直'的道德德性和价值真相通过我们深层的'隐痛'情感'率直'地实现和表达出来"，"时时提醒我们人之为人的道德本性和本质"，这恐怕又落入了传统儒家形而上学的那种属于"本质→现象"范畴的"性→情"架构，即是所谓"前现象学"的观念。而我的观点则是："真正本源性的情感是先行于任何主体的，也就是先行于道德情感的，这是'情→性'的观念，这里的情感乃是存在的显现，因而是所有一切存在者的源泉，而不是任何存在者的存在。"①

（二）"正义"的概念

上文谈到，王文的问题意识是在现代社会中如何使得儒家"亲亲相隐"的道德立场能够契合以自由与公平正义为社会政治生活之价值基调的语境和情境。关于"父子相隐"的两种既有的解释，王文说："儒家的'隐矫说'和'隐藏说'一样，都首先直接或间接地承认当事的父亲或儿子的行为至少是道德上不当的行为。"这都涉及"正义"的概念问题。而王文说：

① 黄玉顺：《"刑"与"直"：礼法与情感——孔子究竟如何看待"证父攘羊"》。

"直"的古义或者本义,指的是一儒家自古以来就崇尚的源远流长的德性美德,它包括"正直"与"率直"两个层面。"正直"是从德性的内容方面而言,而"率直"则是就此德性的彰显、表达形式言。"正直"……乃是"正义"的另一种说法。

在我看来,这恐怕是将本源的存在层级的"直"的问题与形而下存在者层级的伦理道德和社会正义的问题混淆了,属于儒家心学一派的形而上学的"性→情"架构,即未发之性与已发之情的关系。

我这些年思考"正义"问题,发现必须严格区分两种涵义的"正义"概念,即"行为正义"与"制度正义"。这是"正义"(justice)这个词语的两种截然不同的用法。千百年来关于正义问题的许多争论及其混乱,其实都是由于缺乏这种区分。

所谓"行为正义"(behavioral justice)是说:"正义"这个词语有时用来判定人们的某种行为是否符合某种社会规范及其制度,符合的行为就是正义的,否则就是不正义的。显然,这里的标准就是某种现行的社会规范及其制度。例如,我们说某人的收入是"正当收入",意思是说他赖以获得这种收入的行为是符合现行的道德规范与法律制度的。柏拉图《理想国》所谈的"正义",其实就是这样的行为正义概念。儒家所谈的"义""正""正义",有时也是这样的概念。这其实并非正义论的课题。

那么,正如上文提出的问题:如果现行的"伦理"或"礼"即既有的社会规范及其制度本身就是不正义的呢?这就进入了以下更为深层的问题:

所谓"制度正义"(institutional justice)是说:"正义"这个词语有时用来判定某种社会规范及其制度是否符合某种价值原则,符合的就是正义的制度,不符合的就是不正义的制度。这才是正义论的课题。

于是,我们这才触及了孔子的一个伟大的思想:礼有损益。

他说："殷因于夏礼,所损益可知也;周因于殷礼,所损益可知也;其或继周者,虽百世可知也。"①夏商周三代的礼(社会规范及其制度)是不同的,将来百代的礼也会是不同的;这种不同,在于"损益",即通过"损"减去一些旧的制度规范,通过"益"增加一些新的制度规范,于是就形成一套新的制度规范。由此可见,随着社会生活方式的转型,现行既有的伦理道德也会成为解构的对象②。

那么,对"礼"进行损益的价值尺度是什么呢？那就是"义",或荀子所说的"正义"③,也就是正义论中的"正义原则"。由此,我们才能理解儒家的一个基本的观念结构：义→礼(正义原则→制度规范)。故孔子说："义以为质,礼以行之。"④由此可见,儒家所谓"礼"有三个层次的内涵：礼义(正义原则)→礼制(制度规范)→礼仪(仪节形式)。这里,礼制是可以损益变革的,因而礼仪也是可以损益变革的;真正不变的价值原则是礼义,即正义原则。

这种损益变革的更为深层的缘由,按照生活儒学的理解,则是作为生活的显现样式的生活方式(梁漱溟称之为"生活样法"⑤)的变革。中国社会有两次影响最深远的变革：一次是"周秦之变",即中国社会的第一次大转型——从王权时代的宗族社会转变为皇权时代的家族社会,于是帝国制度才是正义的;一次是李鸿章所谓

---

① 《论语·为政》。

② 参见黄玉顺：《孔子怎样解构道德——儒家道德哲学纲要》,《学术界》2015 年第 11 期。

③ 黄玉顺：《荀子的社会正义理论》,《社会科学研究》2012 年第 3 期。

④ 《论语·卫灵公》。

⑤ 梁漱溟：《东西文化及其哲学》,见《中国现代学术经典·梁漱溟卷》,刘梦溪主编,河北教育出版社 1996 年版,第 33—34 页。参见黄玉顺：《当代儒学"生活论转向"的先声——梁漱溟的"生活"观念》,《河北大学学报》2008 年第 4 期。

"数千年未有之变局"①,即中国社会的第二次大转型——从皇权时代的家族社会转变为民权时代的市民社会,于是民主制度才是正义的。伴随着这种时代转变的,是儒家的伦理建构及其政治设计,由此才能理解作为儒家的 20 世纪的现代新儒家何以竟然有明确的自由与民主的伦理政治诉求②。正如王文所说:"如果儒家伦理内部不能发展出关于个体特别是面对强权的弱小个体的独立权利以及这一权利神圣不可侵犯的现代正义观念,任何诉诸心理同情的简单做法,充其量只能是期待统治者、在上者在'亲亲相隐'的'徇私枉法'过程中,稍稍约束自身,发点善心罢了。"

三、"父子相隐"现象的诠释

王文指出:关于"父子相隐"争论的一个关键是对"隐"字的解读。一类是传统的解读,即理解为"隐藏""隐匿""隐晦";另一类则是提出某种新的解读,即理解为"隐矫"(檃栝之"檃"的假借),"因为他们相信,一旦改变或修正了文本字句的解读,儒家'亲亲相隐'的立场就会显现出与传统的保守解释不同的意义,这样就会使儒家的传统立场在当今时代和社会条件下变得更容易为人们理解和接纳"。但王文认为:"'隐藏说'与'隐矫说'都难以在哲学论辩的层面上有力地回应现代自由主义的诘难";"'隐矫说'……和'隐藏说'一样,似乎也都难以让人真正的信服"。

王文表示赞同另外一种解读,即台湾岑溢成教授的理解:将孔子"父子相隐"的"隐"理解为孟子"恻隐之心"的"隐"③。为此,

①　李鸿章:光绪元年《因台湾事变筹画海防折》。转引自梁启超:《李鸿章传》,中华书局 2012 年版,第六章。

②　参见黄玉顺:《论儒学的现代性》,《社会科学研究》2016 年第 6 期。

③　岑溢成:《"父为子隐,子为父隐"的训诂问题》,未刊。

王文还引证了我对"恻隐之心"之"隐"的解释（不过我要声明，拙文讨论的只是"恻隐之心"问题，而与"父子相隐"问题无关）①。但王文对岑溢成教授的解读略作了修正：不是将其与既有的解读对立起来，而是兼容，使"'隐'字同时含有两层不同的含义，即'隐藏'义与'隐痛'义"。"隐藏、隐匿是第一义，隐痛、痛惜是第二义，衍生义。前者是实实在在的行为，后者是伴随着此行为而衍生的感受或感觉。"王文进而认为：

> 从孔子的哲学立义看，我以为孔子看重的更多应是这里"隐痛"、"痛惜"的感觉，因为这不仅仅是一种普通的感觉，而是属于孔子的道德哲学，乃至后来全部儒家伦理赖以立基的道德情感，这也就是孔子接着"父子相隐"句之后，说出"直在其中矣"的全部要义所在。换句话说，当孔子紧接着说出"直在其中矣"时，他所指的"其中"的这个"其"首先不是如前面绝大多数读解所理解的那样，指的是作为具体行为的"隐藏"或"隐匿"，而是指作为人类最基本和本原性道德情感的"隐痛"与"痛惜"。

这无疑是一种颇有创意的解读。不过，我得指出：王文对"其"的理解恐怕是有问题的。按照汉语的语法，在"父为子隐，子为父隐，直在其中"这个句子里，"其"显然是代指的"父为子隐，子为父隐"这种行为现象。

按照本文第一节所讨论的思想方法，王文是将"父子相隐"现象视为"道德行为"当中的"道德两难的境况"，认为这"彰显出一般传统理解的儒家伦理理论的极限范围"，属于"此行为及其赖以为基的理论与我们笃信的另一基础理论或者一般生活常识之间有

① 黄玉顺：《恻隐之"隐"考论》，《北京青年政治学院学报》2007年第3期；收入黄玉顺《儒学与生活——"生活儒学"论稿》，四川大学出版社2009年版。

一种明显的外在的不融洽"的情况,即"儒家伦理中的'德性价值'与'生活践行'这两个层面之间的区别与冲突"。按照这种理解,儒家伦理或曰"传统理解的儒家伦理"就是诠释中所出现的"先见"或者"偏见";正是这种伦理偏见导致了儒家的"道德两难"困境。

王文最后的结论,既不是简单地对"其父攘羊,其子证之"的行为进行价值上的批判,也不是单纯地对"子为父隐,父为子隐"的行为进行道德上的辩护,而是试图通过生活中的"道德两难"情境来揭示人及其伦理道德的有限性及其与政治与法律的界线。他说:"生活应当是道德的,但生活不全是道德的。道德影响生活,影响立法,但绝不能代替立法。试图赋予儒家道德太多、太重的社会政治、法律层面的负担,在我看来,是传统儒学的一个误区、偏见或者前见。"

王文的这种理论意图是我深为赞同的,实质上是暗示了我们应当面向现代性的生活方式来"损益"变革儒家伦理。但正如上文已指出的:我和王文所赖以实现这个意图的思想方法是不同的。

那么,关于"父子相隐"之"隐",在我看来,不论是理解为"隐矫",还是理解为"隐痛",都是牵强的,乃曲为之解;我还是认同传统的训解,将"隐"解读为"隐匿"。

在我看来,"父为子隐,子为父隐,直在其中"涉及两个不同的观念层级。一个是属于形而下存在者层级的伦理、道德、法律问题,即是礼法的问题,亦即这样一个问题:在法律上,究竟应当"其父攘羊,其子证之",还是应当"父为子隐,子为父隐"? 我说过了:这其实并非孔子要谈的问题。另一个则是属于存在层级的情感问题,即"何谓'直'"的问题。所谓"直",就是当下的本真而直接的情感反应。而所谓"其中"乃是说:在"父为子隐,子为父隐"行为现象的背后,是"直"的情感显现。假如将这两个不同的观念层级混同起来,就会造成观念错位,得出孔子徇私枉法的结论。叶公的错误,正是出于这样的观念错位。刘清平教授对孔子的批判,以及一些儒者对他的反驳,也是出于这样的观念错位①。

为此,我们不妨来分析一下王文谈到过的孔子之语"古之遗直"。此语出自《左传》。鉴于此处一样地同时谈到"直"与"隐",故值得讨论一番：

> 仲尼曰："叔向,古之遗直也。治国制刑,不隐于亲;三数叔鱼之恶,不为末减。曰义也夫? 可谓直矣。"②

孔子这个评价的故事背景如下：晋国的邢侯和雍子争夺土地,上卿韩宣子派叔向的弟弟叔鱼审案。雍子把自己的女儿送给叔鱼,于是叔鱼判邢侯败诉。邢侯一气之下杀了叔鱼和雍子。韩宣子就此询问叔向,叔向说,三个人都有罪：雍子罪在行贿,邢侯罪在杀人,叔鱼罪在枉法,都是死罪。

孔子对叔向的评价,看起来属于行为正义的问题,即叔向是根据当时的现行法律来对三人的行为进行判断;但值得注意的是,注与疏均否认了这一点。叔向的行为,杜预注："于义未安,直则有之。"孔颖达疏："人皆曰叔向是'义',妄也。""杜读此文,言'犹义也夫?'言不是义也,故言以直伤义,谓叔向非是义也。……义者,于事合宜,所为得理;直者,唯无阿曲,未能圆通。……是义之与直,二者不同。……'夫'是疑怪之辞,故杜以为非义,裁可谓之直矣。故仲尼云叔向'古之遗直',不云'遗义',是直与义别。"这就是说,按注与疏的观点,孔子对叔向的评价,并不是在谈他是否"义",而是在谈他是否"直"。这与孔子和叶公的对话是一样的,即并不是在讨论正义、伦理道德、法律的问题,而是在讨论"何谓

---

① 刘清平：《父子相隐、君臣相讳与即行报官——儒家"亲亲相隐"观念刍议》,《人文杂志》2009 年第 5 期。

② 《左传·昭公十四年》,《十三经注疏》本,中华书局 1980 年影印本。

'直'"的问题。孔颖达说"直与义别",即"直"与"义"不是一回事,其实是意识到了:在孔子心目中,两者并非同一个观念层级上的问题。

但孔颖达认为叔向"不隐于亲"的行为是"以直伤义",这个看法却是有问题的。孔子明明是在赞扬叔向,而不是批评他。孔颖达只看到了两个层级的观念之间的区别,却未能理解两者之间的奠基关系(详下)。这样的理解会使孔子陷入自相矛盾:时而主张"亲亲相隐",时而主张"不隐于亲"。其实,这并不是孔子此处所关心的问题;按照孔子的思想,不论是叔向的"不隐于亲",还是本文讨论的"子为父隐",同样是"直"的表现。

至于"直"的情感反应与伦理、道德、法律之间的奠基关系,其实是本真情感与社会规范建构及其制度安排之间的奠基关系。这种复杂的关系,我已在"中国正义论"中给予了详尽的分析,这里简述如下:

从观念的层级看,"隐"作为一种"直"的情感反应,是前伦理、前道德、前主体性的事情,而非伦理、道德范畴的事情,即非制度规范建构的事情。对亲人错误行为或犯罪行为的"隐",显然是源于对亲人的爱,而这种爱属于儒家所说的"仁爱"。然而仁爱的情感亦分两个层级:本源性的仁爱情感乃是前伦理、前道德的事情,乃是不加思索的、直接的情感显现,故谓之"直";主体性的仁爱情感则是关乎伦理、道德、制度规范建构的事情,于是就有儒家所讲的仁爱的两个方面,即"差等之爱"和"一体之仁"[1]。"差等之爱"意味着爱自己胜过爱他人,爱亲人胜过爱外人,爱人类胜过爱物类;而"一体之仁"却意味着一视同仁。在儒家看来,这两个方面适用于两个不同的领域:"差等之爱"适用于私人领域,"一体之仁"适

---

[1]　王守仁:《大学问》,《王阳明全集》,吴光等编校,上海古籍出版社1992年版。

用于公共领域,这就是《礼记》讲的"门内之治恩掩义,门外之治义断恩"①。正义论的问题,即关于社会规范建构及其制度安排的问题,正是公共领域的问题,因此,这里适用的并非差等之爱,而是一体之仁,这就是中国正义论的第一条正义原则——正当性原则的要求,即社会规范建构及其制度安排必须超越差等之爱,寻求一体之仁。至于中国法制史上、儒家思想史上关于亲属的"容隐制度",则是中国正义论的第二条原则——适宜性原则的要求,即社会规范建构及其制度安排必须适应特定历史时代的共同生活方式。"容隐制度"作为宗族时代和家族时代的立法,有其时代生活方式的适宜性,然而并没有超越的普遍性。

---

① 《礼记·丧服四制》,《十三经注疏》本,中华书局 1980 年影印本。

论经典诠释与生活存在的关系
——乾嘉学术"实事求是"命题的意义*

这些年来,在儒学界、中国哲学研究界,"经典诠释"成为一种学术时尚,不少学人甚至表达了建构"中国式诠释学"的雄心。这固然有中国本土的古典诠释传统的影响,也有外来的海德格尔、伽达默尔的哲学诠释学的作用,但真正的缘由则是中国社会转型的一种时代需求,即寻求"现代性诉求的民族性表达"①。不过,目前为止,"中国式诠释学"的面相还很模糊;不仅如此,还有一种普遍的误解,以为只要是对中国古代文本的解释,那就是"经典诠释"了。总之,"究竟何谓'经典诠释'"依然还是一个问题。

在这样的背景下,读到崔发展教授的《乾嘉汉学的解释学模式研究》这样的著作是一件十分令人高兴的事情。此书是关于乾嘉学术的一种诠释学角度的研究,其宗旨不仅在于从中国传统的经学诠释中辨识出一种别样的"解释学模式",进而指认出"实事求是"的一般方法论②,更在于由此生长培育出一种中国式的诠

---

* 本文是为崔发展教授的专著《乾嘉汉学的解释学模式研究》写的序言,人民出版社 2017 年版。

① 参见黄玉顺:《现代新儒学研究中的思想视域问题》(此文为《现代新儒学的现代性哲学》导论,中央文献出版社 2008 年版),收入《儒学与生活——"生活儒学"论稿》,四川大学出版社 2009 年版。

② 这不是作者在书中所使用的"方法论"概念(近于"科学方法"的概念或伽达默尔的"方法"概念),而是接近于所谓"哲学方法论"的概念,其实是超越了"哲学"(指海德格尔所说的"哲学的终结"意义上的"哲(转下页)

释学。

　　为此,作者首先对乾嘉学术进行了一种坐标式的定位:其纵轴是古今之维,即"汉宋之争";其横轴是中西之维,即中国传统的"汉学"与西方的哲学诠释学(Die philosophische hermeneutik)之间的关系。

　　在中西之维上,作者提出了一个问题:借鉴西方的哲学诠释学来分析中国的乾嘉学术,这是否具有"合法性"?这个问题所牵涉的是一个更大的问题,即近年来哲学界所批评的"以西释中"乃至"汉话胡说"的现象。作者分析论证了以哲学诠释学的方法来解读乾嘉学术这种做法的合法性或合理性,其分析论证是言之成理的。

　　我自己也曾撰文讨论过这个问题①。简言之,"以西释中"或"汉话胡说"之类的批评,预设了一个前提,即存在着某种现成在手的、客观实在"不以人的意识为转移"的"中国经典"和"西方经典"之类的东西。但这个预设前提本身就是不能成立的,事实上,诠释者(主体)和被诠释文本(客体)都是由当下的诠释活动给出的,即在诠释活动中获得其新的主体性和新的对象性,亦即是在当下的存在或生活中生成了主体性存在者和对象性存在者。经典是被诠释出来的经典,经典的意义是被诠释出来的意义,而诠释者是被生活给出的,诠释活动乃是当下的一种生活情境。在这个意义上,诸如"借鉴哲学解释学来分析乾嘉汉学"或"以解释学解读乾

──────────

(接上页)学")的方法论概念,例如按照海德格尔的说法,现象学和诠释学都可以称为"方法论"或"方法"。

　　①　黄玉顺:《我们的语言与我们的生存——驳所谓"现代中国人'失语'"说》,《南京师范大学文学院学报》2004年第4期;《注生我经:论文本的理解与解释的生活渊源——孟子"论世知人"思想阐释》,《中国社会科学院研究生院学报》2008年第3期;《比较:作为存在——关于"中西比较"的反思》,《社会科学战线》2015年第12期。

嘉汉学"这样的提法也是辞不达意的、存在者化的表达,因为恰恰是"解读"或"分析"这样的诠释活动给出了所谓"哲学解释学"和所谓"乾嘉汉学"这样的存在者,而这种诠释活动归属于作为存在的生活,即是生活的一种当下显现样式。

在古今之维上,称乾嘉学术为"乾嘉汉学",即归之于"汉学"而与"宋学"相对,这本来是一种传统的看法;但作者并不满足于此,而是进一步强调:乾嘉汉学不仅是汉学的典范,而且是汉学中的一个独特的"解释学模式"。不仅如此,通览全书,我发现,作者对乾嘉学术及其"实事求是"的阐发,其实已经超越了"汉宋之争"这样的传统学术视域。

确实,在当今世界的思想学术背景下,"汉宋之争"这样的分析框架已不足以阐明中国经典的性质及其意义。"汉宋之争"属于前现代的学术范式,然而中国学术,包括儒学,早在宋代即已开始了走向现代性的历史进程:伴随着中国社会"内生现代性"的发轫,中国学术思想的"内生现代性"也已发生①。因此,"汉宋之争"这样的学术范式根本无法解释中华帝国后期以来的一系列具有现代性的启蒙意义的思想学术现象,例如"乾嘉汉学"这样的标签就不足以揭示戴震思想学术的意义。所以,我提出"重写儒学史"②。这一点,其实也可以作为作者"借鉴"哲学诠释学的理据之一:在现代性、全球化的背景下,人类的"共在"、"共同生活"使得诠释学已经不仅仅是"西方的",正如儒学也已经不仅仅是"中国的"③。

在上述分析的基础上,在作者看来,作为汉学当中的一种独特

① 参见黄玉顺:《论儒学的现代性》,《社会科学研究》2016 年第 6 期。
② 黄玉顺:《论"重写儒学史"与"儒学现代化版本"问题》,《现代哲学》2015 年第 3 期。
③ 参见黄玉顺:《世界儒学——世界文化新秩序建构中的儒学自我变革》,《孔学堂》杂志 2015 年第 4 期;《亚洲和平繁荣之道:生活儒学价值共享》,《社会科学家》2017 年第 1 期。

的解释学模式的乾嘉汉学,其标识就是"实事求是"。于是,作为全书最精要的部分,作者详尽地分析了"实事求是"的命题。

　　作者对"实事求是"命题的分析,最重大的理论贡献是提出了"实事求是"命题意义的三个层级,即作为经学考证性命题、作为认识论命题和作为存在论命题,这是前所未有的理论创见;不仅如此,在每一个层级上,作者都做出了具有原创性的分析。"实事求是"这种层级结构的展示,令人耳目一新,全面深入地揭示了"实事求是"命题的丰富深刻内涵,充分地展现了作者的思想深度。

一、作为经学考证性命题的"实事求是"

　　作者首先析出了"实事求是"命题的四个要素:

> 求是者→阐释者——→谁去求
> 实事——→阐释文本→经书
> 求——→阐释方法→如何求
> 是——→阐发义理→六经之道

　　就"实事求是"命题来说,这些要素的存在是不言而喻的,也是进行更进一步分析的基础。当然,也可以说是"三要素",因为:"求是者"是主体,"实事"及其"是"是对象,他们都是存在者化的东西;而"求"则是一种行为、活动,即是一种存在,而不是存在者。这种区分非常重要,因为这涉及下文要深入讨论的一个观念:存在者是存在给出的。因此,对作为经学考证性命题的"实事求是"的结构,我们可以图示如下:

（求是者）

实事→是。

　　作者进而具体地给出的"经学考证性命题的结构图",就有上述这种区分的意味：

综合以上二图,我们这里可以给出一个典型的也是流俗的"经典诠释"结构,图示如下：

是(经典之原义)

求是者(诠释者)——→　　↑

实事(经典文本)

所谓"实事求是",就是诠释者根据经典文本(实事)去发现(求)经典的原义(是)。就此而论,汉学与宋学之间在"实事"上其实是没有本质区别的,因为它们都是经学,而经学就是根据经典(实事)去阐发(求)"圣人之意"①(是)的学问,其所依据的都是"实事"——经典。所以难怪汉宋之争的双方都认为自己是"实事求是"的。

双方的区别不在"实事"上,而在"求是"之"是"上。这就犹如现象学运动中的诸哲学,相互之间大相径庭,却都秉持"面向事情本身"(Zur Sache selbst)的口号,是因为他们对"事情本身"的理解是不同的,例如胡塞尔认为是纯粹先验意识,而海德格尔认为是此在的生存。宋学之"是"是所谓"天理良心",而汉学之"是"则是某种"微言大义"。甚至宋学内部也是不同的：理学家朱熹主张"即物穷理"②,认为经典之"物"(实事)背后隐藏着的是"性即理"

---

① 《周易·系辞上传》："子曰：'书不尽言,言不尽意。'然则圣人之意,其不可见乎？子曰：'圣人立象以尽意,设卦以尽情伪,系辞焉以尽其言……'"

② 朱熹：《四书章句集注·大学》。

（是）；而心学家陆九渊声称"六经皆我注脚"①，认为六经（实事）背后隐藏着的是"心即理"（是）——某种"人同此心，心同此理"的先验意识。

由此可见，汉宋之争的真正意义不在这里。汉学之所以在汉代兴起，宋学之所以在宋代兴起，汉学之所以又在明清之际复兴，这种学术嬗变的缘由乃在其"代"——时代。汉代乃是"周秦之变"——从王权列国时代向皇权帝国时代的社会转型的完成，汉学乃是作为皇权帝国学术形态——经学出现的②；宋代则是帝国前期、后期之间的分野，帝国后期已经出现中国的"内生现代性"，时代需要新的学术形态，故而帝国前期的经学形态——汉学遭到解构；明清之际则可谓是"数千年未有之变局"③的开端，中国社会第二次大转型——从皇权时代向民权时代的社会转型已经开始，时代再次需要学术变革，故有汉学的复兴，但此"汉学"已非彼"汉学"矣，不可混为一谈。

这也表明，"实事求是"其实是一个形式命题（formal proposition），而不是实质命题（material proposition）。然而唯其如此，它具有更普遍的意义，乃至可以用来表达辩证唯物论的认识论。作者的工作，其实也可视为揭示"实事求是"具有的这种形式意义的一种努力。

这里还有一个重要问题：是谁在"求"？作者补出了一个被省略的主词或主体：求是者——诠释者。这是非常关键的，因为这样一来，"实事求是"就被确定为了一种主体性的行为，即"主-客"

①　陆九渊：《陆九渊集·语录上》。

②　关于经学作为皇权帝国时代的学术形态，参见黄玉顺：《中国学术从"经学"到"国学"的时代转型》，《中国哲学史》2012年第1期。

③　李鸿章：光绪元年《因台湾事变筹画海防折》。转引自梁启超：《李鸿章传》，中华书局2012年版，第六章。

架构下的一种活动。于是，作为经典诠释活动的"实事求是"显然不过是认识论范畴的一个特例而已，因此才有：

二、作为认识论命题的"实事求是"

作为认识论命题，作者给出的"实事求是"结构图如下：

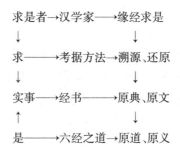

当然，这还不是具有普遍性的认识论结构，即仍然停留于经典考据的层面。"实事求是"的更具一般性的认识论结构，作者列出了以下基本要素：

实事→对象（始点）的客观性
求——方法（过程）的客观性
是——结论（终点）的客观性

这确实就是某种一般性的认识论结构要素了。我注意到，作者特别强调了"客观性"：根据客观的对象（实事），采用客观的方法（求），得出客观的结论（是）。"客观"（objective）是与"主观"（subjective）相对而言的，即是一种"主-客"（subject-object）架构，也就是认识论的基本架构。

作者认为，乾嘉"汉学家不仅将'实事求是'视为考证性命题，还将之明确提升为一个普遍的认识论命题"。乾嘉学者是否已有这样的明确意识，这当然是可以讨论的；但毫无疑问，乾嘉学术的

"实事求是"命题确实"蕴含"着这样的一般认识论结构,否则它不可能在后来被普遍化地理解和运用。其实,儒学当中向来就有"主-客"这样的普遍认识论结构,最典型的例子是荀子所讲的"凡以知,人之性也;可以知,物之理也"①,其中"人之性"是讲的主体方面的认知能力,"物之理"是讲的客体方面的客观真理②。

实事求是: 求是者——实事——是

荀子命题: 人之性——物———理

不仅如此,儒家甚至揭示了这种"主-客"架构的由来:"诚者非自成己而已也,所以成物也。"③这里的"成己"是说的主体方面,"成物"是说的客体方面;而"诚"则是说的前存在者的存在——真诚的、本真的仁爱情感④。这已经涉及作者所揭示的"实事求是"命题的存在论意义问题。

三、作为存在论命题的"实事求是"

作者最深刻的洞见,是揭示"实事求是"命题的存在论意义。关于"实事求是",我多年前也曾写过一篇文章《"实事求是"命题的存在论意义》⑤,作者在书中也提及。那篇文章今天看来问题很大,但基本的提法还是有一定参考价值的:将"实事"诠释为"生活

————————————————————————

① 《荀子·解蔽》。

② 参见黄玉顺:《荀子的社会正义理论》,《社会科学研究》2012 年第 3 期。另可参见黄玉顺:《儒学与作为科学理论基础的知识论的重建》,《当代儒学》第 8 辑,广西师范大学出版社 2015 年版。

③ 《礼记·中庸》。

④ 黄玉顺:《爱与思——生活儒学的观念》增补本,四川人民出版社 2017 年版,第 142 页。

⑤ 黄玉顺:《"实事求是"命题的存在论意义——依据马克思"实践主义"哲学的思考》,《广西民族学院学报》2001 年第 6 期。

实践"，将"是"诠释为"存在论真理"，将"求"诠释为"一种存在论事实"。这里的"存在论"显然不是传统的、汉语可以译为"本体论"的"ontology"，而是相当于海德格尔"基础存在论"（Fundamentalontologie）的理论（关于此在［Dasein］的生存［existence］的理论），即关于存在（而不是存在者）的理论（the theory of Being）。按照海德格尔的观念，此在，即开放的"人"的存在，就是他的生存领会，即理解与解释。正是在这个意义上，此在的现象学就是诠释学；反过来讲，诠释学乃是生存论、存在论的事情。

之所以必须从认识论视域转向存在论视域，作者认为，是因为"实事求是"命题仅仅在认识论层级上无法获得"自明性"（self-evidence）。确实，无论如何，"实事求是"这个表达中的"求"已经预设了一个主体，尽管这个主词是被省略了的；换言之，"实事求是"这个表达已经是在"主-客"架构之下的言说。于是我们可以追问：主体本身和客体本身何以可能？ 这是 20 世纪以来的思想前沿的发问：存在者何以可能？ 这个问题将我们指引向"存在"（Sein/Being）。

这里，作者其实已经超越了乾嘉学术的思想视域，因为就乾嘉学术本身而言，其实是谈不上这种存在论意识的。乾嘉学者提出"实事求是"，其主观意图毫无疑问地是要通过经典文本的考据，去通达"圣人之意"或圣人所传达之"道"，这实际上已经把经典及其义理预设为了客观对象。然而经过作者的视域转换之后，"本源性的问题就不再是怎样才是'实事求是'，或怎样才能做到'实事求是'，而是'实事求是'如何可能"。这是超越认识论的、存在论意义的发问。

作者的进路，是将认识论层级的"认识"转换为存在论层级的"理解"。这是伽达默尔的进路。确实，认识论可以提供关于存在者的"知识"，却不能提供关于存在的"真理"，因为认识论尽管可以"认识",却不能"理解",因而不能给出真正透彻的"解释"。

按照伽达默尔的观点,作者将"理解"分析为一种"事件"或"叙事",有一种"事件结构"或"理解的结构":

> 人物:诠释者与诠释对象
>
> 地点:诠释处境
>
> 时间:同时性、现在性、历史性

这样的"要素"分析,似乎也有"存在者化"之嫌。尽管我们可以强调这不是诠释者主体的单向行为,而是诠释者与诠释对象之间"主体间性"的某种"视域融合"(the fusion of horizons),但无论如何,"主体间性"(inter-subjectivity)的前提毕竟还是主体的已然存在,而非真正的前主体性的存在①。所以,作者提出了"实事求是"的限度、边界的问题(本质上其实就是康德以来的德国哲学所谓"此在的有限性"观念)。

其实,伽达默尔的哲学诠释学是不彻底的;我多次谈到,甚至海德格尔的现象学也是不彻底的。例如:

> 海德格尔在这个基本问题上其实是自相矛盾的:一方面,存在是先行于任何存在者的,"存在与存在的结构超出一切存在者之外,超出存在者的一切存在者状态上的可能规定性之外"②,那么,存在当然也是先行于此在的,因为"此在是一种存在者"③;但另一方面,探索存在却必须通过此在这种特殊存在者,即惟有"通过对某种存在者即此在特加阐释这样一条途径突入存在概念","我们在此在中将能赢获领会存在

———————————————

① 参见黄玉顺:《前主体性对话:对话与人的解放问题——评哈贝马斯"对话伦理学"》,《江苏行政学院学报》2014 年第 5 期。

② 海德格尔:《存在与时间》,陈嘉映、王庆节译,生活·读书·新知三联书店 1999 年版,第 44 页。

③ 海德格尔:《存在与时间》,第 14 页。

和可能解释存在的视野"①。如果这仅仅是在区分"存在概念的普遍性"和我们"探索""领会""解释"存在概念的"特殊性"②,那还谈不上自相矛盾;但当他说"存在总是某种存在者的存在"③,那就是十足的自相矛盾了,因为此时存在已不再是先行于任何存在者的了。④

有鉴于此,可以设想:如果去掉作为生存的前提的"此在",那么,"生存"即是存在,"存在"即是生存。这种作为存在的"生存",或者作为生存的"存在",就是"生活"。这是更彻底的存在观念:一切存在者皆源于生活,归于生活。当然,我这里表达的是我的"生活儒学"的观念。

具体到文本诠释的问题上,真正的存在论意义上的诠释,既非主观主义的"六经注我",也非客观主义的"我注六经",而是"注生我经":作为主体的"我"在"注"的活动中获得新的主体性,作为客体的"经"在"注"的活动中获得新的对象性;而"注"则是生活的一种当下显现样式⑤。"实事求是"命题亦然,真正本源性的事情乃是"求"的活动;"实事"(经典)及其"是"(义理)都是在这种"求"的活动中生成的。

只有在这样的生活视域下,我们才能理解和解释经典的意义和我们自身的存在。生活总是显现为某种生活样式,即不同的生活方式,所以,最基本的问题是生活方式及其转换的问题。即以中国而论,举其大者,我们经历过王权时代(商周)的宗族生活方式

① 海德格尔:《存在与时间》,第 46 页。

② 海德格尔:《存在与时间》,第 46 页。

③ 海德格尔:《存在与时间》,第 11 页。

④ 黄玉顺:《生活儒学关键词语之诠释与翻译》,《现代哲学》2012 年第 1 期。

⑤ 黄玉顺:《注生我经:论文本的理解与解释的生活渊源——孟子"论世知人"思想阐释》,《中国社会科学院研究生院学报》2008 年第 3 期。

和皇权时代(自秦至清)的家族生活方式,如今正在转向民权时代的市民生活方式。在这种转换中,中国人的主体性也在发生转换;同时,经典的意义也在发生转换。例如《大学》这个经典文本的"修→齐→治→平"的逻辑,它所指称的行为主体,在不同时代的生活方式下是截然不同的,即从王室宗族及封建宗族转为皇室家族及士大夫家族,再转为个体性的市民或公民;于是,"修、齐、治、平"的内涵也就发生相应的转换①。当今时代,"修身"应当是培育公民人格,"齐家"应当是搞好现代核心家庭(nuclear family),"治国"应当是在国家公共事务上履行公民的义务、权利和责任,"平天下"则应当是在国际公共事务上履行公民的义务、权利和责任。

这些都是海德格尔的现象学、伽达默尔的哲学诠释学无法解答的问题。我高兴地看到,作者最后指出了伽达默尔的哲学诠释学的不足:"一是坚持不同理解,否认更好理解,缺乏辩证发展的观念";"二是一方面坚持理解的不同,另一方面阐发理解的可分有性、参与性,此二者之间有明显的扞格之处";"三是把理解视为最基本的实践行为(生存论事实、事实本身),历史就是理解或思想的历史,体现出明显的唯心论、理想化色彩";"四是偏重于对理解进行文本式的宏观分析,而对于文本自身却缺乏认识论、方法论的考察"。这些评论当然也是可以讨论的,但体现出了作者的可贵的批判意识。

为此,作者提出:"基于哲学解释学的短板,从认识论上应对相对主义,或者说,认识论意义上的解释学探讨,仍然必要。"作者的意图,是要保证诠释结果的客观性,以避免相对主义。这是一个值得讨论的问题。我的看法是:诠释结果的相对主义根本无需担忧,诠释的客观性、"可分有性"并非任何认识论的方法论所提供

---

① 参见黄玉顺:《论"大学精神"与"大学之道"》,中华孔子学会《中国儒学》第6辑,中国社会科学出版社2011年版。

的,而仍然是作者所强调的存在论的视域所提供的。简而言之,一个共同体的基本的共同生活方式,决定了该共同体中的人们(主体)的共通主体性、事物(客体)的共通客观性,决定了人们具有共通的生活感悟,从而决定了他们具有一些基本的共通的事实判断、价值判断。

　　总之,崔发展教授的专著《乾嘉汉学的解释学模式研究》围绕乾嘉学术"实事求是"命题展开的研究,取得了一系列具有突破性的进展,得出了一系列具有原创性的论断,同时留下了一系列具有启发性的问题,堪称这个研究领域的一项重要学术成果。

前主体性诠释：主体性诠释的解构
——评"东亚儒学"的经典诠释模式*

本文是对"东亚儒学"经典诠释模式的评论，意在通过对黄俊杰①教授的论文《东亚儒家经典诠释史中的三个理论问题》②（以下简称"黄文"）的商榷，提出一种新的诠释模式。

一、"东亚儒学"的经典诠释模式：主体性诠释

黄文提出了"三个理论问题"。这些问题之间具有一种结构，呈现了一种诠释模式。

（一）原创者及其经典，诠释者及其诠释："主客"架构

黄文提出的第一个问题是"思想原创者的所有权问题"："相对于后代的诠释者而言，思想的原创者对他自己的思想是否拥有所有权以及对他人诠释之正确与否的'终审权'？"

＊ 原载《哲学研究》2019 年第 1 期。

① 黄俊杰：男，1946 年生，台湾高雄人，台湾大学历史学系特聘教授、人文社会高等研究院特约研究员兼"东亚经典与文化"研究计划总主持人。

② 黄俊杰：《东亚儒家经典诠释史中的三个理论问题》，《山东大学学报》2018 年第 2 期。以下凡引此文，不再注明出处。

黄文明确回答:"这个问题的答案是否定的。"其根据是:"任何思想概念或命题,一经原创者……提出之后,就取得自主性,恍似具有独立的生命";"在经典与读者的对话之中,读者从经典中开发新的问题,也提出新的解释"。这是从两个方面——经典及其思想方面和读者即诠释者方面——的独立性来进行分析的,黄文称之为"自主性":

1. 关于经典之思想的独立自主性问题

黄文认为:"思想命题一旦提出之后,就取得自主性";例如,"当孔子提出'克己复礼为仁'这项命题时,这项命题就脱离原创者而成为天壤之间独立自主的存在,成为后人可以印可、推衍、争论或质疑的命题"。这看起来是有道理的:孔子的言说成为一个客观的命题,即主体的创作成果成为一个客观的对象。

黄文这种陈述的哲学背景其实就是笛卡儿以来的"认识论转向"或曰"主体性转向"所导致的一个基本的思维架构:"主-客"架构。这里不仅存在着黄文所说的"作为主体的解释者与作为客体的经典文本"之间的主客关系,而且首先存在着作为主体的经典原创者与作为客体的经典及其思想命题之间的主客关系。但这种"主-客"架构正是 20 世纪以来的思想前沿所要解构的东西,这种"解构"(deconstruction)意在追问诸如主体、客体这样的存在者是何以可能的,从而"还原"到前存在者的存在(Sein/Being),进而"重建"存在者。

对于经典诠释来说,要追问的是:作为主体的原创者、诠释者,其主体性本身是何以可能的? 作为客体的经典、诠释结果,其客观性本身又是何以可能的? 例如,对于经典《论语》所载孔子命题"克己复礼为仁"、朱熹《论语集注》对此的诠释来说,孔子的主体性是何以可能的? 朱熹的主体性又是何以可能的?《论语》及其命题"克己复礼为仁"的客观性是何以可能的? 朱熹的诠释的客观性又是何以可能的? 这些都是黄文未能触及的深层问题。

2. 关于诠释者的独立自主性问题

黄文提出两点：一是"解释即是创造"；二是"解释者比文本更重要"。这当然是不无道理的，因为诠释者乃是另外一个原创者，他的诠释是另外一个独立自主的文本。但在这里，原创者及其经典的地位何在？黄文引证了伽达默尔的说法："所有的再现首先都是解释，而且要作为这样的解释，再现才是正确的。在这个意义上，再现也就是'理解'。"①但这恰恰不能支持黄文的论点，因为伽达默尔在这里所强调的是：理解毕竟是对原创者之经典的理解，解释毕竟是对原创者之经典的解释，再现毕竟是对原创者之经典的再现，原创者及其经典是无法抛开的。

更重要的问题是：这仍然是"主-客"架构的思维方式，即主体性诠释模式，只不过原来的"原创者-经典"架构现在变成了"解释者-解释"架构。那么，解释者这样的主体性本身又是何以可能的？其解释的客观性、正当性、真理性又是何以可能的？这些都是黄文未能触及的深层问题。

（二）诠释者的自由度：主体的语境约束条件

黄文提出的第二个问题是"思想交流中的'脉络性转换'与解释者的自由度问题"。所谓"脉络性转换"，黄文注明英文为"contextual turn"②，笔者以为，译为"文脉转换"或"语境转换"或许更便于汉语读者理解。

关于"语境转换"，下文将作专门讨论。关于解释者的自由度

---

① 伽达默尔：《真理与方法：补充和索引》，洪汉鼎等译，台北：时报文化出版公司 1999 年版，第二版序言，第 487—488 页。

② 参见 Chun-chieh Huang, *East Asian Confucianisms: Texts in Contexts*, Göttingen and Taipei：V&R unipress and National Taiwan University, 2015, chap. 2, pp. 41‒56。

问题,黄文提出:"在何种程度之内,在什么意义之下,解释者是自由的?"黄文的回答是:"解释的自由度恐怕仍是很有限的,因为他们的解释至少受到以下两个因素的制约:(1)时代氛围的浸润……(2)原典文本之印可……"

这样的回答,包括两个制约因素的揭示,尤其是主体的语境约束条件的提出,在一定程度上回应了笔者刚才提出的问题:主体性何以可能?但黄文将这个问题归结为"解释者的自由度"问题,这是值得讨论的。黄文"自由度"所说的"自由",当然不是政治哲学的"自由"概念,亦非形而上的绝对主体性概念;但无论如何,它总是一个形而下的相对主体性概念①。这就仍然面临着"主体性何以可能"的问题,即这个解释者本身何以可能的问题。

黄文谈到"'解释的权威'下的抉择"问题:诠释者将遇到历史上对经典的权威解释,当这些解释的权威互相牴牾时,诠释者通常是采取两种抉择:以解释者自己所认同的权威为最终判准;诠释者以自己的思想立场批驳诠释的权威。这两种抉择其实是一回事:解释者之所以认同某个权威,他所根据的正是他自己的思想立场,即"是通过自己思想体系的网络的筛选而完成的"。这固然体现了诠释者的自由,但解释者为什么会认同这个权威?这体现了他的怎样的主体性?这样的主体性本身是何以可能的?这些也是黄文未能触及的深层问题。

(三)诠释的"无政府主义":多元的主体性

黄文提出的第三个问题是"诠释的无政府主义问题",作者分

---

① 参见黄玉顺:《评"自由儒学"的创构——读郭萍〈自由儒学的先声〉》:郭萍《自由儒学的先声——张君劢自由观研究》代序,齐鲁书社2017年版;《当代儒学》第12辑,广西师范大学出版社2017年版。

析了两种含义的"无政府主义"，并给出了否定性的回答：

1. "多"对"一"的无政府主义："如果经典文本中的命题是
'一'，那么，异代异域的解释者所提出的众说纷纭的解释就可
被当作'多'"；但"这个意义下的'诠释的无政府主义'……是
不能成立的"，因为"这种意义下的'多'不但不减损'一'，反
而使'一'的内涵更加丰富，而'多'的流注使'一'的生命更加
绵延壮大"。

2. "异"对"同"的无政府主义："与'正统'不同的就是'异
端'，诸多'异端'遂构成'诠释的无政府主义'之乱象"；但这也是
不能成立的，因为"实际上，在形式上诠释的多样性之下，他们都分
享儒家的共同价值"，"因此，在表面的'歧异'之下，潜藏着深厚的
'同一'"。

简言之，在黄文看来，所谓"诠释的无政府主义"是一个伪问
题。黄文的根据，本质上是主体的多元性或多元的主体性：每一
个诠释者都是一个独立自主的主体。但是，诠释者的主体性本身
何以可能？为什么竟会出现这样的主体的多元性或多元的主体
性？这仍然是黄文未能触及的深层问题。

综合本节的分析，我们可归纳出黄文的诠释模式，如下：

$$
创作脉络 \rightarrow 原创者 \rightarrow 经典
\begin{cases}
\nearrow 诠释者_1 \leftarrow 诠释脉络_1 \\
\leftarrow 诠释者_2 \leftarrow 诠释脉络_2 \\
\searrow 诠释者_3 \leftarrow 诠释脉络_3
\end{cases}
$$

这显然是"主-客"架构之下的一种主体性诠释模式，因为：不
论经典的原创者，还是经典的诠释者，都是一种主体性的存在者；
相应地，经典、对经典之诠释，作为文本、客体，即是对象性的存在
者。于是，黄文始终面临着这样的追问：作为主体的原创者、诠释
者的主体性是何以可能的？作为客体的经典、诠释结果的客观性
又是何以可能的？

二、主体性诠释模式存在的问题：
本源的遮蔽

实际上，黄文的全部论说都基于这样的"主-客"架构：

原创者（主体）→经典（客体）←诠释者（主体）

但问题是：正如上文已经指出的，这种"主-客"架构、主体性、客观性的观念，在 20 世纪的思想前沿中已经遭遇了解构。

（一）主体性诠释的认识论困境

就学理讲，上述主体性诠释模式必然遭遇"认识论困境"。自近代"认识论转向"以来，哲学的基本问题被认为是主体与客体之间的关系问题，一切哲学思维都以主体为出发点，于是，一个真正的问题就是"认识论困境"。这个问题蕴含在"主-客"架构之中：主体怎么可能确证并通达客体？ 内在的主体意识怎么可能确证并通达外在的客观实在？

这个问题催生了两条哲学路线，即经验论的解决方案和先验论的解决方案，但仍然没有真正彻底地解决问题，于是才产生了现象学。胡塞尔最明确地意识到了认识论困境，他通过"还原"到内在的纯粹先验意识而"悬搁"了客观实在；但海德尔格指出，这不过是还原到了更加纯粹的主体性，即仍然未能真正彻底解决这个问题，因为这并不能回答"主体何以可能"，即"存在者何以可能"的问题。下文将会讨论：海德格尔其实同样未能真正彻底解决问题；因此，由海德格尔现象学导出的伽达默尔诠释学，仍然未能真正彻底地解决问题。

黄文采纳了伽达默尔的诠释学，而正如上文所分析的，这仍然是一种主体性诠释模式。黄文最终提出了"两点结论性的看法"，所蕴涵的却是预设性的"主-客"观念：

　　第一，东亚儒家经典诠释学中最根本的问题是：读者的身心如何受经典精神之感召而自我转化？所以，中日韩各国儒者都以个人生命之体验与经典相印证……在经典诠释中读入个人生命之体验、体会与体知，所以，他们对同一个命题常常能提出多元的诠释，也从中赋与经典以崭新的生命力。

这里涉及的仍然是主客之间的问题：一方是作为主体的读者、解释者，另一方是作为客体的经典。按现象学关于认识论困境的意识，这里首先面临的问题乃是：读者或诠释者的主观意识如何可能确证经典的客观存在？又如何可能通达其客观意义？

　　第二，东亚儒家在诉诸个人生命体验的"自由"，必须与"诠释的权威"相印证的"秩序"之中，进行创造性的诠释。他们也在经典中的普遍命题与地域特性的互动之中，完成经典意义的再创新。

这里涉及的是主体之间的问题：一方是过去的"诠释的权威"（主体$_1$）及其"权威的诠释"（客体），另一方是后来的诠释者（主体$_2$），这里就出现了两种主体之间如何沟通的问题。这其实是胡塞尔提出的"主体间性"（inter-subjectivity）（或译"交互主体性"）的问题。但胡塞尔"主体间性"的根基其实仍然是传统的先验主体性，即并不意味着放弃了他的先验意识现象学。这正是海德格尔所批评的主体性哲学。显然，如果对话总是"主体间性"的对话，那么，某种主体性总是先行存在的。所以，海德格尔不采取"主体间性"的进路，而是采取"以此在（Da-sein）为专题的存在论"进路，即"先行对主体之主体性进行存在论分析"[①]，以此"基础存在论"为主体性奠基。这意味着这样一种发问：主体性是何以可能

───────────

　　①　海德格尔：《存在与时间》，陈嘉映、王庆节译，生活·读书·新知三联书店 1999 年第 2 版，第 28 页。

的？这就把我们带向了一种新的视域："生存"（existence）或"存在"（Sein）。遗憾的是，海德格尔的"生存"是"此在"的生存，意味着"此在"作为一种"特殊的存在者"是先行于"存在"的，这就表明他的"生存"概念未能真正通达"存在"，他的"此在"概念也并未真正超越胡塞尔的"主体间性"概念①。

（二）主体性诠释对本源的遮蔽

黄文有一个判断："解释者比文本更重要。"按此观点，是不是可以说作为《论语》的解释者的"朱熹比《论语》更重要"？进一步说，朱熹还是"解释的权威"，朱熹之外的解释者就太多了，是不是可以说他们都比《论语》更重要？其实问题不在这里。解释者是一个主体，文本则是一个客体；因此，黄文的判断等于是说"主体比客体更重要"。这其实是西方哲学的一个传统观念，唯其如此，海德格尔才把传统的哲学、形而上学、存在论归结为需要进行解构的主体性的事情②。

黄文以及西方哲学传统的这种主体先行的观念，实在值得商榷。其实，主体与客体是相对而言的，没有客体，就无所谓主体。事实上，主体与客体双方是同时生成的：唯有当我们把某种事物对象化的时候，我们自己才成为主体，才作为主体而存在。

其实，真正透彻的问题乃是：不论是主体，还是客体，都是存在者，那么，我们应当追问：存在者何以可能？或者说：存在者是怎样生成的？这才是真正彻底解决"认识论困境"问题的出路。既然我们问的是"存在者何以可能"，那么，答案就不能是任何一

①　黄玉顺：《前主体性对话：对话与人的解放问题——评哈贝马斯"对话伦理学"》，《江苏行政学院学报》2014 年第 5 期。

②　海德格尔：《哲学的终结和思的任务》，见《面向思的事情》，陈小文、孙周兴译，商务印书馆 1999 年第 2 版，第 76 页。

种存在者,甚至也不能是"此在"那样的"特殊存在者"。答案何在? 存在。

这样的先于任何存在者、给出一切存在者的存在,乃在是一切存在者之源,当然也是主体性存在者之源。主体性诠释模式所存在的根本问题,就是对"源"的遮蔽:原创者及其经典,诠释者及其诠释结果,这些主体性存在者、对象性存在者,其源何在? 他们和它们何以如此这般?

(三) 关于诠释语境"脉络"的分析

在我看来,黄文最值得注意的一个措词,其实是"脉络"(context)。上文谈到过,这个词语的更恰当的译法应当是"语境"或"背景"。但黄文用汉语来表达的"脉络",其实并不是同一个概念,而是至少在两种不同含义下使用了"脉络"这个词语:

> 所谓"脉络性转换"指将思想或命题从其原生的脉络逸脱而出("去脉络化"),再流入新的脉络("再脉络化")之后,必然产生的转变。这种所谓"脉络性转换",又可区分为两种类型:(1) 思想脉络的转换;(2) 空间脉络的转换。

这里涉及黄文所说的"异代异域"两个方面:"异代"方面的"思想脉络"(思想语境)是指的原创者或诠释者在其所秉承的学术传统方面的背景,而"异域"方面的"空间脉络"(地域语境)则是指的他们在生活区域(region)方面的背景。在我看来,对于原创者或诠释者的主体性的生成来说,两者具有截然不同的意义。

1. 思想脉络:思想背景

黄文所谓"思想脉络"(ideological context)其实就是原创者和诠释者各自的"思想语境"或"思想背景"的意思,其实是指的某种思想学术传统。实际上,自唐代以来,儒学的诠释,包括宋明理学,无不具有佛学的背景;而近代以来的儒学,例如现代新儒学,则无不具有西方学术的背景。20世纪以来的所谓"东亚儒学"亦然,例如黄文的思路,基本上就是伽达默尔"哲学诠释学"的路数。

要注意的是,这里所谈的不同学术传统之间的转换,就其实质而论,并非空间上的横向差异,而是时间上的纵向差异。与下文的横向的"空间脉络"不同,这里的"思想脉络"主要是纵向的时间维度上的转换。这就是黄文所讲的对"先前的"权威的批判或挑战:

> 东亚儒家经典解释者,对于先前的"诠释的权威"的批判或挑战,常常是通过自己思想体系的网络的筛选而完成的。在这种筛选过程中,自己的意见常自成段落,朱子就常以"愚按"起首表述己见。

这里所谓"自己思想体系的网络",其实即属所谓"思想脉络"——思想背景。这里显然存在着这样一种决定关系:

思想背景→诠释者→新诠释

这里最值得注意的是"脉络的转换",即语境的转换,或曰思想背景的转换。然而问题在于:思想背景为什么会发生转换?这是黄文未能涉及的思考层次。其实,上述关于纵向的时间维度的分析已经表明:所谓"思想脉络"——思想背景的转换,学术传统的转换,本质上是时代的转换(the change of the times)。

黄文自己也曾提及"时代背景",说"当孔子提出'克己复礼为仁'说之后……中国古代儒家学者各自怀抱着自己的思想立场与时代背景,面对'克己复礼为仁'这项命题进行解释";黄文自己也注意到"解释至少受到两个因素的制约",其中首先就是"时代氛围的浸润"。确实,一部儒学诠释史的背景,乃是一部社会发展史。这是目前的"东亚儒学"研究中所存在的一个薄弱环节,乃至于是一个盲点。我们来看下面这个图表:

社会时代		历史时代	儒学典型形态	生活方式
王权社会		商周	原典儒学(六经)	宗族生活方式
第一次社会大转型		春秋战国	孔孟儒学	生活方式转换
皇权社会	帝国前期	自秦朝至唐朝	汉唐儒学	家族生活方式
	帝国后期	自宋朝至清朝	宋明儒学	
第二次社会大转型		近代以来	近代以来的儒学	生活方式转换
民权社会				个体生活方式

　　这个图表说明了思想背景转换与社会形态转换特别是生活方式转换之间的关系。有怎样的生活方式，就会有怎样的社会形态，也就会有怎样的学术形态，从而也就会有怎样的一种作为主体性存在者的原创者、诠释者，也就会有怎样的一种作为对象性存在者的经典、诠释。

　　2. 空间脉络：地域背景

　　上述纵向的时间维度的背景转换，却会体现在横向的空间维度的背景转换上，因为社会的发展、时代的转换在不同地域间的呈现是有先后差异的。上文谈到现代儒学的西方学术背景，表面上看来是"中-西"的关系，而实质上却是"古-今"的关系。所谓"西学东渐"的缘由，不外乎是因为在"走向现代性"这个问题上，西方走在了东方的前面。今日中国大陆儒学界的许多思想混乱，都是由于将"古-今"问题误识为"中-西"问题，甚至是"以'中西之异'来掩盖'古今之变'，以抗拒'西方'的名义来抗拒现代文明价值"①。

----

① 黄玉顺：《大陆新儒家政治哲学的现状与前景》，《衡水学院学报》2017年第2期。

黄文所谓"空间脉络"（local context），更确当的译法应当是"地域语境"甚或"地域背景"。黄文举例说：

> 朱子《仁说》东传日韩之后，深深浸润在实学精神的日韩异域儒者，解构朱子学的形上学与宇宙论之基础，而在日用常行或政经措施中赋朱子仁学以新义。日韩儒者也在"功效伦理学"脉络中重新解释中国儒家"仁政"之意涵。这是在不同的空间脉络中的转换。

其实，这里谈到的在空间地域意义上的韩国和日本对中国儒学的诠释，本质上仍然是时间维度的体现：大致来说，在中国的帝国时代，中国的文明程度比韩国和日本的文明程度更高，日、韩是在学习中国。当然，近代以来，这种状况逐渐发生了转变。例如，日本明治维新的成功使得日本在文明程度上走在了中国的前面，于是中国出现了大量的留日学生，现代汉语中大量的词汇都是经由日本而输入中国的。所以，东亚儒学可以分为两段：帝国时代的东亚儒学；现代的东亚儒学。

黄文谈到："儒家经典及其价值理念原生于中国文化的土壤之中，深具中国文化之特质，一旦传播到异域，异时异地的解读者，必须'读入'具有'时间特色'（time-specific）与'空间特色'（site-specific）的社会文化因素，才能使经典中的价值理念融入并'风土化'于传入地。"但据笔者的上述分析，这里的"空间特色"本质上仍然主要是"时间特色"。"异地""异域"的韩国、日本，其所在的社会历史的时代与时期与中国是不同的；这种"异时"的生活方式所产生的韩国儒者、日本儒者，也是与中国的儒者不同的。儒家经典的中国原创者，与韩国、日本的诠释者，他们之间之所以不同，主要是由于他们所处的社会时代或历史时期的不同，而表现为生活方式的不同。

三、生活儒学的诠释观念：
前主体性诠释

上文分析了"东亚儒学"主体性诠释模式所存在的问题。现在我们尝试提出一种"前主体性诠释"（pre-subjective interpretation）模式。

（一）海德格尔与伽达默尔的诠释学思想

在此，我们应当讨论一下"语境"（context）这个词语的用法。"语境"本义是指的由若干陈述所组成的文本（text）环境，这是狭义的"诠释"（interpretation）或"诠释学"（hermeneutics）的对象；但自海德格尔、伽达默尔以来，"语境"获得了"存在"（Sein）的意义，具有了存在论上的（ontological）、存在者层次上的（ontic）优先地位①。伽达默尔发挥海德格尔的思想，建立了他的哲学诠释学。黄文完全接受了伽达默尔的诠释观念，认为"伽达默尔所说的完全可以在儒家'仁'学诠释史上获得证实"。

这里涉及的最重要的思想背景乃是海德格尔所提出的"存在论区分"，即对"存在"（Sein/Being）与"存在者"（Seiendes/beings）的区分；同时还涉及"存在"与"生存"（Existenz/existence）的关系、"生存"与"此在"（Da-sein）的关系。这是海德格尔前期代表作《存在与时间》的基本思想，我曾做出过大致的评析：

> 海德格尔其实是自相矛盾的：一方面，存在先行于任何
> 存在者，"存在与存在的结构超出一切存在者之外，超出存在

---

① Martin Heidegger, *Being And Time*, Translated by Joan Stambaugh, Albany: State University of New York Press, 1996, pp. 7 - 12.

者的一切存在者状态上的可能规定性之外"①,那么,存在当然也先行于此在,因为"此在是一种存在者"②;然而另一方面,追寻存在又必须通过此在这种特殊存在者,唯有"通过对某种存在者即此在特加阐释这样一条途径突入存在概念","我们在此在中将能赢获领会存在和可能解释存在的视野"③。假如这只是在区分"存在概念的普遍性"与我们"探索""领会""解释"存在概念的"特殊性"④,还谈不上自相矛盾;但当他又说"存在总是某种存在者的存在"⑤,那就确实是自相矛盾了,因为这时存在已不再是先行于任何存在者的了。⑥

具体诠释学思想,我做出过这样的评析:海德格尔的"此在的生存"即人的存在是一种存在论现象。此在的生存活动具有一种"前结构",使得"此在"即人的诠释活动具有一种"前判断"或"先见"、"偏见",这意味着"此在的有限性"是诠释活动的存在论基础。"前结构"或"先见"、"偏见"会在诠释活动中暴露出来而被反思,我们会意识到其局限性,从而使之与生活的实际境况相调适,最终达到"视域融合",这样的诠释结果是生成一种新的意义。所以,诠释活动不是单向的线性序列,而是双向的调适过程。这种诠释观念不仅在认识论层面上阐明了作为诠释结果的意义的生成是何以可能的,而且在存在论层面上阐明了作为"能在"的此在之

---

① 海德格尔:《存在与时间》,陈嘉映、王庆节译,生活·读书·新知三联书店1999年版,第44页。

② 海德格尔:《存在与时间》,第14页。

③ 海德格尔:《存在与时间》,第46页。

④ 海德格尔:《存在与时间》,第46页。

⑤ 海德格尔:《存在与时间》,第11页。

⑥ 黄玉顺:《生活儒学关键词语之诠释与翻译》,《现代哲学》2012年第1期。

"去存在"的可能性是何以可能的。但海德格尔却无法回答一个问题：此在的可能性之展开，便意味着已经"超越"了、"溢出"了此在原来既定的那个"被抛"的"所是"，即意味着不仅已超出了此在原来的那个"前判断"，而且已超出了此在原来的生存及其"前结构"，即已超出了诠释活动的生存论基础，这一切是何以可能的？这个"溢出"部分是哪里来的？伽达默尔解释为"视域融合"，即此在的生存与生存之外的存在之间的融合。因此，海德格尔才严格区分"生存"与"存在"。但这样一来，存在便成了生存之外的事情，如天堂在生活世界的彼岸，那么，此在又怎么能超出自己的生存而去追寻存在呢？① 可见从海德格尔到伽达默尔的诠释学尽管突破了轴心时期以来的若干基本观念，但其突破毕竟还是有限的，不够彻底的。

（二）生活儒学的诠释观念

今天的哲学思想前沿，首先是要追问：主体性本身何以可能？进而因为主体不过是一种存在者，所以就要追问：存在者何以可能？所谓"解构"并非简单的否定、抛弃，而是将主体性存在者"还原"到存在，从而理解、解释、"重建"主体性存在者。

生活儒学正是这种前沿观念的儒家表达，旨在突破两千年来传统哲学的"形上-形下"观念架构，揭示作为一切存在者之本源的存在——生活。生活儒学所讲的"生活"即是"存在"，但不是区别于"生存"而只能通过"此在"才能通达的"存在"。唯有如此，才能给出新的存在者，包括形上的存在者、形下的存在者，也包括"此在"那样的存在者；唯有如此，才能重建儒家的形上学、形下学，使儒学能真正有效地切入现代社会生活。

---

① 黄玉顺：《"直"与"法"：情感与正义——与王庆节教授商榷"父子相隐"问题》，《社会科学研究》2017 年第 6 期。

　　就诠释学问题而论,经典的原创者、诠释者是主体性存在者,经典、经典的诠释是对象性存在者,即都是存在者,而不是作为本源的存在。存在即生活;而一切存在者,包括经典的原创者、经典、诠释者、经典的诠释,都是由生活给出的。这里的生活包括诠释活动;或者说,诠释活动是生活的一种显现样式。按照生活儒学的观念,不是作为主体的诠释者通过对作为客观对象的经典的诠释而生成了诠释结果,恰恰相反,乃是作为存在或生活的诠释活动生成了诠释者(新的主体)、经典及其诠释结果(新的客体)。

　　黄文引过王阳明的一段话:

　　　　平生于朱子之说,如神明蓍龟,一旦与之背驰,心诚有所未忍,故不得已而为此。……盖不忍抵牾朱子者,其本心也;不得已而与之抵牾者,道固如是,不直则道不见也。执事所谓决与朱子异者,仆敢自欺其心哉?夫道,天下之公道也;学,天下之公学也:非朱子可得而私也,非孔子可得而私也。天下之公也,公言之而已矣。故言之而是,虽异于己,乃益于己也;言之而非,虽同于己,适损于己也。益于己者,己必喜之;损于己者,己必恶之。然则某今日之论,虽或于朱子异,未必非其所喜也。……某虽不肖,固不敢以小人之心事朱子也。①

　　其实,阳明所秉持的"道"或"天下之公道",不过就是那个时代的人们在共同生活中形成的某种共通的生活感悟而被形而上学化了。阳明所谓"龙场悟道",所悟即在于此。唯因生活方式的转换,乃有生活感悟的转换,于是才有对"道"的历代不同的言说,才有所谓儒学史、儒家经典诠释史。黄文也讲:"解释者在不同的程度上都是时代思想氛围的产物,他们对经典中的核心价值提出新解时,他们都不能随心所欲地创造,都不免时时受到他们身处的时

―――――――――

　　①　王守仁:《传习录中》,见《王阳明全集》,吴光等编校,上海古籍出版社 1992 年版。

代思想氛围的影响。"所谓"时代氛围的影响"，其实就是生活对主体——诠释者的决定作用；诠释者的主体性乃是这种"时代氛围"的产物。

黄文引用过的程颐的一句话："如读《论语》，未读时是此等人，读了后又只是此等人，便是不曾读。"①黄文的理解是："经典研读最重要的目的，并不是在于经典文义的解明，而是在于经典阅读者受到经典的感召，而将经典中的价值理念含纳入自己的身心之中，并使自己的精神与生命境界获得提升。"其实，程颐是在说读者、诠释者应当在阅读活动、诠释活动中获得新的主体性，从而成为一个新人。那么，对于这个新的主体性存在者的生成来说，这种阅读活动、诠释活动就是前主体性的存在。

黄文举过一个例子："朱子《仁说》东传日韩之后，深深浸润在实学精神的日韩异域儒者，解构朱子学的形上学与宇宙论之基础，而在日用常行或政经措施中赋朱子仁学以新义。"黄文是以此论证诠释者的自由，但在笔者看来，如果说自由意味着主体性，那么，这种"自由"首先源于其"不自由"，因为诠释的"新义"固然来自诠释者的主体性，但最终却来自他们的"日用常行或政经措施"，即他们的生活实践及其生活感悟。

笔者注意到黄文的"解释者个人的生命体验"的说法："儒家经典解释者每一次所提出的新解释，都是一次的再创造，而且这种再创造是通过解释者个人的思想系统或生命体验而完成的"；他们"通过他们各自的思想体系或生命体验而对'克己复礼为仁'说提出解释，也可以说，他们都是通过自我理解而理解孔子"。"儒家读经不仅读之以口耳，更读之以身心，他们将个人的生命体验读入经典之中，并取经典中的价值理念与命题而与自己的生命历程相

---

① 转引自朱熹：《论语序说》，见《四书章句集注》，中华书局1983年版，第43页。

印证。因为每一位解读者的学思历程与生命体验各不相同，所以，他们所开发的经典新诠亦多元多样。"这其实还是一种主体性陈述：似乎先有一个既成的作为主体性存在者的解释者的存在，然后他获得自己的生命体验，再根据这种体验来诠释经典。这仍然是主体先行的思维模式。生活儒学的观念有别于此，而是认为：所谓"生命体验"，其实就是"在生活"之中的"生活感悟"；这种生活感悟使得旧的主体性变为一种新的主体性、新的自我。对于诠释活动来说，诠释者通过诠释活动而获得新的感悟、新的主体性、新的自我；同时，经典也通过诠释活动而获得新的意义、新的对象性。

（三）前主体性诠释的观念

以上讨论，实际上已提出了生活儒学的诠释模式：前主体性诠释。

黄文将诠释过程理解为一种对话过程："经典诠释活动……更是一种作为主体的解释者与作为客体的经典文本的对话过程。"笔者也曾撰文讨论过对话模式问题。黄文的主体性诠释模式，类似哈贝马斯的主体性对话模式（subjective paradigm of discussion），两者本质上是一致的。笔者在评论哈贝马斯"对话伦理学"①（ethics of discussion）（亦译"商谈伦理学"）的时候，曾经提出：必须超越主体性范式，甚至超越主体间性范式，达到前主体性范式（pre-subjective paradigm）②。

---

① 哈贝马斯：《对话伦理学与真理的问题》，沈清楷译，中国人民大学出版社 2005 年版。（L'Éthique de la Discussion et la Question de la Vérité, Éditions Grasset & Fasquelle, 2003.）

② 黄玉顺：《前主体性对话：对话与人的解放问题——评哈贝马斯"对话伦理学"》，《江苏行政学院学报》2014 年第 5 期。

　　黄文提到孟子所讲的"以意逆志"①："孟子说解读《诗经》应'以意逆志,是为得之',朱子解释'以意逆志'的'逆'字说:'逆者,等待之谓也'②,或不免稍嫌消极。19 世纪日本儒者西岛兰溪(1780—1852)说:'心无古今,志在作者,而意在后人,由百世下,迎溯百世曰逆,非谓听彼自至也'③,其所较贴近孟子'以意逆志'之原意。"这样理解是不准确的。赵岐《孟子注》已明确指出:"志,诗人志所欲之事;意,学者之心意也。……人情不远,以己之意逆诗人之志,是为得其实矣。"④"志"指诗人的情志,这是诗学的常识,如毛亨《诗大序》所说:"诗者,志之所之也:在心为志,发言为诗;情动于中,而形于言。"⑤所谓"逆",孙奭解释为"求"或"逆求"(迎求):"以己之心意而逆求知诗人之志";"以己之意而求诗人志之所在"⑥。由此可见,所谓"以意逆志"是说:读者或诠释者通过读诗,以自己的心意去求取诗人的情志。显然,这并不是"六经注我"的态度,而是一种"我注六经"的客观主义表达。由此可见,"以意逆志"并非孟子关于诠释的最深刻的论说。

　　孟子关于诠释的代表性论说如下:

　　　　一乡之善士,斯友一乡之善士;一国之善士,斯友一国之善士;天下之善士,斯友天下之善士。以友天下之善士为未足,又尚论古之人。颂其诗,读其书,不知其人,可乎? 是以论

---

① 《孟子·万章上》,《十三经注疏》本,中华书局 1980 年版。

② 《朱子语类》,黎靖德编,收入《朱子全书》,上海古籍出版社 2002 年版,第 14 册,卷一一,第 336 页。

③ 西岛兰溪:《读孟丛钞》,收入关仪一郎编:《日本名家四书注释全书》,东京:凤出版 1973 年版,第十三卷,卷九,第 354 页。

④ 《孟子注疏·万章上》。

⑤ 《毛诗正义·关雎·序》,《十三经注疏》本,中华书局 1980 年版。

⑥ 《孟子注疏·万章上》。

其世也。是尚友也。①

这里的"尚友",其实就是主体间性的问题:孟子先讲的是共时性的(synchronic)主体间性,即尚友同时代人;然后再讲的是历时性的(diachronic)主体间性,即尚友古人。后者直接涉及诠释——对经典的理解与解释的问题,给出了这样一个过程:

论其世→知其人→颂其诗、读其书

所谓"颂其诗、读其书",就是阅读、诠释;而要理解和解释作为客体的诗书,前提是要理解作为创作主体的作者,即"知其人";而要理解作者这个主体,前提则是要理解他的身世、生活,即"论其世",因为"其人"是由"其世"生成的。

世(生活)→人(作者)→诗书(经典)

这里还只涉及经典的原创者的主体性何以可能的问题;此外还有经典的诠释者的主体性何以可能的问题。笔者曾专文讨论过这个问题,将孟子的诠释思想归纳为:既非"我注六经",亦非"六经注我"②,而是"注生我经"——正是作为存在或生活的诠释活动"注",同时生成了作为主体的诠释者"我"、作为客体的经典"六经"③。

"我注六经"是一种经验论的诠释观念,"我"是主体,"六经"是客观对象,"注"是一种经验活动;而"六经注我"则是一种先验论的诠释观念,"六经"的客观性被解构了,被纳入先验主体性的"我"之中,恰如胡塞尔悬搁了外在的客观实在,将其纳入内在的纯粹先验意识之中。这两种传统观念的共同之点,就是主体性的

① 《孟子·万章下》。

② 《陆九渊集·语录上》,中华书局1980年版。

③ 黄玉顺:《注生我经:论文本的理解与解释的生活渊源——孟子"论世知人"思想阐释》,《中国社会科学院研究生院学报》2008年第3期。

优先地位。而"注生我经"则解构这种主体性，还原到作为存在或生活的一种显现样式的注释活动，由此重建主体性——建构新的主体性。在"注"的活动中，诠释者作为一个新的"我"、新的主体生成了；同时，经典的新义作为一个新的"经"、新的客体生成了。对于新的主体性来说，"注"是在先的存在活动，这就是"前主体性"的意谓。

　　总而言之，"东亚儒学"的经典诠释，尽管接受了海德格尔和伽达默尔的诠释学，但仍然没有超越传统的主体性诠释模式。在这种模式下，不论是原创者与其经典，还是诠释者与其诠释，都是"主-客"关系。这种主体性诠释模式必然面临"认识论困境"，导致存在本源的遮蔽，因为它不能回答"存在者何以可能"、"主体性何以可能"的问题，即不能真正理解和解释原创者本身及其经典、诠释者本身及其诠释的生成。值得注意的是"诠释脉络"的概念，它已经接近于本源的观念。一切存在者的本源，就是存在或生活。因此，可以提出一种"前主体性诠释"模式，即把诠释活动视为前主体性、前存在者的存在，正是这种活动给出了新的主体与对象，即诠释者及其诠释。这种模式基于生活儒学关于存在即生活的本源观念，由此真正彻底地回答原创者及其经典、诠释者及其诠释何以可能的问题。

生活儒学的话语理论
——兼论中国哲学话语体系建构问题*

目前，"中国哲学话语体系建构"已成为国内哲学界的热点之一；但不得不承认，这股热潮还停留在口号的层面，尚未触及问题本身，遑论深入。本文旨在归纳生活儒学①的话语理论，进而探究中国哲学话语体系建构中所涉及的若干复杂理论问题。

笔者于 2004 年提出"生活儒学"的同时，提出了生活儒学的话语理论。关于"生活儒学"的第一篇论文《"生活儒学"导论》即谈到"话语"问题："在海德格尔的话语中，我们决不能说'生存即是存在'或者'存在即是生存'；我们只可以说：此在的存在即是生存。……在我们的话语中，当我们说到'存在'时，它说的就是生活本身；而当我们说到'存在者'时，它说的是'物'。在儒学话语中，存在者被称做'物'、'器'或者'器物'。按照儒家的说法，生活不是'物'，而是'事'……"②

紧接着是 2005 年初完成的论文《面向生活本身的儒学——"生活儒学"问答》，初步提出了生活儒学的话语理论：

> 存在着两种不同的言说方式：一是符号的言说方式，一

＊ 原载《周易研究》2021 年第 5 期，第 5—23 页。

① "生活儒学"是笔者所建构的一个面向生活的儒家思想体系。参见黄玉顺：《回望"生活儒学"》，《孔学堂》2018 年第 1 期，第 5—16 页。

② 黄玉顺：《"生活儒学"导论》，《原道》第十辑，北京大学出版社 2005 年版，第 95—112 页。

是本源的言说方式。

在符号的言说方式中，被言说者乃是一个符号的"所指"——索绪尔意义上的所指或者弗雷格意义上的指称。现代语言科学告诉我们，一个符号有"能指"和"所指"。符号的所指，就是一个对象。这就意味着，在符号的言说方式中，生活被对象化了。生活被对象化，意味着生活成为了一个客体；同时也就意味着：我们自己成为了一个主体。这就陷入了形而上学的"主-客"架构的思维模式……

本源的言说方式绝非符号的言说方式：这里，言说是"无所指"的，也就是说，生活不是一个符号的所指。如果说，符号的所指是一个存在者，一个"物"，那么，符号的言说方式是"言之有物"的，而本源的言说方式则是"言之无物"的。在本源的言说方式中，言说本身就归属于生活本身：这里，生活不是作为一个对象的"被言说者"；生活与言说是融为一体、打成一片的。比如，爱的情话、诗的絮语，都是本源的言说方式。唯其无所指，本源的言说本身便不是符号。①

这里所说的"符号"（sign）专指索绪尔（Ferdinand de Saussure, 1857—1913）语言学和弗雷格（Gottlob Frege, 1848—1925）语言哲学的概念（详下）。

一、"话语"概念：与福柯话语理论之比较

英国当代思想家霍尔（Stuart Hall, 1932—2014）指出："'话语

① 黄玉顺：《面向生活本身的儒学——"生活儒学"问答》，载《面向生活本身的儒学——黄玉顺"生活儒学"自选集》，四川大学出版社 2006 年版，第 56—57 页。

转向'(the discursive turn)是近年发生在我们社会的知识中的最重要的方向转换之一。"①其中,影响最大的是法国思想家米歇尔·福柯(Michel Foucault,1926—1984)。因此,讨论"话语"问题不能回避福柯的话语理论。大致来说,生活儒学与福柯的"话语"概念之间存在着若干一致性,同时存在着若干根本性的区别。

(一)"话语"与"语言"

在话语问题上,生活儒学与福柯理论的首要共性是:"话语"(discourse)问题不是"语言"(language)问题。

语言学意义上的"语言",诸如汉语、英语、日语、俄语等,又称为"自然语言"(natural language)或"民族语言"(national language),以历史上自然形成的族群(ethnic group)或国族(national state)为分界,具有一套独立的语音、语法、语义的形式系统。语言学所研究的就是这样的作为形式系统的语言:自然语言学研究特定的民族语言的形式系统;在此基础之上,普通语言学研究人类一般语言的形式系统。索绪尔的共时语言学——结构主义语言学就是典型的形式主义语言学;其实,此前的历时语言学——历史比较语言学(historical comparative linguistics)也是一种形式主义,它研究印欧语系的亲属关系也是着眼于语音、语法、语义的形式系统,其所谓"历史"并不是话语理论所指的社会、政治、经济、文化的历史。

然而"语言"并非"话语":语言是"形式的"(formal)概念;而话语则是"实质的"(material)概念,蕴含着特定的社会、政治、文化、经济、历史的内容。因此,作为话语的"言说方式和我们操何种语言是没关系的……;使用同样一种母语,也有不

---

① 霍尔:《表征——文化表象与意指实践》,徐亮、陆兴华译,商务印书馆2003年版,第6页。

同的言说方式"①。所以,话语理论被视为"后结构主义"(post-structuralism),在哲学领域则是继"语言学转向"(the linguistic turn)之后的"话语转向"。因此,"话语"并不是一个语言学概念;话语理论并不是任何意义的语言学,而毋宁说是一种"哲学"或"方法",其意不在语言本身,而在于通过语言或言语(parole)——更确切地说是"陈述"(statement)或"言说"(utterance)——这种"社会实践"体现出来的社会关系。

不过,尽管不是语言,但话语毕竟与语言有关。正如霍尔谈到话语时说:"这组陈述为谈论或表征有关某一历史时刻的特有话题提供一种语言或方法。话语涉及的是通过语言对知识的生产。但是,由于所有社会实践都包含有意义,而意义塑造和影响人类的所作所为以及操作,所以一切实践都有一个话语的方面。"②可以说,话语是这样一种"社会实践",它通过语言的形式来体现社会关系的内容。然而"话语的语言形式"这一点却是福柯所忽略的,他只关注话语的历史内容(详下)。

(二)"话语"与"主体"

生活儒学与福柯的话语理论还有一个共同点,就是关注"主体何以可能"的问题:特定主体在特定话语中生成;在这个意义上,话语建构了主体。

如果说尼采宣布"上帝之死"是对中世纪的神本主体性的解构,那么,福柯宣布"人之死"则是对现代性启蒙话语的人本主体性的解构。他所关注的不再是"大写的人"的抽象主体性,而是在特定历史时期的人的具体主体性何以可能:人们在特定的话语实

---

① 黄玉顺:《生活儒学的儒教观念》,见《儒教问题研究》,人民出版社2012年版,第109页。

② 霍尔:《表征——文化表象与意指实践》,第44页。

践中获得其特定的主体性,这就是所谓"主体化"(subjectification)过程。这当然是一种"建构主义"(constructivism),即"是话语建构了我们的生活世界,是话语建构了我们对这个世界的理解和解释,同时也是话语就建构了我们主体自身"①。诚如有学者所指出:"在福柯那里……通过话语实践和非话语实践解释了不同'知识领域'中主体性和社会现实建构的过程。"②

本来,这种"话语建构主体"的观念合乎逻辑地蕴含着某种"前主体性"(pre-subjectivity)视域。然而,福柯并未提出"前主体性"概念;相反,正如有学者所指出,"权力和知识的合谋在话语中预设了主体"③,即是说,将要被塑造的主体其实已经在既定的话语模式——"认识型"(episteme)中被预设(presupposed)。这个判断符合福柯理论的实际逻辑:尽管看起来是话语塑造着特定的主体,然而话语本身却是由某种既定的社会关系来决定的。这是因为福柯的"话语"概念是指在特定历史时期中表征着当时社会的特定权力关系而表现为特定知识系统的一组陈述,即"所有门类的知识的发展都与权力的实施密不可分"④;"权力与知识就是在话语中相互连接起来的"⑤。诚如有学者所指出:"福柯表现出一种强烈诉求,力图为话语问题提供一种制度化的背景,一种权力关系的基础,在制度化、体制化的层面上将话语视为

① 周宪:《福柯话语理论批判》,《文艺理论研究》2013 年第 1 期,第121—129 页。

② 朱振明:《福柯的"话语与权力"及其传播学意义》,《现代传播》2018年第 9 期,第 32—37 页。

③ 周宪:《福柯话语理论批判》,《文艺理论研究》2013 年第 1 期,第121—129 页。

④ 福柯:《权力的眼睛:福柯访谈录》,严锋译,上海人民出版社 1997年版,第 31 页。

⑤ 福柯:《性经验史》,佘碧平译,上海人民出版社 2005 年版,第 66 页。

权力关系的表征。"①福柯主张："我们必须首先把权力理解成多种多样的力量关系,它们内在于它们运作的领域之中,构成了它们的组织"②;"权力……贯穿于事物,产生事物,引发乐趣,生成知识,引起话语。应该视权力为渗透于整个社会肌体的生产性网络,而不是将它看作一个仅仅行使压制职能的消极机构"③。这里特别要注意的是:是权力关系或权力制度"生成知识,引起话语"。这就是说,权力制度决定了话语,从而也就预设了主体。

这种"权力和知识的合谋",福柯称之为"真理制度",他说:"真理以流通方式与一些生产并支持它的权力制度相联系,并与由它引发并使它继续流通的权力效能相联系。这就是真理制度。"④"每个社会都有其真理制度,都有其关于真理也就是关于每个社会接受的并使其作为真实事物起作用的各类话语的总政策;都有其用于区分真假话语的机制和机构,用于确认真假话语的方式,用于获得真理的技术和程序;都有其有责任说出作为真实事物起作用的话语的人的地位。"⑤然而,在这种"制度""机构""网络"中拥有"地位"即拥有"话语权"的人,都已经是既定的主体,因而这种社会关系本身就是一种既定的权力主体之间的"合谋"。

而生活儒学则不仅关注"主体何以可能"的问题,而且更为深入彻底地揭示作为话语之基础或背景的社会关系、权力关系何以可能的问题,也就是更为一般的"存在者何以可能"的问题。为

---

①　姚文放:《话语转向:文学理论的历史主义归趋》,《文学评论》2014年第5期,第126—135页。

②　福柯:《性经验史》,第60页。

③　福柯:《米歇尔·福柯访谈录》,《福柯集》,杜小真编选,上海远东出版社1998年版,第436页。

④　福柯:《米歇尔·福柯访谈录》,《福柯集》,第447页。

⑤　福柯:《米歇尔·福柯访谈录》,《福柯集》,第445—446页。

此,生活儒学提出了基于"前存在者"概念的"前主体性"概念①。

（三）"话语"与"生活"

与生活儒学一样,福柯致力于解构先验主义,注重历史维度。因此,福柯被称为"思想系统的历史学家",受聘为法兰西学院的思想体系史教授。《知识考古学》第一章"引言"可谓开宗明义,将"知识考古学"及其话语理论确定为某种"历史学"研究。

不过,作为后现代主义者,福柯的历史研究恰恰旨在解构传统的历史学方法,寻求一种"新历史"方法。他说:话语"始终是历史的——历史的片断,在历史之中的一致性和不连续性,它提出自己的界限、断裂、转换、它的时间性的特殊方式等问题"②;"不连续性曾是历史学家负责从历史中删掉的零落时间的印迹。而今不连续性却成为了历史分析的基本成分之一"③。所以,已有学者指出:"这已经不是一般意义上的史学著述,而是一种'反史学'的行为,质疑传统史学原则。"④

然而,不论是传统的"历史"观念,还是福柯的"历史的片断"、"不连续性",都不是本文关注的问题,因为在生活儒学的视域下,

---

①　参见黄玉顺:《前主体性对话:对话与人的解放问题——评哈贝马斯"对话伦理学"》,《江苏行政学院学报》2014 年第 5 期,第 18—25 页;《前主体性诠释:主体性诠释的解构——评"东亚儒学"的经典诠释模式》,《哲学研究》2019 年第 1 期,第 55—64 页;《前主体性诠释:中国诠释学的奠基性观念》,《浙江社会科学》2020 年第 12 期,第 95—97 页;《如何获得"新生"?——再论"前主体性"概念》,《吉林师范大学学报》2021 年第 2 期,第 36—42 页。

②　福柯:《知识考古学》,谢强、马月译,生活·读书·新知三联书店 1998 年版,第 149 页。

③　福柯:《知识考古学》,第 9 页。

④　陶国山:《批判性话语理论:福柯的人文学科话语型研究》,《文艺理论研究》2011 年第 6 期,第 107—112 页。

历史并非本源性的前存在者的存在——生活，而是由存在所给出的存在者化的东西。"所谓历史，其实就是为生活方式所决定的文化的历时形态；因此，历史的本源乃是生活本身的历时显现样式。……历史从来不是现成的东西，历史恰恰是被当下的生活给出的。"①

不仅如此，福柯尽管反对"宏大叙述"，强调"历史的片断"、"不连续性"，但他的话语理论仍然无法彻底摆脱"宏大叙述"的窠臼。他说："这里我想说两个词：**考古学**，这是属于分析局部话语性的方法，以及从描述的局部话语性开始，使解脱出来的知识运转起来的**谱系学**策略。这是要构成一个整体的规划。"②因此，知识考古学是"一个匿名的、历史的规律的整体"③。这种关于"历史的规律的整体"、"整体的规划"，显然也是一种"宏大叙述"。难怪美国理论家乔纳森·卡勒（Jonathan Culler）指出："福柯的分析是历史领域中一个议题如何发展成为'理论'的例子。"④这样的"整体""理论"，不仅使人想起海德格尔（Martin Heidegger）所说的传统本体论的"存在者整体"⑤。

正因为如此，霍尔将福柯的观念总结为"一切均在话语之中"（Nothing exists outside of discourse）⑥。此语亦可译为"话语之外一

---

① 黄玉顺：《爱与思——生活儒学的观念》（增补本），四川人民出版社2017年版，附论二"生活本源论"第四节"四、文化、历史、民族的本源"，第285页。

② 福柯：《必须保卫社会》，钱翰译，上海人民出版社2010年版，第8页。

③ 福柯：《知识考古学》，第150页。

④ 乔纳森·卡勒：《文学理论》，李平译，辽宁教育出版社1998年版，第7页。

⑤ 海德格尔：《面向思的事情》，陈小文、孙周兴译，商务印书馆1999年第2版，第68页。

⑥ Stuart Hall, *Representation: Cultural Representations and Signifying Practices*, London：Sage, 1997, p. 44. 转自周宪：《福柯话语理论批判》，《文艺理论研究》2013年第1期，第121—129页。

无所有",类似于现象学的表达"现象背后一无所有"①；或译为"话语之外别无存在",类似于生活儒学的表达"生活之外别无存在"②（Nothing exists outside of Life）。但必须指出的是：福柯的"话语"观念本质上仍然是某种"存在者整体"的观念,难怪有学者指出,这是"话语拜物教"③；而生活儒学的"生活"观念则是"前存在者"的"存在"观念,特定的话语源于作为生活显现样态的特定生活方式。

（四）"话语"与"言说"

总之,生活儒学的"话语"概念不是福柯的"话语"概念：

1. 生活儒学的"话语"概念并不对权力关系或知识与权力之关系给予特别关注,而是泛指"生活"之中的言说。所以,在生活儒学中,"话语"与"言说"或"言说方式"（utterance）交替使用,因为两者外延相同,只是其所揭示的内涵各有侧重。福柯的"话语"概念终究是存在者化的主体性观念,而生活儒学的"话语"概念则注重话语的"存在论区分"（der ontologische Unterschied）,即区分"存在者"层级的即主体的言说方式与"存在"层级的即前主体性的言说方式（详下）。因此：

2. 在历时性（diachrony）方面,话语问题整体上与"古今"问题无关。生活儒学的"话语"概念并不指向任何特定的历史时期,而是涵盖任何时代的言说。例如,无论古代还是现代,哲学家和诗人的话语都迥然不同；倒是古今哲学家拥有同一类型的言说方式,而

---

① 海德格尔：《面向思的事情》,第 80 页。

② 黄玉顺：《论生活儒学与海德格尔思想——答张志伟教授》,《四川大学学报》2005 年第 4 期,第 42—49 页。

③ 周宪：《福柯话语理论批判》,《文艺理论研究》2013 年第 1 期,第 121—129 页。

古今诗人则共同拥有另一类型的言说方式。尤其值得关注的一种现象是：使用同一语言的同一个人，也可以有不同的话语。例如作为汉语运用大师的苏东坡，他作为诗人或词人的时候，作为官员的时候和作为"蜀学"哲学家的时候，其话语是截然不同的；他在官场得志之际的儒家话语和失意之时的道家话语也是截然不同的。

3. 在共时性（synchrony）方面，话语问题整体上与"中西"问题无关。使用同一民族语言的人可以有不同的话语，例如古代中原的士农工贾都使用汉语，但他们的话语大不相同；使用不同民族语言的人也可以有相同的话语，例如今天全世界的金融家各有不同的民族语言，但都运用共同的金融话语。

这里要特别指出的是："古今""中西"问题当然是可以与福柯的"话语"概念对应的，即可以与一个共同体的共同话语（特定历史时期）和不同共同体的不同话语（历史的片段、断裂、不连续性）这样的问题对应，但总体上不与生活儒学的"话语"概念对应，因为：在生活儒学的话语层级中，"古今""中西"问题仅仅与"有所指"的言说方式即"主体话语"相关，而与"无所指"的言说方式即"前主体性话语"无关，后者超越前者而为前者奠基（详下）。

总的比较生活儒学与福柯的话语理论：福柯的"话语"概念是指在特定社会历史情境中的一套"陈述"（statement），它体现、维护并强化着特定的社会权力结构，并塑造着这个结构中的特定的主体角色；而生活儒学的"话语"概念则是指一种"言说"（utterance）或"说法"（a way of saying），它或者体现、维护并强化着特定的社会观念，并塑造着这种观念下的特定的主体，这是"有所指"的言说方式，接近于福柯的"话语"概念；或者超越这些观念，并揭示其何以可能，这是生活儒学"话语"概念特有的"无所指"的言说方式。

二、作为话语层级划分的言说方式

生活儒学的"言说方式"概念,其实就是"话语层级"的划分,这种层级划分是与生活儒学的"观念层级"的划分一致的。

（一）话语层级与塔尔斯基的语言层次理论

说到"话语层级",不妨讨论一下塔尔斯基（Alfred Tarski,1902—1983）的"语言层次"理论①。当然,塔尔斯基所说的是数理逻辑的符号语言;但语言层次划分同样适用于自然语言,笔者曾讨论过这个问题,并以此分析荀子的"正名"学说②。

语言可以分为两个不同的层次,即"对象语言"（object language,亦译为"目的语"）和"元语言"（meta-language）;"元语言,纯理语言。指用来分析和描写另一种语言（被观察的语言或目的语[object language]）的语言或一套符号"③。这种想法最初出自罗素（Bertrand A. W. Russell,1872—1970）,他说:"我们不能不把涉及命题总体的命题和不涉及命题总体的命题加以区分。那些涉及命题总体的命题决不能是那个总体之中的份子。第一级命

---

① 塔尔斯基:《科学语义学的建立》,孙学钧译,《哲学译丛》1991年第6期,第66—68页;毕富生、刘爱河:《塔尔斯基的真理理论及其对语义学的贡献》,《山西大学学报》（哲学社会科学版）2001年第2期,第11—13页。

② 黄玉顺:《关于荀子"正名"的两大问题》（2013年9月28日的信件）,载《从"生活儒学"到"中国正义论"》,中国社会科学出版社2017年版,第209—211页。另可参见王堃:《自然语言层次的伦理政治效应——荀子"正名"伦理学的元语言研究》,中国文联出版社2018年版,第三章第一节"儒家'正名'理论的自然语言层次",第80—108页。

③ 哈特曼（R. R. K. Hartmann）、斯托克（F. C. Stork）:《语言与语言学词典》,黄长著等译,上海辞书出版社1981年版,第86页。

题,我们可以说就是不涉及命题总体的那些命题;第二级命题就是涉及第一级命题的总体的那些命题。"①塔尔斯基将这种想法发展为语言层次理论,指出:

> 其中一种是"被讨论的"语言,它是讨论的对象,我们所寻找的真理的定义也就是应用于这一语言的。另一种是我们用以"讨论"第一种语言的,具体地说,就是用于构造第一种语言的真理定义的。②

自然语言亦然,如果说"对象语言"指向"对象域"(object domain),那么,"元语言"则指向"对象语言"。这种关系如下:元语言→对象语言→对象域。所谓"对象域"是指的语言所陈述的对象,类似于弗雷格(Gottlob Frege)所谓"指称"(reference)(详下);"对象语言"就是直接陈述对象域的语言;而"元语言"则是给出对象语言的语言。这与荀子"正名"理论的关系如下:元语言(名名关系)→对象语言(名实关系)→对象域(礼法)。

然而,塔尔斯基的语言层次划分绝非生活儒学的话语层次划分,因为:不论是对象语言还是元语言,都是对象性的,即对象域是对象语言的陈述对象,而对象语言则是元语言的陈述对象。因此,显而易见,不论是对象语言还是元语言,都属于生活儒学话语理论当中的同一个层次,即"有所指"的言说方式——主体话语。

(二) 言说方式与海德格尔的语言观念

比较而言,生活儒学的话语理论与海德格尔的语言观念最切近,因为生活儒学的话语层级划分与海德格尔的"存在论区分"——"存在"与"存在者"的区分之间具有对应关系,话语即区

---

① 罗素:《我的哲学的发展》,商务印书馆 1982 年版,第 73 页。
② 塔尔斯基:《真理的语义学概念与语义学的基础》,李振麟译,《国外社会科学文摘》1961 年第 6 期,第 1—6 页。

分为存在层级的言说与存在者层级的言说。

1. 话语层级与海德格尔前期的"两种普遍性"

海德格尔前期代表作《存在与时间》开宗明义,"导论"第一章第一节首先讨论的就是这个问题:如何言说存在? 他从两个方面来谈这个问题:

(1) 存在与存在者的言说方式。海德格尔说:

> "存在"是"最普遍的"概念……但"存在"的"普遍性"不是族类上的普遍性。如果存在者在概念上是依照类和种属来区分和联系的话,那么"存在"却并不是对存在者的最高领域的界定;ουτε το ον γενος [存在不是类]。存在的"普遍性"超乎一切族类上的普遍性。……黑格尔最终把"存在"规定为"无规定性的直接性"并且以这一规定来奠定他的《逻辑学》中所有更进一步的范畴阐述,在这一点上,他与古代存在论保持着相同的眼界,只是亚里士多德提出的与关乎实事的"范畴"的多样性相对的存在的统一性问题,倒被他丢掉了。①

这就是说,如果说"存在"是"最普遍的"概念,那么,这种"普遍性"并不是"族类上的普遍性",即不是"存在者的最高领域"。这其实是区分了两种言说:一种是对存在者的言说,包括对最高的存在者即形而上者的言说;另一种是对存在本身的言说。后者才是海德格尔自己的言说,即"重提存在的意义问题",亦即把"追问存在的意义"问题"作为实际探索的专门课题"②。这就是说,对存在与存在者的言说需要不同的话语或不同的言说方式。

但海德格尔前期的说法其实是有问题的,所以才有后期的转向。就以上所引这段话来看,他对黑格尔与亚里士多德的区分就

① 海德格尔:《存在与时间》(修订译本),陈嘉映、王庆节合译,生活·读书·新知三联书店 2006 年第 3 版,第 4—5 页。

② 海德格尔:《存在与时间》(修订译本),第 3—4 页。

有问题：把亚里士多德那里的"多样性"与"统一性"的区分看成"范畴"（十大范畴）①与"存在"的区分，而事实上正如海德格尔后期加以纠正的那样，亚里士多德的"存在"不过是传统形而上学本体论的"存在者整体"，其"统一性"其实是"存在者之共属一体"②。因此，他将亚里士多德那种"统一性"与黑格尔那种"无规定性的直接性"对立起来，也是不对的，因为两者都属于存在者化的传统本体论，在生活儒学的话语理论中都属于"主体话语"即"有所指"的言说。黑格尔那种"无规定性的直接性"就是下面的话题，即本体由于没有种（上位概念）和属差而不可定义。

（2）两种意义的"不可定义"。海德格尔说：

> "存在"这个概念是不可定义的。这是从它的最高普遍性推论出来的。这话有道理——既然 definitio fit per genus proximum et differentiam specificam［定义来自最近的种加属差］。确实不能把"存在"理解为存在者，enti non additur aliqua natura：令存在者归属于存在并不能使"存在"得到规定。存在既不能用定义方法从更高的概念导出，又不能由较低的概念来表现。……"存在"不是某种类似于存在者的东西。所以，虽然传统逻辑的"定义方法"可以在一定限度内规定存在者，但这种方法不适用于存在。……存在的不可定义性并不取消存在的意义问题，它倒是要我们正视这个问题。③

这里是说"存在"与最高的"存在者"都是不可定义的，但其缘由却是不同的。

关于最高"存在者"的不可定义，笔者曾经讲过：（1）形而下

---

① 参见黄玉顺：《中西思维方式的比较——对〈尚书·洪范〉和〈工具论·范畴篇〉的分析》，《西南师范大学学报》2003 年第 5 期，第 5—12 页。

② 海德格尔：《面向思的事情》，第 68 页。

③ 海德格尔：《存在与时间》（修订译本），第 5 页。

的存在者可以定义："在科学的思维方式中,例如在现代符号逻辑中,'to be'即'是'表示三种关系:一是'∈',表示一个个体变元属于一个集合;二是'⊂',表示一个子集合属于另一个更大的集合;三是'≡'或者'=',表示定义关系——两个集合等值,或者表示两个个体的同一关系——相等。这三种关系的一致性在于:它们都表示存在者之间的连接。……亦即都是对存在者的理解,而不是对存在本身的理解。"①(2)形而上的存在者不可定义:"我们必须为这个被定义概念找到一个上位概念——比被定义概念外延更大的概念;如此递进下去,我们最终会找到一个不可定义的最高概念,这就是形而上者的观念。"②"定义的格式就是:被定义概念=种差+属(上位概念)"③;但是,"如果我们所谈的是涵盖一切的一个形而上者,在它之外,再也没有什么东西了,这就是'绝对'。那么,显然,第一,它没有'种差',因为既然没有在它以外的东西存在,那么它跟谁相比较呢?没法比较。第二,它也没有'上位概念'——没有比它更大的概念。……如果它是涵盖万有、包含一切的本体,你哪里去找比它更大的概念呢?没有了。所以我们说,这个作为本体的存在者,它是没有内涵的"④。

　　而关于"存在"不可定义,笔者也曾讲过:"存在本身是不能被定义的,它只能通过某种方式被揭示出来。……这种揭示不是科学分析的那种有所论证的揭示,而是前分析的揭示;这种源始性的

————————

　　①　黄玉顺:《从"西方哲学"到"生活儒学"》,《北京青年政治学院学报》2005年第1期,第42—47页。

　　②　黄玉顺:《形而上学的黎明——生活儒学视域下的"变易本体论"建构》,《湖北大学学报》2015年第4期,第66—71页。

　　③　这里的"种差"(species difference)和"属"(genus)(上位概念),亦译为"属差"和"种"。

　　④　黄玉顺:《生活儒学的基本观念》,载《儒林》,山东大学出版社2011年版,第31—49页。

揭示,海德格尔称为'领悟'(Verstehen/understand)。"①按照海德格尔自己的说法:"我们总已经活动在对存在的某种领会中了。明确提问存在的意义,意求获得存在的概念,这些都是从对存在的某种领会中生发出来的。我们不知道'存在'说的是什么,然而当我们问道'"存在"是什么'时,我们已经栖身在对'是'["在"]的某种领会之中了,尽管我们还不能从概念上确定这个'是'意味着什么。"②这类似于生活儒学所说的前存在者的"生活感悟"或"生活领悟"。

显然,在海德格尔心目中,他对"存在"的揭示,在其前期就是《存在与时间》的"基础存在论",即对"此在"的"生存论分析",而在笔者看来依然充斥着主体性的"有所指"的话语;因此,他在后期转向对诗的诠释,这就意味着默然放弃了前期的言说方式。不过,对诗的诠释显然并不是诗的言说本身(详下),因而也是值得商榷的。

2. 话语层级与海德格尔后期的"人言"和"道言"

在话语问题上,后期海德格尔最重要的思想显然是对"人言"(Spreche/Speeches)与"道言"(Sage/Language,或译"道说")的区分。笔者曾经谈到:

> 海德格尔在谈到语言问题时,有一句核心的提法:"把作为语言的语言带向语言。"……海德格尔区分了两种语言:
> 语言Ⅰ:人类的语言——人言
> 语言Ⅱ:大道的语言——道言
> 在"把作为语言的语言带向语言"中,第一个"作为语言的语言"指本质的语言(=语言的本质),亦即道言,它是大道

① 黄玉顺:《为科学奠基——中国古代科学的现象学考察》,载《面向生活本身的儒学——黄玉顺"生活儒学"自选集》,第275—291页。
② 海德格尔:《存在与时间》(修订译本),第7页。

的语言、语言的本质；第二个"语言"指人类的语言。"把作为语言的语言带向语言"是说的思的运程：只有把大道的语言作为语言的本质带向人类的语言，我们才有可能本真地把握人类的语言。①

海德格尔对"道言"与"人言"的这种区分，看起来类似索绪尔对"语言"（language）和"言语"（parole/words）的区分，而本质上却是不同的：索绪尔的"语言-言语"概念是理性主义形而上学的"本质-现象"观念在语言学上的表现，属于"存在者"的观念（详下）；而海德格尔的"道言"是其前期"存在"观念的另外一种表达，庶乎近于"前存在者"的观念。所谓"道言"，看起来是人在说话，其实是"大道"（Ereignis/Event，或译"源始居有"、"缘构发生"）在说话，即所谓"大道之道言"（die Sage des Ereignis/the Language of Event）或"存在之中的生长"（Zuwachs an Sein/Growth in Being）。

生活儒学对话语层级的划分，与海德格尔后期对"人言"与"道言"的区分之间具有同构关系或对应关系，同时存在着实质区别（详下）。笔者曾说："'人言'无论怎么说都只是一种形而下存在者的存在。而'道言'有两种可能的理解：可以理解为形而上者的言说；但我们今天重新发现一个更古老的观念，如果说形而上者这样的存在者尚未存在，那么'道言'就是'道'、'命'、'诚'、'活'，这一切都应该理解为动词，先行于任何名词性的实体性的东西。"②

（三）生活儒学的话语层级

生活儒学的话语层级，是与生活儒学的观念层级划对应的。

---

① 黄玉顺：《我们的语言与我们的生存——驳所谓"现代中国人'失语'"说》，《南京师范大学文学院学报》2004年第4期，第58—60页。
② 黄玉顺：《生活儒学的"生活"观念》，载《儒家思想与当代生活——"生活儒学"论集》，第74页。

人类所有可能的观念分为这样几个基本的层级：存在（生活）→
（形而上存在者→形而下存在者）。更准确的描述是①：

```
┌─────────────────────────────────────────┐
│                形而上存在者                │
│   生     生成—↑↓—奠基          存         │
│                形而下存在者                │
│   活     生成—↑↓—奠基          在         │
│          …… 生活感悟 ……                  │
└─────────────────────────────────────────┘
```

生活=存在

　　所谓"形而下存在者"，谓之"万物"；人在其中，谓之"主体性
存在者"。因此，生活儒学将话语划分为：主体话语——"有所指"
的言说（"所指"包括形而上者、形而下者）；前主体性话语——"无
所指"的言说。笔者曾说："孟子与孔子是'一以贯之'的，他们都
有着三个观念层级的言说：本源的言说、形上的言说、形下的言
说"②；"思首先是生活本源中的情感之思、生活情感中的领悟之
思，而表现为生活感悟的言说方式、诗意的言说；进而是生活感悟
中生成的形上之思，而表现为哲学的言说；最终是在这种形而上学
的基础之上展开的形下之思，而表现为伦理学、知识论的言说"③。

三、主体话语："有所指"的言说

　　关于两个层级的话语，笔者曾这样讲："'言之有物'和'言之

　　①　黄玉顺：《爱与思——生活儒学的观念》（增补本），增补本序，
第4页。
　　②　黄玉顺：《爱与思——生活儒学的观念》（增补本），第267页。
　　③　黄玉顺：《爱与思——生活儒学的观念》（增补本），叙说，第3页。

无物'，这是两种不同的言说方式。"①"言之有物"出自《周易》"君子以言有物而行有恒"②。中国古典话语之所谓"物"，即指存在者。因此，笔者以"言之有物"指存在者化的即"有所指"的言说方式——主体话语，而以"言之无物"指前存在者的即"无所指"的言说方式——前主体性话语。

（一）"言之有物"的言说方式

上述"言之有物"的观念，在语言学领域的典型就是索绪尔的"所指"（signified），在语言哲学领域的典型则是弗雷格的"指称"（reference）与"涵义"（meaning）。

1. 索绪尔的"所指"

众所周知，索绪尔是现代结构主义语言学的开创者，他将语言符号（sign）区分为两个方面，即"能指"（signifier）和"所指"（signified）。"能指"是语言符号的物理形式方面，例如一个词语的语音；"所指"是语言符号的概念意义方面，例如一个词语的语义。

笔者曾经谈到："从索绪尔开始，今天的语言科学基本上是这么一个架构：语言是一种符号，什么'能指'啊、'所指'啊。……'所指'就是一个对象，是一个客体。……这样的一种言说，是'有所指'的。"③这就是说，所谓"所指"其实就是存在者的观念。因此，索绪尔是将"语言"和"言语"都理解为"有所指"的言说——主体话语。

---

① 黄玉顺：《生活儒学的儒教观念》，见《儒教问题研究》，人民出版社2012年版，第108页。

② 《周易·家人象传》，《十三经注疏》本，中华书局1980年版，第50页。

③ 黄玉顺：《爱与思——生活儒学的观念》（增补本），第119页。

在汉语中,尤其值得注意的是"所"这个语法词(英语则用引导词"what",例如"我之所爱"译为"what I love")。笔者曾通过讨论"孔颜乐处"、"所乐何事",分析汉语的"所字结构"及一般语言的"能-所"结构,表明主体话语——"有所指"的言说乃是语言固有的特征,即:及物动词的语义结构本身就蕴含着"主-客"观念架构①。不过,语言的这种特征并不妨碍它可以用于前主体性话语——"无所指"的言说。这也再次表明:话语问题不是语言问题。

2. 弗雷格的"指称""涵义"

弗雷格是现代符号逻辑、语言哲学(分析哲学)的奠基者,他提出,一个指号(sign)涉及两个或三个因素,即"指称"与"涵义"及"意象"。"指称"(reference)指外在于指号的、客观实在的对象(某些指号可以没有指称,如集合论所说的"空集"乃是任何非空集合的真子集);"涵义"(meaning or sense)则指内在于指号的意义,其实就是概念的内涵(任何指号都必定有涵义,即这种涵义是"客观的");至于"意象"(image)不过是指号在人心中所引起的随机的印象(所以并非"客观的",而是因人而异的)②。

笔者曾经谈到:"在弗雷格那里,实际上是对'所指'有一个区分:有一个'指称',还有一个'涵义'。指称,在弗雷格看来,就是一个客观实在的东西;而涵义,有点类似于概念,它是不是就不是对象性的呢? 弗雷格自己有明确的说法:涵义是客观的。这就是说,涵义同样是对象性的,就是一个 object。……这样的一种言说,

---

① 黄玉顺:《爱与思——生活儒学的观念》(增补本),第 154—157 页。
② 弗雷格:《论涵义和所指》,肖阳译,载《语言哲学》,马蒂尼奇(A. P. Martinich)主编,商务印书馆 1998 年版,第 375—399 页。译文标题中的"所指"(Bedeutung/Reference)应译为"指称"。另可参见王健平:《论名称的涵义和指称》,《自然辩证法研究》2009 年第 1 期,第 6—10 页。

是'有所指'的。"①显而易见,指号的客观性或对象性意味着关于语言的存在者化的观念。

(二) 现代中国哲学话语的反思

根据"言之有物"或"有所指"的言说即主体话语与"言之无物"或"无所指"的言说即前主体性话语的区分,笔者曾对现代中国哲学话语进行反思。

1. "中西对峙"的言说方式

现代以来的中国哲学,尤其是儒家哲学,无疑是一种作为"有所指"的言说方式的主体话语,其"所指"主要就是对峙的"中—西"这两个"存在者",而不是哲学问题本身或人的问题本身。笔者经常反思这样的话语,最早也最典型的是以下两篇文章:

(1) 驳"失语"说。笔者较早正面讨论"话语"问题的文章是2004年的《我们的语言与我们的生存——驳所谓"现代中国人'失语'"说》。文中谈到:

> 目前有一种很时髦的流行说法,说是现代中国人已经患上了"失语症":我们所操的表面上似乎还是现代"汉语",而实际上讲的却是西方话语。……我们的看法恰恰相反:现代汉语不仅在语言形式上是地地道道的汉语,而且在观念内容上同样是地地道道的汉语。……"失语说"的一个基本前提是:我们可以在与外来语言的接触中接受纯粹的原汁原味的外语及其观念,同时可以在与传统文本的接触中接受纯粹的原汁原味的传统语言及其观念。……而按照当代哲学解释学的观念,那种纯粹的原汁原味的接受根本是不可能的。……按现象学的语言观,"失语说"乃是一种彻头彻尾的头足倒置的说法。……"失语"论者的全部"理论"都建立在一个虚假

---

① 黄玉顺:《爱与思——生活儒学的观念》(增补本),第119页。

的预设上面：中国人——或者说人——不过是一件容器：或者用来盛中国传统的东西，或者用来盛西方的东西。可是，人并不是容器！……人是一种存在者；但他是一种特殊的存在者，它的存在就是生存。……我们的语言奠基于我们的生存，现代中国人的语言奠基于现代中国人的生存。现代汉语源于我们自己的生存境遇，源于我们自己的源始的存在之领会与解释。不论对于传统观念还是西方观念，我们一向都已走在它们的前面了。①

这里传达出来的观念，尽管还受海德格尔的影响，但已经初步透露出生活儒学的话语观念：言说者的话语源于其当下的生活。所以，这篇文章"对形成生活儒学的'本源的言说方式'观念具有重要意义"②。

（2）解构"文化纠缠"。也是在 2004 年，笔者谈到："我最近刚发表了一篇东西《中国现代"哲学"的困窘——西方强势话语阴影之下的"文化纠缠"》，大意是说：中国现代思想领域的言说……其实都是在'中西文化优劣比较'的情绪支撑下进行的，这种情绪本质上是民族主义情结的产物。民族主义情结本身并无所谓好坏，但它如果试图代替严肃的运思，那就是对真正的哲学之思的遮蔽。"③

这里提到的关于"文化纠缠"的论文，可以说是笔者对"话语"

---

① 黄玉顺：《我们的语言与我们的生存——驳所谓"现代中国人'失语'"说》，《南京师范大学文学院学报》2004 年第 4 期，第 58—60 页。另可参见黄玉顺：《比较：作为存在——关于"中西比较"的反思》，《社会科学战线》2015 年第 12 期，第 17—24 页。

② 黄玉顺：《面向生活本身的儒学——黄玉顺"生活儒学"自选集》，前言，第 7 页。

③ 黄玉顺：《"文化保守主义"评议——与〈原道〉主编陈明之商榷》，《学术界》2004 年第 5 期，第 142—145 页。

的最初思考：

> 哲学之思的特点在于：哲学所思正是其它所思之所不思。任何一种意识形式，作为一个思维过程，总有它的逻辑起点、话语背景或者语境，而这个起点恰恰是这个思维过程本身所不思的，是被作为不证自明的原则接受下来的观念前提。这个观念前提，其实就是现代语义学、语用学所谓的"预设"。……然而哲学所思的正是这个观念前提、这个预设本身。①

这就是说，笔者对"话语"的最初思考，是与对"预设"（presupposition）问题的思考相联系的②。关于"预设"。笔者曾写道：

> 德国当代学者布斯曼（H. Bussmann）《语言与语言学词典》对预设的定义是："（预设是）关于表达或话语的含意的一种不言自明的（含蓄而不言明的）设定。"这就是说，预设是这样一种设定（supposition or assumption），它没有被说出，但对于谈话双方来说都是不言而喻的。现今语言学界对预设有一种常见定义，是通过与"蕴涵"相区别而给出的（其中 A、B 表示命题）：
>
> A 蕴涵 B，当且仅当：A 真 B 必真，A 假 B 可真可假，B 假 A 必假。
>
> A 预设 B，当且仅当：A 真 B 必真，A 假 B 亦真，B 假

---

① 黄玉顺：《现代中国"哲学"的困窘——西方强势话语阴影之下的"文化纠缠"》，《天府新论》2004 年第 3 期，第 83—88 页。

② 关于"预设"，参见黄玉顺：《论科学与哲学中的信念与预设》，收入拙著《儒家思想与当代生活——"生活儒学"论集》，光明日报出版社 2009 年版，第 237—249 页；《论哲学与宗教中的超越与信念》，收入拙著《儒教问题研究》，人民出版社 2012 年版，第 3—22 页。另可参见译文《预设的概念》（Hadumod Bussmann、George Yule 撰，黄玉顺译），收入拙著《儒教问题研究》，第 179—192 页。

A 可真可假。

……显然,蕴涵(entailment)是一个语句(sentence)的逻辑后果(consequence),而预设则是一个话语(utterance)的前提条件(condition)。但是这是一种什么性质的条件,则是一个争议很大的问题。布斯曼则直接利用"蕴涵"概念给出了这样一个定义:

> s1 预设了 s2,当且仅当:s1 蕴涵了 s2,并且非 s1 也蕴涵了 s2。

其实弗雷格也曾经称预设为一种"特殊的蕴涵"。我们可以使这个定义更加形式化:

$$(s1 \rightarrow s2) \wedge (\neg\, s1 \rightarrow s2)$$

如此说来,预设似乎确为一种特殊的蕴涵关系。[①]

将"话语"问题与"预设"问题联系起来,这是一个值得深入研究的课题;而从生活儒学的话语理论的角度来看,所谓"预设"其实就是预先设定了某种存在者的存在,因此,蕴含着预设的话语显然都是存在者化的即"有所指"的主体话语。

2. 形而上学的话语

上述主体话语亦可以称为"形而上学的话语"(metaphysical discourse)。这里的"形而上学的"是指一种思维方式、言说方式,即始终在存在者化的"形上-形下"的模式之内思考问题、言说事物,并非仅仅涉及"形而上者"。(1)形而下的所指。有两种存在者,即众多相对的存在者和唯一绝对的存在者。众多相对的存在者即形而下者,它们是一类话语的所指、指称或涵义。(2)形而上的所指。狭义的哲学,即本体论,思考和言说唯一绝对的存在者,即形而上者,或曰"本体",它另一类话语的所指、指称或涵义。

---

① 黄玉顺:《论科学与哲学中的信念与预设》,载《儒家思想与当代生活——"生活儒学"论集》,第 239—241 页。

这里不妨讨论一下维特根斯坦（Ludwig Wittgenstein, 1889—1951）的一句广为流传的名言，即《逻辑哲学论》的最后有一句话、该书的第七大命题："一个人对于不能谈的事情就应当沉默。"①其原文的英译是"What we cannot speak about we must pass over in silence"②，汉语可以译为："对于我们不可言说的事物，我们必须默然置之。"许多人误以为维特根斯坦是在否定传统哲学形而上学、伦理学、美学等的意义，其实不然，维特根斯坦并不否定那些不可言说的事物的"存在"，他明确地说："确实有不能讲述的东西。这是自己表明出来的；这就是神秘的东西。"③这里的汉译不太确切。原文英译："There are, indeed, things that cannot be put into words. They make themselves manifest. They are what is mystical."④汉译应为："确实存在着不可言说的事物。它们使自己显现出来。它们是难以解释的事物。"所谓"难以解释"，是指难以给予逻辑的解释。这里不可忘记的是：维特根斯坦是一个逻辑实证主义者，因此，他所谓"不可言说"，乃是指的不可以逻辑实证主义的话语去言说。例如，"作为伦理学的担当者的意志是我们不能谈的"，因为"伦理学是超验的（transcendental）"⑤。维特根斯坦甚至认为，逻辑本身也是不可言说的，因为"逻辑是超验的（transcendental）"⑥。所谓"transcendental"（超验的）亦汉译为"先验的"，是与维特根斯坦的经验主义立场相对立的。

---

①　维特根斯坦：《逻辑哲学论》，郭英译，商务印书馆 1985 年版，第97 页。

②　Wittgenstein, *Tracta tus Logico-Philosophicus*, London and New York：Routledge & Kegan Paul, 1961, p. 89.

③　维特根斯坦：《逻辑哲学论》，第 95 页。

④　Wittgenstein. *Tracta tus Logico-Philosophicus*. p. 89.

⑤　维特根斯坦：《逻辑哲学论》，第 95 页。

⑥　维特根斯坦：《逻辑哲学论》，第 88 页。

　　然而饶有趣味的是：当维特根斯坦说"某物不可言说"的时候，他正在言说着某物；这就正如老子说"道可道，非常道"①，此时他正在说着"常道"。这看起来是很吊诡的，其实正是言说方式的问题——话语的问题。形而上学的话语——有"所指"的言说，确实是一件很吊诡的事情：形而上者乃是涵盖一切存在者的那个存在者；然而当我们把形而上者作为言说对象的时候，它就已经在"我们"及其"话语"之外，于是它也就不再是涵盖一切的形而上者了。这其实是语言本身的吊诡之处，或者更确切地说，这是存在者化的言说方式的吊诡之处。但这恰恰表明：唯有某种非存在者、前主体性的话语，才能言说形而上者。

　　这类似于"在冯（友兰）先生的哲学中，宇宙就是大全、太极，不可言说，不可分析"②；然而，"他在新理学之中借用中国传统话语提出了四个概念——理、气、道体、大全。……由这四个概念，提出了四个著名的命题……"③具体来说，"以新理学所说的'大全'而论，他本身就是不可言说的。但谓其不可言说也是说，这就是'负'的方法，在这里，他诉诸中国固有的道家、禅宗的方式彰显'负'的方法的意义。在冯友兰看来，禅宗的言说方式与维特根斯坦一样，在说形而上学不能说时，给人以启发，予人以无知之知"④。

　　对此，冯友兰说："一个完整的形上学系统，应当始于正的方法，而终于负的方法。如果它不终于负的方法，它就不能抵达哲学

---

　　①　《老子》第一章，王弼《老子道德经注》，中华书局1957年版。
　　②　蒙培元：《〈周易〉哲学的生命意义》，《周易研究》2014年第4期，第5—8页。
　　③　蒙培元、任文利：《冯友兰》，载《20世纪中国知名科学家学术成就概览》哲学卷第一分册，科学出版社2014年版，第375页。
　　④　蒙培元、任文利：《冯友兰》，载《20世纪中国知名科学家学术成就概览》哲学卷第一分册，第375页。

的最后顶点。"①所谓"负的方法",似乎就是否定性的言说,如维特根斯坦所说的"不可言说"（cannot speak about）本身就是一种否定性的言说。但冯友兰心目中的"负的方法",主要是指直觉的方法,而不一定就是否定性的言说。然而无论如何,在笔者看来,由于其存在者化,形而上学的话语毕竟是一种吊诡的言说。

四、前主体性话语:"无所指"的言说

笔者曾经谈到:"'言之有物'的、可以陈述的言说方式,它可以通达一个对象,把握一个对象,陈述描绘一个对象,定义一个对象,这都是可以做到的。但是,如果道是无,那么'言之有物'就不行:有和无是不相应的,完全不相应。显然,应该存在着这样一种言说方式（不是一种语言）,这种言说方式'言之无物'。"②这就是"无所指"的言说——前主体性话语。

（一）情语

这里所谓"情语",首先是指的"情话"——情人之间的话语。笔者曾经谈到:

> 在我们的生活当中,当爱涌现的时候,我们会说很多话,但那都是"无意义"、"无所指"。那不过是情感的显现。我常常举的一个例子,一对热恋中的人在一起,不外乎就是两种情境:
>
> 一种就是一句话都没有,默默无言,"相顾无言,唯有泪千行",或者是相视而笑,傻乎乎的。怎么会是这样的呢?因为此时此刻不需要任何一种对象性的言说,任何对象性的言说

---

① 冯友兰:《中国哲学简史》,北京大学出版社2002年版,第295页。
② 黄玉顺:《生活儒学的儒教观念》,见《儒教问题研究》,第109页。

都会打破这种本源情境。比如说,两个人正在含情脉脉的,你忽然说:"你交作业了没有?"或者:"你的那个股票抛了没有?"或者:"你这条项链多少钱?"诸如此类的,就有点煞风景了,一下子就从本源情境当中被抛出来了,马上就进入了一种对象性的思考。……

　　另外一种情境:那个男的或者那个女的,在那儿滔滔不绝,喋喋不休,说了很多话,完了别人就问:"你刚才说什么啊?"回答:"没说什么啊?"是啊,是没说什么啊。因为刚才所说的那些,都是"无意义"的,"无所指"的,"言之无物"的。"言之无物"在这个意义上是说:在这个时候,在这样的情境当中,我并没有给你讲一个对象性的事情,没有讲什么存在者,没有讲什么物,没有叫你去认识,去分析。我此时此刻所说的话,根本就"不成话"——那不是语言科学、语言哲学所理解的那么一种"语言"。①

这里的第一种情境,看起来似乎超出了我们这里讨论的"话语"范畴,即"话语"毕竟要表现为"言语"、"陈述";但在更宽泛的"语言"概念——"符号"概念下,这种情境无疑也是一种话语,即肢体、表情等"符号语言"形式的话语。

进一步说,所谓"情语"远不仅指情人之间的话语,而是泛指情感的话语。例如《论语》记载:"(曾点)曰:'莫(暮)春者,春服既成,冠者五六人,童子六七人,浴乎沂,风乎舞雩,咏而归。'夫子喟然叹曰:'吾与点也!'"②朱熹评论道:"如曾点,只是他先自分内

---

① 黄玉顺:《爱与思——生活儒学的观念》(增补本),第120—121页。另可参见黄玉顺:《爱的观念:儒学的奠基性观念——儒学与现象学比较研究》,《求是学刊》2008年第4期,第11—19页。

② 《论语·先进》,《十三经注疏》本,第2501页。

见得个道理,如'莫春'以下是无可说,只就眼前境界,便说出来也得。"①所谓"道理"云云,不过是理学家的解读。蒙培元先生指出:"其(曾点)所以能'随寓而乐',就在于心灵境界中有不可言说的'意思',这'意思'实际上就是生命的情感体验……"②蒙培元先生特别强调"情感体验",进而提出"情感语言"的概念,指出:

> 人有情感需要,一定要表达出来,但是,又不能用概念语言去表达,于是,便创造了诗的语言,即情感语言。"咨嗟咏叹"完全是表达情感的,出于性情之自然,故有"自然之音响节奏"。它也是一种语言形式,但与概念语言绝然不同,它所表现的,是人的"性情隐微"之处,不可能是显性的对象式的概念语言所能表述,它只能是"人心之感物而形于言之余"。这所谓"余",意味深长而又难以言说,有余音、余味之意,即意出言表,要人去涵咏、体会,而不可从字面上去了解。③

所以,"情语"泛指一切"情感语言"。

(二)诗语

所谓"情语",出自王国维《人间词话删稿》:"昔人论诗词,有景语、情语之别。不知一切景语,皆情语也。"④这是在论"诗词"。确实,最典型的"情语"是"诗语"——诗歌的言说方式。

蒙培元先生曾指出:"除了正的方法、负的方法,冯友兰于'六书'最后一本《新知言》的最后一章《论诗》中,尚提出了诗的方法。

---

① 朱熹:《朱子语类》,黎靖德编,中华书局 1986 年版,第 1031 页。
② 蒙培元:《乐的体验与审美境界——朱熹哲学的一个重要问题》,《陕西师范大学学报》(哲学社会科学版)2010 年第 3 期,第 145—150 页。
③ 蒙培元:《乐的体验与审美境界——朱熹哲学的一个重要问题》,《陕西师范大学学报》(哲学社会科学版)2010 年第 3 期,第 145—150 页。
④ 王国维:《人间词话》,见《蕙风词话·人间词话》,人民文学出版社 1960 年版,第 225 页。

维也纳学派从否定的意义上讲形而上学是概念的诗歌,说的是无意义的话,给人以情感上的满足。冯友兰则从正面的意义上对诗性的语言加以肯定,当然,这诗性的语言首先不是概念的诗,也不是止于技的诗,而是进于道的诗,是真正的诗。"①这里所说的"诗的方法"或"诗性的语言",其所言说的是冯友兰所说的"大全",即形而上的存在者,而非存在,亦即仍然是存在者化的主体话语。而"真正的诗"的话语——"诗语",乃是前主体性话语,即"情语"。

拙著《爱与思——生活儒学的观念》第三讲第三节,专题讨论了"思与诗的本源性言说",实际上就是讨论作为前主体性话语的"诗语"②。

> 诗歌这样的言说方式,是情感性的言说方式,实际上所表现的就是情感之思。……诗诚然是想象-形象的,但是,诗却又是"言之无物"的。这里所谓"言之无物"是说:这里没有物,没有存在者。诗中显现的想象的形象,不是存在者,不是物,不是我们的认识对象。……只是情感本身的流淌,情感本身的显现。③

笔者曾经举例:"比如你读李白的诗:'床前明月光,疑是地上霜。'诗中出现了很多形象,床啊、明月啊、地啊、霜啊什么的,但这些都不是东西,不是存在者、物,只是情感的显现而已,所以,你不能用对象化的方式、打量物的眼光去看它们。你不能去追问:这是什么床啊?是钢丝床还是席梦思?上铺还是下铺啊?单人床还是双人床?其实,李白这首诗是'言之无物'的,这里只有情感的显现。什么情感?思乡之情。为什么'思故乡'?因为爱故乡啊!

---

① 蒙培元、任文利:《冯友兰》,载《20世纪中国知名科学家学术成就概览》哲学卷第一分册,第376页。
② 黄玉顺:《爱与思——生活儒学的观念》(增补本),第117—127页。
③ 黄玉顺:《爱与思——生活儒学的观念》(增补本),第117—118页。

这就是爱嘛。"①

因此,"生活感悟的言说方式,不是哲理的语言,而是诗性的语言。孔子讲'兴于诗,立于礼,成于乐',最重视诗,就是因为诗是生活情感的言说、生活感悟的表达,而非什么形上学、形下学的哲学建构"②。

但须注意:并非任何看起来像诗或被称为"诗"的东西都是"真正的诗"。王国维指出:"有有我之境,有无我之境。……有我之境,以我观物,故物皆着我之色彩。无我之境,以物观物,故不知何者为我,何者为物。"③所谓"有我之境"其实就是主体话语,"我"乃是主体性;"无我之境"才是真正的前主体性话语,或曰"超主体性"话语。这是因为"诗人并不是什么思想家;诗是情感的言说,不是什么'思想'。譬如老子就是一个思想家,没有人会说他是诗人;尽管《老子》是押韵的,我们仍然至多只说那是'韵文',绝不是诗"④。

进一步说,所谓"诗语"之"诗"并非狭义的"诗歌",而是指代艺术。

> 艺术的功能,就是表现情感。⑤

> 艺术的言说方式,诚然是形象的,因为那是情感性的言说;但是,这样的言说是无所指的。比如,你听纯音乐,歌词什么的都没有,但是,此时此刻,你脑中会出现一些形象,这些形象,弗雷格把它归结为最不可靠的东西——"意象"(image),

---

① 黄玉顺:《生活与爱——生活儒学简论》,《郑州航空工业管理学院学报》2006 年第 4 期,第 53—56 页。

② 黄玉顺:《回望"生活儒学"》,《孔学堂》2018 年第 1 期,第 5—16 页。

③ 王国维:《人间词话》,见《蕙风词话·人间词话》,第 191 页。

④ 黄玉顺:《爱与思——生活儒学的观念》(增补本),第 107 页。

⑤ 黄玉顺:《爱与思——生活儒学的观念》(增补本),第 121 页。

但这正是我们最感兴趣的所在。弗雷格认为,那是因时因地因人而异的,是不客观的,但是对于我们来说,这才是最本源的。总之,情感性的言说是想象-形象的,但这样的形象不是对象,不是存在者,不是供你认识的东西。[①]

总之,艺术的话语,或最高境界的艺术话语,乃是前主体性或超主体性的话语。

(三)"天命"之"诚"

这种前主体性或超主体性的言说方式,与中国哲学的"天命"观念密切相关。诗的话语或艺术的话语,固然也是一种"人言",却是一种特殊的"人言",即与"天命"有关:"一方面,'天何言哉?四时行焉,百物生焉,天何言哉!'一切存在者包括人及其'人言'皆源于此。但另一方面,这种无言无声的天道却又被领悟为'天命',人应该'知天命',然而'命'就是'口令',也就是言。这种无言之言,也就是道。其实,汉语的'道'字本身就已经透露出这种消息:它的最古老的两个用法,一个是走路,但不是人走路,而是'道自道也';另一个就是说话,但不是人说话,而是天'命'。"[②]

问题在于:人言与天命之间究竟是怎样的关系呢?

这是存在本身在说话,生活本身在说话。儒家把这种本源的言说领悟为天命。这就是说,天命乃是一种生活领悟。存在本身的言说、生活本身的言说,乃是无声之命、无言之令。"上天之载,无声无臭。"老子所谓"大音希声"就是这个意思。虽然如此,我们却在倾听。这种倾听,其实就是生活领悟。假如我们没有这样的倾听、领悟,我们何以能够存在,能够言说?

① 黄玉顺:《爱与思——生活儒学的观念》(增补本),第120页。
② 黄玉顺:《符号的诞生——中国哲学视域中的符号现象学问题》,《中山大学学报》2009年第3期,第128—136页。

我们倾听天命,就是倾听生活。孔子所谓"知天命"而"耳顺"就是在说这样的倾听。……我们能够倾听这样的天命,就是"圣人":圣之为圣,就是能够倾听,所以,"圣"字(繁体作"聖")从"耳"。"圣"字不仅从"耳",而且从"口",这就是说,我们不仅倾听天命,而且还能用我们的语言来传达天命。……有"天命",所以有"人言"。天命这种无声的言说,可以通过人言的有声的言说透露出来。这种有声的言说,就是我们曾谈到过的"本源的言说方式"——本源情感的言说方式。①

情感话语的一个突出特征就是"情不自禁"、"不由自主",即"自"这个主体不存在,这也就是王国维所说的"无我"之境。笔者曾说:"有两种不自由:一种是'非本真的不自由'。……我们要摆脱这种不自由状态,这就是西语'free from...'的语义结构——'免于……'……另一种则是'本真的不自由',通俗地说,这是一种'情不自禁'的情境。比如,我爱一个人,我就对这个人负有责任和义务,而且我并不想'免于'这种责任和义务,我并不想从这种爱的关系中'摆脱'出来,这就叫作'情不自禁'。这也可以叫作一种'不由自主',这似乎正好跟'自由'相反,因为自由恰恰意味着自主。自由是以主体性为前提的:自由是主体的自由。而这种'情不自禁'、'不由自主'却似乎意味着主体放弃了自己的主体性,这就是'不自由';然而这种放弃却是出自本真情感的,这就是'本真的不自由'。"②

这其实就是"诚"。"诚"这个字,从"言",指的正是一种言说。

---

① 黄玉顺:《面向生活本身的儒学——"生活儒学"问答》,载《面向生活本身的儒学——黄玉顺"生活儒学"自选集》,第72页。

② 黄玉顺:《儒学与生活——黄玉顺教授访谈录》,载《当代儒学》第8辑,广西师范大学出版社2015年版,第300—310页。

“在儒家的话语中，‘诚’（sincerity）这个词语有三个不同观念层级的三种不同用法：有时是形而下的道德概念，有时甚至是形而上的本体范畴；但就其本义讲，‘诚’不外乎是说的一种情感态度：真诚。其实，在儒家的话语中，‘诚’就是‘仁’，就是真诚的仁爱情感，或者说是仁爱情感的真诚。”①“‘言之无物’的，这是本源性的言说方式。这个‘言’本身，就是《中庸》讲的‘诚’，‘诚’字从‘言’嘛。《中庸》的‘不诚无物’这个命题非常有意思，可以确定：第一，诚不是物，诚不是存在者；第二，诚给出了物，诚给出了存在者。诚是一种言说；而诚这样的言说，它本身不是物，这就是‘言之无物’。”②“孟子‘反身而诚，乐莫大焉’那样的表达就是很不错的，就是说：至高无上的真正的‘乐’，就是回到‘诚’，回到‘绝假纯真’的‘最初一念’。”③

不过，前主体性话语其实并不限于“情感语言”；这种话语关乎“生活感悟”，也就是说，不仅关乎“生活情感”，而且关乎“生活领悟”。例如，“严格来讲，生活儒学在本源层级上的言说并非什么‘哲学’，而是前哲学、前理性、前主体性、前存在者的事情，只能说是‘生活感悟’——生活情感、生活领悟。有些朋友觉得生活儒学的代表作《爱与思》许多地方‘不像哲学’，其实是因为他们不理解：生活感悟的言说方式，不是哲理的语言，而是诗性的语言。”④

①　黄玉顺：《未能成己，焉能成人？——论儒家文明的自新与全球文明的共建》，《甘肃社会科学》2018 年第 3 期，第 50—55 页。

②　黄玉顺、林安梧：《泉城之会：林安梧与黄玉顺对谈录》，载《当代儒学》第 15 辑，四川人民出版社 2019 年版，第 29 页。

③　黄玉顺：《爱与思——生活儒学的观念》（增补本），第 160 页。

④　黄玉顺：《回望“生活儒学”》，《孔学堂》2018 年第 1 期，第 5—16 页。

（四）前主体性话语的存在论奠基性

这种特别的"人言"——"天命"或"诚"的话语,具有存在论①奠基性②的意义。蒙培元先生说:"儒家创始人孔子说:'天何言哉? 四时行焉,百物生焉,天何言哉!'他所说的天,以'生'即生命创造为其根本功能,也是'生'的智慧。……以'四时行,百物生'为天的言说。这是无言之言,即以生命创造为其言说。"③"天不言说,但四时运行、百物生长就是天的言说。这是以生为言说,即无言之言。"④这其实是在讲"天命"的创生性,即"无所指"的言说方式的存在论意义。

例如,诗的话语为主体的兴起奠基:"如果说,主体性是由生活情感所给出的,是在本源性的爱之中挺立起来的,那么,'学诗'正是使主体性得以挺立起来的一条最佳途径。'兴于诗'的'兴',意思是'起'、'立',也就是站起来、挺立起来的意思。这是很常见的解释:'兴,起也。'谁立起来? 当然是人,是主体性。所以,'兴'就

---

① 这里的"存在论"不是说的"ontology",而是"the theory of Being"。参见黄玉顺:《前主体性对话:对话与人的解放问题——评哈贝马斯"对话伦理学"》,《江苏行政学院学报》2014年第5期,第18—25页;《形而上学的黎明——生活儒学视域下的"变易本体论"建构》,《湖北大学学报》2015年第4期,第66—71页;《哲学断想:"生活儒学"信札》,四川人民出版社2019年版,第522、523、578页。

② 关于"奠基性",参见黄玉顺:《形而上学的奠基问题——儒学视域中的海德格尔及其所解释的康德哲学》,《四川大学学报》2004年第2期,第36—45页。

③ 蒙培元:《追寻生命的智慧》,《北京大学学报》(哲学社会科学版)2010年第2期,第13—17页。

④ 蒙培元:《生的哲学——中国哲学的基本特征》,《北京大学学报》(哲学社会科学版)2010年第6期,第5—13页。

是主体站起来了,主体性挺立起来了。"①"唯其如此,孔子才特别强调'兴于诗',意思是说:主体性的确立(兴)乃在于诗"②;"孔子讲的'兴于诗'……就是在说主体性存在者怎样'兴起'"③。

更一般地说:

> 究竟是怎样在"无"的情境当中生成了存在者? 究竟怎样"无中生有"? 这是我们要解决的问题。现在我们的问法是:究竟怎样在本源的情感当中,生成了表象,生成了对象? 简单来说,可以这样说:当你把情感之思当中的或者情感涌流当中的想象-形象,把握为一种存在者,对它进行对象化打量的时候,存在者就诞生了,主体和客体就给出来了,表象就生成了,物就被给出来了。④

综上所述,与福柯的"话语"概念相比较,生活儒学的"话语"概念同样并非"语言"概念,但同时也注意话语的语言形式;同样关注"主体何以可能"的问题,但更深入彻底地揭示作为话语基础的存在者化的既定社会关系何以可能的问题,从而导向"前主体性"观念;同样注重历史,但认为历史并非本源性的存在——生活;同样认为话语是言说,但并不专指特定历史情境中的言说,而是泛指任何生活情境中的言说。生活儒学的话语理论旨在区分话语的层级,但并非塔尔斯基的语言层次,而与海德格尔对"人言"与"道言"的区分具有同构关系或对应关系。生活儒学将话语区分为"有所指"的言说即"主体话语"、"无所指"的言说即"前主体性话语"。关于主体话语的典型理论是索绪尔的语言学和弗雷格的语

---

① 黄玉顺:《爱与思——生活儒学的观念》(增补本),第162页。
② 黄玉顺:《面向生活本身的儒学——"生活儒学"问答》,载《面向生活本身的儒学——黄玉顺"生活儒学"自选集》,第79页。
③ 黄玉顺:《生活儒学的"生活"观念》,载《儒家思想与当代生活——"生活儒学"论集》,第74—75页。
④ 黄玉顺:《爱与思——生活儒学的观念》(增补本),第122页。

言哲学,在现代中国哲学中的典型体现是"失语"说和所谓"中西比较"。前主体性话语则是本真的"情语",其典型为"诗语",乃是"天命"之"诚",具有存在论层级的奠基性。现代中国哲学的"中西""古今"话语即属主体话语;而生活儒学的话语理论则因其"前主体性话语"观念而超越"中西""古今"话语并为之奠基。

五、"中国哲学话语体系建构"的 几个问题

谈到"中国哲学话语体系建构"问题,这里包含三个基本问题,体现于三个关键词:"中国"、"哲学"、"建构"。

(一)关于"建构"问题

这里首先涉及一个问题:何谓"建构"? 按现象学的观念,这里存在着一个系列:"解构→还原→建构"①;或按生活儒学的话语,这个系列就是:"破解→回归→构造"②。显然,没有破解,就没有构造;没有解构,就没有建构,即无法为中国哲学话语体系的建构扫清道路。

因此,首先就是解构。解构什么? 当然就是解构某种既有的"中国哲学话语体系"。例如,笔者曾专文讨论过传统的"'家国天下'话语反思"问题,实质上就是解构"中国传统的伦理政治话语模式"③。在这些解构对象中,最突出的就是古代哲学最典型的话

---

① 黄玉顺:《神圣超越的哲学重建——〈周易〉与现象学的启示》,《周易研究》2020 年第 2 期,第 17—28 页。

② 黄玉顺:《"生活儒学"导论》,载《原道》第十辑,北京大学出版社2005 年版,第 95—112 页。

③ 黄玉顺:《"以身为本"与"大同主义"——"家国天下"话语反思与"天下主义"观念批判》,《探索与争鸣》2016 年第 1 期,第 30—35 页。

语体系——"宋明理学"①。

所谓"解构"当然并非简单地否定,而是"还原"。还原到哪里? 当然绝不是回到已经解构的那种既有的"中国哲学话语体系"。所谓"解构",就是追问解构对象"何以可能";而所谓"还原",即理解这种"何以可能"的前存在者、前主体性情境。

所谓"建构",对于"中国哲学话语体系"来说,当然并非完全彻底地另起炉灶,而是一种"重建",诸如重建儒学②(包括重建其本体论③、伦理学④、知识论⑤),重建中国哲学⑥,等等。

---

①　黄玉顺:《论"重写儒学史"与"儒学现代化版本"问题》,《现代哲学》2015 年第 3 期,第 97—103 页。

②　黄玉顺:《复归生活、重建儒学——儒学与现象学比较研究纲领》,《人文杂志》2005 年第 6 期,第 27—35 页。

③　黄玉顺:《主体性的重建与心灵问题——当代中国哲学的形而上学重建问题》,《山东大学学报》2013 年第 1 期,第 118—124 页;《形而上学的黎明——生活儒学视域中的"变易本体论"建构》,《湖北大学学报》2015 年第 4 期,第 66—71 页;《生活儒学的内在转向:神圣外在超越的重建》,《东岳论丛》2020 年第 3 期,第 160—171 页;《重建外在超越的神圣之域——科技价值危机引起的儒家反省》,载《当代儒学》第 17 辑,四川人民出版社 2020 年版,第 25—30 页;《神圣超越的哲学重建——〈周易〉与现象学的启示》,《周易研究》2020 年第 2 期,第 17—28 页。

④　黄玉顺:《中国正义论的重建——生活儒学的制度伦理学思考》,《文史哲》2011 年第 6 期,第 12—13 页;《中国正义论的重建——儒家制度伦理学的当代阐释》,安徽人民出版社 2013 年版。

⑤　黄玉顺:《儒学与作为科学理论基础的知识论的重建》,载《当代儒学》第 8 辑,广西师范大学出版社 2015 年版,第 94—101 页。

⑥　黄玉顺:《重建第一实体——中西比较视野下的中国文化的历时解读》,《泉州师范学院学报》2003 年第 3 期,第 23—29 页;《易学对于中国哲学当代重建的意义——现代新儒家哲学与易学的深度关涉》,《社会科学研究》2014 年第 3 期,第 134—139 页。

（二）关于"哲学"话语建构问题

这里首先涉及的就是"哲学"的概念问题。笔者曾经区分了三个不同观念层级的"哲学"概念①：

1. 最严格的"哲学"概念，是形而上学，主要是本体论（ontology），其所思考的是存在者整体，可称之为"本体哲学"（ontological philosophy）。

2. 较为宽泛的"哲学"概念，包括"形下哲学"即某学科领域的原理部分，如"知识论"、"伦理学"（道德哲学）等，以及下一个层级的"政治哲学"、"历史哲学"等，其所思考的乃是形而下的某个存在者领域，可称之为"分支哲学"（branch philosophy）。

以上两种话语均属"有所指"的、"言之有物"的言说方式，即主体话语；以下则是"无所指"的、"言之无物"的言说方式，即前主体性话语：

3. 最宽泛的"哲学"概念，包括那种既非关于形上存在者亦非关于形下存在者，而是关于存在的思想，可以称之为"存在哲学"（Being philosophy），例如海德格尔的"基础存在论"（fundamental ontology）、生活儒学的"生活存在论"或"生活论"。这是因为："当代中国哲学是中国哲学的当代性展开；这种展开乃渊源于我们的当下生活，我们在当下生活中倾听着并且言说着。当代中国哲学就是一种在中国当代生活情境中倾听着生活并且言说着生活的思想。"②

总之，如果要讲中国哲学话语"体系"的建构，这个体系应当

---

① 黄玉顺：《何谓"哲学"？——论生活儒学与哲学的关系》，《河北大学学报》2021年第2期，第1—8页。

② 黄玉顺：《当代性："中西马对话"的共同场域》，《中国社会科学》（英文版）2009年第3期，第176—188页。

包含上述三个层级,它们之间具有奠基关系:存在哲学的话语→本体哲学的话语→分支哲学的话语。有鉴于此,这里有必要提出"中国哲学话语体系的层级建构"概念。

(三)关于"中国"话语建构问题

本文第一节已阐明,"话语"问题或"言说"问题与"中西"问题无关。那么,何来所谓"中国话语"?其实,所谓"与'中西'问题无关",说的是话语的前主体性层级,即"无所指"的言说方式,因而说的是生活儒学的话语理论的整体性质;但就主体话语层级,即"有所指"的言说方式而论,"中国话语建构"当然涉及"中西"问题。事实上,中国"这个国家有其悠久的、博大精深的文明传统,有她自己的解决问题的方式,甚至提出问题的方式,有她自己的话语"①。然而,这种主体话语亟需前主体性话语为之奠基,即追问"这种主体性何以可能"、"这种存在者何以可能",也就是追问"'中西'何以可能"。这对于"中国哲学话语体系建构"来说是至关重要的。

但这并不意味着"中国话语"说的是古代汉语固有的词汇。关于中国话语的建构,有学者说:"一方面,激活中国传统哲学核心话语";"另一方面,融摄西方哲学主流话语"②。笔者认为,这是正确的路径。例如唐君毅的《中国哲学原论》,固然"尽量少用外来语"③;然而同时,"著者思想之来源,在西方则资取于诸理想主义

---

① 黄玉顺:《主体性的重建与心灵问题——当代中国哲学的形而上学重建问题》,《山东大学学报》2013年第1期,第118—124页。

② 金小方:《唐君毅的话语自觉与话语创新》,《当代儒学》第13辑,四川人民出版社2018年版,第133、135页。

③ 唐君毅:《中国哲学原论——原性篇·自序》,中国社会科学出版社2005年版,第1页。

者,如康德、菲希特、黑格尔等为多"①,而这就必须"用外来语"。

这就再次表明:正如话语问题不是语言问题,"中国话语"亦非"汉语"问题。例如:

> 当我们用中国固有的词语"存在"去翻译西方的"Sein"或者"being"之后,现代汉语的"存在"这个词语,它是纯粹西方的,抑或是纯粹中国的呢? 都不是。现代汉语的"存在"是由现代中国人的现代性的生活方式生成的一个观念,这个观念不仅涵摄着或者说给出了所谓"西方哲学",而且涵摄着或者说给出了"中国哲学"(所以我在一系列文章中详尽考证了中国传统的"存""在"观念的本源意义)。我们不可忘记:我们不仅生活着"中国人的"当下生活,而且同时生活着"西方人的"当下生活——我们"共同生活"着,这就是"全球化"的思想意义。因此,对峙的"中-西"观念,作为两个现成的存在者,其实同样是由我们的当下生活所给出的。②

总而言之,中国哲学话语体系的建构,首先需要解构中国哲学、西方哲学的传统话语,超越"中西""古今"对峙,才能建构起一个新的"存在哲学→本体哲学→分支哲学"话语系统。

---

① 唐君毅:《道德自我之建立》,广西师范大学出版社 2005 年版,自序,第 20 页。

② 黄玉顺:《生活儒学与中国正义论——从我研究儒学说起》,《深圳大学学报》2014 年第 1 期,第 40—45 页。

生活儒学诠释学节录

一

生活儒学在总体的致思进路上,是在与现象学——胡塞尔(E. Husserl)、舍勒(M. Scheler)尤其是海德格尔(M. Heiddeger)的平等对话中展开的。这种对话既非"以西说中",也非"以中说西",因为按照生活儒学的想法,任何现成地摆在那里的"中"(如所谓"中国哲学")或者"西"(如所谓"西方哲学")都是子虚乌有的东西。这种对话实质上是我们自己的生活的展开,亦即生活本身的一种显示形态。

(《"生活儒学"导论》,《原道》第十辑,陈明主编,北京大学出版社 2005 年版;见《面向生活本身的儒学——黄玉顺"生活儒学"自选集》,第 29 页)

二

生活儒学所说的"开塞解蔽"并非海德格尔那样的"解蔽",所以我们不称"解构",而称"破解"。这是因为,生活儒学没有海德格尔那样的"遮蔽"观念。在海德格尔看来,存在是自身遮蔽着而解蔽着的。这本来是一种极富意义的想法,可惜它是由"此在的生存"即人的有限性来说明的。众所周知,海德格尔的生存论分析是承接着康德关于"人的有限性"观念的,所谓"此在"正是暗度陈仓地在说"人的有限性"。所以,海德格尔的"解蔽"至少依赖着两个观念前提：存在与生存的区分，此在的优先性。然而生活儒学一开始就拒绝这两个前提，因为"人的有限性"这个话题本身已经是以"人"这个主体性为前提的了，即已经是在形而上学之内的事情了，它怎么可能作为形而上学的本源奠基的出发点呢？在这个问题上，海德格尔实质上并没有超出康德。所以，生活儒学所说的破解，是要回到那先行于此在的生活本源。这种生活本源，就是存在本身。

这种破解直接指向如今被人们所津津乐道的"传统儒学"或者"儒学传统"：生活儒学的破解，就是拆除传统的儒家形而上学的大厦，让其地基暴露出来，并且重新夯实这个地基。破解之为破解，当然是一种"破坏"；但它是一种积极的建设性的破坏，即是说，它是一种在"破坏"中的"解释"，意在说明传统儒家形而上学是如何可能的，从而为儒家形而上学的重建清理场地。这种"解释"就是通过"解开"而"释放"：释放出儒家形而上学的新的可能性。因此，破解乃是一种"解放"：儒学的解放。

（《"生活儒学"导论》，《原道》第十辑，陈明主编，北京大学出版社 2005 年版；见《面向生活本身的儒学——黄玉顺"生活儒学"自选集》，第 35—36 页）

三

生活既不可言说，也可以言说。这取决于我们的言说方式。存在着两种不同的言说方式：一是符号的言说方式，一是本源的言说方式。

在符号的言说方式中，被言说者乃是一个符号的"所指"——索绪尔意义上的所指或者弗雷格意义上的指称。现代语言科学告诉我们，一个符号有"能指"和"所指"。符号的所指，就是一个对象。这就意味着，在符号的言说方式中，生活被对象化了。生活被对象化,意味着生活成为一个客体;同时也就意味着:我们自己成为一个主体。这就陷入了形而上学的"主-客"架构的思维模式。这样一来,我们作为主体,就置身于作为客体的生活之外了。然而试问:我们又怎么可能置身于生活之外?所以我要特别强调:生活儒学所说的"生活",就是所谓"存在"本身。然而在符号的言说方式中,正如老子所说:"道可道,非常道。"——我们所说的"生活",已经不是生活本身了。在这个意义上,孔子才说:"予欲无言。天何言哉?"但孔子仍然要言说,一部《论语》都记载着孔子的言说;老子也在言说,一部《道德经》也正是在言"道"。然而老子、孔子那里的言说,往往不是符号的,而是本源的。

本源的言说方式绝非符号的言说方式:这里,言说是"无所指"的,也就是说,生活不是一个符号的所指。如果说,符号的所指是一个存在者,一个"物",那么,符号的言说方式是"言之有物"的,而本源的言说方式则是"言之无物"的。在本源的言说方式中,言说本身就归属于生活本身:这里,生活不是作为一个对象的"被言说者";生活与言说是融为一体、打成一片的。比如,爱的情话、诗的絮语,都是本源的言说方式。唯其无所指,本源的言说本身便不是符号。

当然,生活也是可以甚至必须被加以符号化地言说的。除非我们不谈"儒学"——儒家之"学"。我在这篇问答里的许多言说,其实也都是形而上学的、符号的言说方式。否则,我们就不可能建构形而上学。但是对于生活儒学来说,重建形而上学乃是重建儒学的题中应有之义。然而任何形而上学的建构,必定以"主-客"架构为先行观念,这首先就要求生活被对象化。但虽然如此,我们却应该心知肚明:这并不是本源的言说。儒家的本源言说意味着:根本无须"儒学"这样的东西。

(《面向生活本身的儒学——"生活儒学"问答》;见《面向生活本身的儒学——黄玉顺"生活儒学"自选集》,第56—57页)

四

何谓"天命的领悟"？我们不仅领悟着生活的存在、领悟着存在的流行，而且领悟着流行的天命。何谓"天命"？"天命"在本源意义上不是说的所谓命中注定的"命运"（destiny），而说的是存在的流行的某种显示样式。而"命运"却是一种宿命论的观念，仿佛有一个高高在上的诸如上帝之类的"天"，他预先规定了我们每一个人的"命"。这跟儒家的观念毫无关系。儒家一向主张的乃是尽心尽性、成己成物、参赞化育而与天地同流。这绝不是一种消极的"命运"观念，而是一种积极的"天命"。当然，在原创时期，尤其后原创期的形而上学思想层级上，儒家也有某种"命中注定"的观念。但那并非儒家在本源层级上的观念。本源的天命观念，来自对"天"与"命"的本源领悟。"天命"说的并不是有一个作为存在者、作为物、作为"他者"的天，他在那里发号施令，我们只能俯首帖耳地服从。在本源意义上，天之为天就是"自然"——自己如此。然而"自然"之为"自己如此"也并不是说一个物、一个存在者自己如此，而是说存在本身、生活本身自己如此。作为存在本身的生活本身自己如此这般，意味着：生活、生活情感、生活领悟不是任何意义的"被给予性"（the given），甚至不是所谓"自身所予"（the self-given）。生活"给出"任何东西，然而没有任何东西"给出"生活。生活自己如此，这就是"天"；我们自己如此生活，这就是"命"。我们领悟着：存在自己如此，流行自己如此，天命自己如此。

固然，"命"的本义是"口令"、"发号施令"，[①]但这"口令"既不

---

①　许慎解释为："命，使也。"朱骏声纠正说："命，当训'发号也'。"（《说文·口部》）

是上帝在说话,更不是人说话。"天何言哉?四时行焉,百物生焉。天何言哉!"①这是存在本身在说话、生活本身在说话。儒家把这种本源的言说领悟为:天命。这就是说,天命乃是一种生活领悟。存在本身的言说、生活本身的言说,乃是无声之命、无言之令。"上天之载,无声无臭。"②老子所谓"大音希声"③就是这个意思。虽然如此,我们却在倾听。这种倾听,其实就是生活领悟。假如我们没有这样的倾听、领悟,我们何以能够存在、能够言说?我们倾听天命,就是倾听生活。孔子所谓"知天命"而"耳顺"④,就是在说这样的倾听。我们听到了怎样的消息?我们听到生活告诉我们:在生活,并且去生活。不仅天命使我们有"在生活"之际遇,而且天命的领悟使我们有"去生活"之超越。我们能够倾听这样的天命,就是"圣人":圣之为圣,就是能够倾听,所以,"圣"字(繁体作"聖")从"耳"。"圣"字不仅从"耳",而且从"口"⑤,这就是说,我们不仅倾听天命,而且还能用我们的语言来传达天命。孔子在谈到敬畏感时说:"君子有三畏:畏天命,畏大人,畏圣人之言。"⑥圣人之言之所以可敬畏,就在于他言说着存在的流行的天命。有"天命",所以有"人言"。天命这种无声的言说,可以通过人言的有声的言说透露出来。这种有声的言说,就是我们曾谈到过的"本源的言说方式"——本源情感的言说方式。

然而,形而上学的思维方式,却将天命的领悟对象化、客体化、存在者化、物化。存在的物化导向关于实在的预设信念,流行的物

---

① 《论语·阳货》。

② 《诗经·大雅·文王》。

③ 《老子》第四十一章。

④ 《论语·为政》。

⑤ 许慎认为:"圣,通也。从耳,呈声。"(《说文·耳部》)这是一种解释。也可以解释为:从耳,从口,壬声。

⑥ 《论语·季氏》。

化导向关于运动的预设信念,而天命的物化则导向关于因果性、规律性的预设信念。天命的存在者化作为形而上学的把握方式,最主要的表现为两种形态:宗教的因果性信念;科学的规律性信念。

(《面向生活本身的儒学——"生活儒学"问答》;见《面向生活本身的儒学——黄玉顺"生活儒学"自选集》,第71—73页)

五

思首先是情感之思。我们常说的思念、思乡、相思、思绪,就是这种情感之思。这跟海德格尔之所谓 Denken(译作"思"或"思想")截然不同。诗歌"唐棣之华,偏其反而;岂不尔思? 室是远而",孔子评论:"未之思也! 夫何远之有?"①这里的"思"就是说的情感之思。孔子说诗"可以兴,可以观,可以群,可以怨"②,都是在说情感的事情。唯有这种情感之思,才真正与诗有着不解之缘:"诗缘情"③,真正的诗乃是生活情感的本源的言说。唯其如此,孔子才特别强调"兴于诗"④,意思是说:主体性的确立(兴)乃在于诗。其所以如此,就因为诗作为本源之情的言说,乃是思。这跟海德格尔对诗与思的关系的理解也是不同的。所以孔子才说:"《诗》三百,一言以蔽之,曰:'思无邪。'"⑤"思无邪"说的是情无邪。这种情感之思,乃源于爱:爱之,才思念之。我们爱乡,才思乡;我们爱一个人,才会相思。爱之深,思之长,是谓思绪。例如,孔子爱狂狷之士而思之:"万章问曰:'孔子在陈,曰:"盍归乎来!

---

① 《论语·子罕》。

② 《论语·阳货》。

③ 陆机:《文赋》,《六臣注文选》,浙江古籍出版社据《四部丛刊》本影印,1999年版。

④ 《论语·泰伯》。

⑤ 《论语·为政》。

吾党之士狂简,进取不忘其初。"孔子在陈,何思鲁之狂士?' 孟子
曰:'孔子"不得中道而与之,必也狂狷乎! 狂者进取,狷者有所不
为也。"孔子岂不欲中道哉? 不可必得,故思其次也。'"①既爱中道
之士,也爱狂狷之士,故而思之。

（《面向生活本身的儒学——"生活儒学"问答》;见《面向生活
本身的儒学——黄玉顺"生活儒学"自选集》,第 79 页）

六

真正的生活本源的领悟,乃是一种"无分别智",这里没有什
么"现成在手"的所谓"中国哲学"、"西方哲学"。其实,这也就是
当代存在论诠释学的观念。但这样的观念恰恰意味着：张志伟教
授说我"误解"或"误读"了海德格尔,他的意思是似乎存在着一个
"单纯的"、作为客观对象的海德格尔。这恰恰是对他自己所持的
上述立场的否定。其实,依照真正彻底的诠释观念,从来就不存在
什么"现成在手"的海德格尔。对于我们来说,海德格尔为我们的
生活感悟本身所涵摄。

（《论生活儒学与海德格尔思想——答张志伟教授》,《四川大
学学报》2005 年第 4 期;见《面向生活本身的儒学——黄玉顺"生
活儒学"自选集》,第 136—137 页）

七

咱们中国儒学的重建,何以需要参照西方的现象学? 这是一
个严峻的话题,它不断地刺痛着我们的某些民族主义者的神经。
这个话题很大,我这里只能简单谈几点思考：

---

① 《孟子·尽心下》。

第一,假定我们完全拒绝任何所谓"西方观念"(谁都明白,对于当今中国人来说这是不可能的),那么我们试图"自行解释"传统文本。这意味着什么呢? 这显然意味着一个解释学境遇。而根据当今时代的哲学诠释学的基本观念,这又意味着什么呢? 意味着: 传统不是某种"现成在手"的东西;传统就在我们的解释之中。那么,我们凭什么去解释? 我们据以解释传统文本的源头活水在哪里? 就在我们当下的生存、生活感悟当中。

第二,不仅中国传统文本如此,西方文本又何尝不是如此。在谈到所谓"中国人'失语'论"的时候,我曾说过:

> 按当代哲学解释学的观念,所谓"失语"根本就是不可能的。因为显而易见,"失语"说的一个前提是: 我们可以在与外来语言的接触中接受纯粹的原汁原味的外语及其观念,或者可以在与传统文本的接触中接受纯粹的原汁原味的传统语言及其观念;在前一种情况下,我们才可能"失语";在后一种情况下,我们才可能"避免失语"。但我们知道,"失语"论者所持的这样一种观念本身恰恰是一种陈旧的传统观念。而按照当代哲学解释学的观念,那种纯粹的原汁原味的接受根本是不可能的。[1]

我们既不可能接受所谓原汁原味的中国传统,也不可能接受所谓原汁原味的西方观念。当我们翻译时,我们已在解释;甚至当我们尚未翻译地阅读"原版"时,我们也已经在解释。解释的源头活水,仍在我们的当下的生存,在我们当下的那种作为"原始经验"的生活感悟中。因此,所谓"中西哲学比较"这样的提法——包括我的题目"儒学与现象学比较研究"——已经是很陈腐的说法,似乎有所谓客观存在的一个"中"和一个"西"现成地摆在那

---

① 黄玉顺:《我们的语言与我们的生存——驳所谓"现代中国人'失语'"说》,《南京师范大学文学院学报》2004年第4期。

里,然后容我们去比较它们。

　　第三,所以,所谓"儒学与现象学的比较",并不等于说:这里只是简单地拿现象学的观念来裁剪儒学;而是说:让儒学与现象学在当下的"交往"中展开对话。这种对话的成果,作为一种"视域融合",肯定既非现成的西方现象学,也不是现成的传统古典儒学。儒学在这里作为被诠释的传统,必将因为现象学的到场而发生视域的转换;而现象学在这里同样也作为某种被诠释的传统,同样会因为儒学的到场而发生视域的转换。所以,"儒学的重建"或许同时也就是"现象学的重建"? 于是,我们或可期望一种"现象学儒学"乃至"儒学现象学"的诞生。

　　(《复归生活、重建儒学——儒学与现象学比较研究纲领》,《人文杂志》2005 年第 6 期;见《儒学与生活——"生活儒学"论稿》,第 91—92 页)

八

　　以上关于"解构"的分析,实际上已经涉及了一种历史学的观念。按照通常理解的海德格尔的说法,这种历史学只不过是一种"流俗的时间概念"的表现。但是,问题并不这么简单。海德格尔实际的思想却是这样的:要理解"历史学"观念,就必须理解此在生存的"历史性";要理解历史性境遇,就必须理解此在的"时间性";然而也可以反过来说:此在的时间性为历史性奠基,而生存的历史性又为历史学奠基。所以"历史学何以可能"这个问题的最终回答就是:此在的时间性。唯其如此,海德格尔才强调历史学的重要性:虽然"从哲学上讲,首要的事情就不是构造历史学概念的理论,也不是历史学知识的理论,而且也不是历史学对象的历史理论;首要的事情倒是阐释历史上本真的存在者的历史性";"但这个存在者(指此在——引者注)本身是'历史的',所以,以最本己的方式从存在论上对这一存在者透彻进行解说就必然成为一种'历史学的'解释";所以,"对存在的追问其本身就是以历史性为特征的。这一追问作为历史的追问,其最本己的存在意义中就包含有一种指示:要去追究这一追问本身的历史,也就是说,要成为历史学的"①。唯其如此,海德格尔才有他的所谓"返回的步伐"(der Schritt zurück),就是历史学地回到古希腊,回到康德问题、笛卡儿问题、亚里士多德问题,这成为《存在与时间》的"纲目构思"的先行观念②。

于是,雅斯贝尔斯的历史哲学就可以进入我们的视野。海德格尔在批评他的朋友雅斯贝尔斯时,也给予了他颇高的赞许③。但是就我的阅读范围来看,海德格尔的生存论思想没有跟雅斯贝尔斯的"轴心期"(Axial Period)观念明确地结合起来。然而在我看来,这种结合很有意思。结合中国和西方的观念史,海德格尔与雅斯贝尔斯的对应关系大致如下:

前轴心期—西周以前————古希腊哲学以前—前形而上学
轴心时期—西周春秋战国—古希腊罗马哲学—形而上学建构
后轴心期—秦汉以来————中世纪以来————形而上学时代

左栏是"历史"时代;而右栏则是观念之间的"奠基关系"(Fundierungsverhaeltnis),其实根本不是时代问题,它如何能与左栏相对应呢?这就是海德格尔现象学的一个重要思想:时代问题是一个历史学问题,奠基问题是一个生存论问题,而它们之间勾连的中介是:此在的时间性→历史性→历史学。这也是一种奠基关系。要理解历史学观念,就必须理解生存的历史性;要理解历史性

①　海德格尔:《存在与时间》,第 13、46、25 页。
②　海德格尔:《存在与时间》,第 47 页。
③　海德格尔:《评卡尔·雅斯贝尔斯〈世界观的心理学〉》,收入《路标》。

境遇,就必须理解此在的时间性。因此,对于一个文本的作者来说,他只是一个当下的存在者;但是由于他作为此在的生存的时间性、历史性,他同时是一个历史学的存在者。所以,他的思想观念并不是那么纯粹、单一的。这一点,对于身处轴心时期的人们来说是尤其显著的。海德格尔在分析柏拉图尤其是亚里士多德时,就是这样把握他们的:他们同时既是源始的存在之领会与解释的言说者,又是后来的形而上学的奠立者。对于儒家的孔子、孟子,也应作如是观。从比较的角度看,就其在思想历史上的地位而言,如果说西方的赫拉克利特极其类似于中国的老子,那么,西方的苏格拉底、柏拉图、亚里士多德之间的谱系,就极其类似于孔子、孟子、荀子之间的谱系。当然,这种"类似"只是观念层级上的对应性。

(《复归生活、重建儒学——儒学与现象学比较研究纲领》,《人文杂志》2005 年第 6 期;见《儒学与生活——"生活儒学"论稿》,第 95—97 页)

九

前面谈到,作为本源现象的仁爱情感被形而上学地把握为本体,于是形而上学得以发生。作为本体的仁爱,在儒家的话语中有过许多表达:性、诚、心、理、气、道,等等。如果借用弗雷格的话来说,这些不同的指号,指称着同一的对象,但是传达着不同的涵义①。这里,我们简单列举把这些符号规定为本体的

———————————

① 弗雷格 (Gottlob Frege):《论涵义和指称》(üeber Sinn und Bedeutung),原载《哲学和哲学评论》,100,1892 年。肖阳的汉译文《论涵义和所指》(On Sense and Reference),载于马蒂尼奇(A. P. Martinich)主编《语言哲学》(The Philosophy of Language, Oxford University Press, 1985),商务印书馆 1998 年版。

最具有代表性的经典文本：性——思孟学派；诚——《中庸》；心——陆王心学；理——程朱理学；气——张载；道——几乎所有文本。若加上现代新儒家，还有更多的符号，例如"心灵"（唐君毅）、"道德主体"（牟宗三）等等。它们指称着同样一个东西，那就是作为所有存在者的最后根据的那个"存在者之为存在者"。是它，保证着所有存在者的在场性：例如，在宇宙论模式中的"本原"保证着"本末"关系的成立，在本体论模式中的"本质"保证着"体用"关系的成立。无论科学还是伦理，都是由这种保证来建立的。

（《复归生活、重建儒学——儒学与现象学比较研究纲领》，《人文杂志》2005 年第 6 期；见《儒学与生活——"生活儒学"论稿》，第 105—106 页）

一〇

应该说，现代新儒家本是应运而生的。所谓"应运而生"是说："顺应"着某种"时运"。这种"时运"正是儒家的"天命"观念，但并不是宿命论意义上的命运观念，而是一种原初意义的"革命"的观念，也就是《易传》所说的"时义"的观念："汤武革命，顺乎天而应乎人。"所以，"天命"不过是说的生活本身的演流；这种演流被我们领悟为"命"，领悟为"口令"，不过是说的生活本身作为大道的道说，在无声的言说中给予我们的一种"语境"。我们唯有倾听这种"语境"，才能实行真正意义的"革命"：这样的"革命"，不过是孔子所确立的"礼有损益"原则的实行，这里并没有任何原教旨主义观念可以插足的余地。

（《文化保守主义与现代新儒家》，《读书时报》2005 年 11 月 30 日；见《时代与思想——儒学与哲学诸问题》，第 3—4 页）

一一

有一点大家都是知道的：西方人所说的"to be"这么一个观念，在现代汉语里，在不同场合下，我们必须或者说只能分别用三个词语去翻译它，就是这么三个词语："是"、"有"、"在"。但是，究竟为什么会这样呢？到现在为止，这还是模糊不清的。我想，毕竟主要是做西方哲学的人在谈这个话题，他们对汉语、中国人的观念史不是很了解。有一些搞西方哲学的人，是采取的这么一种说法，他们说："这就是中国为什么没有形而上学的原因所在：在我们汉语中没有一个'to be'那样的关于存在的核心观念。"我想说的是：这样的说法是站不住脚的。

我可以举一个反向的例子，不是以中译西，而是以西译中。我们知道，儒家的"心学"是非常重要的观念体系，心学的核心范畴就是"心"。那么，我们可以设想，假如一个英国人或者一个美国人要来翻译这个"心"，他一定感到头疼。他也得根据具体的语境场合，分别用英文里面的三个词来翻译：heart、brain、mind；甚至还得加上一个 soul。但我们不能因此说："英语真糟糕！难怪西方人没有心学！"我们不能这样讲，这样讲是没有道理的，很无聊！那么，反过来也一样：我们不能根据英语的情况，来对汉语的情况说三道四。

至于中国究竟有没有形而上学，这不是我今天要谈的话题，不过我相信，我的关于"定名"与"虚位"的说法可以回答这个问题。另外，我有一篇文章即将在《四川大学学报》上刊出，那是我回应张志伟教授对我的生活儒学的批评的，大家可以参考①。

---

① 　黄玉顺：《论生活儒学与海德格尔思想——答张志伟教授》，载《四川大学学报》2005 年第 4 期。

当我们今天的学者主张在不同场合下分别用"是"、"有"、"在"去翻译"to be"的时候,他们实际上带出了一种观念。但这个观念是错误的,是对汉语的无知。他们的意思是:"是"、"有"、"在"这三者,都是可以对译那个"to be"的;我们之所以要在不同的场合用不同的词语来翻译它,那只是由于民族语言的不同,语言习惯的不同。按照一些学者的观点,他们会说:如果这个时候不分别用这三个字,在汉语里面就"不成话",即不符合汉语的约定俗成的习惯。这其实是一种错误的观念。笼统地说,我们固然可以说"是"、"有"、"在"对应着西方的"to be"或者"存在";但实际上,汉语的"是"、"有"、"在"三者的意义是截然不同的。

(《爱与思——生活儒学的观念》原版,第一讲"三、是、有、在:儒家'存在'观",第24—25页)

一二

这也涉及我们中国人常用的一个词语:"事情"。当我们在说"事"的时候,怎么就和"情"联系到一起了呢? 从一开始,这个"情"就是表达情感的嘛,它跟"事"有什么关系? 当我们说一件事:"月球上的情况怎么样啊?"这样的事情我们说是"情况",这里也有一个"情"字,很有意思! 那么,月球的情况和情感有什么关系? 这确实是一个饶有兴趣的问题。我们今天把现象学的口号翻译为"面向事情本身"(Zu den Sachen selbt),这实际上已经带进了中国人的"事情"观念,"翻译就是诠释"嘛! 在德语原文里面,这个"事情"(Sache)是和"情"(情感)没有关系的。还有英文,我们用"事情"这个词语来翻译 thing,这同样带进了我们中国人自己的观念:我们把"事"看作是"情"的问题。显然,这就说明,在中国人看来:"事"和"情"之间确实是有关系的。这是我觉得很值得研究的一个问题。

（《爱与思——生活儒学的观念》原版，第62页）

一三

许慎的《说文解字》，我们经常要用到的，但是要注意，《说文解字》已经是形而上学时代的东西了。举个例子，比如"性情"。许慎对"性""情"是怎么解释的呢？他说："性，人之阳气，性善者也"；"情，人之阴气，有欲者也"。这个解释，极其糟糕。许慎的很多解释都是不对的。文字学界的学者说，许慎的许多解释都不符合汉字史的事实。现在我们会说：许慎之所以如此，是因为他的很多观念是很成问题的，那是轴心时期以后的形而上学观念。对许慎影响比较大的，比如《易传》，就是轴心时期晚期的一种形而上学建构。其实，很多观念，按照过去的训诂，是很难讲清楚的。当然，你可以这么说：无论从"人二"，还是从"二人"①，都是两个人之间的关系；两个人之间的什么关系呢？情感关系；两个人之间的什么情感关系呢？爱。但我可以问：这两个人、两个主体本身，又是从哪儿来的？这是文字学、训诂学不能解释的。其实，不是先有了"仁者"这样的存在者，然后才有"仁"即爱的情感，而是先有了"仁"，然后才给出了"仁者"。

（《爱与思——生活儒学的观念》原版，第86—87页）

一四

我们今天能够想到的、跟存在者没有关系的"思"，或者说先行于存在者的"思"，放眼当今世界，似乎只有海德格尔在讲这个

———————————

① 这里是在讨论"仁"字。

问题,那就是他后期的"思":Denken。但是,实际上,我们今天翻译海德格尔的"思"的时候,有两种译法:在英文里面,就是think、thinking 或者 thoughts,其实就是"思想";而国内在翻译的时候,有些译者为了把他的"思"和形而上学的"思维"、"思考"之类的作出区分,就译为"思",而不译为"思想"。其实,在西语里面,它们仍然是一个词。所以,我们看到一些译本还是把海德格尔的"Denken"译为"思想"。

这就是说,在西方的语境当中,不管是笛卡儿那样的"思",还是海德格尔那样的"思",其实仍然还是某种方式的"思维"、"思考",仍然还是在西方背景下的、知识论进路上的那么一种"思"。什么意思呢?就是说:那样的"思"跟情感无关,跟儒家所说的爱无关。甚至,在海德格尔后期的《在通向语言的途中》,所谓"诗与思",你虽然可能认为他是在谈真正的诗歌当中的那么一种"思",但实际上根本不是那么回事。在他那里,诗人,比如荷尔德林,完全被解释成了一个思想家。这跟我们中国人理解的完全不同:在中国的观念中,诗人并不是什么思想家;诗是情感的言说,不是什么"思想"。譬如老子就是一个思想家,没有人会说他是诗人;尽管《老子》是押韵的,我们仍然至多只说那是"韵文",绝不是诗。

当然,在海德格尔的后期思想中——在我第一次提到的"虚位"的意义上,他讲的那个"思",和儒家所讲的在本源意义上的"思",还是有着对应性的。是怎么对应的呢?那就是:在观念的层级上,儒家的本源性的"思"和海德格尔的"思"都是先行于存在者的。但是,在"定名"的意义上,两者则完全不是一回事。我们不难发现,海德格尔的"思",不论是前期还是后期,整个地不可能摆脱西方的那么一种背景:那是认知性的而不是情感性的"思"。

(《爱与思——生活儒学的观念》原版,第95—96页)

一五

　　首先是"**兴于诗**"。这句话是大有深意的。孔子老是问他的儿子:"读诗了没有?"①有一次,他问得更加具体:"你读《国风》里面的《周南》《召南》了没有?"②那么,孔子为什么如此关注《诗》?为什么又尤其关注《国风》? 这绝不是偶然的。我在第三讲的时候是讲过的:诗作为情感性的言说,是本源性的言说;而在《诗经》里面,《国风》尤其典型③。因此,如果说,主体性是由生活情感所给出的,是在本源性的爱之中挺立起来的,那么,"学诗"正是使主体性得以挺立起来的一条最佳途径。"兴于诗"的"兴",意思是"起"、"立",也就是站起来、挺立起来的意思。这是很常见的解释:"兴,起也。"④谁立起来? 当然是人,是主体性。所以,"兴"就是主体站起来了,主体性挺立起来了。如果联系到孟子所说的,我们要进行一种形而上学的建构,首要的事情是"先立乎其大者"⑤,就是把"心性"那样的绝对主体性"立""起"来,那么,这个绝对主体性是怎么样"立""起"来的呢? 孔子的答案就是:"兴于诗"。为什么呢? 这就涉及我刚才再次提到的另外一个观念:孔子重视《诗》特别是《风》,是因为真正的诗歌是情感性的言说。正因为是情感性的言说,诗的言说方式才是可以直达本源的。而且,诗本身

---

　　① 《论语·季氏》。原文:"尝独立,鲤趋而过庭。曰:'学《诗》乎?'对曰:'未也。''不学《诗》,无以言。'鲤退而学《诗》。他日,又独立,鲤趋而过庭。曰:'学礼乎?'对曰:'未也。''不学礼,无以立!'鲤退而学礼。"

　　② 《论语·阳货》。原文:"子谓伯鱼曰:'女为《周南》《召南》矣乎? 人而不为《周南》《召南》,其犹正墙面而立也与!'"

　　③ 参见第三讲第二节"3. 思与诗的本源性言说"。

　　④ 朱熹:《论语集注·泰伯》。

　　⑤ 《孟子·告子上》。

就是本源性的,因为诗是情感的显现。所以,我是这么理解"兴于诗"的,就是:一个人应该通过学诗来挺立自己的主体性。这就是孔子教人的入手处,就是"诗教"的真义。

(《爱与思——生活儒学的观念》原版,第144—145页)

一六

"诗可以兴",也是说的生活情感。朱熹把"兴"解释为"感发志意",这原本不能说是不对的,然而关键在于:何谓"感发志意"? 朱熹是这样解释"兴"的:"兴者,先言他物,以引起所咏之辞也。"①这样一来,"他物"便成了先行的东西,这就陷入了形而上学的"性-物"架构,亦即"主-客"架构。朱熹的解释基于这样的观念:"人生而静,天之性也;感于物而动,性之欲也。"②这里,主体性是先行的;然而问题在于: 主体性本身何以可能? 主体性的确立,恰恰在于"兴"。这就是孔子所说的:"兴于诗。"③孔子的意思是说:主体性的兴起、确立,在于诗。这是因为:诗是生活情感的言说。所以,"诗可以兴"是说:诗可以使我们在情感言说中确立起主体性。朱熹所谓"感发志意",只有在这种意义上才是可以成立的。

由此可见,"诗可以兴,可以观"乃是说的情感之观。这样的情感之观,其所观者不是主体性本身,而是主体性何以可能。关于主体性本身的观,乃是"反身"之观,乃是"反思",即是主体的自我观照,它还是形而上学的事情,并没有通达本源的层级。而关于主体性何以可能的观,则是"观情",其实也就是本源的生活领悟本身。就存在者、物来看,生活领悟其实无所观,只是"无";然而就

---

① 朱熹:《诗集传·周南·关雎》。
② 朱熹:《诗集传·序》。
③ 《论语·泰伯》。

生活情感来看,生活领悟却又有所观,其所观者就是作为"无物"的生活本身。这就是诗的:兴-观。

（《爱与思——生活儒学的观念》原版,第182页）

一七

历史何以可能? 所谓历史,其实就是为生活方式所决定的文化的历时形态;因此,历史的本源乃是生活本身的历时显现样式。

由此看来,凡是那种"历史本体论",包括那种被庸俗化地理解的"历史唯物论",都是形而上学的观念。在这种观念中,历史被本体化了。这种历史本体论基于流俗的时间观,以为在历史的时间三维中,我们的当下是被我们的过去决定了的。这就把历史对象化、客体化了,亦即把历史存在者化、物化了。

但事情本身是:历史从来不是现成的东西,历史恰恰是被当下的生活给出的。一方面,历史的"客观存在"不过是当下的生活本身的在生活的际遇当中的一种涵摄;而另一方面,历史的"文本解释"不过是当下的生活本身的去生活的一种显现样式。历史的存在,乃渊源于当下的生活本身的显现样式;历史的解释,乃渊源于当下的生活感悟。追本溯源,历史就是当下的生活的历史。

（《爱与思——生活儒学的观念》原版,第247—248页）

一八

说到"观念",却也容易引起误解,立即使人想到西语的 idea。确实,在现今的汉语学术话语中,"观念"通常是对西语 idea 的翻译。在西方哲学中,从柏拉图到胡塞尔,idea 的含义虽然屡经演变,但它总会带出整个西方思想的某种共同传统的底蕴,这种底蕴当然是有别于中国思想传统的。既然如此,我们还能谈论什么儒学的"观念"吗？为此，本书特意附录了一篇论文《汉语"观念"论》。这是我刚写完、尚未发表的一篇文章。此文意在说明：汉语的"观念"自有其不同于 idea 的意谓，因为：当我们用汉语"观""念"去翻译西语"idea"时，正如伽达默尔所说，翻译即是诠释，此"观念"已非彼"idea"了，它已经带出了汉语之"观"与汉语之"念"的观念。讲座的第一讲第一节"等同与对应：定名与虚位"，也可以说就是回答这个问题的。

（《爱与思——生活儒学的观念》原版，叙说，第1—2页）

一九

整个生活儒学的观念，正如本书的标题所示，那就是：爱与思。这就是儒学"变易"中的"不易"、"不易"中的"简易"。儒家将作为存在本身的生活本身视为大本大源，将生活情感尤其是"仁"即"爱"的情感的显现视为源头活水；在这种本源上，通过"思"，去"成己""成物"，而给出存在者，从而建构形而上学、形而下学。因此，爱首先是作为不忍之心的本源之爱，而递转为作为绝对主体性、实体性、本体的形上之爱，并落实为作为道德情感的形下之爱。所以，思首先是生活本源中的情感之思、生活情感中的领悟之思，而表现为生活感悟的言说方式、诗意的言说；进而是生活感悟中生成的形上之思，而表现为哲学的言说；最终是在这种形而上学的基础之上展开的形下之思，而表现为伦理学、知识论的言说。

（《爱与思——生活儒学的观念》原版，叙说，第2—3页）

二〇

在我的构想中，"生活"这个词语完全不是一个形而上学的概念,甚至根本就不是一个概念。以概念的方式来理解生活,那就是老子讲的:"道可道,非常道。"生活不是一个实体,不是一个存在者,不是一个物。生活就是存在本身。这就是我的一个基本的表达:生活即是存在,生活之外别无存在。

在这个层级上,我的生活儒学会谈到:生活本身;生活的本源情境(共同生活);生活的本源结构(在生活-去生活)。这样一种前形而上学的、前概念的、前对象性的生活,才是儒家所说的"大本大源"、"源头活水"。

对于这样一种生活,我们只能用诗性的语言来言说,所以,孔子特别重诗,说:"兴于诗,立于礼,成于乐。"这里,首先是诗。我们的修养一定要从"诗"开始,因为诗乃是发自内心的真诚情感的显现。

(《谈谈"生活儒学"以及公民道德问题》,《北京青年政治学院学报》2006 年第 2 期;见《儒学与生活——"生活儒学"论稿》,第 84—85 页)

二一

还有一个问题:本源性的语言,本源性的言说方式,"言之无物"。比如说,爱情中的语言,就是"言之无物"的。今天讲座之前,我在你们校园里转了一圈,看到一对一对的恋人谈情说爱。你观察一下,就不难发现:爱人之间的话语,只有两种情境:

第一种情境是:通常是那个男孩,在那里长篇大论,叽叽呱呱,滔滔不绝,喋喋不休。回头那女孩问他:"你刚才说什么来着?"男孩也愣愣地说:"是啊,我刚才说什么来着?"热恋中的言说,听起来不知所云。这就是爱的语言:"言之无物"。爱的语言是"无所指"的,并不像索绪尔所说的语言符号,有一个能指,有一个所指①。这里无所指,并没有弗雷格所说的那种对象性的"指称"②,只有爱在显现。所以我说:本真的言说方式乃是"言之无物"的。你们试想,在热恋中的说话,如果真有所指,谋划、策划某个具体的事务,那就大煞风景、大败胃口了,就太破坏情调了。

另一种情境:两人"相顾无言"。当然,不一定"惟有泪千行"③。这里什么也没有说,但"此时无声胜有声"④,却在传达着信息。(姑且称之为"信息"吧,这当然是不太好的表达。)其实,朋友之间也是一样的,"相视而笑,莫逆于心"⑤。这种无声的言说,海德格尔所谓"无声的宁静"、"大道的言说",就是"天命"。孔子说:"天何言哉?"是啊,天不说话;但他在"命"着,"命"就是口令,就是在传达消息。所以孔子说:"四时行焉,百物生焉。"⑥万物、一切存在者都由此生成。

情感的显现在语言当中的表达,是先行于物、先行于任何存在者的。诗歌就是这样的言说方式。比如你读李白的诗:"床前明月光,疑是地上霜。"⑦诗中出现了很多形象,床啊、明月啊、地啊、霜啊什么的,但这些都不是东西,不是存在者、物,只是情感的显现而已,所以,你不能用对象化的方式、打量物的眼光去看它们。你不能去追问:这是什么床啊?是钢丝床还是席梦思?上铺还是下铺

---

① 索绪尔:《普通语言学教程》,高名凯译,岑麒祥、叶蜚声校注,商务印书馆 1999 年版,第一编第一章第一节"符号、所指、能指",第 100—102 页。

② 弗雷格:《论涵义和指称》(*Üeber Sinn und Bedeutung*),原载《哲学和哲学评论》,100,1892 年。肖阳的汉译文《论涵义和所指》(*On Sense and Reference*),载于马蒂尼奇主编《语言哲学》,商务印书馆 1998 年版。

③ 苏轼:《江城子·记梦》。词云:"相顾无言,惟有泪千行。"

④ 白居易:《琵琶行》。

⑤ 《庄子·大宗师》。原文:"四人相视而笑,莫逆于心,遂相与为友。"

⑥ 《论语·阳货》。

⑦ 李白:《静夜思》。

啊？单人床还是双人床？其实，李白这首诗是"言之无物"的，这里只有情感的显现。什么情感？思乡之情。为什么"思故乡"？因为爱故乡啊！这就是爱嘛。

大家知道四川的大文豪苏东坡，有一首很棒的词《水龙吟》，咏杨花："春色三分，二分尘土，一分流水。"写得多美！可是，我曾经看到过一个学究的解释。他是怎么解释的呢？他说：春天来了，杨花被吹下来了，三分之二吹到了地面上，三分之一吹到了水面上。多么准确啊！多么科学啊！但再也没有诗了。其实，这里并不需要任何解释，我本来读得明明白白的，看了他的解释，我反倒糊涂了。其实人家苏东坡下文还写道："细看来、不是杨花，点点是离人泪！"①人家没有写杨花嘛！甚至连"泪"也没有：言之无物，惟有情感的显现。所以，王国维说：词有两种境界，最高的境界就是"无我之境"，就是"不知何者为我，何者为物"②。既然无物、无我，也就没有"主-客"架构。

（《生活与爱——生活儒学简论》，《郑州航空工业管理学院学报》2006 年第 4 期；见《儒学与生活——"生活儒学"论稿》，第39—41 页）

二二

我的看法是：文化只不过是生活-存在的共时显现样式，犹如历史只不过是生活-存在的历时显现样式而已。这就是说，生活-存在才是先在于文化与历史的"事情本身"。

---

①　苏轼：《水龙吟》。词云："晓来雨过，遗踪何在？一池萍碎。春色三分，二分尘土，一分流水。细看来，不是杨花，点点是离人泪。"

②　王国维：《人间词话》，《人间词话新注》（修订本），滕咸惠校注，齐鲁书社 1986 年新 1 版。

历史不是本源的生活-存在的事情。然而在经验主义的传统中,历史被理解为个别事件的堆积、"集合",这些事件作为"现象",背后隐藏着某种"本质";在理性主义的传统中,例如在柏拉图主义、黑格尔主义的传统中,历史被理解为某种"必然"过程,这种"必然"也是"现象"背后隐藏着的"本质"。同样,在传统的马克思主义教科书中,所谓"历史唯物主义"被理解为更为一般的所谓"辩证唯物主义"的演绎;而所谓"辩证唯物主义"则被理解为一种典型的柏拉图式的形而上学,被理解为所谓"自然界、人类社会和思维的普遍规律",亦即被理解为作为现象界的经验世界背后隐藏着的那个本质界。这是一种典型的前现象学的、遗忘了存在的形而上学。

其实,历史应该被视为主体性活动的结果;但也唯其如此,历史就绝不是本源的事情。因为:假如历史确属主体性存在者的事情,我们就要追问:这种主体性存在者何以可能? 于是,我们回到生活-存在。生活-存在作为"现象"、"显现",其实是无所谓"现象"的,因为这种"现象"背后没有什么"本质":"现象背后一无所有。"①然而,存在存在着,生活衍流着。这种衍流作为生活的显现样式,被我们理解为变动着的生活方式,而给出主体性的存在者,于是乎"历史"的观念得以成立。

文化也绝不是本源的生活-存在的事情。在西语中,"文化"(culture)是与"耕种"(cultivation)同源的,意味着它是主体性活动的结果;而"有文化"(cultured)就是"有教养",意味着他如同庄稼一样,是"人工培育"的结果。换句话说,文化乃是主体性存在者的事情。这与汉语的"文化"语义相通。"文"就是"纹"的古字,与"质"的意义相反,意指"纹理",这就意味着"物界"即存在者领域的划界。最大的划界就是所谓"范畴",就是自然界与人亦即《易

---

① 海德格尔:《哲学的终结和思的任务》,《面向思的事情》,第 80 页。

传》所谓"天文"与"人文"的划分①。"文化"的意思就是"使……
划界"，其前提当然是：使其存在者化。所以，文化是存在者的事
情，就是主体性存在者或人的事情。

文化的典型，就是族类、民族的文化；这样的文化，就是族类、
民族这样的主体性存在者的事情。那么，文化何以可能？这就等
于追问：主体性存在者何以可能？这样的发问，将我们引导向生
活-存在。简单来说，一种特定的文化是由某种特定的生活样式给
出的。当代中国的文化就是由当代的生活方式给出的；当代中国
的价值主体，也是由当代的生活方式给出的。

以上讨论意在说明：文化与历史纵然是价值哲学的重要课
题，但绝不是价值问题的透彻答案所在。真正透彻地理解价值问
题的源头活水，乃在生活-存在之中，乃在我们的生活方式之中，乃
在当下的实践之中。

（《价值主体的生活渊源——回复孙美堂教授的一封信》，《杭
州师范学院学报》2006 年第 6 期；见《时代与思想——儒学与哲学
诸问题》，第 131—132 页）

二三

历史是被解释的历史，因而解释是先在于历史的事情。只有
这样，我们才能切入当代，包括切入当代思想的"儒学的制度化、制
度的儒学化究竟何以可能"这样的发问方式。

但须申明：我所谓"解释是先在于历史的事情"，并不是说解
释是一种先验的东西；我所谓"深层机制"，也不是说的某种在暗
地里决定着历史现象的什么"深层结构"。解释之为解释，乃是生

---

① 《周易·贲彖传》，《十三经注疏》本，中华书局 1980 年版。原文：
"观乎天文，以察时变；观乎人文，以化成天下。"

活本身的事情。当代诠释学观念告诉我们：历史是在解释中生成的，而解释本身不过是当下生活的一种样式。表面看来，解释似乎就是这样的事情：一个作为主体的学者在书斋里面对着一个作为所谓"客观对象"的被解释文本而进行的一种学究工作。然而这里须追问的是：这样的主体、客体，这样的"主-客"架构，本身又是何以可能的？这里，无论"我注六经"还是"六经注我"的思维方式都是不能彻底地解决问题的①，不是陷入"认识论困境"，就是陷入"唯我论"泥潭。

当代的诠释观念乃是这样的："注生我经"。这是因为：不论作为客观对象、作为被解释文本的历史，还是作为主体、作为解释者的我们，都是被当下的生活所给出的；这种当下生活的一种显现样式，正是所谓"解释"。……"制度儒学"的概括及其"儒家的制度化"、"制度的儒家化"的勾画，同样也都是由当下的生活所给出的一种解释；乃至"制度儒学"问题之凸显为现代学术的一个论域，也是由当下的生活所给出的。这样的"解释"观念，乃归属于"生活-存在"的观念。只有在这样的思想视域中，我们才能真正透彻地理解"儒家的制度化"、"制度的儒家化"的历史现象。

因此，我所谓"历时"、"共时"、"深层"等等，只是在字面上借用了结构主义的话语。其实，结构主义的视域尽管超越了历史主义的经验主义视域，但它作为一种带有强烈的先验理性主义色彩的视域，仍然与经验主义一样是归属于柏拉图主义传统的东西，即仍然是一种本质主义的形而上学视域。按照这样的先验视域，儒学的现代意义、儒学与现代制度产生勾连的可能性，似乎早已经存在于某个"理念世界"之中。凡属那种抽象地侈谈儒学的所谓"普

---

① "我注六经"还是"六经注我"的话题，出自南宋心学家陆九渊《陆九渊集·语录上》，钟哲点校，中华书局 1980 年版。原文："或问：'先生何不著书？'对曰：'六经注我，我注六经？……'""学苟知本，六经皆我注脚。"

遍性"、"一般性"的,在我看来都是这样的柏拉图式的思维方式。当前儒学复兴运动中存在着的某种"儒家原教旨主义"倾向,正是这样的思维方式的产物。但是20世纪的思想已经宣告了:任何柏拉图式的"理念"都是狂妄自大的理性的一种自欺欺人的虚构。

以上分析表明,对于"儒学的制度化、制度的儒学化究竟何以可能"这样的发问,我们的目光既不能投向经验论视域中的"历史",也不能投向先验论视域中的"理念"之类的东西。

(《儒学与制度之关系的生活渊源——评干春松〈制度儒学〉》,《中国图书评论》2007年第3期;见《儒学与生活——"生活儒学"论稿》,第254—256页)

二四

当代思想的视域,就是生活-存在的视域。这种视域不仅追问"形而下学何以可能",而且追问"形而上学何以可能";这种视域追问"主体性何以可能"、"存在者何以可能";这种视域之所思,是存在本身、生存本身、生活本身。如此这般的生活-存在,是一切物与人的大本大源所在,是一切存在者与主体性的源头活水所在。唯其如此,我们才能真正理解人的存在,也才能真正理解现代新儒学的存在。

其实,这就是孟子所说的"知人论世"。他说:"颂其诗,读其书,不知其人可乎?是以论其世也。"[1]要理解其文,首先须理解其"人";要理解其人,首先须理解其"世"。此"世"之为人生在世,就是生活本身。这就是说,要理解现代新儒学的哲学,首先要理解现代新儒学的人物;而要理解现代新儒学的人物,更首先要理解现代新儒学人物的"生世"。这种"生世",就是他们身处其中的生活-

---

① 《孟子·万章下》,《十三经注疏》本,中华书局1980年版。

存在。这是因为：如果说，现代新儒学的思想观念是他们作为一种主体性存在者的理论建构，那么，现代新儒学这种主体性存在者本身则是由他们身处其中的生活存在所给出的。这也就是当代思想的存在视域、生活视域。

（《现代新儒学研究中的思想视域问题》，《中国传统哲学与现代化》，易小明主编，中国文史出版社 2007 年版；见《儒学与生活——"生活儒学"论稿》，第 220—221 页）

二五

现代新儒学的哲学，乃是儒家的现代性诉求的一种民族性表达；换句话说，这是一种典型的现代性的言说。但是，在哲学理论的观念性质上，这是一种典型的形而上学的言说方式，是对生活-存在的蔽塞①。这种形而上学的特征，在于强调主体性存在者的某种绝对的终极实体地位，强调"道德主体"的本体地位，然而恰恰遗忘了这种主体性存在者本身何以可能的问题，亦即遗忘了生活-存在本身。在这种形而上的主体性存在者的基础上，他们言说着形而下的"主-客"之间的对立，言说着"中-西"之间、"古今"之间的对立等等，然而恰恰遗忘了这种存在者之间的对立以至存在者本身何以可能的问题，遗忘了这种存在者之对立是如何由生活-存在本身给出的问题。总而言之，现代新儒学哲学的现代性言说，没有达到当代思想的生活-存在的视域。这样的形而上学的话语，至今影响着中国哲学界、中国理论界的思维方式。

（《现代新儒学研究中的思想视域问题》，《中国传统哲学与现代化》，易小明主编，中国文史出版社 2007 年版；见《儒学与生活——"生活儒学"论稿》，第 234—235 页）

---

① "蔽塞"一语，取自荀子的"物蔽"、孟子的"茅塞"之说。

二六

从哲学上来讲，我现在可以简要地说："儒家原教旨主义"在哲学上所采取的是一种极其典型的形而上学的思维方式——轴心期以后两千年来所形成的非常典型的形而上学思维方式。他们把传统看成是一个凝固的、"现成在手"的东西。然而实际上这是不可能的。去年在广州开会，遇到某某，"大陆新儒家"的代表人物之一，也是如此。我向他提出这么一个问题来："你要'明体达用'，首先要明你的'体'，那么，你是怎么明这个'体'的呢？"他说："就是圣贤所讲的嘛。"我问："圣贤所讲的在哪里呢？"他说："当然是在'经'里嘛。"我说："但是，今天搞哲学的人都有一个基本的常识：经典是被解释的经典。比如读《论语》，一百个人就会读出一百种不同的《论语》来。那么，你某某所明的这个'体'，凭什么说它就真正是儒家的那个'体'呢？难道你某某说的就是权威吗？如何来判定这一点？"这是一个解释学问题，实际上就是一个思维方式的问题。

（《儒学与生活：民族性与现代性问题——作为儒学复兴的一种探索的生活儒学》，《人文杂志》2007 年第 4 期；见《儒学与生活——"生活儒学"论稿》，第 8—9 页）

二七

我之所以说"任何现成地摆在那里的'中'（如所谓'中国哲学'）或者'西'（如所谓'西方哲学'）都是子虚乌有的东西"，却并不是这样一种经验主义的、在中西之异中求同的"归纳"、"抽象"，不是什么"普遍主义"。我的基本观点是：中西之异，这是一个事实；但是，假如我们的致思仅仅以此为出发点，那就不是彻底的思想方式。以中西之异为出发点的思考方式是一种存在者化的思考方式,这种思考方式把中和西分别视为现成地摆在那里的对象化的存在者,以此为全部思考的出发点,这就意味着,这种思考方式根本没有进入"存在本身"、"生活本身"的思想视域。现代中国哲学、包括现代新儒学的哲学就是如此,他们的一切思考都仅仅从中西文化对立这个出发点开始,从而陷入了一种"文化纠缠"①。

　　真正彻底的思想方式乃是这样的:面对作为对象性存在者的中、西,我们这样发问:存在者是何以可能的? 我们由此进入存在视域、生活视域;我们由此才能理解"中国人"、"西方人",由此才能真正透彻地理解所谓"中国哲学"、"西方哲学"、哲学本身,由此才能解释"中国哲学-西方哲学"这样的对立何以可能。这也就是"生活儒学"所说的回归大本大源、回归生活。孟子所说的"知人论世",其实就是这个意思:要理解"诗书",首先要理解"人"(主体性存在者);而要理解"人",首先要理解"世"(作为生活本身的人生在世)。

　　(《论儒学与哲学的关系——对任文利先生批评的回应》,《学术界》2007 年第 4 期;见《儒学与生活——"生活儒学"论稿》,第49—50 页)

二八

　　其实,中西哲学之间既存在着区别,也存在着一致之处。这是我在新出版的拙著《爱与思》中已经论述过的问题:中西哲学观念之间,虽存在着"定名"上的"非等同性",所以严格说来是不可译

---

① 黄玉顺:《现代中国"哲学"的困窘:西方强势话语阴影之下的"文化纠缠"》,《天府新论》2004 年第 3 期。

的;但也存在着"虚位"上的"对应性",所以毕竟又是可译的、可以相互理解的①。而这种对应,正是观念层级上的对应。比如《周易·系辞传》说:"形而上者谓之道,形而下者谓之器。"中国哲学中的"形而上者"之学和"形而下者"之学,与西方哲学中的形而上学和形而下学,是并不等同的,但却是对应的。唯其如此,我们才可以通过用汉语的"形而上学"去翻译西语的"metaphysics"而理解这个"metaphysics"是什么意思。这是因为:不论"形而上学"与"metaphysics"是多么的不同,但它们却都是中西哲学思想中处在最高"位"的范畴,犹如不论"王"和"king"是多么的不同,但他们都处在某种最高"位"上。

（《论儒学与哲学的关系——对任文利先生批评的回应》,《学术界》2007 年第 4 期;见《儒学与生活——"生活儒学"论稿》,第54—55 页）

二九

一般来讲,人们通常谈到在儒家言说中不断出现的一些词语的时候,我们过去叫做"随文释义"、"字不离句",就是在特定语境当中去理解它,它没有固定的意义。我们今天可以把它说得更明确。在我的观念中,它就处在三层不同的层级上,或者说有三大类用法。比如说"仁",有时候在谈"仁"的时候,他谈的是本源之仁,就是本源的爱;有的时候他说的是作为形上根据的"性",本体性的那么一个"性","不诚无物"的那个"性";有的时候"仁"还是个道德概念,是很形而下的。所以我把它分为本源之仁、形上之仁、形下之仁。它有这么几种不同

---

① 黄玉顺:《爱与思——生活儒学的观念》,第一讲第一节,第 4—8页。"定名"、"虚位"的说法取自韩愈《原道》。

的用法。

（《关于"生活儒学"的若干问题——四川大学哲学系"儒学研讨会"现场录音》，见《儒学与生活——"生活儒学"论稿》，第284页）

三〇

生活就是无。生活是一种事情。首先，你不可能通过一种对象化的言说方式来谈它。其实这涉及更深一层的思考，就是我们的言说本身的问题。我可以这么说，不管是海德格尔还是谁，只要我们研究哲学的人还在那里谈"生活"、"存在"什么的，他就是不道地的。而在艺术的表达当中，——艺术有两种境界，王国维说的"有我之境"和"无我之境"，我现在说的就是那个最高的境界"无我之境"——这种艺术的言说方式、话语，可能比我们这些做哲学的人更适合来把握"无"。你让我说"生活是什么"，生活是没法说的，一说就不是生活本身了。

（《关于"生活儒学"的若干问题——四川大学哲学系"儒学研讨会"现场录音》，见《儒学与生活——"生活儒学"论稿》，第293页）

三一

所以，"谈恋爱"与"谈对象"是不同的。恋爱根本不需要"谈"，尽管在恋爱中我们总是在"谈"。这也是一种现象学观念，其实也是中国本土的一种观念。用海德格尔的话来说：这不是人在说话，而是话在说人。这是什么意思呢？我再举个例子。你不难观察到，恋爱中的男女会有两种非常极端的言说方式，是很有意思的：

第一种典型情境是：通常是那个男同学，他非常激动，在那里滔滔不绝,喋喋不休,说个不停。那个女孩突然问他:"你说什么?"他会一愣:"啊,我说什么?"是啊,他什么也没有说。他说了"什么"并不重要,重要的是他在"说"。这其实是对 20 世纪的科学语言学和语言哲学的一种颠覆:作为情感显现、存在显现的言说方式,是"言之无物"的。而科学的语言学的观念,比如索绪尔的语言学观念却是:语言是符号,符号有能指、所指,这个所指指向语言以外的某种客观对象或者意义①。然而作为生活情感显现的言说方式,是无所指的。这种无所指的、"言之无物"的言说方式,才是最本真的、最本源的话语。用国学大师王国维的话说,诗词的最高境界乃是"无我之境"。何为"无我之境"? 就是"不知何者为我,何者为物"②。而我们知道,诗词恰恰是情感的表达、情感的显现。然而这里既没有"我"、没有主体性存在者,也没有"物"、没有对象性存在者;这里根本没有"主-客"架构,根本就没有存在者——无物存在,只有存在本身。这种言说方式不是作为什么"符号",而是情感本身的显现;这种言说方式并不指向情感以外的什么对象或者"意义",因为情感本身、言说本身就是意义。

　　热恋中的男女还有另一种典型的情境:相顾无言。这也是一种最本真的言说方式。这种言说方式,用海德格尔的话来说,叫做"道言":大道的言说③。大道之言说,乃是无声之宁静,然而传达着许多许多的消息。有恋爱经历的人都知道,这就叫做"此时无声胜有声"。其实这也是在说话,并且是在倾听。但是,这样一种说话,不是人作为主体在说话,不是作为存在者在表达一种意图,而

① 　索绪尔:《普通语言学教程》,高名凯译,商务印书馆 1999 年版。
② 　王国维:《人间词话》,见《人间词话新注》(修订本),滕咸惠校注,齐鲁书社 1986 年版,1.03。
③ 　海德格尔:《语言的本质》,见文集《在通向语言的途中》。

是"话在说人"。这"话"就是海德格尔所说的"道言",就是孔子所说的"天命",其实就是生活情感的显现。而我们之所以能够生活,能够说话,就是因为我们总是在倾听着大道之言说,倾听天命,倾听生活。

　　大道之言说,在汉语中就是"活"这个字的意思。生活之"活",是一个形声字:右边的"舌"是声旁,可以不管它;左边的"三点水"是形旁,是这个字的含义。我们查一查许慎的《说文解字》,他解释:"活,水流声。"生活之"活"原来是指的水流的声音,那么,你们可能感到奇怪:中华民族的远古先民,他们为什么会想到用"水流声"这么一个意象来表示我们的"生活"?这实际上是一种本真的生活领悟,传达着一个非常重要的观念:我们要想"活"下来,就得首先倾听这种"水流声"——倾听大道的无声的言说,倾听天命,倾听生活。生活、生活情感的显现,那是无声的,但你必须倾听;不倾听,你就不能活。

　　大道之言说,在中国叫"命"或者"天命"。所以,孔夫子讲"君子有三畏",第一个就是"畏天命"[1]。所谓"畏天命"是说的怀着敬畏、诚敬的心情倾听生活、倾听存在本身。能够很好地倾听生活并且言说生活的人,那就是圣人。"圣"字的甲骨文就是这样写的:一个人,有一只大大的耳朵,还有一张大大的嘴巴。这只耳朵不仅善于听"人言",而且善于听"道言",听"天命",听存在本身,其实就是倾听生活情感,倾听仁爱情感。

　　(《爱的观念:儒学的奠基性观念——儒学与现象学比较研究》,《求是学刊》2008年第4期;见《儒家思想与当代生活——"生活儒学"论集》,第20—22页)

---

　　[1]　《论语·季氏》。

三二

先说"生"字。大家设想一下：当古人最初要谈到他们的生活的时候，脑海中出现一个生活的观念，他就会找一个相应的词语去表达，于是想到"sheng"这样一个发音，这么一个 voice，后来发展到要用汉字书面符号去标识这个 voice，于是发明了"生"这个汉字。这个字是由"土"和"中"组成的："土"是指的大地；"中"指的是草木刚刚发芽的那个样子。两个"中"并列，就成为"艸"，后来变为形声字"草"，这在文字学上属于古今字。"生"字传达的消息，就是"草木生长在大地上"。有一个著名的山水诗人谢灵运，写过很多山水诗，我不怎么喜欢，我觉得，他写了一辈子，只有一句特别好，那是有一天他在梦中得到的一个佳句："池塘生春草。"①这是对"生机"的一种感悟，也就是对"生"的感悟，我称之为"生活感悟"。

大家注意，现在我要问的问题是：当远古先民在想到、说到、写到他们自己的、人的生活的时候，他们居然用了这样的词、这样的字来表达：不是人生活在大地上，而是草木生长在大地上。这是为什么？这非常有意思！这个问题，单从语言学的角度是无法理解的。我在"生活儒学"的建构过程中不断碰到这样的问题，很多问题我都跟一些语言学专家讨论过，他们都无法给出很好的解释，有很多问题是无法"科学地"理解的，他们认为，反正当时就这么说了、这么写了，后来就成为这样一个事实，于是"约定俗成"。但是，我们做哲学、做思想的人，是要去追问的：远古先民在谈到自己作为人的生活时，为什么没有用人生活在大地上而是用草木

---

①　谢灵运：《登池上楼》，《文选》，李善注，南宋淳熙八年尤袤刻本，中华书局 1974 年影印本。

生长在大地上来表达呢？这其实就是他们对生活的理解，也就是他们对存在的理解，就是他们的生活感悟。今天我们至少还可以领悟到一点：说人的生活，却用草木的生长来说，这意味着在他们的观念中，人和草木之间是没有区别的，至少没有我们今天这样的截然的区别。我们今天的观念，一边是一个人类社会界，另一边是草木的所谓"自然界"、nature，两者是分离的。而在远古的时候，两者浑然一体，没有这种区分。

这样的没有区分，是因为他们根本就没有我们这种截然区分开来的"人"与"草木"的观念。这就意味着：作为存在者而存在的人与草木，尚未存在。这就犹如老子所说的"无物"。这在今天，其实是一个很前沿的观念："共在"，或者叫做"共同生活"。这种共生共在意味着：生活首先不是你的生活、我的生活，不是某种存在者的存在，而是先在于任何存在者之存在的存在。这是通过"生"字揭示出来的一个古老观念，其实正是20世纪以来我们所讨论的一个最前沿的观念。所以我有一个说法，"最远的就是最近的"，我们今天经常讨论的最新的观念其实往往是最古老的观念。20世纪对哲学形而上学进行"解构"和"还原"，重新获得一些"原始经验"，这些经验恰恰正是远在轴心期、原创期之前的远古先民那里已有的一种观念，只不过两千多年来我们已经将其遗忘了、遮蔽了。

（《生活儒学的"生活"观念》，见《儒家思想与当代生活——"生活儒学"论集》，第61—63页）

三三

不说西方，就拿我们中国来说，很多核心的观念，具有本体性、本源性的观念，都与说话有关。比如"天命"的"命"，是"口令"的意思；"诚者天之道"的"诚"，也是从"言"。"道"字也这样，一开始"道"字就有两层意思："走路"和"说话"。我问过一些语言学专家,他们说"道"的"言说"意义是"比喻义"。这种解释是不对的,因为比喻是有条件的,本体和喻体之间必须有相似性,那么试问:走路和说话的相似性在何处?"命"字也是很有意思的。中文的"命"和西方的"命"——destiny——是很不同的,"天命"并不是说的有个老天爷在那里发号施令,大家乖乖地俯首听命。老天说什么话!孔子说:"天何言哉?四时行焉,百物生焉,天何言哉!"①既然老天不说话,为什么人们偏说这是"命",是"口令"呢?这是一个非常前沿的问题。世界哲学的第三次转向,就是语言学的转向;20世纪的三大思想运动,分析哲学就是语言哲学,现象学、后现代主义也不用说,都是符号学、语言学的转向,都是对于语言的理解。我们中国的思想,包括儒家的孔孟、道家的老庄,对"道",既作为本源又作为言说的道,本来是有很多非常好的观念的,但如果我们今天不具备一种思想平台,那么读到他们的书就会感觉很困惑,不知所云。比如孔子说"天何言哉",可是又说"天命",说"君子有三畏",首先就是"畏天命"②,"命"就是一种说话啊,这不是自相矛盾吗?其实孔子哪有什么矛盾!是我们自己不理解。我前面说"爱"与"在"其实是一回事,现在进一步说,"在"与"说"也是一回事。如果我们能够倾听"天命",能够"反身而诚"③,就能"得道",就能达到圣人的境界。

这个"圣"字本来是繁体,写作"聖",也是很有意思的:下面的"壬"在甲骨文当中就是画的一个"人",这个并不重要;重要的是上面的"耳"和"口",就是说,人要成为圣人,首先是倾听,然后是言说。

---

① 《论语·阳货》,《十三经注疏》本,中华书局1980年影印本。
② 《论语·季氏》。
③ 《孟子·尽心上》。

倾听什么呢？就是听"命"听"道"，听"活"的"水流声"。那么,听谁的呢？轴心期以后有了形而上学的建构,就导致了这样一种观念：要倾听形而上者如"上帝"、"神"的话。基督教的神学也是一种形而上学,是神学形态的形而上学。《圣经》第一篇《创世纪》讲上帝怎样创造世界,就是通过说话：上帝说"应该有光",于是就有了光;上帝说"应该有水",于是就有了水。但是在我的理解,在一种更加先在的还没有存在者的存在之时,你听谁说话呢？听"无"。但这不是佛教的"空",而是很"实在"的,就是倾听"生活",倾听"仁爱",倾听"爱的呼唤"。这是"圣"的首要的一点。圣的首要维度就是"仁爱","博施于民而能济众"①。

但是,光是倾听还不足以为圣人,"聖"字还有一个"口",还有一张嘴巴,还要言说。这就是"智",智慧的"智"。在汉代以前没有这个字,就写作知道的"知",读"智",是形声字,其中的"矢"是没有意义的声符,意义在于"口",就是说话。读孔孟的文本,你就会发现,他们对"圣"的理解就是"仁且智"②,这就是说,能倾听爱并言说爱,就是圣人。但是,这种"爱"不是"性之所发"的形下的爱,而是最本真的本源情感,是作为生活的直接显现或者存在的直接显现的、那种作为大本大源的爱。

这好像有点类似于今天哲学的诠释学"hermeneutics",它的词根是从"Hermes"来的,就是赫尔墨斯,他是希腊神话中的神的信使,负责在神与人之间传递消息。这是他们在那种文化背景下的说法,那是古希腊轴心时代,也就是建构形而上学的时代,它设定了形而上者的神和形而下者的人,赫尔墨斯是两者之间的消息传递者,三者都是存在者。仅仅从"倾听-言说"的架构上说,这和我们所说的"仁且智"是有一致性的,具有对应性;区别在于,真正达

① 《论语·雍也》。
② 《孟子·公孙丑上》。

到了圣人境界，那就不是倾听什么神了，"子不语怪力乱神"[①]，而是倾听作为生活本身之显现的爱，然后将其言说出来，以唤醒人们的被遮蔽的爱，这就是圣人。

（《生活儒学的"生活"观念》，见《儒家思想与当代生活——"生活儒学"论集》，第 71—73 页）

三四

总而言之，"生活"的观念包含了三层意思：第一，存在。但首先不是存在者的存在，而是存在本身。生活即是存在，生活之外别无存在。这是无法界定的，无法像弗雷格所说的有"指称"（reference）或者是索绪尔所说的有"所指"（signification）。真正的诗人可以通达存在，他们直接言说着存在。所以，孔子特别重诗，说"兴于诗"[②]。今天学者有"道言"和"人言"的区分。"人言"无论怎么说都只是一种形而下存在者的存在。而"道言"有两种可能的理解：可以理解为形而上者的言说；但我们今天重新发现一个更古老的观念，如果说形而上者这样的存在者尚未存在，那么"道言"就是"道"、"命"、"诚"、"活"，这一切都应该理解为动词，先行于任何名词性的实体性的东西。这在我们两千年来形成的形而上学思维里是很难理解的。第二，生活直接显现为爱。时间关系，这就不展开说了。第三，爱被我们所倾听，然后我们才可能成为一个主体性的存在者。孔子讲的"兴于诗"就是这个意思，就是在说主体性存在者怎样"兴起"。

（《生活儒学的"生活"观念》，见《儒家思想与当代生活——"生活儒学"论集》，第 74—75 页）

---

① 《论语·述而》。

② 《论语·泰伯》。

三五

而生活总是在衍流着：生活如水，情感如流；易道"生生"①，流水"活活"②。并且，这种生活衍流总显现为某种历时样式。生活衍流的共时显现样式使"民族""文化"的观念得以可能，而其历时显现样式使"历史"的观念得以可能③。本来，我们对这种生活衍流有一种先于理性、先于哲学的领悟，我们无法也不必用一种对象化的语言去言说之，亦即老子所谓"道可道，非常道"④，但亦谓之"道"，谓之"命"等等；然而从原创时代以来，我们却对这种生活领悟有了一种存在者化的形而上学的理解、解释：我们把自身理解为一种面对着对象性存在者的主体性存在者，而把存在理解为存在者的存在，把生活理解为生活者的生活，把生活衍流的历时样式理解为作为历史形态的生活方式。于是，历史的观念得以可能：历史是存在者的历史，是人的活动的历史。显然，这是一种观念的构造。不同的历史时代，我们构造着不同的历史观念。而我们之所以构造着不同的历史观念，这一切也是由生活衍流的历时样式给出的：我们解释着解决着不同的生活方式之中的问题。

（《儒学当代复兴的思想视域问题——"儒学三期"新论》，《周易研究》2008 年第 1 期；见《儒家思想与当代生活——"生活儒学"论集》，第 82—83 页）

---

① 《周易·系辞上传》。原文："生生之谓易。"

② 《诗经·卫风·硕人》，《十三经注疏》本，中华书局 1980 年版。原文："河水洋洋，北流活活。"

③ 这里的"历时"、"共时"概念暂借用于结构主义，但事实上，结构主义的"时间"概念本身也还是对生活的衍流进行一种存在者化的形而上学理解的结果。

④ 《老子》第一章。

三六

即便在这种更为宽泛的意义上,"哲学"在中西之间也具有颇为不同的意谓。在中国文化中,"哲学"其实并不具有在西方文化中那样至高或者至深的意义。例如在儒家传统中,至高的追求是"圣",亦即宋儒所谓"学做圣人",而"圣"有"仁且智"①两个方面;而"哲"其实只关涉"智"的方面。"智"先秦写做"知";"哲"、"知"二字都是由"口"而得其义的。而"圣"繁体为"聖",不仅关乎"口",而且首先关乎"耳":首先是倾听,然后是言说。联系到"仁且智",那么在儒家的观念中,"圣"首先是倾听作为生活情感的仁爱,然后言说这种仁爱:这就是所谓"仁且智"。这与西方的诠释学观念之间存在着某种可比较性:一方面,"诠释学"(Hermeneutics)的词源是"赫尔墨斯"(Hermes),即充当神与人之间的信使,犹如圣人是倾听与言说之间的枢纽;但另一方面,正如孔子"不语怪、力、乱、神"②,中国哲学所倾听而言说的并不是来自神的消息,而是来自生活的消息,尤其是来自作为本真生活的情感显现的仁爱。这种仁爱同时被领会为"命"(口令)或者"诚"(言成),被领会为"活",亦即"水流声"③,为我们所倾听;然后我们才能言说,才会有"知"或"智"。

……

这里尤须指出的是,以当代性的观念来看,当代中国哲学已涵摄了中国古代哲学和中国未来哲学,因为古代哲学总是在当下被

---

① 《孟子·公孙丑上》,《十三经注疏》本,中华书局 1980 年影印本。

② 《论语·述而》,《十三经注疏》本,中华书局 1980 年影印本。

③ 许慎:《说文解字》,中华书局 1963 年版,第 229 页。

理解与诠释,未来哲学总是在当下被谋划与展望。

(《当代性:中西马对话的共同场域》[Contemporariness: a Common Field for Dialogue Among Chinese, Western and Marxist Philosophies],《中国社会科学》英文版 2009 年第 3 期)

三七

实际上,"西学东渐"这个说法本身就是一个解释学事件。人们把这种当下生活情境解释为"西学东渐",即打量为西方文化"进入"(《易》所谓"渐者进也"①)、"灌输"、"改良"(容闳语)东方文化,事实上,这并不是唯一可能的解释,而只不过是一种可能的解释方式而已,然而问题首先在于:作为现成既有的存在者的这种解释者及被解释者,本身是何以可能的? 其实,这个事件发生的实情乃是这样的:在一种现代性的、全球性的共生、共在的生活情境中,"西方"及"西方文化"与"东方"及"东方文化"作为某种对象化的存在者样式而显现出来;这种对象化存在者的存在方式,就是解释。"西学东渐"是一种解释方式,近代儒学、现代儒学、当代儒学也是一种解释方式。本文的讨论,也是试图提出一种解释方式。所有这些解释,皆渊源于我们的当下生活。

……

康有为是最为典型的。……我们不难看出,不论在形上学的层级还是在形下学的层级,康有为尽管都有所吸纳,但并不是接受"灌输"式的西学东渐,而是一种在解释学意义上的中西会通,而且其根柢始终是他心目中的"中学"。这就是他的文化主体意识。不论西学还是中学,对他来说都不过是在解释情境中给出的东西,而此解释情境是归属于当下的生活情境的事情。我个人认为,康

---

① 《周易·序卦传》,《十三经注疏》本,中华书局 1980 年影印本。

有为乃是现代儒家之学（涵盖近代、现代、当代儒学）第一人、开创者，尽管在学理上未臻缜密，然而他所开拓的儒学自我更新之路是我们所无法超越的。区别仅仅在于：在存在的实情上，他自身作为解释者，以及所有现代儒者、中国文化、西方文化等等，都是由中西共在的生活情境所生成的；然而在自觉意识上，他并没有明察到这种共生共在的生活渊源。

（《反应·对应·回应——现代儒家对"西学东渐"之态度》，《上海师范大学学报》2009 年第 5 期；见《儒家思想与当代生活——"生活儒学"论集》，第 138—141 页）

三八

比如古希腊的文化传统。文艺复兴主要是做这个方面的工作。古希腊很多典籍失传了，在中世纪后期、文艺复兴前期又重新发现，是通过阿拉伯国家传过来的，谁都看不懂。西方的语言文字和我们的汉字不同，汉字是完全可以超越时空的，因为它不是拼音文字；而西方的是拼音文字，由于语音是不断在变化的，这样一来，前代的文字后代往往就不能认识了。于是就有一批"学究"，就像我刚才提到的乾嘉学派一样，他们是做文字训诂、考据的，这些文字学、语言学专家不是思想家，他们在那里研究这些古语言，致力于把这些文本读懂。而文艺复兴正是从这里发轫的，因为：你这样一个解释者、诠释者是一个当下的人，是由你当下的生存所给出来的这么一个存在者、主体性，因此，你以为你是在客观地解释，客观地考据，然而不经意间你阐释出来的却是当下的观念，是时代的观念。文艺复兴正是从这些阐释、诠释、学究式的考据中萌发出了一些崭新观念的，然后才越来越发展。接下来的启蒙运动与文艺复兴一样，也是群星璀璨，我们今天看到的西方全部的社会规范的建构及其制度安排的落实，其基本的原则、基本的结构、基本的框架、基本的观念都是由启蒙思想家所规定的,然而启蒙思想家基本的思想观念传统也是古希腊哲学传统,他们非常认真非常自觉地重读他们的原典,阐释他们的原典。这就是说,"二希传统"首先被他们老老实实地认同、继承,然后再经过某种现代转换,给出一种现代性的阐释。

(《儒学复兴的两条路线及其超越——儒家当代主义的若干思考》,《西南民族大学学报》2009 年第 1 期;见《儒家思想与当代生活——"生活儒学"论集》,第 187—188 页)

三九

可能人们仍有疑惑:现代汉语的"正义"其实是从西语"justice"翻译过来的,凭什么说儒家所说的"正义"或"义"就是"justice"的意思? 其实,不同民族语言系统的语义之间,既存在着非等同性,也存在着可对应性。假如没有非等同性,就不再是不同的民族语言,也就不存在比较之必要;然而假如没有可对应性,则不可能通过互相翻译而互相理解,不同民族之间也就不可能交往沟通。但事实上不同民族国家之间一向就在颇为有效地交往着,这表明可对应性是确实存在的事实。例如西语"king",汉语通过将其翻译为"王"而理解之,这就体现了可对应性;然而汉语的"王"与西语的"king"又确实是颇为不同的,即存在着非等同性,唯其如此,我们才可以将两者加以比较①。汉语"正义"或"义"与"justice"之间的情形亦然。

(《中国正义论纲要》,《四川大学学报》2009 年第 5 期;见《中国正义论的重建——儒家制度伦理学的当代阐释》,第 21 页)

---

① 黄玉顺:《爱与思——生活儒学的观念》,四川大学出版社 2006 年版,第一讲第一节"等同与对应:定名与虚位"。

四〇

当马克思哲学传入中国的时候,我们翻译"practice"这个词,会想到用一个词语来对应它,那就是"实践",而"实践"本来是儒家的话语,比如所谓道德"实践"、道德"践履"。儒学是实学,讲修身养性,讲洒扫应对,那都是"实践"问题。还有"实事求是"等,也都是儒家的话语。既然我们用儒学固有的一个词语来翻译"practice",这就意味着会遇到理解与解释上的问题。

为此,我要说一下我发明的一个观念,在我那本书《爱与思》里面提到了,我觉得它可以解决很多这类问题①。我是说,在两种不同的语言系统或者思想系统之间,具有一种关系,这种关系有两个方面:可对应性和非等同性。可对应性意味着它是可翻译、可理解的;非等同性意味着它们的实质是不同的。我举个例子,像英文"5 dollars",最初我们可能不明白它是什么意思,后来我们用中文翻译为"5 元"就理解了。但是"dollar"和"元",其实它们是不同的;然而可对应。可对应就是说:双方在观念系统的层级结构中处在同一地位上。我再举个例子:中文的"王"和英文的"king"。比如在古代,英国人第一次派使臣来见中国皇帝,使臣就可能对皇帝说:我代表我们那个 king 来朝见皇上。中国皇帝可能不明白这个"king"是个什么玩艺儿,然后可能会有翻译官,两边的语言都懂一点,他会向皇帝说:皇上啊,他说的这个"king"就是"王"啊。这样说,皇帝马上就明白是什么意思了。但是,这个"king"和中国的"王"其实相去甚远;然而在观念层级上、在"位"上,它们是对应的,所以可以理解。

---

① 黄玉顺:《爱与思——生活儒学的观念》,四川大学出版社 2006年版。

我们从这里受到什么启发呢？韩愈在《原道》篇里说："仁与义为定名，道与德为虚位。"①儒、道两家都在讲"道"与"德"，假定古代有儒家、道家两个学者在争论"道"与"德"的问题，他们当然都知道对方所说的"道"和"德"是什么意思的，理解对方在说什么，这说明观念上是可理解、可解释的，这就是可对应性。但是我们明明知道这两家对"道"与"德"的理解是不同的，这就是非等同性。

我们现在谈到马克思的"practice"这个观念，用中国儒家所固有的"实践"观念去翻译它，就存在这么一种关系：可对应性和非等同性。儒家所讲的"实践"和马克思所讲的"实践"是不同的，有很大的实质内容上的区别；但是它们之间又是相通的，可以互相理解的。它们在观念的系统中处于相对应的"位"上，这就说明它们之间具有相通性，是可以打通的。

（《生活儒学与当代哲学》，《理论学刊》2010 年第 8 期；见《生活儒学讲录》，第 100—101 页）

四一

我在解释这些观念的时候，会采用一种方式——很传统的方式：一种文字学、训诂学的方式。为什么呢？因为我们中国人、我们的远古先民，他们在发明一个词、一个字的时候，特别是这个字的构造，就已经透露出了他们当时用这个字所代表的观念的内涵，它的消息透露出来了，我们可以通过对这个字的结构的分析，去领会他们当时用这个词、这个字来表达的那个观念究竟是什么意思。

---

① 　韩愈：《原道》，《韩昌黎文集校注》，马其昶校注，马茂元整理，上海古籍出版社 1986 年版。

……

　　为了说明这一点,我刚才讲了,我通过几个词语的解释,来领会我们的远古先民——我们的中华文明的最初的创造者,他们是怎么样使用这些词语的,用这些词语带出了一些怎么样的原初的、本真的观念,而这种观念为什么恰恰就是我们今天说的"生活"或者"存在"。

　　(《生活儒学的基本观念》,《儒林》第 5 辑,山东大学出版社 2011 年版;见《生活儒学讲录》,第 23—24 页)

四二

　　我们就可以注意到庄子有一个说法,他说,一个人"得道"了,得道了是什么状态呢? 就是"有人之形,无人之情"①。但是我们知道,实际上,庄子这个人是极其"有情"的一个人。但他的那种"情",是把主体性存在者解构掉以后还原的那个最本真的"情"——自然之情。这么一种"情",在庄子那里,可能比较接近于我们所说的作为存在本身的显现的情感这么一个层级上的"事情"。所以,庄子作了一个区分:他区分"人之情"和"事之情"②。我们今天有一个词语,叫做"事情",过去大家不一定意识到这是一个问题:当我们在说"事"的时候,为什么要加一个"情"字上去? 这好像是一件很奇怪的事情——又是"事情"了啊,呵呵! ——很奇怪的一个现象——语言现象:我们在说"事",但是我们要加上一个"情"字去。这跟庄子的观念有关,他区分"人之情"和"事之情"。人之情,我刚才讲了,在庄子那里,如果人意味着主体性的存在者,那么庄子会认为,这样的人之情,不是最原初

---

①　《庄子·德充符》。

②　《庄子·人间世》。

的、最本真的、最自然的情;最原初的、最本真的、最自然的情,是把"人之情"这个"人"、这个主体性解构掉、放倒以后,我们所回归到的那个最本真的情感,他把它叫做"事之情"。

（《生活儒学的基本观念》,《儒林》第 5 辑,山东大学出版社2011 年版;见《生活儒学讲录》,第 28—29 页）

四三

今天中国哲学界的很多人,由于受到西方哲学话语的强烈的影响,于是我们看到,很多哲学方面的文章、著作、文本,但凡谈到"本体"概念的时候,一下就容易想到西方的本体论——ontology。"ontology"过去被翻译成"本体论",今天一般翻作"存在论"。这样一来,今天人们一看到文章里出现"存在",马上就想到"ontology"。这就错了,完全错了。我举个最简单的例子。全部宋明理学——正宗的中国哲学,它的核心问题之一,就是探讨"本体"与"功夫"的关系问题。这也就是说,本体这个玩意儿,是中国土生土长的。宋明理学可以分为三个方面:本体论、工夫论、境界论。这是中国固有的东西。所以,如果你一看到"本体",就以为那是西方的东西,那是你自己的错误。由于受到西学东渐的影响,容易产生这样的错觉。

（《生活儒学的基本观念》,《儒林》第 5 辑,山东大学出版社2011 年版;见《生活儒学讲录》,第 72—73 页）

四四

我们当今文本中这个"正义",它是对 justice 的一个翻译,但你要是由此认为中国古代是没有正义理论或正义观念的,这是不能成立的。任何一个群体,如果没有某种正义的观念,是不可能存在下去的,它的任何秩序建构都是不可能的。只不过我们的叫法跟罗尔斯《正义论》的叫法不同,如此而已。所以,我提出了关于翻译和解释的一种理论。

　　这个理论是什么呢? 我是从韩愈的《原道》篇里得到的启发的①。他讲:"仁与义为定名,道与德为虚位。"他着重讲了"道"与"德",他说: 老子也讲"道"与"德",但我讲的"道"与"德"和老子讲的"道"与"德"是不同的。但是,比如你是一个儒者,对面坐着一个道家学派的人物,然后你们俩在那儿讨论"道"啊、"德"啊,你会发现,你能听懂他在说什么,他也能理解你在说什么。这是非常有意思的一个现象。为什么? 儒家作为"定名"来理解的"道"与"德",与道家作为"定名"来理解的"道"与"德",其内涵是不同的,但为什么互相能理解呢? 因为它们之间有"虚位"上的对应性。"道"与"德"、"失道而后德"②,儒道两家都有这个意思,这是中国哲学常见的架构:道是形上的、德是形下的架构。德者,得也,是对天道的一种"获得"。儒道两家在观念的层级上具有对应性。

　　我再举个例子,就是设想当年的英国使臣刚到中国来的时候,拜见皇上。他代表女王,会不断地提到一个词语: queen。代表男性的王,会用 king。皇上肯定听不懂,但是有个翻译官出来了,说:他说的是"王"。皇上一听:是王啊,他们也有王啊! 一下就明白了。但是,英国那个"王"和我们的"王"其实不同,差别太大了。

　　所以,我发明了两个词语:"非等同性"和"可对应性"。因为非等同性,我们才可以跟他们比较、区别开来;但是因为有可对应

---

　　① 　韩愈:《原道》,《韩昌黎文集校注》,马其昶校注,上海古籍出版社1986年版。

　　② 　《老子》第三十八章,《诸子集成》王弼《老子道德经注》本,中华书局1957年版。

性,我们才是可以互相交往、互相理解和交流的。不同的民族语言、文化之间,和同一民族语言内部,比如儒道之间、不同思想学派之间,完全是同一个道理。乃至于我经常举做生意的例子,我们经常跟外国人做生意,他开价:five dollars。听不懂啊!翻译过来:原来他要价"五元"。明白了,虽说美国的"元"跟中国的"元"不一样。那我还两元。那边美国人明白了:two dollars 啊。所以,我们之间是可以有效地交流的。文化上也是这样的,可以有效地交流、沟通。

正义论,儒家讲的"义"、"正义",和西方人所讲的"justice"之间,具有非等同性和可对应性。

(《生活儒学的正义理论》,《当代儒学》第 1 辑,广西师范大学出版社 2011 年版;见《中国正义论的重建——儒家制度伦理学的当代阐释》,第 47—48 页)

四五

在我看来,作者偏离了宋明理学,甚至在一定程度上偏离了儒学,这其实未必是坏事。宋代诗人陆游教子学诗的名言:"汝果欲学诗,工夫在诗外。"我们也可以说:果真要做儒家的修身工夫,工夫乃在宋明理学之外,甚至是在儒学之外。

当然,这要看是什么意义的"儒学"。假如所谓"儒学"就是那些文本——经传、注疏,那就正如《庄子·天运》所说:"夫六经,先王之陈迹也,岂其所以迹哉!""夫迹,履之所出,而迹岂履哉!"六经尚且如此,更不用说后世的那些传注了。我曾说过,要严格区分儒学和儒家:儒学是常新的,而儒家却没有新的。儒学之所以是常新的,是因为儒家总是在回应历史地变动着的不同的生活方式而不断建构着"新儒学",这也就是作者所说的"从当代人的切身状态出发",那么,古人的那些经传注疏未必切合于当今人的这种切身状态;而儒家之所以压根儿就没有新的,是因为儒家不外乎"实践"、"践履",这才是"履",亦即是"迹"之所以出。"迹"是由"履"踩出来的,儒学之"知"是由儒家之"行"走出来的,这就叫做"知行合一",此乃修身的真谛。

在这个意义上,甚至作者提供的"守静""存养""自省""定性""治心""慎独""主敬""谨言""致诚"等等"九讲",不论它们是儒学的抑或是道学的、禅学的,其实也都是"迹"而已。这并不是说"迹"不重要、"讲"不重要、文本不重要。后人可以循着前人之"迹"找到路,沿着前人的足迹走下去。但毕竟"迹"还不是"履",不是"行",弄得不好,死守"原教旨"的经传注疏,甚至有可能"走火入魔",今天的一些儒者就是如此。因此,《庄子·外物》说得不错:"荃者所以在鱼,得鱼而忘荃;蹄者所以在兔,得兔而忘蹄;言者所以在意,得意而忘言。吾安得夫忘言之人而与之言哉!"我猜想,作者之所以详述"九讲",乃至不惜偏离理学、儒学,大概也是这个意思吧。

所以,关键的问题,在如何"履",如何"行"。孟子说:"由仁义行,非行仁义也。"①假如"行仁义",仁义就成了现成地摆在那里的"路"、"迹";而"由仁义行",路才是自己走出来的,自得的,切己的。我们只需"居仁由义"②,好好生活,"见父自然知孝,见兄自然知弟,见孺子入井自然知恻隐,此便是良知,不假外求"③,便是真儒家、真工夫。由此可见,此"行"就在生活之中,就是真切的生活存在、本真的生活情感。这才是作者所说的"切近今人日常生活的修身之道",而无须什么参禅打坐、内丹外丹之类的"工夫"。

---

① 《孟子·离娄下》。
② 《孟子·尽心上》。
③ 王守仁:《传习录上》。

总之,儒家修身工夫唯其是在儒学之外,才是真工夫、真儒家。(《真儒家、真工夫:儒学之外、生活之中——阅读〈儒家修身九讲〉有感》,《中华读书报》2011 年 3 月 23 日;见《生活儒学讲录》,第 125—126 页)

四六

学术界对"生活儒学"的误解是很大的。很多人对我提出的"生活儒学"的理念有很多误解,误解在哪里呢?他们像误解牟宗三一样误解我。他们简单地认为牟宗三只是借助康德哲学来解释儒学,其实事情远没有那么简单,除非你没有读过牟宗三的书。当然,牟宗三在很大程度上是借用了康德的很多资源,但是他对康德也有一种超越,特别是在"智的直觉"这一问题上,这一概念是牟宗三以儒家心性论会通康德哲学而提出的命题。我的生活儒学更是如此,那是儒学与现象学之间平等对话的结果。如果儒学要成为当今时代的一种思想,就意味着必须要与当今最前沿的思想对话。比如说,在宋代,儒学的复兴是在和当时的"西学"(佛学)的对话中产生的。如果儒学不能与佛学进行对话,就不会有宋明理学。同样的道理,儒学如果要在今天复兴,它必须有这种能力和今天的"西学"、今天的一种最前沿的异质文化进行平等的对话。我特别想强调这一点。如果有人认为生活儒学不是儒学的话,我们也可以说宋明理学也不是儒学了,这是同一个道理。这是儒学与现象学进行的一种平等对话,而不是儒学与现象学的结合,就像苏格拉底所说的那样,真理在对话中呈现。很多对我的"生活儒学"理解很肤浅的人,对此误解很深,他们完全没有看到我是一直在批判海德格尔的,这就是对话,一种批判性的审视。所以,我想强调的是:生活儒学不是借鉴了现象学来研究儒学,而是通过儒学与现象学的平等对话来显现出真理。而且我想再一次强调:儒学之所以能在宋代复兴,是因为其达到能和佛学对话的水平;我们今天也面临这种情况,如果儒学不能和西学进行平等的对话,也就没有什么复兴了,没有达到这种思想水平,复兴只是表面的热闹、假象。

（黄玉顺、巩宝平:《走近生活儒学——黄玉顺先生访谈录》,曲阜师范大学孔子文化学院《孔子文化》2011 年第 2 期[总第 13 期];见《从"生活儒学"到"中国正义论"》,第 358—359 页)

四七

我的"生活儒学"和他(龚鹏程)的"生活的儒学"完全不一样。我做的是思想,而他做的是普及方面的事情。这个问题,我也向安乐哲(Roger Ames)先生解释过。我是从两个方面向他阐释的。从字面上说,龚鹏程先生的"生活的儒学",翻译成英文叫作"Confucianism of life",而我的生活儒学则应该翻译成"Life Confucianism"。安乐哲先生很理解这种翻译方式。从实质上说,他的"生活的儒学"是说的把一种既有的、现成地摆在面前的儒学应用到生活当中去,把它生活化、通俗化、实践化、普及化;而我的"生活儒学"是建构儒学的一种当代思想理论形态。这种当代儒学形态,是在当代生活的本源上,重新理解儒学的形而上与形而下的关系,包括三个基本的观念层级:(1)本源的思考,即关于一切存在者(包括形而下者、形而上者)的本源在哪里的思考,也是关于儒学本身的思想本源究竟在哪里的思考。在我的"生活儒学"中,生活是一切存在者的大本大源,当然也是儒学本身的大本大源。(2)形而上学的思考。这一层级要求在生活本源上重建儒家的形而上学。(3)形而下学的思考。这一层级不是关于"存在者整体"的形而上学构造,而是关于某个"存在者领域"的思想构造,主要包括重建伦理学、重建知识论。以上三个层级是生活儒学思想的整体性构架。尤其是其中的第一个层级,这是"生活儒学"不同于"生活的儒学"的关键之所在。

（黄玉顺、巩宝平：《走近生活儒学——黄玉顺先生访谈录》，曲阜师范大学孔子文化学院《孔子文化》2011 年第 2 期[总第 13 期]；见《从"生活儒学"到"中国正义论"》，第 362—363 页）

四八

现在我们中国哲学界有很多人已经意识到了这个问题：应该用中国的话来说中国的事，用中国的话语来谈中国的哲学。但是，说到"哲学"就比较麻烦了！"哲学"这个词语本身也是翻译过来的嘛。实际上……大谈"主体"呀、"客体"呀、"绝对精神"呀，这些实际上都不是所谓"中国的话"。于是就有人提出来，说"中国人现在失语了"，呵呵！是吧？"失语"了。但是，设想一下：假如你想用原汁原味儿的"中国的话"来谈中国的"哲学"，那你不外乎就是用文言文、"之乎者也"之类的、被视为老古董的东西，可是现在的中国人，特别是年轻人，根本听不懂你在说什么！怎么办呢？还是得用现代汉语，其中有许多是翻译过来的词汇。没有办法！

这种说法好像挺消极的。其实不然。我在很多文章里面谈过这个问题，就是：当我们说到要用"中国的话"、用"西方的话"的时候，实际上这在理论上是很不透彻的说法。根本没有什么纯粹的"中国的话"或者纯粹的"西方的话"，没有！这是一个诠释学问题，应该是我们今天做哲学的人的一个常识。而且，如果较真起来，要说"失语"，我们从汉朝就开始"失语"了，因为自从佛教传入中国以来，大量的汉语词汇，什么"世界"啊，"时间"啊，"实际"啊，"真相"啊，等等，不胜枚举，其实都是佛教词汇的翻译，这是众所周知的。宋明理学就用了不少佛教的翻译词汇。但是，我们为什么不认为那是"失语"呢？所以，应该承认：今天的现代汉语，这就是"中国的话"，这是应该肯定的，没什么好说的。"主体"、"客体"之类的，这也是"中国的话"。为什么呢？这涉及诠释学上的常识问题。一种情况是：表面上看，你是从西方引进来一个词语，但其实中国过去就有啦，比如说"上帝"啊，"博爱"啊，"自由"啊，等等，其实都是中国固有的词语，对不对？你用这些词语去翻译西方的词语，其实你已经解释了它了，它已经不是原汁原味儿的"西方的话"了；反过来也是一样的，今天根本没有原汁原味儿的"中国的话"。另一种情况是：即使不是中国原来就有的词语，翻译也是一种诠释。只要是诠释，就已经带有了诠释者的观念；甚至于可以说，诠释其实本质上就是诠释者自己的观念。不仅如此，说"诠释者自己的观念"也是不够透彻的。我有一篇文章就是专门谈这个问题的，题目是《我们的语言与我们的生存》①。我的大意是：语言是生存的显现，或者说是生活方式的显现。不论是不是翻译的结果，我们的语言总是渊源于我们的生活。现代汉语渊源于现代中国人的生活，渊源于我们自己在生活中的领悟与诠释。

（《何为中华心》，见《时代与思想——儒学与哲学诸问题》，第319—320页）

四九

我有一个看法，这是我在我的一本书《爱与思》中专门讨论的问题，是说：实际上，任何两种话语之间，任何两个话语系统之间，例如都操汉语的儒家、道家两个话语系统之间，或者是中、西两种语言之间，都有一种关系，我把它叫做两个方面：一方面叫"可对应性"，一

---

① 黄玉顺：《我们的语言与我们的生存——驳所谓"现代中国人'失语'"说》，原载《南京师范大学文学院学报》2004年第4期，收入《面向生活本身的儒学——黄玉顺"生活儒学"自选集》，四川大学出版社2006年版。

方面叫"非等同性"。①"可对应性"意味着两者之间可以相互翻译，可以相互交流，可以互相理解。但是，两者的内容之间实际上很不同，这就是"非等同性"。比如说，儒家、道家都在谈"道"和"德"，而且互相可以理解对方在谈什么，这就是"可对应性"的体现；但儒家的韩愈说："其所谓'道'，道其所道，非吾所谓'道'也；其所谓'德'，德其所德，非吾所谓'德'也。"②这就是"非等同性"的体现。又比如说，我们可以把西方的一种人——king 或者 queen——翻译成汉语的"王"，这就是"可对应性"的表现。但是，中国的"王"和西方的"王"其实差别是很大的，这就是"非等同性"的表现。可是我们明朝、清朝的中国人一看到翻译的"王"，就明白了：噢，他们原来也有王啊！这就理解了。这是一种观念层级上的对应性。

（《何为中华心》，见《时代与思想——儒学与哲学诸问题》，第321—322页）

<h1 style="text-align:center">五〇</h1>

　　对后来中国文化传统的形成真正发挥了直接的核心作用的，其实并不是《易》古经本身，而是对《易》古经的诠释，尤其是以孔子为代表的儒家的诠释。这是因为，中国文化传统的形成是在中国的"轴心时期"（我称之为"原创时代"③），就是中国第一次社会大转型（从王权社会到皇权社会转变）及所伴随的第一次观念大转型（春秋战国百家争鸣）；而易学的形成是与此同步的，即春秋

---

①　黄玉顺：《爱与思——生活儒学的观念》，第一讲第一节"等同与对应：定名与虚位"，四川大学出版社 2006 年版。

②　韩愈：《原道》。

③　黄玉顺：《生活儒学导论》，收入《面向生活本身的儒学——黄玉顺"生活儒学"自选集》，四川大学出版社 2006 年版。

时期的易学和战国时期的易学①。

对《易》古经的诠释，可以通称"易传"，例如，除传世《易传》外，还有人们所熟知的《子夏易传》《京氏易传》《伊川易传》《东坡易传》等。出土的战国时期的说《易》简帛，其实皆属"易传"性质的文献。因此，《左传》及《国语》中对《易》的诠释，可称之为"左氏易传"。这是因为：按照传统的说法，《左传》《国语》为春秋末期左丘明所著②；再者，按照儒家传统，《左传》称为"春秋左传"，则《左传》中所载《易》说，亦可称为"左氏易传"。

本文认为，探讨"易学的形成"问题，首先必须研究"左氏易传"。这是因为"左氏易传"：（1）时代最早：这是对《易》古经的最早一批诠释；而传世的《易传》、出土的说《易》简帛，则都是此后的战国时期的文献。（2）数量较多：前人对此已有搜辑，但皆有所遗漏，实则《左传》有25则，《国语》有5则，共有30则之多。（3）影响很大：战国时期"易传"文献的许多基本观念，其实都是继承"左氏易传"而来的。

（《左氏易传注疏瑕疵》，《儒林茶座》第15期，山东人民出版社2017年版［本文写作于2011年10月之前］；见《时代与思想——儒学与哲学诸问题》，第16—17页）

----

① 黄玉顺：《中西之间：轴心时代文化转型的比较——以〈周易〉为透视文本》，《四川大学学报》2003年第3期；人大复印资料《中国哲学》2003年第9期全文转载，2004年《中国儒学年鉴》全文收录。

② 关于《左传》《国语》作者是谁，尽管存在争议，但比较而言，还是传统说法左丘明更为可信。司马迁《史记·十二诸侯年表》："鲁君子左丘明惧弟子人人异端，各安其意，失其真，故因孔子史记，具论其语，成《左氏春秋》"；《报任安书》："左丘失明，厥有《国语》"。班固《汉书·艺文志》："《国语》二十一篇，左丘明著。"《战国策·楚策四》载赵国上卿虞卿之言："臣闻之《春秋》：'于安思危，危则虑安。'"此与《左传》相同，见《左传·襄公十一年》："《书》曰：'居安思危。'"可见虞卿所称《春秋》即是《春秋左传》。

五一

我的看法，真正的诗：

（1）其内容，诗是情感的显现，无须说理。毛亨《诗大序》说："在心为志，发言为诗：情动于中，而形于言。"陆机《文赋》说："诗缘情。"孔子讲"兴、观、群、怨"，都是在讲一个"情"而已。不仅诗，凡艺术皆然。例如《红楼梦》，就是曹雪芹所说的"满纸荒唐言，一把辛酸泪"而已，其他所谓"思想"、"主题"都是扯淡。如果想说理，那就写论文吧，呵呵！

而且，情感需要形象表现，这就需要营造"情景"或者"情境"；但正如王国维所言："一切景语皆情语也。"故苏东坡云："春色三分，二分尘土，一分流水。……细看来，不是杨花，点点是离人泪！"

进一步说，诗如诸神的信使赫尔墨斯（Hermes）的言说：倾听神旨而言说于人间。抛开神话，其所倾听，海德格尔谓之"道言"（Sagen），中国谓之"天道"，其实就是天然的（天）本真的（诚）情感而已，因为"人是情感的存在"（我导师蒙培元先生的命题）。倾听由"耳"，言说由"口"，合起来就是"聖"，这就是"仁且智"（孟子）的境界。

（2）其形式，诗具有音乐美，即有节奏、旋律、韵律。（不一定是所谓"格律"，如徐志摩的诗就很富于音乐美。）否则，即便有情，也是"抒情散文"了。诗有诗的语言、诗的言说方式。各种艺术形式都有自己的特定的语言。

此外还有许多讲究，诸如"起、承、转、合"等等。所以闻一多说，诗就是"戴着脚镣跳舞"。唯其娴熟，故能够"从心所欲不逾矩"。

诗极易，又极难！

（《说诗》，见《时代与思想——儒学与哲学诸问题》，第330页）

五二

　　显然，当我们今天用汉语"存在"或"存"、"在"去翻译西语"being"或"Sein"之际，一种新的存在观念已经在我们当下的生活感悟中生成，这既不是所谓"西方的"，也不是所谓"中国的"。这样的存在观念、生活观念，乃是当代原创哲学的渊源所在。例如，笔者建构的、作为中国哲学的一种当下形态的"生活儒学"，之所以"腹背受敌"——西方哲学研究者说"你那是中国哲学"，中国哲学研究者说"你那是西方哲学"，其缘由就在这里：这里没有中西对立，或者说是超越了中西对立的思维模式。生活儒学给出了"生活存在→形而上者→形而下者"或者"生活感悟→形而上学→形而下学"这样的观念架构，提出"生活即是存在，生活之外别无存在"，"所有一切存在者皆源于生活，归于生活"，"爱，所以在"，等等，就是意在突破"形而上者-形而下者"那种传统的存在者化的思维模式，回归存在，回归生活，为所有一切存在者找到"大本大源"、"源头活水"，从而为当代原创的哲学得以重建形而上学和形而下学开辟道路。这里所说的"存在"、"生活"，指示着全球化背景下的中西的、人类的"共同存在"、"共同生活"。

　　(《从"西学东渐"到"中学西进"——当代中国哲学学者的历史使命》，《学术月刊》2012 年 11 月号；见《儒学与哲学诸问题》，第257—258 页)

五三

　　所谓"中国"，就是"中华民族"，这两个词其实是一个意思，即Chinese nation。要注意的是，这个"民族"不是作为前现代观念的诸如"五十六个民族"那样的"ethnic"概念，而是作为现代性观念的"nation"概念。这是我曾多次反复申明的一点:在现代性意义上,中国并不是一个多民族国家,而是一个单一民族国家。这个国家有其悠久的、博大精深的文明传统,有她自己的解决问题的方式,甚至提出问题的方式,有她自己的话语。这种话语并不在于"古代汉语"、"现代汉语"的区分,而是一种区别于非中国话语的言说方式。这种话语体现了作为民族性的中国性(Chineseness)。当代中国哲学应该是这种民族性表达的集中体现。

这种"现代性诉求的民族性表达"的诉求者和表达者,就是当代中国哲学的主体性;这种主体不是抽象的,而是具体的,也就是:现代中国人。

……

这种主体性已经远不是"圣人"、"君子"、"小人"那样的话语可以言说的了。这种话语应该是一种现代汉语,即:这种"现代"汉语不是西语的简单译语(尽管会译用一些西语);但这种"汉语"也不是古代汉语的简单沿用(尽管会沿用一些古语)①。

(《主体性的重建与心灵问题——当代中国哲学的形而上学重建问题》,《山东大学学报》2013 年第 1 期;见《儒学与哲学诸问题》,第 241—242 页)

五四

(一)"正名"问题与上述问题之关系

以上所谓"乱象":包括"名实淆乱"现象——以实乱名、以名乱实,是对象界的状况。

---

① 黄玉顺:《我们的语言与我们的生存——驳所谓"现代中国人'失语'"说》,《南京师范大学文学院学报》2004 年第 4 期。

造成这种状况的缘由，是天性的意向性方面（欲望）（性恶）；而解决这种问题的根据，则是天性的认知性方面（知能），如图2：

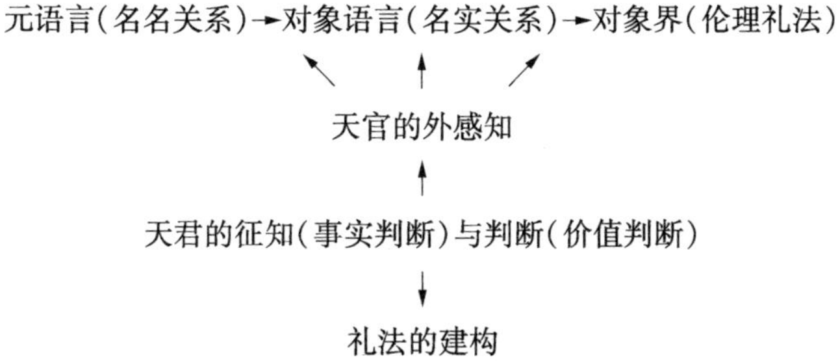
元语言（名名关系）
对象语言（名实关系）
对象界（伦理礼法）
天官的外感知
天君的征知（事实判断）与判断（价值判断）
礼法的建构

图2.天性的认知性

荀子“正名”的问题意识，是对象界的“名实淆乱”（礼法破坏）。（也是一种忧患意识。）于是他才讨论“名实”问题、“正名”问题。

这里需要注意：“名实关系”本身是对象语言的问题（制名指实）；而对名实关系的“讨论”才是元语言的问题（如何制名指实），涉及两个层面：讨论名实之关系，讨论名本身。不讨论对象界本身的问题。如图3：

元语言
对象语言
对象界

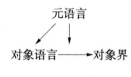

图3.名实关系的语言层次

（二）元语言有两种形式

1. 创造专门的，即不同于对象语言的一套词汇、命题。例如“正名”、“名”、“名实”、“制名指实”、“约定俗成”、“大共名”、“大别名"等等。

（1）元语言的词汇的基本特征是：其指称对象，不是对象界中的事物：既不是伦理礼法，诸如仁、义、礼、法、君臣、父子等等；也不是人性论中的事物，诸如性、情、知、能、天官、天君等等。

（2）元语言的命题的基本特征是：其指称对象是上述专门创造的元语言的词汇和既有的对象语言的词汇之间的关系。（这里，对象语言的词汇通过加引号而被元语言化，参见以下的例2。）

2. 通过给对象语言加引号，使之元语言化（meta-linguisticalize）。（塔尔斯基涉及这个问题。）以"物"为例：

例1："凡同类、同情者，其天官之意物也同。"——这里的"物"是对象语言，因为"天官意物"是一个认识论问题，而不是"正名"问题。

例2："'物'也者，大共名也。"——这里的"物"，即通过加引号而被元语言化了。这里给出了"对象语言的元语言化"的一个具体方式：

例子："物"属于名。（这里的"名"是元语言的词汇。）

公式："X"（对象语言 X 加上引号）属于 Y（元语言）。

有时，需要分析更加复杂的情况：

例3："散名之加于万物者，则从诸夏之成俗……"——这句话的整体是一个元语言问题，因为涉及名实关系"名加于物"；但是，如果单说其中的"物"，则是对象语言。假如我说"所谓'万物'者，凡物之名也"，那么这个"万物"就被元语言化了。

（《关于荀子"正名"的两大问题》，收入《从"生活儒学"到"中国正义论"》，第209—211页）

五五

根据上述的新时间观，显然，传统并不是在当下之外、之前的东西,而是就在当下之中。传统乃在"域中"。而且,这并不是说我们把过去的传统收摄于当下之中,而是说根本就不存在所谓"过去的传统"。换句话说,传统其实只是当下的一种内蕴;或者说,我们在某种特定的活动方式中将当下域中的某种内蕴开示为过去的传统,这与过去从当下中绽放出来是同一过程。

假如我们试图设定一种存在于当下之前、之外的所谓"传统",我们就会陷入"认识论困境":如果这样的"传统"是所谓"不以人的意识为转移"的东西,即是不以当下的主体意识为转移的客观实在,亦即是存在于当下的主体之外的东西,那么,我们作为当下的主体,根本无法确证、无法认知这种作为对象的"传统"。这是因为:我们永远无法穿越当下之域的边界,犹如我们无法走出自己的皮肤。

例如我们"回顾""过去的传统",然而这种"回顾"本身就是当下的一种行为,这种行为的主体仍然是当下的我们,因而,被"回顾"的这个"传统"其实仍然还是在当下之中。即便我们通过阅读历史文献来认知那个"传统",然而这种"阅读"行为本身仍然是一种当下的行为,而被阅读的文本仍然还是在当下之中①。由此可见,所谓"过去的传统"是不存在的。

"过去的传统"并不存在,或者我们根本无从知晓,但是我们——当下的我们——分明感知着传统的存在。"当下感知传统"表明,这种传统必定就在当下之中。这就意味着:我们是把当下之中的某些东西视为传统。或者更确切地说,我们是在当下之中建构着传统,正如我们是在当下之中构造着过去。

总之,传统乃是当下之涵摄与开示。

————————

① 参见黄玉顺:《注生我经:论文本的理解与解释的生活渊源——孟子"论世知人"思想阐释》。

　　具体到儒家文化传统、中国正义论传统，事情都是如此。儒家文化传统并不是某种过去的东西，而只是当下的一种建构。儒家文化传统一直在被不断地当下重建着。一个明显的典型例证，就是儒家的"道统"，从孟子到牟宗三，这个"道统"一直在被人们当下扩建着，重建着。即便是今天的所谓"原教旨主义儒学"亦如此，他们自以为是在恪守过去的儒家传统，殊不知他们其实也是在当下构造着某种儒家传统。

　　同理，中国正义论是一种正在当下建构着的传统。提出"所谓'中国正义论'究竟是过去已有的传统还是今天正在建构的理论"这样的问题，是把过去和现在对立起来、把传统和当下对立起来的结果，这种思维方式基于很不透彻的时间观念，本身就是一种"传统观念"。

　　按照这种"传统的"思维方式，我们是在对"过去的"传统进行一种"现在的"阐释。但事实上，假如没有"现在的"阐释，根本就不存在"过去的"传统。作为"过去的传统"的中国正义论，乃是在当下的现代性阐释中确立起来的。

　　关于我们对"传统"所进行的"现代性"阐释，事情的真相也是如此。所谓"现代性"并不是一个基于流俗时间概念的历史学概念；严格地说，"现代性"乃是对一种生活方式的概括，这种生活方式就是我们当下的生活方式。这种生活方式不同于"前现代"的生活方式；然而所谓"前现代"也是在当下的"现代性"生活中的一种建构，因为那个客观的前现代是一个胡塞尔所谓"超越物"——超出了我们的意识的边界。同理，客观的传统包括中国正义论传统也是一个超出了我们的意识边界的"超越物"，我们所知道的只是"现代性的传统"（modernistic tradition）——被现代性地阐释的传统（modernly interpreted tradition）。

　　（《中国正义论的形成——周孔孟荀的制度伦理学传统》，第49—51页）

五六

孔子之所以"罕言",这与他的"天命"观念有关:

> 子曰:"予欲无言。"子贡曰:"子如不言,则小子何述焉?"
子曰:"天何言哉? 四时行焉,百物生焉,天何言哉?"①

邢昺疏云:"此章戒人慎言也。'子曰"予欲无言"'者,君子讷于言而敏于行,以言之为益少,故欲无言。……'子曰"天何言哉?四时行焉,百物生焉,天何言哉"'者,此孔子举天亦不言而令行以为譬也。天何尝有言语哉? 而四时之令递行焉,百物皆依时而生焉,天何尝有言语教命哉? 以喻人若无言,但有其行,不亦可乎!"

其实,孔子在这里不仅是"戒人慎言"而已,而是更有深意:人应该依天道而行;天固然"无言",却叫做"天命",而"命"作为"口令"却正是一种"言",此乃"无言之言"——以"行"为"言",化成万物;所以,人也应当以"行"为"言",化成天下。而众所周知,孔子是遵从、敬畏"天命"的:

> 孔子曰:"君子有三畏:畏天命,畏大人,畏圣人之言。小人不知天命而不畏也,狎大人,侮圣人之言。"②

这里出现了两种"言",即:"天命"、"圣人之言"。"聖"字的结构,关键部分是"耳"与"口"。"耳"在于听,听什么? 听"天命"。"口"在于说,说什么? 说的也是"天命"。于是,圣人就是天人之间的中介,其地位类似于西方神祇赫尔墨斯(Hermes)(这就是西方"诠释学"[hermeneutics]的词源)。

所谓"圣人之言",其所言的内容首先就是"仁"。这是因为,在孔子、儒家看来,天命的核心就是仁爱。于是,"子罕言"便与

---

① 《论语·阳货》。
② 《论语·季氏》。

"仁"关联起来：圣人法天，有仁爱之心，故"罕言"。

（《中国正义论的形成——周孔孟荀的制度伦理学传统》，第129—130 页）

五七

现在我们来看孔子直接谈到"天命"或者天命意义上的"命"的地方。……最值得讨论的是孔子下面这一番话：

> 君子有三畏：畏天命，畏大人，畏圣人之言。小人不知天命而不畏也，狎大人，侮圣人之言。①

> ……

孔子这三句话之间是有内在联系、递进关系的：之所以"畏圣人之言"，不是因为这个"人"，而是因为"圣"；"聖"从"耳"、"口"，由倾听而言说；圣人之"口"所"言"，乃源自其"耳"所听的天之"命"。

这就是说，我们之所以应该敬畏圣人之言，是因为敬畏天命；大人或圣人是天的代言人。天之所以需要"代言"，是因为天自己"无言"：

> 子曰："天何言哉？四时行焉，百物生焉，天何言哉！"②

这里所说的"天"及"天命"，通常被人们狭隘地误解为某种形而上者的存在，其实这未必是孔子的意思。天之所以无言，是因为天并不是后儒所理解的那样一个存在者化的东西，比如一个有位格的上帝或者一个无位格的本体。那么，这样的天，只能被理解为先在于任何存在者的存在：天即存在，而非存在者。然而，天不"言"，却在"命"，即在言说着，所以我们必须倾听这种无言之命。

---

① 《论语·季氏》。

② 《论语·阳货》。

我们有时能够直接倾听到这种无言之命，亦即孟子所说的"良能"、"良知"，那就无须圣人之言；然而人们往往不能直接倾听到这种无言之命，亦即良能、良知的茅塞物蔽，那就需要圣人之言。圣之为"圣"，就是以"耳"倾听，并且以"口"言说；此时，圣人之言便是天命的显现。

这里尤其值得注意的是"四时行焉，百物生焉"这个"焉"，字面意思是"于此"、"在此"、在这里，显然并未指向任何一个存在者化的实体，而是一种方位、一种情境或一种"域"。所有一切存在者即"百物"都是在这种情境中生成的。这种情境或"域"称之为"天"，在孔子、儒家这里，指的就是生活境域。

（《中国正义论的形成——周孔孟荀的制度伦理学传统》，第174—176页）

五八

上文所谈的根据正义原则来建构社会规范及其制度的问题，也就是所谓"制礼"的问题。说到"礼制"，必然涉及"正名"问题。这不仅是因为，在当时的社会转型过程中，"礼崩乐坏"（原有的社会规范及其制度失效）乃表现为"名实淆乱"（"名"指礼制的名义规定，"实"指社会的实际情况，"名实淆乱"指名不副实或实不副名等情况），因此，"正名"的实质就是"制礼"——重建社会规范及其制度；而且因为，任何社会规范及其制度的体系，都表现为一套"名物"体系，因此，社会规范及其制度的重建总是首先体现在一套新的名物制度的设计之中。

所以，"正名"本质上并非语言学、逻辑学问题，而是一个伦理学及政治哲学问题，同时是一个正义论问题。这也正如孔子所说"必也正名乎""名不正则言不顺，言不顺则事不成，事不成则礼乐不兴,礼乐不兴则刑罚不中,刑罚不中则民无所错手足"①。

荀子为此特撰了《正名》一篇,集中讨论"正名"问题。

一、礼制的"约定":主体性的行为

关于"正名",荀子谈到了两层意义,即"约定"与"俗成"。他说:

> 名无固宜,约之以命,约定俗成谓之宜,异于约则谓之不宜;名无固实,约之以命,约定俗成谓之实名。②

这就是说,不论"名"(关于社会规范及其制度的名物系统设计)还是"实"(实际建构的社会规范及其制度),都是"约定俗成"的结果。

那么,何谓"约定俗成"? 人们往往把"约定"和"俗成"看成一回事,而不加区分;其实不然,"约定"和"俗成"是不同的,前者是有意识的,而后者则是无意识。

"约定"(agreement)显然是一种有意识的,即主体性的行为。荀子之所谓"伪",指的即是这种"人为"约定。荀子在《性恶》篇中对约定的这种"人为"性质有充分的讨论:

> 不可学、不可事而在人者,谓之性;可学而能、可事而成之在人者,谓之伪:是性、伪之分也。

> 人之性恶,其善者伪也。

> 凡礼义者,是生于圣人之伪,非故生于人之性也。……圣人积思虑,习伪故,以生礼义而起法度,然则礼义法度者,是生于圣人之伪,非故生于人之性也。

> 凡所贵尧、禹、君子者,能化性,能起伪,伪起而生礼义。

在这个问题上,荀子更多地诉诸"圣人",由"圣人"提出一套

---

① 《论语·子路》。

② 《荀子·正名》。后一"约之以命"原文作"约之以命实",据《荀子集解》改。

社会规范、社会制度,并且与"俗人"达成一种约定。这在前现代的、非平民政治的时代里,确实是一种历史事实。

这种"约定"实际上也就是一种类似契约(consent)的行为。至于这种契约的具体的缔结者及其具体的缔结方式,那是另外一个问题。西方现代契约论之所谓"社会契约"(social contract),其实只是一般契约(consent)的一种特定体现形式。所谓"实在法"(positive law)本质上就是一种约定。一般来说,当一个政府建立了一种制度而人们普遍地认可接受了这种制度,这就意味着双方达成了一种契约,这种制度也就是"宜"的,亦即正义的。

二、礼制的"俗成":本源性的生活感悟

与"约定"不同,"俗成"乃是无意识的(convention or custom)。对于所谓"俗成",可能有两种不同的理解:

一种理解类似于所谓"集体无意识"(collective unconsciousness),是说人们在生活的习俗中自然而然地形成了一种制度规范。所谓"自然法"(natural law)其实也就是这样理解的"俗成"。但是,这样理解的"俗成",就不再是"人为"之"伪"了,这就完全与"约定"相脱离了。这恐怕不符合荀子的想法。

另一种理解可能更恰当。实际上,荀子所说的"俗成"是对"约定"的更深一层揭示:主体性的有意识的人为"约定",其实是源于前主体性的"无意识"的生活感悟亦即"俗成"的。人们将在特定生活方式下的生活情境之中所获得的生活感悟如正义感(a sense of justice)加以理性化、原则化(这通常也是由圣贤或社会精英来表达),由此形成正义原则("义"、"正义"或"礼义");并在此原则基础上建构社会规范及其制度("礼制")及其外在表现形式("礼仪")。

因此,显而易见,"俗成"是比"约定"更为本源的事情:一般来说,合乎俗成的约定往往是适宜的,因而正义的,而不合乎俗成的约定则往往是不适应,因而不正义的。

不过,关于"约定俗成"何以可能的问题,荀子再次诉诸其人性论:

> 凡同类同情者,其天官之意物也同,故比方之疑似而通,是所以共其约名以相期也。①

这是荀子一贯的思路:认知意义上的人性是一切的根源,或关于利害关系的判断能力是一切的根据。然而这样一来,荀子恐怕也就偏离了生活-存在的思想视域。

(《中国正义论的形成——周孔孟荀的制度伦理学传统》,第346—349页)

五九

这里所涉及的就是所谓"诠释学"问题。伽达默尔甚至海德格尔的诠释学思想都是不透彻的。孟子有一种极为透彻的诠释学观念,我曾专文加以讨论:"知人论世"——"论世"才能"知人",然后才能"读其书""颂其诗"②。简单来说,如果说任何知识论和价值论问题无不基于"主-客"架构,那么,我们应当追问的乃是:这个"主-客"架构本身何以可能? 主体的观念是何以可能的? 客观对象的观念是何以可能的? 例如"我读经典"这样的事情,我们首先要问:"我"作为主体是怎样被给出的?"经典"作为对象是怎样被给出的? 这样一来,本源的视域就不是"我注六经",也不是"六经注我",而是"注生我经":"经典"和"我"皆在"注"中生成。而所谓"注"不是一个东西,不是一个"物"、存在者,而是一种"事"、存在,即是一种生活方式。这种生活方式,当然是归属于生活的事

---

① 《荀子·正名》。

② 黄玉顺:《注生我经:论文本的理解与解释的生活渊源——孟子"论世知人"思想阐释》,《中国社会科学院研究生院学报》2008年第3期。

情。生活的实情乃是这样的：历史、传统、经典，等等，皆收摄于当下的生活之中。不过，这样的表述仍然是不透彻的，仍然面临上述困境。应该这样表述：所有一切皆由当下生活给出。

　　于是，我们进入"生活"的观念：假如我们承认所有一切东西皆由当下生活给出，那么，如果所有一切东西都是"物"，生活显然就是"事"；如果所有一切东西都是"有"，生活显然就是"无"。所谓"无"不是佛学所谓"空"，而是说：生活不是存在者，而是存在。生活即是存在；存在即是生活。

　　这个观念是"生活儒学"的最本源但也最难理解的观念。尤其当我说到"存在"的时候，许多学者的反应就是：这是用现象学概念来讲中国哲学，即是以西律中，汉话胡说。可是，"存在"怎么就是西方的东西呢？例如，《礼记·仲尼燕居》"礼犹有九焉，大飨有四焉，……如此，而后君子知仁焉"，唐代孔颖达疏："仁犹存也。君子见上大飨四焉，知礼乐所**存在**也。"清代毕沅编《续资治通鉴·宋徽宗政和元年》："辛巳，诏：'陈瓘自撰《尊尧集》，语言无绪，并系诋诬，合行毁弃；仍勒停，送台州羁管，令本州当职官常切觉察，不得放出州城，月具**存在**申尚书省。'"该诏书应为宋代原文。清代顾诒禄《满庭芳·芍药》词："廿载音尘如梦，风流散，半没荒烟，空**存在**，青袍未换，霜鬓杜樊川。"

　　于是，我们又进入所谓"中西"问题。我也曾专文讨论过这个问题①。对于西学，中国学界存在着两种截然对立的立场：一种是崇洋媚外；另一种则是坚决排外，反对用任何"西方的"话语概念来言说"中国的"东西（尽管这根本不可能，他们自己也做不到）。殊不知，这两种貌似对立的立场却具有一种共同的观念背景、思想方法，就是以为存在着纯粹"西方的"或者纯粹"中国的"话语。但

----

　　①　参见黄玉顺：《我们的语言与我们的生存——驳所谓"现代中国人'失语'"说》，《南京师范大学文学院学报》2004 年第 4 期。

这其实是不可能的：对于我们来说，纯粹"西方的"或者纯粹"中国的"都是子虚乌有的或莫须有的。例如，当我们用中国固有的词语"存在"去翻译西方的"Sein"或者"being"之后，现代汉语的"存在"这个词语，它是纯粹西方的抑或是纯粹中国的呢？都不是。现代汉语的"存在"是由现代中国人的现代性的生活方式生成的一个观念，这个观念不仅涵摄着或者说给出了所谓"西方哲学"，而且涵摄着或者说给出了"中国哲学"（所以我在一系列文章中详尽考证了中国传统的"存""在"观念的本源意义）。我们不可忘记：我们不仅生活着"中国人的"当下生活，而且同时生活着"西方人的"当下生活——我们"共同生活"着，这就是"全球化"的思想意义。因此，对峙的"中-西"观念，作为两个现成的存在者，其实同样是由我们的当下生活所给出的。

于是，"怎样研究儒学"这个问题的答案就很清楚了。假如所谓"研究儒学"不仅仅是诵读经典而已，而是必须对于儒学有所言说，那么，这种言说既不可能是纯粹西方的话语，也不可能是纯粹中国的话语。现代汉语不是"纯粹中国的"，正如现代英语不是"纯粹英国的"。况且，哪怕仅仅是诵读经典，该经典也绝不是客观的、自足的东西，而是"我们的经典"，而此"我们"是由当下的生活方式生成的。

（《生活儒学与中国正义论——从我研究儒学说起》，《深圳大学学报》2014 年第 1 期；见《从"生活儒学"到"中国正义论"》，第 21—23 页）

六〇

什么叫"植根于传统"？这是一个重大问题。而这个问题的解决，取决于对于所谓"传统"的理解。关于"传统"的传统观念乃是：传统是某种现有的、既成的东西，是某种产生于当下生活之前而存在于当下生活之外的东西,我们可以继承它或者不继承它。我不得不指出:这是一种已经过时的哲学观念。生活儒学的一个基本观念就是:生活之外别无存在。当下生活之外的东西,乃是不可思议的。因此,传统就在当下的生活之中。这个道理说起来是非常简单的,例如我们谈到孔子,显而易见,这个孔子只能是当下的我们所理解和解释的孔子,而当下的我们却是由当下的生活所生成的,所以,孔子并不在我们之外、之前,而就在我们之中。

按照这种观念,我们首先需要注意的也就不是认同某种单一传统或者多重传统的问题了,而是我们当下的生活、生活中所存在的问题,我们对于这些问题的感悟、理解、诠释,等等。所以,与其说应当"植根于传统",不如说应当"植根于生活"。

这样一来,势必面临一个问题:一种汲取了"全球"资源、在当下的生活本源上重建起来的"儒学"的综合形式,果真还是儒学吗?抑或只是作者所说的某种"非儒的"(non-Confucian)东西?其实这取决于对"儒学"的理解,犹如取决于对"传统"的理解。假如能够摆脱原教旨的思想方法,那么,儒学作为一种传统,其实同样并不在当下生活之外、之前,而是就在当下生活之中。这才是作者所说的"活着的哲学传统"(living philosophical tradition)——活着的儒学。

(《儒学之"根"与"源"——评安靖如"进步儒学"的思想方法》,《烟台大学学报》2014 年第 1 期;收入《从生活儒学到中国正义论》,第 40 页)

六一

儒学的发展需要综合的思想资源。今日儒学的发展,亟需走出中西对立的思维模式,走出"中国文化特殊论"、"儒学特殊论"。中西思想之间需要对话,需要互相诠释。这种对话、诠释不是主体性的,甚至不是"主体间"的,因为:通过对话、诠释,中学、西学双方都会获得某种新的主体性,都会在某种程度上改变自身。对话与诠释生成了某种主体性,在这种意义上,对话与诠释是前主体性的,具有存在论的意义。因此,哲学家思考问题的方式,不会以任何学派的立场作为判断真理的尺度,无论那是西学的还是中学的,是现象学的还是儒学的。生活儒学也是在与现象学的对话中生成的,正如宋明理学是在与佛家和道家的对话中生成的,现代新儒学是在与西方哲学的对话中生成的。对于生活儒学来说,儒学不是对话、思考的前提,而是对话、思考的结果。

（黄玉顺、宋大琦:《从"生活儒学"到"中国正义论"——黄玉顺先生访谈录》,《当代儒学》第 6 辑,广西师范大学出版社 2014 年版;见《从"生活儒学"到"中国正义论"》,第 380 页）

六二

《原道》到底是干什么的? 我想谈谈我对这个问题的理解。那么,《原道》的真精神到底是什么呢? 在我看来,"原道"就是"找路"——寻找道路。……这就是说,"体"啊,"道"啊,都不是现成的,需要建,需要找。而刚才几位谈到的对"道"的理解,其实是有矛盾之处的:一方面,有一种倾向,似乎我们中华民族已经有了一个现成的道,早就摆在那儿了,今天再把它拿来用就是了,因此特别强烈地抵制西方。这是一种观念。但是,另一方面,我注意到,你们刚才自己也讲:其实我们也还没有想明白,中国今天和未来的"道"在哪里,"路在何方"? 我们究竟应该走哪条道? 也就是说,这条"道"也即这条"路"其实还没有找到。这就是一种非常矛盾的状态。我想,其实,《原道》20 年以来,它的真精神不在于给出了一个现成的"道",而恰恰在于它在"寻道"——寻找道路。这条道不是现成地摆在那儿的,我认为到现在还没有找到。《原道》的真精神,应该就是找寻道路。我个人理解,"道"这个字原来不是名词,而是说的"走路"。你不能把它理解成一个名词、一个现成的东西,拿来用就是了。其实,近代以来,我们一直在走路,一直在寻道。……我们仍然在寻道。所以,我个人理解,"原道"的意思就是找路,还在寻找道路,而不是给出了一条现成的、古代的或者西方的道路。

（《当代儒学：路在何方？——〈原道〉二十周年纪念座谈会上的发言》,《当代儒学》第 7 集,广西师范大学出版社 2015 年版；见《时代与思想——儒学与哲学诸问题》,第 66 页）

六三

就儒学现代化而论,在属于古代范畴的清代儒学中,最典型的是所谓"乾嘉学派"的朴学。这种儒学的现代性因素,可以从两个层面加以认识：一是新方法,其核心是"实事求是"的方法①；二是由此导出的新义理,以戴震儒学为典型。

乾嘉学派"实事求是"的考据方法虽然号称"汉学",但实质与汉代学术颇为不同,而与近代实证科学方法可以相通,乃至梁启超说："乾嘉间学者,实自成一种学风,和近世科学的研究法极相近,我们可以给他一个特别名称,叫做'科学的古典学派'。"②胡适也持类似看法,认为"这是一种实证主义的精神与方法,他的要点只是'拿证据来'"③。不仅如此,这其实类似于欧洲中世纪后期的文

---

① 梁启超：《清代学术概论》,天津古籍出版社 2003 年版,第 100—101 页。

② 梁启超：《中国近三百年学术史》,见《饮冰室合集》第 10 册,中华书局 1989 年影印本,第 22 页。

③ 胡适：《胡适遗稿及秘藏书信》第 7 册《清代思想史》,黄山书社 1994 年版,第 49 页。

艺复兴,后者也是学者们通过发现和诠释古希腊、古罗马的古代文献而导出了一种新的时代观念和时代精神。

这种新的时代观念和时代精神即现代性的思想观念,就是在上述"考据"基础上的儒学"义理"重建。清代儒学现代化在思想理论上达到了帝国后期儒学的最高峰,那就是戴震的《孟子字义疏证》。该书的最大意义,在于解构了古代帝国儒学,特别是"宋明理学"的形而上学,尤其是人性论,重构了儒家人性论和形而上学。戴震指出"理也者,情之不爽失也;未有情不得而理得者也""今以情之不爽失为理,是理者存乎欲者也"①。戴震对人的情欲的肯定,实质上是对人本身的肯定,也就是"人的解放"。

(《论"重写儒学史"与"儒学现代化版本"问题》,《现代哲学》2015 年第 3 期;见《儒学与哲学诸问题》,第 87—88 页)

六四

近些年来,汉语哲学界一些人主张将"ontology"译为"存在论"②。但这种主张很容易导致概念混乱,因为汉语"存在论"在字面上可以有两种截然相反的理解:一种是关于存在而不是存在者的理论,英译应为"theory of Being"③,然而这并不是西语"ontology"的意思,因为传统 ontology 恰恰"遗忘了存在"(海德格尔之语)④;另一种理解则并不是关于存在而是关于终极存在者的理论,而这正是 ontology 的特征。西方 ontology 就是思考本体的,

---

① 戴震:《孟子字义疏证·理》。

② 此外还有"是论"、"有论"等主张,兹不赘述。

③ 这里的"Being"表示存在,而不是存在者,亦即不是"the Being"的意思。

④ 海德格尔所谓"基础存在论"(foundational ontology)之名,其实也是很成问题的。

即思考形而上者、唯一绝对的存在者,而这正符合汉语"本体论"的语义,即讨论"本-末"关系(宇宙论模式)、"体-用"关系(本体论模式)。

（《形而上学的黎明——生活儒学视域中的"变易本体论"建构》,《湖北大学学报》2015 年第 4 期;见《从"生活儒学"到"中国正义论"》,第 278 页）

六五

"修齐治平"的逻辑,在秦汉以前的宗法王权社会能够成立,这是我们能够理解的。但在秦汉以后的家族皇权社会呢?举一个例子,假如汉代有一个官员,他是要修身的,也是要齐家的,但是能不能说这个官员把他的家搞好了,就可以顺理成章地把国家治理好?就可以把天下搞定?这个逻辑显然是不能成立的。所以,宋儒对《大学》做出了一套新的诠释,让这个逻辑重新成立起来。这里有另外一套逻辑,另外一套诠释方式。同样地,我们今天的儒家也面临着这样的诠释问题。在现代性的个体性社会中,"修身-齐家-治国-平天下"这种逻辑如何能够成立?这其实是需要今天的儒者来做的工作——重新诠释。

（《"家国天下"散论——历史法学学会的发言》,《当代儒学》第 8 辑,广西师范大学出版社 2015 年版;见《时代与思想——儒学与哲学诸问题》,第 352 页）

六六

我有一篇文章,就涉及了怎么去理解一个人的问题。这就是孟子讲的"论世知人":"颂其诗,读其书,不知其人,可乎?是以论其世也。"譬如,怎么理解我黄玉顺这个人?首先,你要读我的书;

但这还不够,还需要了解我这个人;为此,就还需要了解我的生活际遇、我所处的这个时代的生活方式。我是1957年出生于成都的一个贫民家庭中的。我自己也经常反省:这么一个贫民家庭,怎么会出现了我黄玉顺这么一个人? 呵呵,这当然不是说的什么"舜发于畎亩之中,傅说举于版筑之间",也不是说的什么"舜之居深山之中,……及其闻一善言,见一善行,若决江河,沛然莫之能御"。我只是一介书生而已。不过,我有自己的特定的个人生活际遇,而这种生活际遇的更大生活背景就是这三十多年来中国社会的急剧变化。中国人这三十多年的生活方式的激变,令人眼花缭乱,很难概括,诸多"模式"、"道路"、"共识"之类的概括都显得很浅薄。这让我想起《易传》的一个说法:"唯变所适。"颇有意思的是,西方哲学努力从变动不居的现象背后去寻找一个不变的本质、本体,而中国的周易哲学所找到的却是"神无方而易无体"的"变"本身。这种生活方式的激变导致人们思想观念的激变。不过,我从这种难以概括的激变中领悟到的,还是有某种确定性的,那就是"走向现代性"。这当然和我个人的生活际遇密切相关。所以,讲出这样一套"生活儒学"的黄玉顺这个人,他是从"当下生活"中生成的。这意味着什么呢? 说得玄一点,生活儒学的建构是生活的一种"自己如此",也就是汉语本义上的所谓"自然"。生活儒学其实是我的生活的一种自我诠释。这大概就是孔子讲的"为己之学"的意思吧。

(黄玉顺、杨虎:《儒学与生活——专访黄玉顺教授》,《当代儒学》第8辑,广西师范大学出版社2015年版;见《从生活儒学到中国正义论》,第369—370页)

六七

我这些年经常跟人讨论这类问题。他们会说:你用的这个概念是西方的概念。我就打一个比方,我说:西方的概念? 当然是。

但是,比如说"维生素"——"维他命"是西方的概念吧? 如果说因为"维他命"是西方的概念,你因此就可以说中国没有维他命吗? 假如中国古代没有维他命,那中国人是怎么"维他命"的呢? 这也涉及另外一个问题……就是: 中西之间,或者是不同话语系统之间,是一种怎样的关系? 我为此专门建构了一个小理论,即"可对应性与非等同性",就是说,双方是可以对应的,但不是完全等同的。因为不完全等同,所以值得我们去比较;但也因为可以对应,才能够比较,也才可以交流。要不然,我们的任何翻译都不可能了。

(《"家国天下"散论——历史法学学会的发言》,《当代儒学》第 8 辑,广西师范大学出版社 2015 年版;见《时代与思想——儒学与哲学诸问题》,第 355 页)

六八

我们今天现代汉语当中所讲的"博爱",往往把它理解成西方人讲的"自由、平等、博爱"那个"博爱",那其实是不对的。我们以为"博爱"这个词是对西方人的概念的翻译,这是不对的。我刚才讲了,韩愈早就讲了:"仁"就叫"博爱"。仁爱就是博爱。西方的自由、平等、博爱那个"博爱",它的英文是 fraternity。fraternity 是什么意思呢? 不是我们讲的这样的仁爱。他们讲的 fraternity,它的原义是指的兄弟情谊、兄弟关系,兄弟之间的情感,而不是指的普遍的爱。他们这么一种观念——"博爱"的观念,是基于基督教的背景的。基督教的文化背景是说,任何人之间,甚至父子、母女之间,一切人之间的关系,有一个共同点,就是: 每一个人和上帝是等距离的;因此,每一个人都是平等的,这样的平等就像兄弟之间的关系一样,这样的情感就像兄弟之间的情感一样。但是我们知道,在儒家的"仁爱"观念当中,兄弟情感不是全部的仁爱样式,只是其中的一种。

儒家讲的"仁爱",具体都落实在人际关系当中,它有很多种:就古代来讲,君臣之间、父子之间、母女之间、师生之间、朋友之间……当然也包括兄弟之间。所以,韩愈、儒家所讲的这个"博爱",如果我们要把它翻译成英文,不能翻译成 fraternity,它应该翻译成 universal love,就是普遍的爱,这叫作"博爱之谓仁"。

（《生活儒学：只有爱能拯救我们》[10 集],山东教育电视台于 2016 年 1 月中下旬播出;见《从"生活儒学"到"中国正义论"》,第 141—142 页）

六九

孔子有一次讲:"吾有知乎哉？无知也。"①孔子是个很博学的人,他说他"无知",不是说他知识上的无知。他讲什么呢:"吾有知乎哉？无知也。有鄙夫问于我,空空如也。我叩其两端而竭焉。"就是说,别人问我的问题,我可能对这个问题没有专门的、专业的研究,但是根据我所掌握的普遍的道,我可以"叩其两端",通过和他的论辩,告诉他更加透彻的道理。

这有点像苏格拉底。苏格拉底有一句名言,说"自知自己无知",或"我知我无知"。但是,我们知道,他经常和很多人对话,通过对话,他引导对方校正自己的错误,获得新的、更高的、更深的认知。这就叫作"辩证法",是原来、本来意义上的"辩证法":通过对话,让真理自己显现;而不是我们先有了这个知识。恰恰通过这样的对话,让真理显现,获得新知,这才是智慧。

（《生活儒学：只有爱能拯救我们》[10 集],山东教育电视台于 2016 年 1 月中下旬播出;见《从"生活儒学"到"中国正义论"》,第 157 页）

---

① 《论语·子罕》。

七〇

　　诗是什么啊？诗是情感的表达。诗作为一种艺术——作为一种语言艺术，它是表达情感的。所以，我们今天读《诗经》的解释、注释文本，通常我们读《十三经注疏》里面的《毛诗》，就是汉代的大儒毛亨对《诗》的注释。注释之前，他写了一篇序，叫作《毛诗序》，或者叫作《诗大序》。《诗大序》里面怎么讲诗呢？他说——这是毛亨讲的："诗者，志之所之也……"这是说的你的思想情感，你的一种心理指向："诗者，志之所之也：在心为志，发言为诗；情动于中而形于言。"大家注意这句话，他说：诗是什么呢？是情、情感。"情动于中而形于言"就是情感：在心里面有了情感，然后把它"形于言"——表现在语言当中，表现在诗的语言当中，就成为诗歌了。所以，这话说得很清楚的：诗就是情感的表达。

　　（《生活儒学：只有爱能拯救我们》[10 集]，山东教育电视台于 2016 年 1 月中下旬播出；见《从"生活儒学"到"中国正义论"》，第 167 页）

七一

　　我之所以成为如此这般的一个人，之所以成为如此这般的一个形而下的存在者，从而构造出如此这般的一种哲学，是因为当下的生活给出了我的如此这般的一种主体性，使我成为如此这般的一个人。对于我这么一个主体性存在者的生成来讲，生活是前存在者的、前主体性的存在。在这个意义上，生活就是老子讲的"无"："天下万物生于有，有生于无。"但是，当下的这种"无"，这种前存在者的生活，其实是过去的形而下的理论和实践的结果，它其实就是以前的形而下者。这就产生一个"缠绕"。我们说这是

"无",是"存在",这是相对于我们作为新的存在者、新的主体性的
生成来讲的;但是,就我们过去的旧的主体性而论,这种生活其实
恰恰就是我们过去的主体性的形而下活动的结果。这是一个循
环。后面一个方面,正是安靖如教授所讲的情况:我们在生活当
中遇到了压迫,或者压制,或者阻碍,这会反过来影响我们的德性
的发挥。我的理解是:现实生活中的问题,会影响到我们的主体
性,在这个意义上,实际上正是现实生活催生了一种新的主体性;
那么,对于这种新的主体性存在者而言,现实生活就是前主体性、
前存在者的存在。所以,安靖如教授的思考和我的思考,我觉得在
结构上具有某种同构性。只是我以前在对他的书和文章的有限阅
读当中,没有看到这个观点的明确阐述。安靖如教授的这个观点
确实是很具有启发性的。我们在生活当中遇到一些不管是正面的
还是负面的东西,这其实就是生活在造就我们,在培育我们的新的
主体性。这其实也是王夫之的一个观点,就是"性日生而日
成"①——人性是在生活中不断地生成的。所以,人性、德性是不
断地生长着的,而不是传统儒学所讲的那样生下来就一成不变的。
因此,德性、人性绝不是仅仅用"未发""已发"就能够说清楚的。

（黄玉顺、安靖如:《生活儒学与进步儒学的对话》,《齐鲁学
刊》2017 年第 4 期）

七二

严格来讲,生活儒学在本源层级上的言说,并非什么"哲学",
而是前哲学、前理性、前主体性、前存在者的事情,只能说是"生活
感悟"——生活情感、生活领悟。有些朋友觉得生活儒学的代表作
《爱与思》许多地方"不像哲学",其实是因为他们不理解:生活感

---

①　王夫之:《尚书引义·太甲上》,中华书局 1962 年版。

悟的言说方式,不是哲理的语言,而是诗性的语言。孔子讲"兴于诗,立于礼,成于乐"①,最重视诗,就是因为诗是生活情感的言说、生活感悟的表达,而非什么形上学、形下学的哲学建构。宋明理学家,尤其程颐竟然鄙视诗,乃至批评诗圣杜甫的名句"穿花蛱蝶深深见,点水蜻蜓款款飞"是"如此闲言语,道出做甚"②,自称"某素不作诗""不欲为此闲言语"③,这实在是大谬不然。诗所表达的生活情感、生活领悟才是儒学的大本大源。生活儒学关于生活感悟的言说,最集中的表述是在《生活本源论》④。

（《回望"生活儒学"》,《孔学堂》杂志 2018 年第 1 期）

七三

生活儒学的上述思想系统建构,当然是根据对儒家经典文本的诠释,这就涉及诠释学问题了。但生活儒学的诠释方法既不仅仅是传统的训诂学,也不是海德格尔和伽达默尔的现象学的哲学诠释学(die philosophische Hermeneutik),而是自己的生活诠释学。

按生活诠释学的观点,文本诠释活动既非经验论的"我注六经",也非先验论的"六经注我",而是"注生我经",即:"注"这样的活动,既给出了新的"我"(新的主体),也给出了新的"经"(新的客体文本);而"注"这样的活动,原是生活的一种样式,即从属于一种特定的生活方式而终究归属于生活⑤。

（《回望"生活儒学"》,《孔学堂》杂志 2018 年第 1 期）

---

① 《论语·泰伯》。

② 《二程遗书》卷十八,见《二程集》,中华书局 1981 年版。

③ 吕祖谦:《东莱文集》卷十三《易说·临》,《丛书集成初编》本。

④ 黄玉顺:《爱与思——生活儒学的观念》,附论二:生活本源论。

⑤ 参见黄玉顺:《注生我经:论文本的理解与解释的生活渊源——孟子"论世知人"思想阐释》,《中国社会科学院研究生院学报》2008 年第 3 期。

七四

生活儒学首先解构了客观的历史观,但这并不意味着认同主观的历史观,而是要解构而重建"主观-客观"、"主体-客体"这样的观念架构。客观的历史事实上是不可触及的,历史总是被书写、理解和解释的历史;但历史也不是主观的,即不是书写者、理解者和解释者任意而为之的。

其实,不论历史文本,还是书写者、理解者和解释者,都存在于当下生活之中,即是由当下生活所决定的。对于一个特定的共同体之中的人来说,正是他们的共同生活决定了他们具有共同的生活感悟,这就既决定了书写者、理解者和解释者方面的主观性,也决定了历史文本方面的客观性。然而这样的生活感悟,其实是人类观念的一个层级,所以,生活儒学才提出了"历史即观念史"的命题①。

这个命题意义重大。例如,如何认识儒家的"尧—舜—禹—汤—文—武—周公……"的道统谱系?以古史辨派为代表的实证主义史学认为这并不是历史事实,殊不知这个谱系恰恰"客观地"、深远地影响了中国社会历史的实际面貌;这就犹如西方世界,假如没有"子虚乌有"的上帝,西方的社会历史与现实就不会是这个样子,就得重新书写。这是主观的历史,还是客观的历史?

(《回望"生活儒学"》,《孔学堂》杂志 2018 年第 1 期)

七五

实际上,且不说现代的儒家,甚至古代的儒家,包括宋明理学,

---

①　参见黄玉顺:《思想及其历史的生活渊源——论"思想史"及其"对象"问题》,《湖南社会科学》2009 年第 2 期。

乃至于整个汉语,大量的词语都是外来的,比如说是从佛教来的,这是大家都知道的历史事实。但是,我们不会因为他们使用了佛教的词语就认为不是中国的或者儒家的东西了。这是语言转换的问题,一个族群的语言总是在转换中、发展中的。宋明理学有很多词语就是佛教的词语;即便有的词语不是佛教的,但也是后来才产生的。比如说,孔子什么时候讲过"天理"?但我们并不因此就否认程朱理学是儒学。所以,在语言上,我觉得不是个问题。

问题的关键在于:这些词语实际上表达的观念是什么?我认为,这其实是观念上的问题。当我们说这些现代价值是"西方的"的时候,这种说法其实是有问题的。当然,从历史发生学的角度来讲,这些价值确实是首先在西方出现的,他们的社会转型比我们的更早,他们更早发展出这些价值,这没问题,这是历史事实。但是,如果因此就说它们仅仅是西方的东西,是特殊的而不是普遍的东西,那就不对了。这种思维方式显然是不对的,因为我们都是人类,我们的生活方式都在发生现代转型,制度安排也会转型,这不是特殊主义的思维方式能够解释的问题,这些现代价值对于现代性的生活方式来讲是普世的。我说的"普世的"不是"universal",而是"global",就是全球性的现代转型、全球性的生活方式转变,这是普遍的东西。

(黄玉顺、方旭东:《"生活儒学"问难:何为正义?——关于儒家伦理学的富春山对话》,《中原文化研究》2018年第2期)

七六

文明对话何以能够成己、成人?何以能够成物——建构全球文明?因为真正的对话不是争辩、争执、争强好胜,以致"争则乱,乱则穷",而是在对话中寻求共识;而共识的产生,则意味着双方超越各自的旧的主体性,获得新的主体性。我曾撰文探讨这个问题:

什么是具有存在论意义的对话？这种探讨是通过对哈贝马斯"对话伦理学"的批评而展开的：如果对话的结果未能使得双方超越旧的主体性而获得新的主体性，这样的对话就不具有存在论意义；唯有能使双方获得新的主体性的对话，才是具有存在论意义的对话①。

（《未能成己，焉能成人？——论儒家文明的自新与全球文明的共建》，《甘肃社会科学》2018 年第 3 期）

七七

真正的"源"，其实是生活。此即"生活儒学"的基本观念。对于当下的我们来说，无论中国哲学传统还是西方哲学传统，都不是什么"原原本本"的东西，而是被我们所理解和解释的东西，它们在我们的诠释活动中成为新的对象性存在者，而我们自己也在这种诠释活动中成为新的主体性存在者②；然而作为主体性存在者的我们，乃是在当下的生活中生成的。

（《中国哲学怎样"开新"——评"据本开新"方法论》，《东岳论丛》2018 年第 4 期）

---

①　黄玉顺：《前主体性对话：对话与人的解放问题——评哈贝马斯"对话伦理学"》，《江苏行政学院学报》2014 年第 5 期，第 18—25 页。
②　参见黄玉顺：《注生我经：论文本的理解与解释的生活渊源——孟子"论世知人"思想阐释》，《中国社会科学院研究生院学报》2008 年第 3 期；收入《儒家思想与当代生活——"生活儒学"论集》，第 107—133 页。

已出书目

第一辑

目录版本校勘学论集

秦制研究

魏晋南北朝文体学

李焘学行诗文辑考

杜诗释地

关中方言古词论稿

第二辑

两汉文献与两汉文学

秦汉人物散论

秦汉之际的政治思想与皇权主义

文心雕龙学分类索引

宋代文献学研究

清代《仪礼》文献研究

第三辑

四库存目标注（全八册）

第四辑

山左戏曲集成（全三册）

第五辑

郑氏诗谱订考

文心雕龙校注通译

唐诗与民俗关系研究

东夷文化通考

泰山香社研究

第六辑

日名制·昭穆制·姓氏制度研究

易经古歌考释（修订本）

儒学视野中的《文心雕龙》

唐代文学隅论

清代《文选》学研究

微湖山堂丛稿

经史避名汇考

第七辑

古书新辨

温柔敦厚与中国诗学

诗圣杜甫研究

宋辽夏金经济史研究（增订本）

探寻儒学与科学关系演变的历史轨迹会通与嬗变

被结构的时间：农事节律与传统中国乡村

民众年度时间生活

里仁居语言跬步集

第八辑

20 世纪 50 年代山东大学民间文学采风资料汇编

先秦人物与思想散论
《论语》辨疑研究
百年"龙学"探究
晚明士人与商业出版
衣食行:《醒世姻缘传》中的明代物质生活
清代杜诗学文献考(增订本)
前主体性诠释——生活儒学诠释学